舊唐書

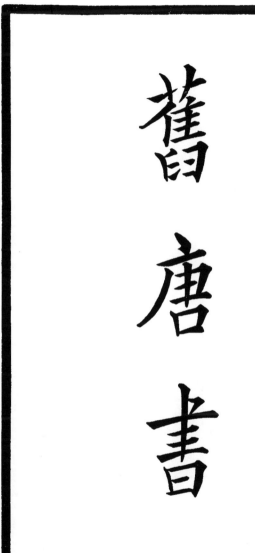

四部備要

史部

中華書局據武英殿本校刊

桐鄉　陸費逵　總勘
杭縣　高時顯　吳汝霖　輯校
杭縣　丁輔之　監造

舊唐書卷十五

後晉司空同中書門下平章事劉昫撰

本紀第十五

憲宗下

元和七年春正月辛酉朔己巳以刑部尚書趙宗儒檢校吏部尚書興元尹山南西道節度使庚午以兵部尚書王紹判戶部事辛未以京兆尹元義方爲鄜州刺史鄜坊丹延觀察使以司農卿李銛爲京兆尹是夜月掩熒惑壬申廢信州永豐縣越州山陰縣衢州盈川縣癸酉振武河溢毀東受降城二月庚寅朔壬辰詔以去秋旱歉賑京畿粟三十萬石其元和六年春賑貸百姓粟二十四萬石並宜放免辛丑尚書省重定左右僕射上事儀注壬寅以兵部侍郎許孟容爲河南尹辛亥山南西道節度使裴玢卒癸丑入蕃使不得與私覿正員官量別支給以充私覿舊使絕域者許賣正員官十餘員取貨以備私覿雖優假遠使殊非典法故革之勅錢重物輕爲弊頗甚詳求適變將以便人所貴緡貨

通行里閭寬恤宜令羣臣各隨所見利害狀以聞三月己未朔辛酉以惠昭太子葬罷曲江上巳宴庚午以旱勅諸司疏決繫囚夏四月戊子朔癸巳勅天下州府民戶每田一畝種桑二樹長吏逐年檢計以聞辛亥鹽鐵使王播奏元和六年賣鹽鐵除峽內井鹽外計收六百八十五萬九千二百貫五月戊午朔庚申上謂宰臣曰卿等累言吳越去年水旱昨有御史自江淮迴言不至爲災人非甚困李絳對曰臣得兩浙淮南狀繼言歉旱方隅授任皆朝廷信重之臣御史非良或容希媚此正當姦佞之臣況推誠之道君人大本任大臣以事不可以小臣言間之伏望明示御史姓名正之典刑上曰卿言是也朝廷大體以恤人爲本一方不稔卽宜賑救濟其饑寒況可疑之也向者不思而有此問朕言過矣絳等拜賀癸亥熒惑近太微右執法六月丁亥朔舒州桐城梅天陂內有黃白二龍自陂中乘風雷躍起高二百尺行六里入浮塘陂癸巳以金紫光祿大夫守司徒同平章事崇文館大學士太淸宮使上柱國岐國公杜佑爲光祿大夫守太保致仕宜朝朔望佑累表懇請故也己亥月近南斗魁第四星鎭州

甲仗庫一十三間災兵仗都盡王承宗常畜叛謀至是始懼天罰兇氣稍奪仍殺三庫吏百餘人乙丑以兵部員外郎王涯知制誥乙亥制立遂王宥爲皇太子改名恆己卯以新羅大宰相金彥昇爲開府儀同三司檢校太尉使持節大都督雞林州諸軍事雞林州刺史兼寧海軍使上柱國封新羅國王仍冊彥昇妻貞氏爲妃八月丁亥朔新除新羅國大宰相金崇斌等三人宜令本國准例賜戟戊戌魏博節度使田季安卒辛丑廢蓬州宕渠縣甲辰宣歙觀察使房式卒丙午以蘇州刺史范傳正爲宣歙觀察使戊申制諸州府五品已上官替後委本道長官量其才行官業資歷每年冬季一度聞薦其罷使郎官御史許朝臣每年冬季准此聞薦諸使府參佐檢校官從元授官月日計如是五品已上官及臺省官經三十個月外任餘轉改餘官經三十六個月奏轉改如未經考便有事故及停替官本限之外更加十個月即任申奏辛亥以左龍武大將軍薛平爲滑州刺史義成軍節度使冬十月乙未魏博三軍舉其衙將田興知軍州事時田季安死子懷諫年十一爲副大使知軍府事軍政一決於家僮蔣士

則數易大將軍情不安因田興入衙兵環而劫請興頓仆於地軍衆不散興曰
欲聽吾命勿犯副大使衆曰諾但殺蔣士則等十數人而止卽日移懷諫於外
令朝京師甲辰以魏博都知兵馬使兼御史中丞沂國公田興爲銀青光祿大
夫檢校工部尚書兼魏州大都督府長史充魏博節度使庚戌澧王寬改名惲
深王察改名悰洋王寰改名忻絳王寮改名悟建王審改名恪以鄭滑節度使
袁滋爲戶部尚書十一月丙辰朔乙丑詔田興以魏博請命宜令司封郎中知
制誥裴度往彼宣慰賜三軍賞錢一百五十萬貫以河陰院諸道合進內庫物
充六州百姓給復一年兼赦管內見繫囚徒及度至魏州田興禮待甚恭仍請
度至六州諸縣宣達朝旨辛未太保致仕杜祐卒東川觀察使潘孟陽奏龍州
武安縣嘉禾生有麟食之麟之來羣鹿環之光彩不可正視使畫工圖之以獻
乙亥以給事中李逢吉司勳員外郎李巨並充皇太子諸王侍讀戊寅吏部尚
書鄭餘慶請復置吏部考官三員吏部郎中楊於陵執奏以爲不便乃詔考官
韋顗等三人秖考及第科目人其餘吏部侍郎自定己卯江西觀察使崔芃卒

辛巳以前魏博節度副使田懷諫爲右監門衞將軍賜宅一區芻粟等甲申以
同州刺史裴堪爲河西觀察使十二月丙戌朔以吏部尚書鄭餘慶爲太子少
傅丙辰左拾遺楊歸厚以自娶婦進狀借禮會院貶國子主簿分司戊戌以京
兆尹裴向爲同州防禦使己亥魏博奏管內州縣官員二百五十三員請吏部
銓注
八年春正月乙卯朔庚午册大言義爲渤海國王授祕書監忽汗州都督辛未
制以正議大夫守禮部尚書同平章事上柱國扶風郡開國公權德輿守禮部
尚書罷知政事癸未以山南東道節度使李夷簡檢校戶部尚書成都尹充劍
南西川節度使以戶部尚書袁滋檢校兵部尚書襄州刺史充山南東道節度
使二月乙酉朔辛卯田興改名弘正宰相李吉甫進所撰元和郡國圖三十卷
又進六代略三十卷又爲十道州郡圖五十四卷宰相于頔男太常丞敏專殺
梁正言奴棄溷中事發頔與男季友素服待罪貶頔恩王傅于敏長流雷州錮
身發遣殿中少監駙馬都尉于季友誑罔公主藏隱內人轉授兇兄移貯外舍

傷風黷禮莫大於茲宜削奪所任官令在家修省贊善大夫于正秘書丞于方
並停見任皆頔之子也捕獲授于頔賂爲致出鎮人梁正言及交構權貴僧鑒
虛並付京兆府杖死甲子以劍南西川節度使銀青光祿大夫檢校吏部尚書
兼門下侍郎同平章事上柱國臨淮郡開國公食邑二千戶武元衡復入中書
知政事兼崇玄館大學士太清宮使辛未上以久旱親於禁中求雨是夜澍雨
霑足丙子大風壞崇陵寢殿鴟尾折門戟六夏四月癸未朔乙酉以邕管經略
使房啓爲桂管觀察使以開州刺史竇羣爲邕管經略使丙戌以錢重貨輕出
庫錢五十萬貫令兩常平倉收市布帛每段匹於舊估加十之一鄜坊觀察使
元義方卒辛卯以將作監薛伾爲鄜坊觀察使乙未長安西市豕生三耳八足
二尾僧鑒虛爲高崇文納賂四萬五千貫舉宰相杜黃裳共引致人永樂縣令
吳憑付錢與黃裳男載勑吳憑配流昭州黃裳崇文已薨歿所用錢不須勘問
杜載釋放辛亥賜魏博田弘正錢二十萬貫收市軍糧庚申河中尹張弘靖奏
修古舜城六月辛巳朔時積雨延英不開十五日是日上謂宰臣曰今後每三

日兩亦對來乙酉工部尚書致仕裴佶卒丙戌以東都留守韓皐檢校吏部尚書兼許州刺史充忠武軍節度使庚寅京師大風雨毀屋飄瓦人多壓死所在川瀆暴漲行人不通辛丑出宮人二百車任所從適以水災故也壬寅宰臣武元衡李吉甫李絳舊相鄭餘慶權德輿各奉詔令進舊詩秋七月辛亥朔癸丑以權德輿檢校吏部尚書東都留守丁卯以振武節度使李光進爲靈州大都督府長史靈武節度使癸酉命中尉彭中獻修興唐觀壯其規制北拒禁城開複道以通行幸是夜月近五諸侯丁丑新授桂管觀察使房啓降爲太僕少卿啓初拜桂管啓吏賂吏部主者私得官告以授啓俄有詔命中使賚告牒與啓曰受之五日矣上怒杖吏部令史罰郎官啓亦卽降之以安南都護馬總爲桂管觀察使以江州刺史張勔爲安南都護本管經略招討使鄜坊觀察使薛伾卒八月辛巳朔癸未以蘄州刺史裴行立爲安南都護本管經略招討使以張勔耄年也丁亥以司農卿裴武爲鄜坊觀察使庚寅詔毀家狗國故徐州刺史李洧等一十家子孫並宜甄獎甲午太白近軒轅辛丑以東川節度使潘孟陽

爲戶部侍郎判度支盧坦爲梓州刺史劍南東川節度使乙巳廢天武軍併入
神策軍九月庚戌朔景辰淄青李師道進鶻十二命還之戊午賜羣臣宴於曲
江乙丑詔比聞嶺南五管幷福建黔中等道多以南口餉遺及於諸處博易骨
肉離析良賤難分此後嚴加禁止如違長吏必當科罰淮西吳少陽獻馬三百
匹丙寅詔減死戍邊前代美政量其遠邇亦有便宜今後兩京關內河南河東
河北淮南山南東西道州府除大辟罪外輕犯不得配流天德五城戊辰以給
事中竇易直爲陝虢防禦使仍賜金紫壬申以恩王傅于頔爲太子賓客以前
朔方靈鹽節度使王佖爲右衛將相出入翰林草制謂之白麻至佖奏罷中書
草制因爲例也太常習樂始復用大鼓冬十月庚辰朔己丑熒惑近太微西垣
南首星庚寅以湖南觀察使柳公綽爲岳鄂沔蘄安黃觀察使辛卯涇原節度
使朱忠亮卒壬辰汴州劉弘進所撰聖朝萬歲樂譜共三百首己巳以宗正少
卿李道古爲黔中觀察使以蘇州刺史張正甫爲湖南觀察使丙申以大雪放
朝人有凍踣者雀鼠多死戊戌以神策普潤鎮使蘇光榮爲涇州刺史四鎮北

庭行軍涇原節度使翰林學士司封員外郎韋弘景守本官以草光榮詔漏敘功勳故也壬辰振武奏迴紇千騎至鷿鵜泉十一月庚戌朔丙辰以福建觀察使裴次元爲河南尹丙寅以鹽州隸夏州自夏州至豐州初置八驛丁卯以泗州刺史薛謇爲福建觀察使右龍武統軍劉昌裔卒癸酉昭義郗士美奏諸軍就食于臨洺京畿水旱霜損田三萬八千頃十二月庚辰朔以京兆尹李銛爲鄜坊觀察使以代裴武入爲京兆尹辛巳勅應賜王公公主百官等莊宅碾磑店鋪車坊園林等一任貼典貸賣其所緣稅役便令府縣收管勅張茂昭立功河朔舉族歸朝義烈之風史冊收載如聞身歿之後家無餘財追懷舊勳特越常典宜歲賜絹二千匹春秋二時支給羣臣上表請立德妃郭氏爲皇后丙戌以桂管觀察使馬總爲廣州刺史嶺南節度使以邕管經略使崔詠爲桂管觀察使庚寅以夔州刺史馬平陽爲邕管經略使振武軍亂逐其帥李進賢屠其家乃以夏州節度使張煦代進賢率兵二千赴鎮許便宜擊斷丙午以金吾衛將軍田進爲夏州刺史夏綏銀節度使以河溢浸滑州羊馬城之半滑州薛平

魏博田弘正徵役萬人於黎陽界開古黄河道南北長十四里東西闊六十步
深一丈七尺決舊河水勢滑人遂無水患
九年春正月己酉乙卯大霧而雪李吉甫累表辭相位不許乙亥張煦入單于
都護府誅作亂軍士蘇國珍等二百五十二人二月己卯朔戶部侍郎判度支
兼京北五城營田使丁丑貶前鎮武節度使李進賢爲通州刺史監軍路朝見
配役于定陵丁未詔以歲飢放關內元和八年已前逋租錢粟賑常平義倉粟
三十萬石丙申賜振武軍絹二萬匹丁酉月近心大星癸卯制朝議大夫守中
書侍郎同平章事上柱國高邑男李絳守禮部尚書累表辭相位故也三月己
西朔丙辰巂州地震晝夜八十震壓死者百餘人庚申妖人梁叔高自廣州來
授書與吏部侍郎楊於陵使爲己輔於陵執之以告殺之辛酉以太子少傅鄭
餘慶檢校右僕射興元尹山南西道節度使代趙宗儒爲御史大夫丁卯隕霜
殺桑召大理卿裴棠棣男損前昭應令杜式方男悰見于麟德殿前各賜緋許
尚公主夏四月戊寅朔庚寅詔賜太師咸寧王渾瑊宜配享德宗廟庭五月丁

未朔以嶺南節度使鄭絪爲工部尙書庚申移宥州於經原軍郭下置延恩縣隸夏州觀察使是月旱穀貴出太倉粟七十萬石開六場糶以惠飢民乙丑桂王綸薨以旱免京畿夏稅十三萬石青苗錢五萬貫六月丙子朔戊寅以天德軍經略使周懷义卒廢朝一日經略使廢朝自懷义始也庚辰以義武軍節度副使渾鎬檢校工部尙書兼定州大都督府長史充義武軍節度使易定觀察使北平軍等使丙戌以左龍武將軍燕重旰爲豐州刺史天德軍豐州二受降城都防禦押蕃落等使乙未置禮賓院於長興里之北丙申以左丞孔戣爲華州刺史潼關防禦鎭國軍等使壬寅制河中晉絳慈隰等州節度使張弘靖守刑部尙書同中書門下平章事秋七月丙午朔乙未以御史大夫趙宗儒檢校尙書右僕射兼河中尹河中晉絳等州節度使戊辰以太子司議郎杜悰爲銀青光祿大夫殿中少監駙馬都尉尙岐陽公主閏八月乙巳朔辛酉以河陽節度使烏重胤兼汝州刺史壬戌以中書舍人王涯屯田郎中韋綬爲皇太子諸王侍讀己巳加田弘正檢校右僕射賞三軍錢二十萬貫九月甲戌朔以洛州

刺史李光顏爲陳州刺史忠武軍都知兵馬使丙戌以山南東道節度使袁滋檢校兵部尚書兼江陵尹荆南節度使以荆南節度使嚴綬檢校司空襄州刺史山南東道節度使乙丑月掩軒轅淮西節度使吳少陽卒其子元濟匿喪自總兵柄乃焚劫舞陽等四縣朝廷遣使弔祭拒而不納壬辰眞臘國朝貢戊戌加河東節度使王鍔檢校司空同平章事以給事中孟簡爲越州刺史浙東觀察使贈吳少陽尚書右僕射冬十月甲辰朔丙午金紫光祿大夫中書侍郎同平章事集賢大學士監修國史上柱國趙國公李吉甫卒甲寅以刑部員外郎令狐楚爲職方員外郎知制誥壬戌以忠武軍節度使韓皐爲吏部尚書以忠武軍節度副使兼陳州刺史李光顏爲許州刺史忠武軍節度使甲子制朕嗣膺寶位于茲十年每推至誠以御方夏庶以仁化臻于太和宵衣旰食意屬於此今淮西一道未達朝經擅自繼襲肆行寇掠將士等迫於受制非是本心思去三面之羅庶遵兩階之義宜以山南東道節度使嚴綬兼充申光蔡等州招撫使仍命內常侍崔潭峻爲監軍戊辰以尚書左丞呂元膺檢校工部尚書東

都留守舊例命留守賜旗甲與方鎮同及元膺受命不賜諫官援華汝壽三州例有賜居守之重不宜獨闕上曰此三處亦宜停賜十一月甲戌朔甲申以吏部尚書韓臯爲太子賓客甲午以御史中丞胡證爲單于大都護振武靈勝等軍節度使丁酉太子太傅范希朝卒戊戌以中書舍人裴度爲御史中丞以左金吾大將軍郭釗檢校工部尚書邠州刺史充邠寧節度使以職方員外郎知制誥令狐楚爲翰林學士十二月甲辰朔丁未鎮武節度使張煦卒辛亥邠寧節度使檢校右僕射閻巨源卒癸丑兵部尚書王紹卒己未右羽林統軍孟元陽卒丙寅太子少保趙昌卒戊辰制以中大夫守尚書右丞上騎都尉賜紫金魚袋韋貫之本官同中書門下平章事

十年春正月癸酉朔乙酉宣武軍節度使韓弘守司徒平章事並如故丙申嚴綬師師次蔡州界己亥制削奪吳元濟在身官爵庚子桂管奏移富州治於故城二月癸卯朔甲辰嚴綬軍爲賊所襲敗於磁丘退守唐州田弘正子布韓弘子公武各率師隸李光顏討賊辛亥以禮部尚書李絳爲華州潼關防禦鎮軍

等使壬戌河東防秋將劉輔殺豐州刺史燕重旰己巳以羽林將軍李彙爲涇原節度使三月壬申朔以右金吾將軍李奉仙爲豐州刺史天德軍西城中城都防禦使己卯以劍南西川節度行軍司馬李程爲兵部郎中知制誥乙酉以虔州司馬韓泰爲漳州刺史以永州司馬柳宗元爲柳州刺史饒州司馬韓曄爲汀州刺史朗州司馬劉禹錫爲播州刺史台州司馬陳諫爲封州刺史御史中丞裴度以禹錫母老請移近處乃改授連州刺史贈故太常卿崔邠禮部尚書李光顏破賊於南頓辛亥盜焚河陰轉運院凡燒錢帛二十萬貫匹米二萬四千八百石倉室五十五間防院兵五百人營於縣南盜火發而不救呂元膺召其將殺之自盜火發河陰人情駭擾壬戌以長安縣令徐俊爲邕管經略使五月辛未朔辛巳御史中丞裴度兼刑部侍郎時度自淮西行營宣慰還所言軍機多合上旨故以兼管寵之丙申李光顏大破賊黨於洄曲自徵兵討賊凡十餘鎮之師環於申蔡未立戰功裴度使還奏曰臣觀諸將惟光顏見義能勇必能立功至是告捷京師相賀上尤賞度之知人六月辛丑朔癸卯鎮州節度

使王承宗遣盜夜伏於靖安坊刺宰相武元衡死之又遣盜於通化坊刺御史中丞裴度傷首而免是日京城大駭自京師至諸門加衞兵宰相導從加金吾騎士出入則彀弦露刃每過里門訶索甚諠公卿持事柄者以家僮兵仗自隨武元衡死數日未獲賊兵部侍郎許孟容請見奏曰豈有國相橫屍路隅不能擒賊因灑泣極言上爲之憤歎乃詔京城諸道能捕賊者賞錢萬貫仍與五品官敢有蓋藏全家誅戮乃積錢三萬貫於東西市京城大索公卿節將複壁重轑者皆搜之庚戌神策將士王士則王士平以盜名上言且言王承宗所使乃捕得張晏等八人誅之乙丑制以朝議郎守御史中丞兼刑部侍郎飛騎尉賜紫金魚袋裴度爲朝請大夫守刑部侍郎同中書門下平章事秋七月庚午朔靈武節度使李光進卒辛未以神策軍長武城使杜叔良爲朔方靈鹽定遠城節度觀察使甲戌詔成德軍節度使王承宗自滌瑕疵累加奬拔列在維藩之任待以忠正之徒謂懷君父之恩克勵人臣之節而動思棄命恣逞非心傲狠反常橫辱無畏以其先祖嘗立忠勳每念含容庶聞悛革曾不知陰謀逆狀久

則逾彰凶德禍機盈而自覆乃敢輕肆指斥妄陳表章潛遣姦人內懷兵刃賊殺元輔毒傷憲臣縱其兇殘無所顧望推窮事迹罪狀昭明周覽讞詞良用驚歎宜令絕其朝貢其所部博野樂壽兩縣本屬范陽宜却隸劉總駙馬都尉王承系太子贊善王承迪丹王府司馬王承榮等並宜遠郡安置先是承宗上表怨咎武元衡留中不報又肆指斥上使持其表以示百官羣臣皆請問罪丙戌涇原節度使李彙卒以將作監王潛爲荊州刺史四鎮北庭涇原節度使乙未以京兆尹裴武爲司農卿以捕賊弛慢故也八月己亥朔日有蝕之丙寅訶陵國遣使獻僧祇僮及五色鸚鵡頻伽鳥并異香名寶丁未淄青節度使李師道陰與嵩山僧圓淨謀反勇士數百人伏於東都進奏院乘洛城無兵欲竊發焚燒宮殿而肆行剽掠小將楊進李再興告變留守呂元膺乃出兵圍之賊突圍而出入嵩岳山棚盡擒之訊其首僧圓淨主謀也僧臨刑歎曰誤我事不得使洛城流血九月癸酉以宣武軍節度使韓弘充淮西行營兵馬都統丁酉以太子賓客韓皐爲兵部尚書冬十月庚子始析山南東道爲兩節度以戶部侍郎

李遜爲襄州刺史充襄復郢均房節度使以右羽林將軍高霞寓爲唐州刺史充唐隨鄧節度使刑部尚書權德輿奏請行用新刪定勅格三十卷從之壬子以太子賓客于頔爲戶部尚書十一月戊辰詔出內庫繒絹五十五萬匹供軍乙亥以山南東道節度使嚴綬爲太子少保戊寅盜焚獻陵寢宮詔發振州兵二千會義武軍以討王承宗十二月壬寅夜太白犯鎮星甲辰李愿擊敗李師道之衆九千斬首二千級壬子東都留守呂元膺請募置三河子弟以衞宮城甲寅越州復置山陰縣庚申新造指南車記里鼓出宮人七十二人置京城寺觀有家者歸之乙丑河東節度使王鍔卒是歲渤海新羅奚契丹黑水南詔牂柯並遣使朝貢

十一年春正月丁卯朔以宿師于野不受朝賀己巳以中書侍郎平章事張弘靖檢校吏部尚書兼太原尹北都留守河東節度使戊寅詔羣臣曰今用兵已久利害相半其攻守之宜罰宥之要宜各具議狀以聞庚辰翰林學士錢徽蕭俛各守本官以上疏請罷兵故也癸未削奪王承宗在身官爵所襲封邑賜武

俊子金吾將軍士卒令河東河北道諸鎭加兵進討甲申盜斷建陵門戟四十
七竿甲子李光顏奏破賊二月癸卯吐蕃贊普卒以中書舍人權知禮部貢舉
賜緋魚袋李逢吉爲門下侍郞同平章事賜紫金魚袋以內庫絹四萬疋賞幽
魏將士甲寅以華州刺史李絳爲兵部尚書丙辰月掩心戊午南詔鑾酋晟龍
晟卒三月庚午皇太后崩于興慶宮之咸寧殿是日羣臣發喪於西宮兩儀殿
以宰臣裴度爲禮儀使吏部尚書韓臯爲大明宮留守設次于中書辛未勅諸
司公事宜權取中書門下處分癸酉分命朝臣告哀于天下甲戌見羣臣于紫
宸門外廡下己卯以宰臣李逢吉充大行皇太后山陵使出內庫繒帛五萬匹
充奉山陵己丑月近鎭星夏四月壬寅西川節度使李夷簡遣使告哀於南詔
后喪邊鎭告四夷舊制也庚戌貶戶部侍郞判度支楊於陵爲郴州刺史坐供
軍有闕也丁巳以徐宿飢賑粟八萬石五月丁卯夜辰歲二宿合于東井宥州
軍亂逐刺史駱怡壬申李光顏破賊于凌雲柵六月甲辰高霞寓敗于鐵城退
保新興柵是日人情恟駭宰相奏對多請罷兵上曰勝負兵家常勢不可以一

將失利便沮成計今但議用兵方略朝廷庶務制置可否耳是夜月掩心後星庚戌田弘正軍討王承宗次于南宮辛酉羣臣上大行太皇后謚曰莊憲秋七月丁丑貶隨唐節度使高霞寓爲歸州刺史以河南尹鄭權爲襄州刺史充山南東道節度使以荊南節度使袁滋爲唐州刺史彰義軍節度使申光唐蔡隨鄧州觀察使權以唐州爲理所以華州刺史裴武爲江陵尹充荊南節度使戊寅以隨州刺史楊旻爲唐州刺史充行營都知兵馬使以滋儒者故復以旻將其兵壬午宣武軍奏破賊八月壬寅以宰臣韋貫之爲吏部侍郎罷知政事貫之以淮西河北兩處用兵勞於供餉請緩承宗而專討元濟與裴度爭論上前故也戊申容州奏颶風海水毀州城甲申附莊憲皇后於豐陵九月丁卯饒州奏浮梁樂平二縣五月內暴雨水溢失四千七百戸溺死者一百七十人丙子新除吏部侍郎韋貫之再貶湖南觀察使辛未貶吏部侍郎韋顗爲陝州刺史刑部郎中李正辭爲金州刺史度支郎中薛公幹爲房州刺史屯田郎中李宣爲忠州刺史考功郎中韋處厚爲開州刺史禮部員外郎崔韶爲果州刺史並

爲補闕張宿所搆言與貫之朋黨故也乙酉蔡州軍前奏拔凌雲柵冬十月丁
巳以刑部尚書權德輿檢校吏部尚書兼興元尹充山南西道節度使丙寅幽
州劉總加平章事鄆州李師道加檢校司空師道聞拔凌雲柵乃懼僞貢款誠
故有是命庚午以司農卿王遂爲宣州刺史宣歙池觀察使以京兆尹李脩爲
潤州刺史浙西觀察使以遂脩常歷計司能聚斂方藉供軍故有斯授壬申勅
諸道奏事官非急切不得乘驛馬丁丑出內庫錢五十萬貫供軍戊寅夜月犯
歲辛巳命內常侍梁守謙監淮西行營諸軍仍以空名告身五百通及金帛付
之戊子夜土火合于虛危十二月丙午以易州刺史陳楚爲定州刺史義武軍
節度使丁未以翰林學士尚書工部侍郎知制誥王涯爲中書侍郎同平章事
甲寅以閑廏宮苑使李愬檢校左散騎常侍兼鄧州刺史充唐隨鄧等州節度
使初置淮潁水運使運楊子院米自淮陰泝流至壽州四千里入潁口又泝流
至潁州沈丘界五百里至于項城又泝流五百里入溵河又三百里輸于郾城
得米五十萬石茭一千五百萬束省汴運七萬六千貫己未邕管奏黃洞賊屠

巖州未央宮及飛草場火京畿水害田潤常湖衢陳許大水是歲冬雷桃杏花
迴鶻靺鞨奚契丹牂柯渤海等朝貢
十二年春正月辛酉朔以用兵不受朝賀癸未貶義武軍節度使渾鎬爲循州
刺史坐討賊失律也甲申貶唐鄧節度袁滋爲撫州刺史以上疏請罷兵故也
乙酉夜星見而雨戊子夜彗出畢南長丈餘指西南凡三日南近參箕而沒二
月壬申出內庫絹布六千九萬段匹銀五千兩付度支供軍庚子勅京城居人
五家相保以搜姦慝時王承宗李師道欲阻用兵之勢遣人折陵廟之戟焚芻
藁之積流矢飛書恐駭京國故搜索以防姦及賊平復得淄青簿領中有賞蒲
潼關吏案乃知容姦者關吏也搜索不足以爲防庚申勅宜於許汝行營側近
置行郾城以處賊中歸降人戶甲寅岳鄂團練使李道古師攻申州剋羅城賊
力戰道古之衆大敗三月壬戌昭義鄰士美兵敗於栢鄉兵士死者千人戊辰
滄州程執恭改名權太常定李吉甫諡曰敬憲度支郎中張仲方非之上怒貶
爲遂州司馬賜吉甫諡曰忠丁丑月犯心後星癸未賊將吳秀琳以文城柵兵

三千降李愬夏四月辛卯李光顏破賊三萬於郾城殺其卒什二三獲馬千匹
器甲三萬辛丑駙馬都尉于季友居嫡母喪與進士劉師服歡宴夜飲季友削
官爵笞四十忠州安置師服笞四十配流連州于頔不能訓子削階己酉出太
倉粟二十五萬石糶于西京以惠飢民庚戌勅改蔡州吳房縣爲遂平縣移置
於文城柵南新城内丁卯賊郾城守將鄧懷金與縣令董昌齡以郾城降甲戌
渭南雨雹中人有死者丙子詔權罷河北行營專討淮蔡五月庚寅朔癸巳隨
唐節度使李愬奏敗賊於吳房獲賊將李佑己亥以尚書左丞許孟容爲河東
留守充都畿防禦使時東畿民戶供軍尤苦車數千乘相錯于路牛皆饋軍民
戶多以驢耕己酉作蓬萊池周廊四百間六月己未朔以衞尉卿程异爲鹽鐵
使代王播時异爲鹽鐵使副自江南收拾到供軍錢一百八十五萬以進故得
代播壬戌賊吳元濟上表請束身歸朝時連破三柵賊勢迫蹙實欲歸朝而制
於左右故不果行乙酉京師大雨含元殿一柱傾市中水深三尺壞坊民二千
家秋七月戊子朔壬辰詔以定州飢募人入粟受官及減選超資河北水災邢

洛尤甚平地或深二丈甲辰戶部尚書于頔請致仕不允嶺南節度使崔詠卒乙酉勅今後左降官及責授正員官等宜從到任經五考滿許量移如未滿五考遇恩赦者從節支處分如犯十惡大逆贓賄緣坐奏取進止庚戌以國子祭酒孔戣爲廣州刺史嶺南節度使丙辰制以中書侍郎平章事裴度守門下侍郎同平章事使持節蔡州諸軍事蔡州刺史充彰義軍節度申光蔡觀察處置等使仍充淮西宣慰處置使以朝散大夫守尚書戶部侍郎上護軍賜紫金魚袋崔羣爲中書侍郎同中書門下平章事以刑部侍郎馬總兼御史大夫充淮西行營諸軍宣慰副使以太子右庶子韓愈兼御史中丞充彰義軍行軍司馬以司勳員外郎李正封都官員外郎馮宿禮部員外郎李宗閔皆兼侍御史爲判官書記從度出征詔以郾城爲行蔡州治所八月戊午朔庚申裴度發赴行營勅神策軍三百人衞從上御通化門勞遣之度望門再拜銜涕而辭上賜之犀帶以河南尹辛祕爲潞府長史昭義軍節度使代郗士美以士美爲工部尚書孟簡爲戶部侍郎戊辰以同州刺史張正甫爲河南尹甲申裴度至郾城九

月丁亥朔戊子出內庫羅綺犀玉金帶之具送度支估計供軍甲午御史臺奏同制除官承前以名字高下爲班位先後或名在前身在外及到却在舊人之上今請以上日爲先後勅曰名在前上日在後未逾月不在此限行立班次郎官以勅內前後爲定戊戌劍南東川節度盧坦卒己亥貶京兆尹竇易直爲金州刺史以鞫獄得贓不實故也辛丑以御史中丞爲京兆尹壬寅以湖廣觀察使韋貫之爲太子詹事分司乙巳以刑部郎中知雜崔元略爲御史中丞丁未以朝議大夫門下侍郎同平章事李逢吉檢校兵部尚書使持節梓州諸軍事梓州刺史充劍南東川節度副大使知節度事庚子以撫州刺史袁滋爲湖南觀察使冬十月壬申裴度往沲口觀板築五溝賊遽至注弩挺刃將及度而李光顏田布扼其歸路大敗之是日度幾陷癸酉內出元和辯謗略三卷付史館甲申以淮南節度使檢校左僕射李鄘爲門下侍郎同中書門下平章事以左丞衛次公代鄘爲淮南節度使己卯隨唐節度使李愬率師入蔡州執吳元濟以獻淮西平甲申詔淮西立功將士委韓弘裴度條疏奏聞淮西軍人一切不

問宜準元勅給復二年十一月丙戌朔御興安門受淮西之俘以吳元濟徇兩市斬於獨柳樹妻沈氏沒入掖庭弟二人子三人配流尋誅之判官劉協等七人處斬錄平淮西功隨唐節度使檢校左散騎常侍李愬檢校尚書左僕射襄州刺史充山南東道節度襄鄧隨唐福郢均房等州觀察等使加宣武軍節度使韓弘兼侍中忠武軍節度使李光顏河陽節度使烏重胤並檢校司空以宣武軍都虞候韓公武檢校左散騎常侍鄜州刺史鄜坊丹延節度使以魏博行營兵馬使田布爲右金吾衞將軍皆賞破賊功也甲午恩王連薨以蔡州郾城爲溵州析上蔡西平遂平三縣隸焉戊申以淮西宣慰副使刑部侍郎馬總爲彰義軍節度留後十二月壬戌以彰義軍節度淮西宣慰處置使門下侍郎同平章事裴度守本官賜上柱國晉國公食邑三千戶以蔡州留後馬總檢校工部尚書蔡州刺史彰義軍節度使溵州潁陳許節度使丙子以右庶子韓愈爲刑部侍郎是歲河南河北水

十三年春正月乙酉朔御含元殿受朝賀禮畢御丹鳳樓大赦天下己丑以文

宣王三十八代孫孔惟晊襲文宣公庚寅勅李師道頻獻表章披露懇誠宜令
諫議大夫張宿往彼宣慰辛亥以禮部尚書王播爲成都尹劍南西川節度使
二月乙亥御麟德殿宴羣臣大合樂凡三日而罷頒賜有差三月庚寅以前劍
南西川節度使李夷簡爲御史大夫丙申以同州刺史鄭絪爲東都留守都畿
汝防禦使庚子以御史大夫李夷簡爲門下侍郎同平章事宰相李鄘守戶部
尚書罷知政事丁未以太子少師鄭餘慶爲左僕射辛亥詔百司職田多少不
均爲弊日久宜令逐司各收職田草粟都數自長官以下除留守至銀臺待罪
請獻德棣二州兼入管內租稅壬戌前東都留守許孟容卒庚辰詔復王承宗
官爵以華州刺史鄭權爲德州刺史橫海軍節度德棣滄景等州觀察使五月
乙酉鳳翔節度使李惟簡卒乙未月近心後星丙辰以忠武軍節度使李光顏
爲滑州刺史義武軍節度使以彰義軍節度使馬總爲許州刺史忠武軍節度
使陳許溵蔡觀察等使戊戌以山南東道節度使李愬爲鳳翔尹鳳翔隴右節
度使辛丑知渤海國務大仁秀檢校祕書監忽汗州都督冊爲渤海國王丙午

以戶部侍郎孟簡檢校工部尚書襄州刺史山南東道節度使六月癸丑朔日有食之乙丑湖南觀察使袁滋卒丁丑以滄景節度使程權爲邠州刺史邠州節度使出內庫絹三十萬匹錢三十萬貫付度支供軍秋七月癸未以新除鳳翔節度使李愬爲徐州刺史武寧軍節度使甲申以田弘正檢校司空乙酉詔削奪淄青節度使李師道在身官爵仍令宣武魏博義成義寧橫海等五鎮之師分路進討辛丑以門下侍郎同平章事李夷簡檢校左僕射同平章事揚州大都督府長史淮南節度使己酉詔諸道節度使先帶度支營田使名者並罷之庚戌以左僕射鄭餘慶爲鳳翔隴右節度使八月壬子以中書侍郎平章事王涯爲兵部侍郎罷知政事戊午以尚書右丞崔從爲興元尹山南西道節度使甲戌太白近左執法乙亥勅應同司官有大功已上親者但非連判及勾檢之官并官長則不在迴避改換之限時刑部員外郎楊嗣復以父於陵除戶部侍郎遂以近例避嫌請出省不從因有是勅丁丑木金水三宿聚於軫戊寅前山南西道節度使權德輿卒九月甲申以左衞將軍高霞寓爲單于大都護振

武麟勝節度使甲辰以戶部侍郎判度支皇甫鎛同中書門下平章事依前判
度支以衛尉卿充諸道鹽鐵轉運使程异爲工部侍郎同中書門下平章事依
前充使是時上切於財賦故用聚斂之臣居相位詔下羣情驚駭宰臣裴度崔
羣極諫不納二人請退熒惑近哭星丁未出內庫絹十萬匹給東軍冬十月甲
寅吐蕃寇宥州壬戌靈武奏破吐蕃二萬於定遠城癸亥前淮南節度使衛次
公卒甲子平涼鎮遏兵馬使郝玼奏收復原州破吐蕃二萬是夜月近昴丙子
以左金吾衛大將軍薛平檢校刑部尚書滑州刺史充義成軍節度使以義成
軍節度使李光顏爲許州刺史充忠武軍節度使陳許觀察等使十一月辛巳
朔夏州破吐蕃五萬靈武奏攻破吐蕃長樂州羅城丁亥以山人柳泌爲台州
刺史爲上於天台山採仙藥故也制下諫官論之不納壬寅以河陽節度使烏
重胤爲滄州刺史橫海軍節度滄景德棣觀察等使丁未以華州刺史令狐楚
爲懷州刺史充河陽三城懷孟節度使十二月辛亥勅左右龍武軍六軍及威
遠營應納課戶共一千八百人衣糧並停仍付府縣收管戊寅軍前擒到李師

道將夏候澄等四十七人詔並釋付魏博及義成軍收管要還賊中者則量事優給放還上顧謂宰臣曰人臣事君但力行善事自致公望何乃好樹朋黨朕甚惡之裴度對曰君子小人未有無徒者君子之徒則同心同德小人之徒是爲朋黨上曰他人之言亦與卿等相似豈易辯之哉度曰君子小人觀其所行當自區別矣上曰凡好事口說則易躬行則難卿等既言之須行之勿空口說度等謝曰陛下處分可謂至矣臣等敢不激勵然天下之人從陛下所行從陛下所言臣等亦願陛下每言之則行之上頗忻納是歲迴紇南詔渤海高麗吐蕃奚契丹訶陵國並朝貢

十四年春正月庚辰朔以東師宿野不受朝賀壬午復置仗內教坊於延政里丁亥徐州軍破賊二萬於金鄉迎鳳翔法門寺佛骨至京師留禁中三日乃送詣寺王公士庶奔走捨施如不及刑部侍郎韓愈上疏極陳其弊癸巳貶愈爲潮州刺史丙申魏博軍破賊五萬於東阿辛巳斬前滄州刺史李宗奭於獨柳樹朝廷初除鄭權滄州宗奭拒詔不受代既而爲三軍所逐乃入朝故誅之癸

卯夜月近南斗魁丙午魏博軍破賊萬人於陽穀二月己酉朔以商州刺史嚴謨爲黔中觀察使乙卯勅淄青行營諸軍所至收下城邑不得妄行傷殺及焚燒廬舍掠奪民財開發墳墓宜嚴加止絶以鎮冀水災賜王承宗綾絹萬匹辛酉襄陽節度使孟簡舉鄭鄉鎮遏使趙潔爲鄭鄉縣令有虧常式罰一月俸料壬戌田弘正奏今月九日淄青都知兵馬使劉悟斬李師道幷男二人首請降師道所管十二州平甲子上御宣政殿受賀己巳上御興安門受田弘正所獻賊俘羣臣賀於樓下庚午制以淄青兵馬使金紫光祿大夫試殿中監兼監察御史劉悟檢校工部尚書滑州刺史充義成軍節度使封彭城郡王食邑三千戶賜錢二萬貫莊宅各一區癸酉田弘正加檢校司徒同中書門下平章事三月己卯朔丁酉上以齊魯初平宴羣臣於麟德殿賜物有差戊子以華州刺史馬總鄆濮曹等州觀察等使己丑以義成軍節度使薛平爲青州刺史充平盧軍節度淄青齊登萊等州觀察等使以淄青四面行營供軍使王遂爲沂州刺史充沂海兗密等州都團練觀察等使析李師道所據十二州爲三鎮也庚寅

浙西觀察使李僑卒辛卯李師道妻魏氏幷男沒入掖庭堂弟師賢師智姪弘巽配流乙未以中書舍人衞中行華州刺史潼關防禦鎭國軍等使辛丑上顧謂宰臣曰聽受之間大是難事推誠選任所謂委寄必合盡心及至所行臨事無不偏黨朕臨御已來歲月斯久雖不明不敏然漸見物情每於行爲務欲詳審比令學士集前代昧政之事爲辯謗略每欲披閱以爲鑒誡耳崔羣對曰無情曲直辯之至易稍懷欺詐審之實難故孔子有衆好衆惡之論浸潤膚受之說蓋以曖昧難辯故也若擇賢而任之待之以誠糺之以法則人自歸公孰敢行爲陛下詳觀載籍以廣聽明實天下幸甚丁未以撫州司馬令狐通爲右衞將軍給事中崔植封還制書言通前刺史壽州用兵失律未宜獎用上令宰臣諭植以通父彰有功不忍遂棄其子其制方行夏四月戊申朔乙卯太白順行近東井戊午以刑部尚書李愿爲鳳翔尹充鳳翔隴右節度使丙寅詔諸道節度都團練防禦經略等使所管支郡除本軍州外別置鎭遏守捉兵馬者並合屬刺史如刺史帶本州團練防禦鎭遏等使其兵馬額便隸此使如無別使卽

屬軍事其有邊於谿洞連接蕃蠻之處特建城鎮不關州郡者不在此限辛未
工部侍郎同平章事諸道鹽鐵轉運等使程异卒丙子制金紫光祿大夫門下
侍郎同中書門下平章事兼弘文館大學士上柱國晉國公食邑三千戶裴度
可檢校左僕射兼門下侍郎平章事太原尹北都留守充河東節度觀察處置
等使五月戊寅朔以刑部侍郎柳公綽充鹽鐵轉運等使庚辰以楚州刺史李
聽爲夏州刺史夏綏銀宥等州節度使丙戌以河東節度使檢校吏部尚書同
平章事張弘靖爲吏部尚書以忠武軍節度使李光顏爲邠寧慶節度使仍以
忠武軍六千人赴鎮庚寅以工部尚書郗士美檢校刑部尚書許州刺史充忠
武軍節度使是夜月近心大星己亥置臨海監牧命淮南節度使兼之勅李師
古妻裴氏女宜娘於鄧州安置李宗奭妻韋氏放出掖庭坐李師道族人籍沒
上愍之宥以輕典以宣歙觀察使竇易直爲潤州刺史充浙西觀察使韓弘進
助平淄青絹二十萬匹女樂十人女樂還之六月丁未朔癸丑以福建觀察使
元錫爲宣州刺史宣歙池觀察使庚申以戶部侍郎歸登爲工部尚書以鄭州

刺史裴乂爲福州刺史福建觀察使辛酉勅定州大都督府復上州甲子以前兵部尚書李絳檢校吏部尚書河中尹充河中晉絳慈隰觀察使癸酉詔左金吾大將軍胡證充京西北巡邊使所經鎭戍與守將審量利害具事實奏聞秋七月丁丑朔戊寅汴州韓弘來朝己卯左散騎常侍致仕薛苹卒乙酉夜月掩心大星辛巳羣臣上尊號曰元和聖文神武法天應道皇帝是日御宣政殿受冊禮畢御丹鳳樓大赦天下京畿今年秋稅青苗榷酒等錢每貫量放四百文元和五年已前逋租賦並放甲午韓弘進絁絹二十八萬疋銀器二百七十事丁酉以河陽三城懷州節度使朝議郎使持節懷州諸軍事守懷州刺史兼御史大夫賜紫金魚袋令狐楚可朝議大夫守中書侍郎同中書門下平章事壬寅以永州刺史韋正武爲邕管經略使癸卯以前黔中觀察使魏義通爲懷州刺史河陽三城懷孟節度使沂州軍亂殺節度使王遂甲辰以棣州刺史曹華爲沂州刺史充沂海兗密等州都團練觀察使乙巳罷晉州防禦使八月丁未朔己酉制宣武軍節度副大使知節度事汴宋亳穎等州觀察處置等使開府

儀同三司守司徒兼侍中汴州刺史上柱國許國公食邑三千戶韓弘可守司徒兼中書令弘堅辭戎鎮故也癸丑以吏部尚書張弘靖爲檢校尚書左僕射同平章事汴州刺史宣武軍節度使甲寅於襄州穀城縣置臨漢監以牧馬仍令山南東道節度使兼充監牧使戊午王承宗進位檢校左僕射己未田弘正來朝上謂宰臣曰天下事重一日不可曠廢若遇連假不坐有事即詣延英請對崔羣以殘暑方甚目同列將退上止之曰數日一見卿等時雖暑熱朕不爲勞久之方罷丁亥宴田弘正與大將判官二百人於麟德殿賜物有差戊辰陳許節度使檢校刑部尚書郗士美卒九月丙子朔戊寅考功郎中蕭祐進古畫古書二十卷斬沂州亂首王弁于東市癸未以國子祭酒李遜檢校禮部尚書許州刺史忠武軍節度陳許殷蔡等觀察使庚寅貶右衞大將軍田縉爲衡王傅縉前鎮夏州私用軍糧四萬石強取党項羊馬致党項引吐蕃入寇故也甲午以太子少師鄭餘慶兼判國子祭酒辛丑以田弘正兄相州刺史田融檢校刑部尚書兼太子賓客分司東都甲辰以魏博節度使光祿大夫檢校司徒同

平章事兼魏州大都督長史上柱國沂國公食邑三千戶田弘正依前檢校司徒兼侍中賜實封三百戶時弘正三上表乞留闕庭不許乙巳上顧謂宰臣曰朕讀玄宗實錄見開元初銳意求理至十六年已後稍似懈倦開元末又不及中年何也崔羣對曰玄宗少歷民間身經迍難故卽位之初知人疾苦躬勤庶政加之姚崇宋璟蘇頲盧懷慎等守正之輔孜孜獻納故致治平及後承平日久安於逸樂漸遠端士而近小人宇文融以聚斂媚上心李林甫以奸邪惑上意加之以國忠故及於亂願陛下以開元初爲法以天寶末爲戒卽社稷無疆之福也時皇甫鎛以詔刻欺蔽在相位故羣因奏以諷之冬十月丙午朔壬戌安南軍亂殺都護李象古幷家屬部曲千餘人皆遇害丙寅以唐州刺史桂仲武爲安南都護潮州刺史韓愈爲袁州刺史是月吐蕃寇鹽州十一月乙亥朔以戶部尚書李鄘爲太子賓客東都留守辛卯靈武大將史奉敬破吐蕃於鹽州城下賜奉敬實封五十戶賞之丁酉以原王傅鄭權爲右金吾大將軍充右街使上服方士柳泌金丹藥起居舍人裴潾上表切諫以金石含酷烈之性加

燒錬則火毒難制若金丹已成且令方士自服一年觀其效用則進御可也上怒己亥貶裴潾爲江陵令十二月乙巳朔庚戌國子祭酒鄭餘慶奏見任文官一品至九品外使兼京正員官者每月於所請料錢每貫抽十文修國子監從之乙卯以諫議大夫守中書侍郎同中書門下平章事上柱國賜紫金魚袋崔羣爲潭州刺史兼御史大夫充湖南觀察使爲皇甫鎛所譖及羣被貶人皆切齒於鎛

十五年春正月甲戌朔上以餌金丹小不豫罷元會庚辰鎮冀觀察使王承宗奏鎮冀深趙等州每州請置錄事參軍一員判司二員每縣請置令一員從之壬午以前湖南觀察使崔倰權知戸部侍郎判度支丙戌沂海四州觀察使府移置於兖州改觀察使曹華爲兖州刺史乙未命邠寧李光顏修築鹽州城此月七日已後晝常陰晦微雨雪夜則晴明凡十七日方澄霽丙申月犯心大星光彩相及廢齊州豐齊縣入長清廢全節縣入歷城廢章丘縣入亭山縣義成軍節度使劉悟來朝戊戌上對悟於麟德殿上自服藥不佳數不視朝人情恟

懼及悟出道上語京城稍安庚子以少府監韓璀爲鄜州刺史鄜坊丹延節度使是夕上崩於大明宮之中和殿享年四十三時以暴崩皆言內官陳弘志弒逆史氏諱而不書辛丑宣遺詔壬寅移仗西內五月丁酉羣臣上謚曰聖神章武孝皇帝廟號憲宗庚申葬于景陵

史臣蔣係曰憲宗嗣位之初讀列聖實錄見貞觀開元故事竦慕不能釋卷顧謂丞相曰太宗之創業如此玄宗之致理如此既覽國史乃知萬倍不如先聖當先聖之代猶須宰執臣寮同心輔助豈朕今日獨能爲理哉自是延英議政晝漏率下五六刻方退自貞元十年已後朝廷威福日削方鎮權重德宗不委政宰相人間細務多自臨決姦佞之臣如裴延齡輩數人得以錢穀數術進宰相備位而已及上自藩邸監國以至臨御訖于元和軍國樞機盡歸之於宰相由是中外咸理紀律再張果能翦削亂階誅除羣盜睿謀英斷近古罕儔唐室中興章武而已任异鎛之聚斂逐羣度於藩方政道國經未至衰紊惜乎服食過當閹豎竊發苟天假之年庶幾于理矣

贊曰貞元失馭羣盜箕踞章武赫斯削平噓聚我有宰衡耀德觀兵元和之政

聞于頌聲

舊唐書卷十五

舊唐書卷十五考證

憲宗本紀卷下十年六月捕得張晏等八人○臣德潛按此王承宗所使刺殺宰相武元衡者也新書元衡傳張晏等十八人

十二年九月辛丑以御史中丞爲京兆尹○御史中丞下闕名

十二年十月己卯隨唐節度使李愬率師入蔡州執吳元濟以獻淮西平○沈炳震曰新書癸酉此己卯新書執元濟日此奏到日也

舊唐書卷十五考證

舊唐書卷十六

後晉司空同中書門下平章事劉昫撰

本紀第十六

穆宗

穆宗睿聖文惠孝皇帝諱恆憲宗第三子母曰懿安皇后郭氏貞元十一年七月生於大明宮之別殿初名宥封建安郡王元和元年八月進封遂王五年三月領彰義軍節度大使七年十月冊爲皇太子改今諱十五年正月庚子憲宗崩丙午卽皇帝位於太極殿東序是日召翰林學士段文昌杜元穎沈傳師李肇侍讀薛放丁公著對於思政殿並賜金紫丁未集羣臣班於月華門外貶門下侍郎同平章事皇甫鎛爲崖州司戶戊申上見宰臣於紫宸門外辛亥以朝議郎守御史中丞飛騎尉襲徐國公賜緋魚袋蕭俛爲朝散大夫守中書舍人翰林學士武騎尉賜紫金魚袋段文昌爲中書侍郎同平章事上始御延英對宰臣詔曰山人柳泌輕懷左道上惑先朝固求牧人貴欲疑衆自知虛誕仍更

逋逃僧大通醫方不精藥術皆妄旣延禍釁俱是姦邪邦國固有常刑人神所宜共棄付京兆府決杖處死金吾將軍李道古貶循州司馬憲宗末年銳於服餌皇甫鎛與李道古薦術人柳泌僧大通待詔翰林泌於台州爲上鍊神丹上服之日加躁渴遽棄萬國甲寅二王後介國公宇文仲達卒有司舉舊典葬祭之以監察御史李德裕右拾遺李紳禮部員外郎庾敬休並守本官充翰林學士丁巳以劍南東川節度使李逢吉爲襄州刺史充山南東道節度使以吏部侍郎王涯檢校禮部尚書梓州刺史充劍南東川節度使己未改恆岳爲鎮岳恆州爲鎮州定州恆陽縣爲曲陽縣恆王房子孫改爲泜王房丙寅以右神策大將軍張維清爲單于大都護充振武麟勝節度使丁卯上及羣臣皆釋服從吉戊辰羣臣始朝於宣政衙是夜地震庚午冊大行皇帝貴妃郭氏爲皇太后貶諫議大夫李景儉爲建州刺史二月癸酉朔丁丑御丹鳳樓大赦天下宣制畢陳俳優百戲於丹鳳門內上縱觀之丁亥幸左神策軍觀角抵及雜戲日昃而罷癸巳罷邕管經略使所管州縣隸邕府甲午以桂管觀察使裴行立爲安

南都護充本管經略使乙未以太僕卿杜式方爲桂州刺史充桂管觀察使丙申冊王逾薨丁酉勅入迴紇使宜與私覿正員官十三員入吐蕃使與八員庚子太子賓客呂元膺卒辛丑以戶部侍郎楊於陵爲戶部尚書壬寅勅舉賢良方正直言極諫等科目人宜令中書門下尚書省四品已上於尚書省同試三月癸卯朔贈皇太后父郭曖太傅母號國大長公主贈齊國大長公主壬子召侍講學士韋處厚路隨於太液亭講毛詩關雎尚書洪範等篇既罷並賜緋魚袋左右軍中尉馬進潭梁守謙魏弘簡等請立門戟從之以太子詹事分司東都韋貫之爲河南尹丁巳御史中丞崔植奏元和十二年勅御史臺三院御史據除拜上日爲後未上日不得計月數又准其年九月十七日勅踰一箇月不在此限行立班次即宜以勅內先後爲定臣觀此後勅未便事宜請自今後三院御史職事行立一切依勅文先後爲定除拜上日便爲月數從之戊午吏部尚書趙宗儒奏先奉勅先朝所放制科舉人令與中書門下四品已上官同於尚書省就試者臣伏以制科所設本在親臨南省策試亦非舊典今覃恩既畢

庶政惟新況山陵日近公務繁迫待問之士就試非多臣等商量恐須停罷從之罷申州歲貢茶乙丑以皇太后兄司農卿郭釗爲刑部尚書兼司農卿右金吾衞大將軍郭鏦檢校工部尚書丁卯貶太子賓客留司東都孟簡爲吉州員外司馬戊辰夜大風雹夏四月壬申朔丁丑澧王寬薨乙酉三恪酅國公楊造卒丁亥勑內侍省見管高品官白身都四千六百一十八人除官員一千六百九十六人外其餘單貧無屋室居止宜每人加衣糧半分五月壬寅朔癸卯詔以國用不足應天下兩稅鹽利榷酒稅茶及戸部闕官除陌等錢兼諸道雜榷稅等應合送上都及留州留使諸道支用諸司使職掌人課料等錢並每貫除舊墊陌外量抽五十文仍委本道本司本使據數逐季收計其諸道錢便差綱部送付度支收管待國用稍充即依舊制其京百司俸料文官已抽修國學不可重有抽取武官所給校簿亦不在抽取之限壬子詔入景陵玄宮合供千味食魚肉肥鮮恐致薰穢宜令尚藥局以香藥代食庚申葬憲宗於景陵六月辛未朔丁丑以司徒兼中書令韓弘爲河中尹充河中晉絳慈隰等州節度使安

南都護桂仲武奏誅賊首楊清收復安南府戊寅以金吾將軍李佑檢校左散騎常侍兼夏州刺史充夏綏銀宥節度使代李聽以聽爲靈州大都督府長史充朔方靈鹽節度使以中書舍人王仲舒爲洪州刺史御史中丞充江西觀察使己卯放京兆府今年夏青苗錢八萬三千五百六十貫宜委令狐楚以楚山陵用不盡綾絹准實估付京兆府代所放青苗錢庚辰加邠寧慶節度使李光顏特進以城鹽州之功也以考功員外郎史館修撰李翺爲朗州刺史坐與李景儉相善故也癸未併兗州萊蕪縣入乾封縣己丑工部尚書歸登卒壬辰詔帝王所重者國體所切者人情苟得其體必臻於大和如失其情是曲於小利況設官求理須祿責功教既有常寧宜就減近以每歲經費量入數少外官俸料據數收貫朕再三思度終所未安今則歲屬豐登兵方偃息自宜克己以足用何得剝下以爲謀臨軒載懷實所增愧其今年五月勅應給用錢每貫抽五十文都計一百五十萬貫宜併停抽仍出內庫錢三十七萬五千貫付度支給用初憲宗用兵擢皇甫鎛爲相苛斂剝下人皆咎之以至譴逐至是宰臣創抽

貴之利制下人情不悅故罷之癸巳皇太后移居興慶宮皇帝與六宮侍從大合宴于南內迴幸右軍頒賜中尉等有差自是凡三日一幸左右軍及御宸暉九仙等門觀角抵雜戲秋七月辛丑朔壬寅以河中晉絳觀察使李絳爲兵部尚書甲辰以大理卿孔戣爲潭州刺史湖南觀察使乙巳詔皇太后就安長樂朝夕承顏慈訓所加慶感兼極今月六日是朕載誕之辰奉迎皇太后於宮中上壽朕既深歡慰欲與臣下同之其日百寮命婦宜於光順門進名參賀朕於光順門內殿與百寮相見永爲常式非典也鄆曹濮等州節度賜號天平軍從馬總奏也丙午勅乙巳詔書載誕受賀儀宜停先是左丞韋綬奏行之宰臣以古無降誕受賀之禮奏罷之丁未苑內假山毀壓死役者七人自五月不雨至此月壬子始雨甲寅御新成永安殿觀百戲極歡而罷乙卯勅自今後新除節度觀察使到任日具見在錢帛斛斗器械數目分析以聞安南都護裴行立卒是日上幸安國寺觀盂蘭盆邕管經略使楊旻卒平盧軍新加押新羅渤海兩蕃使賜印一面許諸巡官一人新作寶慶殿庚申夜熒惑入羽林壬戌盛飾安

國慈恩千福開業章敬等寺縱吐蕃使者觀之丙寅以新成承安殿與中宮貴
主密宴以樂之嬪妃皆預丁卯以門下侍郎平章事令狐楚爲宣州刺史兼御
史大夫充宣歙池觀察使楚爲山陵使縱吏于翬刻下不給工徒價錢積留錢
十五萬貫爲羨餘以獻故及于貶八月庚午朔辛未兵部尚書楊於陵總百寮
錢貨輕重之議取天下兩税榷酒鹽利等悉以布帛任土所産物充税並不徵
見錢則物漸重錢漸輕農人見免賤賣匹段請中書門下御史臺諸司官長重
議施行從之癸酉太子少傅致仕李鄘卒甲戌安南都護桂仲武斬叛將楊清
首以獻收復安南府乙亥賜教坊錢五千貫充息利本錢御勤政樓問人疾苦
前江西觀察使裴次元卒己卯月掩牽牛同州雨雪害秋稼京兆府戶曹參軍
韋正牧專知景陵工作刻削廚料充私用計贓八千七百貫文石作專知官奉
仙縣令于翬刻削計贓一萬三千貫並宜決重杖處死壬辰幸魚藻池發神策
軍二千人浚魚藻池戊戌以朝議郎守御史中丞武騎尉賜紫金魚袋崔植爲
朝散大夫守中書侍郎同中書門下平章事己亥宣歙觀察使令狐楚再貶衡

州刺史九月庚子朔改河北稅鹽使爲榷鹽使辛丑大合樂於魚藻宮觀競渡又召李愬李光顏入朝欲於重陽日宴羣臣拾遺李珏等上疏諫云元朔未改園陵尚新雖易月之期俯從人欲而三年之制猶服心喪夫遏密弛禁蓋爲齊人合樂內庭事將未可不聽乙巳以駕部郎中知制誥李宗閔爲中書舍人宋州大水損田六千頃戊申以重陽節曲宴郭釗兄弟貴戚主壻等於宣和殿己酉大雨三日至是雨雪樹木無風而摧仆者十五六以吏部侍郎崔羣爲御史大夫滄景水損田戊午加河東節度使金紫光祿大夫檢校尚書右僕射兼門下侍郎同平章事太原尹北都留守上柱國晉國公食邑三千戶裴度守司空門下侍郎同平章事以邠寧節度使檢校司空邠州刺史上柱國武威郡開國公食邑二千戶李光顏並同中書門下平章事又以武寧軍節度徐泗濠等州觀察等使檢校尚書左僕射徐州刺史上柱國涼國公食邑三千戶李愬爲同中書門下平章事潞州大都督府長史充昭義軍節度澤潞磁邢洺觀察處置等使夏州奏移宥州于長澤縣置辛酉宴李光顏李愬於麟德殿頒賜優厚以

袁州刺史韓愈爲朝散大夫守國子祭酒復賜金紫丙寅以御史大夫崔羣檢校兵部尚書徐州刺史充武寧軍節度徐泗宿濠觀察等使以將作監崔能爲廣州刺史充嶺南節度使丁卯以兵部尚書李絳爲御史大夫戊辰以前嶺南節度使孔戣爲吏部侍郎冬十月庚午朔闍婆國遣使朝貢庚辰宰相與吐蕃使於中書議事京百司共賜錢一萬貫仰御史臺據司額大小公事閑劇均之成德軍節度使王承宗卒其弟承元上表請朝廷命帥遣起居舍人柏耆宣慰之辛巳金公亮修成指南車記里鼓車壬午吐蕃寇涇州命中尉梁守謙將神策軍四千人及八鎮兵赴援乙酉以魏博等州節度觀察等使光祿大夫檢校司徒兼侍中魏博大都督府長史上柱國沂國公食邑三千戶實封三百戶田弘正可檢校司徒兼中書令鎮州大都督府長史成德軍節度鎮冀深趙等州觀察處置等使以鎮冀深趙等觀察度支使朝議郎試金吾左衞胄曹參軍兼監察御史王承元可銀青光祿大夫檢校工部尚書使持節滑州諸軍事守滑州刺史御史大夫充義成軍節度鄭滑等州觀察等使以昭義節度使檢校尚

書左僕射同中書門下平章事李愬可本官爲魏州大都督府長史充魏博等州節度觀察等使以義成軍節度使劉悟依前檢校右僕射兼潞州大都督府長史充昭義節度澤潞邢洺磁等州觀察等使以左金吾將軍田布爲檢校左散騎常侍兼懷州刺史御史大夫充河陽三城懷孟節度使乙酉涇州奏吐蕃退去時夏州節度使田縉貪猥侵刻党項羌羌引西蕃入寇賴郝玼李光顏奮命拒之方退丁亥西川奏吐蕃侵雅州令發兵鎮守東川節度使王涯陳破吐蕃策言以厚賂北蕃俾入西蕃據地得人多少賞之十一月乙亥朔癸卯制朕聞帝王丕宅四海子育羣生如天無不覆如日無不燭乃睠冀方初喪戎帥念乎三軍之事洎于四州之人或懷忠積誠而思用莫展或災荒兵役而望恤何階今則昌運一開誠節咸著王承元首陳章疏願赴闕庭永念父兄之忠克固君臣之義已加殊獎別委重藩又念成德軍將士等叶謀向義丹款載申咸欲効其器能各宜列之爵秩大將史重歸牛元翼已超授寵榮今更都加厚賜宜令諫議大夫鄭覃往鎮州宣慰賜錢一百萬貫王澤所洽天網方恢宥過釋寃

與人休泰其曾內見禁囚徒罪無輕重並宜釋放朕以武俊之勳勞光于彝鼎士真之恭恪繼被節旄承宗感恩亦克立効永言十代之宥俾賜一門之榮承宗兄弟已授官爵其承宗葬事亦差官監視務令周厚丁未封王承宗祖母李氏爲晉國太夫人辛亥田弘正奏王承元以今月九日領兵二千人赴鎭滑州成德軍徵賞錢頗急乃命柏耆先往諭之以華州刺史衞中行爲陝州長史充陝虢觀察使以宗正卿李翺爲華州刺史潼關防禦鎭國軍使乙卯上幸金吾將軍郭鏦城南莊鏦以莊爲獻戊午詔曰朕來日暫往華清宮至暮却還御史大夫李鋒常侍崔元略已下伏延英門切諫上曰朕以成行不煩章疏諫官再三論列是日田弘正奏今月十六日入鎭州訖己未上由複道出城幸華清宮左右中尉擗仗六軍諸使諸王駙馬千餘人從至晚還宮癸亥檢校司徒兼太子少師鄭餘慶卒以渭州刺史涇原行營兵馬使保定郡王郝玼爲慶州刺史玼勇將深入吐蕃接戰朝廷恐失勇將故移之內地十二月己巳朔戊寅召故女學士宋若華妹若昭入宮掌文奏壬午幸右軍擊鞠遂畋於城西丙戌前昭

義軍節度使辛祕卒己丑以庫部郎中知制誥牛僧孺爲御史中丞嶺南奏崖州司戶參軍皇甫鏄卒丙申以司門員外郎白居易爲主客郎中知制誥是歲計戶帳戶總二百三十七萬五千四百口總一千五百七十六萬定鹽夏劍南東西川嶺南黔中邕管容管安南合九十七州不申戶帳

長慶元年正月己亥朔上親薦獻太清宮太廟是日法駕赴南郊日抱珥宰臣賀於前辛丑祀昊天上帝於圓丘即日還宮御丹鳳樓大赦天下改元長慶內外文武及致仕官三品已上賜爵一級四品已下加一階陪位白身人賜勳兩轉應緣大禮移仗宿衛御樓兵仗將士普恩之外賜勳爵有差仍准舊例賜錢物二十萬四千九百六十端匹禮畢羣臣於樓前稱賀仗退上朝太后於興慶宮壬寅夏州節度使奏浙東湖南等道防秋兵不習邊事請留其兵甲歸其人靈武節度使李聽奏請於淮南忠武武寧等道防秋兵中取三千人衣賜月糧賜當道自召募一千五百人馬驍勇者以備邊仍令五十人爲一社每一馬死社人共補之馬永無闕從之癸卯以河陽懷節度使田布爲涇州刺史充四鎮

北庭行營涇原節度使以刑部尚書兼司農卿郭釗檢校戶部尚書懷州刺史充河陽三城懷節度使以涇原節度使王潛檢校兵部尚書江陵尹充荆南節度使乙巳鄜坊節度使韓璀改名充己酉以前檢校大理少卿駙馬都尉劉士涇爲太僕卿給事中韋弘景薛存慶封還詔書上諭之曰士涇父昌有邊功久爲少列十餘年又以尚雲安公主朕欲加恩制官勑下制命始行翰林學士司勳員外郎李德裕上疏曰臣見國朝故事駙馬國之親密不合與朝廷要官往來開元中禁止尤切近日駙馬多至宰相及要官宅此輩無他才可以延接唯是漏洩禁密交通中外伏望宣示駙馬等今後有事任至中書見宰臣此外不得至宰臣及臺省官私第從之戊午夜星孛于翼壬戌制朝議大夫守門下侍郎同中書門下平章事徐國公蕭俛爲尚書右僕射累表乞罷政事故也癸亥以左散騎常侍崔元略爲黔州刺史充黔中觀察使丁卯星孛於辰近太微西垣南第一星二月戊辰朔癸酉以尚書右僕射蕭俛爲吏部尚書甲戌以檢校右僕射兼吏部尚書韓皐守右僕射乙亥夜太白犯昴丙子上觀雜伎樂於麟

德殿歡甚顧謂給事中丁公著曰比聞外間公卿士庶時為歡宴蓋時和民安
甚慰予心公著對曰誠有此事然臣之愚見風俗如此亦不足嘉百司庶務漸
恐勞煩聖慮上曰何至於是對曰夫賓宴之禮務達誠敬不繼以淫故詩人美
樂且有儀譏屢舞前代名士良辰宴聚或清談賦詩投壺雅歌以杯酌獻酬
不至於亂國家自天寶已後風俗奢靡宴席以諠譁沉湎為樂而居重位秉大
權者優雜倨肆於公吏之間曾無愧恥公私相效漸以成俗由是物務多廢獨
聖心求理安得不勞宸慮乎陛下宜頒訓令禁其過差則天下幸甚時上荒于
酒樂公著因對諷之頗深嘉納己卯幽州節度使劉總奏請去位落髮為僧又
請分割幽州所管郡縣為三道請支三軍賞設錢一百萬貫壬申以中書侍郎
平章事段文昌檢校刑部尚書同平章事成都尹充劍南西川節度等使以朝
散大夫尚書戶部侍郎知制誥翰林學士上柱國建安縣開國男杜元穎守本
官同中書門下平章事以劍南西川節度使王播為刑部尚書充鹽鐵轉運使
乙酉天平軍節度使馬總奏當道見管軍士三萬三千五百人從去年正月已

後情願居農者放逃亡者不捕先是平定河南及王承元去鎮州宰臣蕭俛等不顧遠圖乃獻銷兵之議請密詔天下軍鎮每年限百人內破八人逃死故總有是奏丁亥夜月犯歲星在尾十三度辛卯寒食節宴羣臣於麟德殿頒賜有差壬辰刑部侍郎李建卒癸巳九姓迴紇毗伽保義可汗卒三月丁酉朔浙東奏移明州於鄮縣置劉總進馬一萬五千匹甲辰鄭滑節度使王承元祖母晉國太夫人李氏來朝既見上令朝太后於南內丁未宗正寺奏准貞元二十一年敕宗子陪位放五百七十人出身准今年敕放三百人伏緣人數至多不霑恩澤乞降特恩更放二百人出身從之平盧薛平奏海賊掠賣新羅人口於緣海郡縣請嚴加禁絕俾異俗懷恩從之戊申罷京西京北和糴使擾人故也罷河北榷鹽法許約計課利都數付榷鹽院庚戌以左丞韋綬爲禮部尚書是夜太白近五車辛亥命給事中韋弘慶充幽州宣慰使左拾遺狄兼謨副之鹽鐵使王播奏江淮鹽估每㪷加五十文兼舊三百文癸丑以幽州盧龍軍節度副大使知節度事押奚契丹兩蕃經略等使檢校司空同中書門下平章事楚國

公劉總可檢校司徒兼侍中天平軍節度鄆曹濮等州觀察等使以宣武軍節度使檢校右僕射同平章事張弘靖爲檢校司空同平章事兼幽州大都督府長史充幽州盧龍軍節度使從劉總所奏故也以鳳翔節度使李愿檢校司空汴州刺史充宣武軍節度使以邠寧節度使李光顏爲鳳翔尹依前檢校司空平章事充鳳翔隴右節度使以右衞大將軍高霞寓檢校工部尚書邠州刺史充邠寧節度使諫官上疏論霞寓敗軍左謫未宜拜方鎮不從乙卯以權知京兆尹盧士玫爲瀛州刺史充瀛莫等州都團練觀察使從劉總奏析置也丁巳制劉總已極上台仍移重鎮兄弟子姪各授官榮大將賓寮亦宜超擢幽州百姓給復一年賜三軍賞設錢一百萬貫令宣慰使薛存慶與弘靖計會支給戊午封皇弟憬爲鄜王悅爲瓊王惇爲沔王懌爲婺王愔爲茂王怡爲光王協爲淄王憺爲衢王惋爲澶王皇子湛爲景王涵爲江王湊爲漳王溶爲安王瀍爲潁王以兵部侍郎柳公綽爲京兆尹兼御史大夫己未以屯田員外郎李德裕爲考功郎中左補闕李紳爲司勳員外郎並依前知制誥翰林學士勅今年錢

擻下進士及第鄭朗等一十四人宜令中書舍人王起主客郎中知制誥白居易等重試以聞甲子劉總請以私第爲佛寺乃遣中使賜寺額曰報恩幽州奏劉總堅請爲僧又賜以僧衣賜號大覺總是夜遁去幽州人不知所之乙丑以漳州刺史韓泰爲郴州刺史汀州刺史韓曄爲永州刺史循州刺史陳諫爲道州刺史量移也夏四月丙寅朔授劉總弟約及總男等一十一人官內五人爲刺史餘朝班環衞庚午易定奏劉總已爲僧三月二十七日卒于當道界贈太尉甲戌祕書監蔣乂卒丙子以前天平軍節度使馬揔復爲天下節度使丁丑詔國家設文學之科本求才實苟容僥倖則異至公訪聞近日浮薄之徒扇爲朋黨謂之關節干擾主司每歲策名無不先定永言敗俗深用興懷鄭朗等昨令重試意在精覈藝能不於異常之中固求深僻題目貴令所試成就以觀學藝淺深孤竹管是祭天之樂出於周禮正經閱其呈試之文都不知其本事辭律鄙淺蕪累何多亦令宣示錢擻庶其深自懷愧誠宜盡棄以警將來但以四海無虞人心方泰用弘寬假式示殊恩孔温業趙存約竇洵直所試粗通與及

第盧公亮等十一人可落下自今後禮部舉人宜准開元二十五年勅及第人
所試雜文并策送中書門下詳覆貶禮部侍郎錢徽爲江州刺史中書舍人李
宗閔爲劍州刺史右補闕楊汝士爲開州開江令戊寅宰臣崔植杜元穎奏請
坐日所有君臣獻替事關禮體便隨日撰錄號爲聖政紀歲終付史館從之事
亦不行丙戌正衙命使冊九姓迴紇爲登羅羽錄沒密施句主錄毘伽可汗辛
卯以衡州刺史令狐楚爲郢州刺史吉州司馬孟簡爲睦州刺史壬辰詔百辟
卿士宜各徇公勿爲朋黨甲午以張弘靖入幽州受朝賀中書門下奏燕薊八
州平准禮宜告陵廟從之五月丙申朔戊戌以刑獄淹滯立程凡大事大理寺
三十五日詳斷訖申刑部三十日聞奏中事大理寺三十日刑部二十五日小
事大理寺二十五日刑部二十日所斷罪二十件已上爲大十件已上爲中十
件已下爲小刑部四覆官大理六丞每月常須二十已入省寺其廚料令戶部
加給從中丞牛僧孺奏也己亥貶考功員外郎李渤爲虔州刺史以前書宰相
考辭太過宰相杜元穎等奏貶之癸卯幽州大將李參已下十八人並爲刺史

及諸衞將軍己酉右散騎常侍致仕柳登卒辛亥造百尺樓於宮中壬子加茶榷舊額百文更加五十文從王播奏拾遺李珏上疏論其不可疏奏不報丙辰建王審薨丁巳滄州先置景州於弓高縣置歸化縣於福壽草市並宜停廢壬戌幽州宣慰使給事中薛存慶卒於鎮州癸亥勅先置溵州於郾城宜廢其郾城上蔡西平遂平兩縣復隸蔡州皇妹太和公主出降迴紇登羅骨沒施合毘伽可汗甲子命金吾大將軍胡證充送公主入迴紇使兼冊可汗又以太府卿李銳爲入迴紇婚禮使六月乙丑朔辛未吐蕃犯青塞堡甲申賜御史中丞牛僧孺金紫秋七月乙未朔壬寅月掩房次廂壬子羣臣上尊號曰文武孝德皇帝是日上受冊於宣政殿禮畢御丹鳳樓大赦天下甲寅幽州監軍使奏今月十日軍亂囚節度使張弘靖別館害判官韋雍張宗元崔仲卿鄭塤軍人取朱滔子洄爲留後丁巳貶張弘靖爲太子賓客分司己未再貶弘靖爲吉州刺史朱洄自以年老令軍人立其子克融爲留後初劉總歸朝籍其軍中素難制者送歸闕庭克融在籍中宰相崔植杜元穎素不知兵心無遠慮謂兩河無虞不

復禍亂矣遂奏劉總所籍大將並勒還幽州故克融爲亂復失河北矣庚申以昭義軍節度使劉悟檢校司空兼幽州大都督府長史充幽州盧龍軍節度副大使知節度事以國子祭酒韓愈爲兵部侍郎辛酉太和長公主發赴迴紇上以半仗御通化門臨送羣臣班於章敬寺前八月甲子朔己巳鎮州監軍宋惟澄奏七月二十八日夜軍亂節度使田弘正幷家屬將佐三百餘口並遇害軍人推衙將王廷湊爲留後辛未以左金吾將軍楊元卿爲涇州刺史充四鎮北庭行軍涇原節度使勅公卿大臣至中書議幽鎮討伐之謀癸酉王廷湊遣盜殺冀州刺史王進岌據其郡乙亥以前涇原節度使田布起復檢校工部尚書兼魏州大都督府長史充魏博節度使己卯以深州刺史本州團練使牛元翼充深冀節度使辛巳夜太白近軒轅左角冀州刺史吳暐潛爲幽州兵所逐瀛州兵亂囚觀察使盧士玫瀛州尋爲幽州兵所據乙丑以河東節度裴度充幽鎮兩道招撫使庚寅以建州刺史李景儉爲諫議大夫壬辰夜太白近太微西垣癸巳鎮州出兵圍深州九月甲午朔丁酉廢興州鳴水縣戊戌夜太白近太

微右執法壬寅大雨震霆乙巳相州兵亂殺刺史邢楚丙午令內常侍段文政監領鄭滑河東許三道兵救援深州吐蕃請盟許之辛亥夜月近天關壬子幽州賊掠易州淶水遂城滿城癸丑以前魏博節度使李愬爲太子少保癸酉魏博節度使田布奏出師五千赴貝州行營冬十月甲子朔丙寅太中大夫守刑部尚書騎都尉王播可中書侍郎同中書門下平章事依前充鹽鐵轉運使以河東節度使裴度充鎮州四面行營都招討使以左領軍衛大將軍杜叔良充深冀諸道行營節度使戊辰以深冀節度使牛元翼爲鎮州大都督府長史充成德軍節度鎮冀深趙等州節度使辛未以中書舍人知貢舉王起爲禮部侍郎兵部郎中楊嗣復爲庫部郎中知制誥壬申以東都留守鄭絪爲吏部尚書以吏部尚書李絳檢校右僕射判東都尚書省事東都留守都畿防禦使以工部尚書丁公著檢校左散騎常侍兼越州刺史御史中丞充浙東觀察使乙亥沂州刺史王智興爲武寧軍節度副使丁丑裴度奏自將兵取故開路進討朱克融兵寇蔚州戊寅王廷湊兵寇貝州易州刺史柳公濟奏於白石嶺破燕軍

三千滄州烏重胤奏於饒陽破賊工部尚書韋貫之卒壬午以尚書主客郎中知制誥白居易爲中書舍人河東節度使裴度三上章論翰林學士元稹與中官知樞密魏弘簡交通傾亂朝政以稹爲工部侍郎罷學士弘簡爲弓箭庫使甲申以京兆尹御史大夫柳公綽爲吏部侍郎丙戌以深冀行營節度使杜叔良爲滄州刺史横海軍節度使以代烏重胤授重胤檢校司徒興元尹充山南西道節度使時上急於誅賊杜叔良出征日面辭奏云臣必旦夕破賊重胤善將知兵以賊勢未可卒平用兵稍緩故有是拜丁亥前浙東觀察使薛戎卒戊子魏博田布奏自率全師進討太子少保李愬卒己丑以戶部侍郎判度支崔倰爲工部尚書判度支以山南西道節度使崔從爲尚書左丞以祕書監許季同爲華州刺史充潼關防禦鎮國軍使辛卯昭義劉悟奏自將兵次臨城十一月甲午朔裴度奏破賊於會星鎮朱克融兵大寇定州節度使陳楚出師拒戰破賊二萬乙巳徐州崔羣奏遣節度使王智興率師赴行營戊申以司農卿裴武爲鎮州行營供軍使戊午上御宣政殿試制科舉人辛酉淄青牙將馬延崟

謀逆節度使薛平覺其謀而誅之詔中書舍人白居易繕部郎中陳岵考功員外郎賈餗同考制策十二月甲子朔丙寅以前容州經略使留後嚴公素爲容州刺史容管經略使丁卯貶諫議大夫李景儉爲楚州刺史庚午杜叔良之軍與賊戰於博野爲賊所敗七千人陷賊叔良僅免乙亥勅諸道除上供外留州留使錢內每貫割二百文以助軍用賊平後仍舊定州陳楚破朱克融賊二萬於望都戊寅以鳳翔節度使李光顏爲忠武軍節度使代李遜仍兼深冀行營節度以李遜爲鳳翔節度使貶員外郎獨孤朗韶州刺史起居舍人溫造朗州刺史司勳員外郎李肇澧州刺史刑部員外郎王鎰郢州刺史坐與李景儉於史館同飲景儉乘醉見宰相謾罵故也兵部郎中知制誥馮宿庫部郎中知制誥楊嗣復各罰一季俸料亦坐與景儉同飲然先起不貶官辛巳李光顏赴鎮百寮餞於章敬寺上御通化門臨送賜玉帶名馬仍勅神策副使楊承和充深冀行營都監押壬午出內庫錢五萬貫以助軍乙酉以幽州都知兵馬使朱克融檢校右散騎常侍充幽州盧龍軍節度使其拘囚張弘靖殺害府寮之罪一

切釋放時朝議以克融能保全弘靖王廷湊殺害弘正可赦燕而誅趙故有是詔是歲天下戶計二百三十七萬五千八百五口一千五百七十六萬二千四百三十二元不進戶軍州不在此內

二年春正月癸巳朔以用兵罷元會乙未以夔州刺史王承弁爲安南都護本管經略招討使丁酉朱克融陷滄州弓高縣賊攻下博兼邀餉道車六百乘而去庚子魏博兵自潰於南宮縣戊申魏牙將史憲誠奪師田布伏劍而卒己酉以魏博中軍先鋒兵馬使憲誠檢校工部尚書兼魏州大都督府長史充魏博節度使是日大風霾庚戌以德州刺史王日簡爲滄州刺史充橫海軍節度滄德棣觀察等使以代叔良壬子貶叔良爲歸州刺史以獻計誅幽鎮無功而兵敗喪所持旌節也甲寅以工部尚書度支崔倰檢校禮部尚書兼鳳翔尹充鳳翔隴節度使以鴻臚卿兼御史大夫判度支復以弓高縣爲景州青州奏海凍二百里乙卯以前鳳翔節度使李愬爲刑部尚書己未刑部尚書李愬卒庚子以兗沂密觀察使曹華爲節度使以天德軍防禦使李進誠兼靈州刺史充朔

方靈鹽定遠城等州節度使以晉州刺史李岾爲豐州刺史充天德軍豐州東西受降城都防禦使內出繒帛八萬匹以助軍權停嶺南黔中今年選補二月癸亥朔甲子詔雪王廷湊仍授鎮州大都督府長史御史大夫充成德軍節度鎮冀深趙等州觀察等使三軍將士待之如初仍令兵部侍郎韓愈往彼宣諭以前吉州刺史張弘靖爲撫州刺史弘靖初貶官尚在幽州拘留半歲克融授節始得還故有是命丙寅以前成德軍節度使牛元翼檢校工部尚書襄州刺史充山南東道節度觀察臨漢監牧等使丁卯以考功郎中知制誥李德裕爲中書舍人依前翰林學士癸酉以鄜坊丹節度使韓充爲義成軍節度使以代王承元爲鄜坊節度使甲戌夜火木星相近滄州以成元節度使王日簡賜姓名全略辛巳以正議大夫守中書侍郎同中書門下平章事武騎尉賜紫金魚袋崔植爲刑部尚書罷知政事以工部侍郎元稹守本官同平章事以翰林學士中書舍人李德裕爲御史中丞司勳員外郎知制誥李紳爲中書舍人依前翰林學士右庶子王仲周以奉使緩命貶台州刺史癸未以深冀行營諸軍節

度忠武軍節度使李光顏爲滄州刺史橫海軍節度使兼忠武軍節度深冀行
營並如故以橫海軍節度使李全略爲德州刺史德棣等州節度丙戌以兵部
郎中知制誥馮宿檢校左庶子充山南東道節度副使權知襄州軍府事以牛
元翼在深州重圍故也丁亥以河東節度使司空兼門下侍郎平章事裴度守
司徒平章事充東都留守判東都尚書省事都畿汝防禦使太微宮等使以前
靈武節度使李聽爲太原尹北都留守河東節度使三月壬辰朔詔曰武班之
中淹滯頗久又諸薦送大將或隨節度使歸朝自今已後宜令神策六軍軍使
及南衙常參武官各具歷任送中書門下素立大功及有才器者量加獎擢常
參官依月限改轉諸道軍府帶監察已上官者限三周年即與改轉軍士死王
事者三周年內不得停衣糧先於留州留使錢內每貫割二百文助軍今後不
用抽取上於馭軍之道未得其要常云宜姑息戎臣故即位之初傾府庫頒賞
之長行所讓人至鉅萬非時賜與不可勝紀故軍旅益驕法令益弛戰則不剋
國祚日危洎頒此詔方鎮多以大將文符鬻之富賈曲爲論奏以取朝秩者疊

委於中書矣名臣扼腕無如之何癸巳以兵部尚書蕭俛爲太子少保以前山南東道節度使李逢吉爲兵部尚書壬寅左驍衛上將軍張奉國卒以鴻臚卿判度支張平叔爲戶部侍郎充職平叔以曲承恩顧上疏請官自賣鹽可以富國強兵陳利害十八條詔下其疏令公卿詳議中書舍人韋處厚隨條詰難固言不可事遂不行朱克融王廷湊合兵攻深州不解裴度與書諭之克融還鎮廷湊攻城亦緩乃並加檢校工部尚書戊申裴度來朝對於麟德殿伏奏龍墀因敘河北用兵嗚咽流涕上改容慰勞之壬子以新授東都留守裴度爲揚州大都督府長史充淮南節度使癸丑徐州節度使崔羣爲其副使王智興所逐智興自專軍務甲寅以右僕射韓皋爲左僕射以前淮南節度使李夷簡爲右僕射前東都留守李絳復拜舊官丙辰守司徒裴度正衙受冊訖謁太廟赴尚書省上宰臣百寮皆送丁巳以左丞崔從檢校禮部尚書鄜州刺史鄜坊節度使以代王承元以承元爲鳳翔隴節度使戊午司徒裴度復入中書知政事以中書侍郎平章事王播檢校右僕射兼揚州大都督府長史充淮南節度使依

前兼諸道鹽鐵轉運使以鳳翔節度使崔倰爲河南尹牛元翼率十餘騎突圍出深州來朝深州大將臧平等一百八十人皆爲王廷湊所殺己未以武寧軍節度使王智興檢校工部尚書兼徐州刺史充武寧軍節度使以德棣節度使李全略復爲滄州節度使仍合滄景德棣爲一鎮李光顏還鎮許州夏四月辛酉朔日有蝕之甲子左僕射韓皐赴省上中使賜酒饌宰臣百寮送一如近式雲陽縣角抵力人張莅負羽林官騎康憲錢憲徃徵之莅乘醉打憲將殞憲男買德年十四持木鐘擊莅首破三日而卒刑部奏覆勅曰買德尚在童年能知子道雖殺人當死爲父可哀若從沉命之科恐失原情之意可減死罪一等忻州刺史李寰守博野王廷湊攻之不下其李寰所領兵宜割屬右神策以寰爲軍使仍以忻州軍爲名庚辰桂管觀察使杜式方卒癸未以武寧軍節度使崔羣爲祕書監分司東都翰林侍講學士韋處厚路隨進所撰六經法言二十卷賜錦綵二百疋銀器二百事處厚改中書舍人隨改諫議大夫並賜金紫丁亥以祕書監嚴謩爲桂管觀察使是夜東北有流星光彩燭地殷殷有聲出天市

垣至郎位減五月辛卯朔以德州刺史李景儉爲諫議大夫癸丑太子少傅嚴
綬卒戊午幽州朱克融上表進馬萬匹羊十萬口先請其價賞軍隴山有異獸
如猴腰尾皆長色青赤而猛鷙見蕃人則躍而食之遇漢人則否六月甲戌朔
甲子司徒平章事裴度守尚書右僕射工部侍郎平章事元稹爲同州刺史以
正議大夫守兵部尚書輕車都尉李逢吉爲門下侍郎同中書門下平章事乙
丑大風震電墜太廟鴟吻霹御史臺樹丁卯以易州刺史柳公濟爲定州刺史
義武軍節度使壬申諫官論責裴度太重元稹太輕乃追稹制書削長春宮使
戊寅以前右僕射李夷簡爲太子少保分司東都戊子復置邕管以安南副使
崔結爲邕管經略使秋七月己丑朔丙申宋王結薨廢朝戊戌汴州軍亂逐節
度使李愿立牙將李充爲留後好時縣山水漂溺居人三百家陳許蔡等州水
壬寅出中書舍人白居易爲杭州刺史乙巳詔南北省五品已上官議討李㝏
丙午貶李愿爲隨州刺史以鄭滑節度使韓充爲汴州刺史宣武軍節度使汴
宋亳潁觀察等使鄭滑如故以宣武軍節度押衙李㝏爲右金吾衛將軍丁未

內出綾絹五十萬匹付度支以供軍用陳許水災賑粟五萬石己酉中使楊再昌使鎮州王廷湊奏奉詔取牛元翼家族請至秋末發遣其田弘正骸骨尋訪不知所在辛亥以贈司徒忠烈公李憕子源爲諫議大夫賜緋魚袋乙卯勅員外郎知制誥二年後轉郎中又二年後轉前行郎中又一年卽正除諫議大夫知同前郎中給事中弁翰林學士別宣知者不在此限以前義武軍節度使陳楚爲東都留守判尚書省事東畿汝防禦使本朝故事東都留守罕用武臣今用楚以李岕擾汴宋故也八月己未朔以絳州刺史崔弘禮爲河南尹兼東畿防禦副使給事中韋顗以弘禮望輕封還詔書上遣中使諭之乃下詔陳許李光顏將兵收汴州戊辰以左僕射韓臯爲東都留守判尚書省事東畿汝防禦使以東都留守陳楚爲河陽懷節度使癸酉韓充奏今月六日發軍入汴州界營于千塔丙子汴州監軍姚文壽與兵馬使李質同謀斬李岕及其黨薛志忠秦隣等丁丑韓充入汴州以前東都留守李絳爲華州刺史充潼關防禦鎮國軍等使浙東處州大水溺居民以兗海沂密節度使曹華爲華州刺史充義成

軍節度鄭滑潁等州觀察等使以宋州刺史高承簡爲兗州刺史兗海沂密等州節度使以汴州防城兵馬使李質爲右金吾衞將軍潁州棣鄭滑觀察使鹽鐵轉運使王播進開潁口圖九月戊子朔浙西大將王國清謀叛觀察使竇易直討平之同惡二百餘人並誅之韓充送李岕男道源道樞道綸等三人斬於西市岕妻馬氏小男道本女汴娘配於掖庭壬子太子少師李夷簡卒贈太子太保癸卯以前河陽節度使郭釗爲河中尹兼河中絳隰等州節度使御史中丞李德裕爲潤州刺史兼御史大夫浙江西道都團練觀察處置等使以代竇易直以易直爲吏部侍郎加晉州刺史李寰爲晉慈等州都團練觀察使乙巳勅團練防禦州置判官一員其副使推巡並停辛亥以吏部侍郎柳公綽爲御史大夫先有詔廣芙蓉苑南面居人廬舍墳墓並移之羣情駭擾癸丑降勅罷之德州軍亂害刺史王稷盡剽其家財奴僕丁亥以萬州刺史李元喜爲安南都護陰山府沙陁突厥兵馬使朱耶執宜來朝貢賜官誥錦綵銀器冬十月戊午朔壬戌前河中晉絳慈隰等州節度使開府儀同三司守司徒中書令河中

尹上柱國許國公韓弘可守司徒兼中書甲子夜月掩牽牛中星戊辰興元節
度使烏重胤來朝移授天平軍節度使己卯以工部侍郎鄭權爲工部尚書以
前華州刺史許季同爲工部侍郎是日上由複道幸咸陽止於善因佛寺施僧
錢百萬咸陽令絹百疋閏十月戊子朔入迴紇使金吾大將軍胡征副使光祿
卿李憲婚禮使衞尉卿李銳副使宗正少卿李子鴻等送太和公主自蕃中迴
庚寅以吏部尚書鄭絪爲太子少傅以太常卿趙宗儒爲吏部尚書韋綬爲興
元尹充山南西道節度使壬辰右驍衞大將軍韓公武卒廢朝以戸部尚書楊
於陵爲太常卿丙申迴紇可汗遣使獻國信四牀女口六人葛祿口四人己亥
勅翰林侍講學士諫議大夫路隨中書舍人韋處厚兼充史館修撰憲宗實錄
仍更日入史館實錄未成且許不入內署仍放朝參甲寅詔江淮諸州旱損頗
多所在米價不免踊貴眷言疲困須議優矜宜委淮南浙西東宣歙江西福建
等道觀察使各於當道有水旱處取常平義倉斛㪷據時估減半價出糶以惠
貧民丙辰以太子賓客令狐楚爲陝虢觀察使十一月丁巳朔丁卯尚書左丞

庚承宣爲陝虢觀察使令狐楚復爲太子賓客分司東都楚已至陝州視事一日追改之庚午命景王率禁軍五百騎侍從皇太后幸華清宮又幸石甕寺辛未以前安南都護桂仲武爲邕管經略使癸酉上幸華清宮迎太后巡狩于驪山下卽日馳還太后翌日方還丙子集王緗薨庚辰上與內官擊鞠禁中有內官欻然墜馬如物所擊上恐罷鞠升殿遽足不能履地風眩就牀自是外不聞上起居者三日是夜月近房十二月丁亥朔詔五坊鷹隼並解放獵具皆毀之庚寅宰臣李逢吉率百寮至延英門請見上不許中外與度等三上疏請立皇太子是夜司徒中書令韓弘卒辛卯上於紫宸殿御大繩牀見百官李逢吉奏景王成長請立爲皇太子左僕射裴度又極言之癸巳詔景王爲皇太子淮南奏和州飢烏江百姓殺縣令以取官米甲午內出絹二百疋賑兩市癃殘窮者己未兩軍容內司公主戚屬之家並以上疾痊平諸寺爲僧齋仍勅在京諸司疏放繫囚丙午上御宣政殿冊皇太子受冊畢百寮謁太子於東宮太子舉簾執笏答拜宮寮拜則受之丁未判度支戶部侍郎張平叔貶通州刺史是夜月

掩左角己酉以前天平軍節度使馬總檢校左僕射守戶部尚書庚戌以吏部侍郎竇易直爲戶部侍郎判度支癸丑以太子冊禮畢宣制赦囚徒以前黔中觀察使崔元略爲鄂岳蘄黃安等州觀察使太子賓客孟簡卒乙卯以前陝號觀察使衛中行爲尚書右丞是冬十月頻雪其後恆燠水不冰凍草木萌發如正二月之後

三年正月丁巳朔上以疾不受朝賀是日大風昏翳竟日嗣郢王佐宜於崖州安置坐妄傳禁中語也勅不得買新羅人爲奴婢已在中國者卽放歸其國禮部侍郎王起奏當司所試貢舉人試訖申送中書候覆訖下當司然後大字放牓從之二月天平軍監軍奏節度使烏重胤病牙將王贇割股肉以療河陽節度使陳楚奏移使府於三城未有門戟欲移懷州門戟於河陽從之諫議大夫殷侑奏禮部貢舉請置三傳三史科從之戶部尚書崔倰卒三月丁巳宰臣百寮賜宴於曲江亭勅應御服及器用在淮南兩浙宣歙等道合供進者幷端午誕節常例進獻者一切權停其鷹犬之類除備蒐狩外並令解放以牛僧孺同

中書門下平章事日晡晚後有賊入通化門鬬死者一人傷者六人賜宣徽院
供奉官錢自一百二十貫文已下有差五月山南西道奏移成州於寶井堡山
南東道節度使牛元翼卒祕書少監李隨奏請造當司圖書印一面從之六月
宰相監修國史杜元穎奏史官沈傳師除鎮湖南其本分修史便令將赴本任
修撰從之勑京兆尹御史大夫韓愈宜放臺參後不得為例七月國子祭酒韋
乾慶卒八月鄭滑節度使曹華卒檢校尙書右僕射戶部尙書馬總卒興元節
度使韋綬卒上由複道幸興慶宮至通化門賜持盂僧絹二百匹因幸五方賜
從官金銀鋌有差九月澤潞節度使劉悟進位平章事賜宰臣百寮重九宴于
曲江亭南詔王丘佺進金碧文絲十有六品十月以京兆尹韓愈為兵部侍郎
以御史中丞李紳為江西觀察使宰相李逢吉與李紳不協紳有時望恐用為
相及紳為中丞乃除韓愈為京兆尹兼御史大夫仍放臺參紳性峭直屢上疏
論其事遂與愈辭理往復逢吉乃兩罷之然紳出而愈留宰相杜元穎罷知政
事除成都尹劍南西川節度使龍武統軍陳楚卒以兵部侍郎韓愈為吏部侍

郎新除江南觀察使李紳爲戸部侍郎紳旣罷除江西上令中使就第賜玉帶
紳因除敘泣而請留中使具奏故與愈俱改官召翰林學士龐嚴對因賜金紫
內薗使公廨本錢一萬貫軍器使三千貫杜元穎赴鎮蜀上御安福門餞因賜
皇城留守及金吾衛率等帛有差十一月上御通化門觀作毗沙門神因賜絹
五百匹停浙東貢甜菜海蚶十二月浙西觀察使李德裕奏去管內淫祠一千
一十五所
四年正月辛亥朔上御殿受朝如常儀上餌金石之藥處士張皐上疏切諫上
悅召之求皐不獲澤潞判官賈直言新授諫議大夫劉悟上表乞留從之禮部
尚書致仕孔戣卒辛未上大漸詔皇太子監國壬申上崩於寢殿時年三十羣
臣上謚曰睿聖文惠孝皇帝廟號穆宗十一月庚申葬于光陵
史臣曰臣觀五運之推遷百王之隆替亦無常治亦無常亂在人而已匪降自
天當軒黃御宇之秋則百年無事及商辛握圖之日則四海横流昔章武皇帝
痛國命之不行惜朝綱之將墜乃求賢俊總攬英雄果能扼大盜之喉制姦臣

之命五十載已終之士復入提封百萬戶受弊之甿重蘇景化元和之政幾致昇平鴟梟方革於好音龍鼎俄傷於短祚茍或時有平勃之佐繼以文景之才則廷湊克融自縮螳螂之臂智興李岕敢萌狗鼠之謀強盜寧窺孟賁之金餓隸不拾嬰兒之餌觀夫孱主可謂痛心不知創業之艱難不恤黎元之疾苦謂威權在手可以力制萬方謂旒冕在躬可以坐馳九有曾不知聚則萬乘散則獨夫朝作股肱暮爲讎敵仲長子所謂至於運徙勢去獨不覺悟者豈非富貴生不仁沉溺致愚疾存亡以之迭代治亂從此周復誠哉是言也

贊曰惠王不令敗度亂政驕僻偶全寶賴遺慶皇皇上帝爲民立正此何人哉遽主鼎命

舊唐書卷十六

舊唐書卷十六考證

穆宗本紀八月甲戌安南都護桂仲武斬叛將楊清首以獻收復安南府○臣德潛按本年六月丁丑已書斬楊清事矣此係重出又新書三月辛未楊清伏誅與此互異

十一月以宗正卿李翺爲華州刺史○沈炳震曰是年六月翺坐李景儉事貶朗州不應即遷華州也且翺傳亦無爲華州文又按李宗閔傳宗閔父翻自宗正卿出爲華州刺史計其時在元和末此疑作李翻

長慶元年秋七月甲寅幽州監軍奏今月十日軍亂因張弘靖別館害判官韋雍張宗元崔仲卿鄭塤○臣宗萬按是時有判官張徹罵賊被殺通鑑載之韓愈有張徹墓誌可考而書不載其人義士死節史官亟宜表章而獨遺之昫之踈謬可知矣

二年五月辛卯朔以德州刺史李景儉爲諫議大夫○沈炳震曰景儉元年十二月以諫議大夫貶楚州刺史未嘗爲德州又按本傳景儉貶漳州元稹爲

相貶楚州諫官論之積懼物議追還爲少府少監亦未聞復爲諫議大夫疑
誤

舊唐書卷十六考證

舊唐書卷十七上

後晉司空同中書門下平章事劉昫撰

本紀第十七上

敬宗　文宗上

敬宗睿武昭愍孝皇帝諱湛穆宗長子母曰恭僖太后王氏元和四年六月七日生於東內之別殿長慶元年三月封景王二年十二月立爲皇太子四年正月壬申穆宗崩癸酉皇太子卽位柩前時年十六甲子左僕射韓皐卒丙子羣臣準遺詔奏皇帝寶冊禮畢詔賞神策諸軍士人絹十匹錢十千畿內諸軍鎮絹十匹錢五千其餘軍鎮頒給有差內出綾絹三百萬段以助賞給穆宗初卽位在京軍士人獲五十千在外軍鎮差降無幾至是宰臣奏議請量國力頒賞故差減於先朝物議是之羣臣五上章請聽政從之二月辛巳朔上縗服見羣臣於紫宸門外壬午渤海送備宿衞大聰叡等五十人入朝癸未貶戶部侍郎李紳爲端州司馬丙戌貶翰林學士駕部郎中知制誥龐嚴爲信州刺史翰林

學士司封員外郎知制誥蔣防爲汀州刺史皆紳之引用者以右拾遺吳思爲
殿中侍御史充入蕃告哀使李紳之貶李逢吉受賀羣官至中書而思獨不往
逢吉怒而斥爲遠使戊子河北告哀使諫議大夫高允恭卒於東都辛卯勅沒
掖庭宮人先配內園宮人並宜放出任其所適己亥冊大行皇帝皇太后爲太
皇太后庚子西川節度使杜元穎進罨畫打毬衣五百事非禮也辛丑上始御
紫宸殿受朝旣退幸飛龍院厚賜內官等物有差以米貴出太倉粟四十萬石
於兩市賤糶以惠貧民癸未夜太白犯東井北轅乙巳上率羣臣詣光順門冊
皇太后丁未御中和殿擊毬賜教坊樂官綾絹三千五百匹戊申擊毬於飛龍
院己酉大合樂於中和殿極歡而罷內官頒賜有差三月庚戌朔貶司農少卿
李彤吉州司馬以前爲鄧州刺史坐贓百萬仍自刻德政碑故也壬子上御丹
鳳樓大赦天下京畿夏青苗錢並放秋青苗錢每貫放二百文天下常貢之外
不得進獻六宅十宅諸王女宜令每年於選人中選擇降嫁今後戶帳田畝五
年一定稅是日風且雨甲寅始於延英對宰臣丙辰以尚書右丞韋顗爲戶部

侍郎戊午禮儀使奏外命婦正旦及四始日舊行起居之禮伏以禮煩則瀆請
停從之庚申工部尚書胡證檢校戶部尚書京兆尹甲子故山南東道節度使
牛元翼家爲王廷湊所害上惜其寃横傷悼久之仍歎宰執非才縱姦臣跋扈
翰林學士韋處厚奏曰理亂之本非有他術順人則理違人則亂陛下當食歎
息恨無蕭曹今有一裴度尚不能用此馮唐所以感悟漢文雖有頗牧不能用
也以太子少保張弘靖爲太子少師分司東都太子賓客令狐楚爲河南尹丁
卯以刑部尚書段文昌判左丞事戊辰羣臣入閤日高猶未坐有不任立而踣
者諫議大夫李渤出次白宰相俄而始坐班退左拾遺劉栖楚極諫頭叩龍墀
血流上爲之動容仍賜緋魚袋編旿徐忠信闌入浴堂門杖四十配流天德庚
午賜內教坊錢一萬貫以備遊幸是夜太白犯東井北轅甲戌夏州節度使李
祐奏於塞外築烏延宥州臨塞陰河陶子等五城以備蕃寇又以党項爲盜於
蘆子關北木瓜嶺築壘以扼其衝乙亥幸教坊賜伶官綾絹三千五百匹夏四
月庚申朔甲申以御史大夫王涯爲戶部尚書兼御史大夫充鹽鐵轉運等使

壬辰兵部侍郎武儒衡卒丙申賊張韶等百餘人至右銀臺門殺闌者揮兵大呼進至清思殿登御榻而食弓箭庫右神策軍兵馬使康藝全率兵入宮討平之是日上聞其變急幸左軍丁酉上還宮羣臣稱慶諫議大夫李渤以上輕易致盜言甚激切己亥九仙門等監共三十五人並笞之辛丑染坊使田晟段政直流天德以張韶染坊役夫故也詔雪吐突承璀之罪令男士曄改葬之丙午宰臣李逢吉封涼國公牛僧孺封奇章縣子五月己酉朔乙卯制以正議大夫尚書吏部侍郎上柱國渭源縣開國男食邑三百戶賜紫金魚袋李程守本官同中書門下平章事以朝議郎守尚書戶部侍郎兼御史大夫判度支上柱國賜紫金魚袋竇易直爲朝散大夫本官同中書門下平章事判度支戶部侍郎韋顗賜金紫己未割富平縣之豐水鄉下邽縣之翟公鄉澄城縣之撫道鄉白水縣之會賓鄉以奉景陵癸亥以鹽州刺史傅良弼爲夏州節度使東都江陵監大轉運留後並改爲知院官從其使王涯請也六月己卯朔以左神策大將康日全爲鄜坊節度使辛巳敕以霖雨命疏決京城三囚庚辰大風吹壞延喜

景風等門工部侍郎張惟素卒壬辰以左金吾衞大將軍李愿檢校司空兼河中尹御史大夫充河中絳隰等州節度使丙申山南西道節度使守司空裴度加同中書門下平章事度之拜與元也爲宰相李逢吉所排不帶平章事李程韋處厚日爲度論於上前故有是命加陳許節度使李光顏守司徒癸卯太保張弘靖卒己巳浙西水壞太湖堤水入州郭漂民廬舍丁未以吏部尚書趙宗儒爲太常卿兵部尚書鄭絪爲吏部尚書秋七月戊申朔己酉睦州青溪等六縣大雨山谷發洪水泛溢漂城郭廬舍庚辰以前河中節度使郭釗爲兵部尚書戊午太子賓客許季同卒辛酉疏靈州特進渠置營田六百頃乙丑鄆曹濮暴雨水溢壞城郭廬舍丁卯勅以穀貴凡給百官俸內一半合給匹段今宜給粟每斗折錢五十文辛未以大理卿崔元略爲京兆尹兼御史大夫甲戌左金吾衞大將軍李祐進馬二百五十匹御史温造於閣內奏彈祐罷使違勅進奉祐趨出待罪詔宥之襄均復等州漢江溢漂民舍廬丙子浙西觀察使李德裕奏詔令當道造盝子二十具計用銀一萬三千兩金一百三十兩昨已進段具

用銀一千三百兩當道在庫貯備銀無二三百兩皆百計收市方成此兩具臣當道唯有留使錢五萬貫每事節儉支費猶欠十三萬貫不足臣若因循不奏則負陛下任使之恩若分外誅求又累陛下慈儉之德伏乞宣令宰臣商議何以遣臣得上不違宣索下不闕軍須不困疲人不斂物怨時有詔罷進奉故德裕有是奏八月丁酉朔是夜火犯土星妖賊馬文忠與品官季文德等凡一千四百人將圖不軌皆杖一百處死癸未火犯東井甲寅詔於關內關東折糴和糴粟一百五十萬石陳許蔡鄆曹濮等州水害秋稼丁亥火入東井己丑以李憕孫宏爲河南府兵曹參奏蔣清孫鄖爲伊陽令錄忠臣後也是夜金犯軒轅右角壬辰江王府長史段釗上言稱前任龍州刺史近郭有牛心山山上有仙人李龍遷祠頗靈應玄宗幸蜀時特立祠廟上遣高品張士謙往龍州檢行迴奏牛心山有掘斷處羣臣言宜須修築時方沍寒役民數萬計東川節度使李絳表訴之甲子以太常卿趙宗儒爲太子少師乙巳宣武軍節度韓充卒九月丙午朔丁未波斯大商李蘇沙進沉香亭子材拾遺李漢諫云沉香爲亭子不

異瑤臺瓊室上怒優容之庚戌以河南尹令狐楚檢校禮部尙書汴州刺史宣武軍節度宋汴亳觀察等使乙卯罷理匭使以諫議大夫李渤知匭奏請置胥吏添課料故也戊午加朱克融檢校司空詔浙西織造可幅盤條繚綾一千匹觀察使李德裕上表論諫不奉詔乃罷之己巳以兵部侍郎王起爲河南尹甲子吐蕃遣使求五臺山圖己巳浙西淮南各進宣索銀粧奩三具冬十月丙子朔宗正寺選尙縣主壻和元亮等二十五人各賜錢三十萬令備吉禮辛巳以吏部侍郎崔從爲太常卿庚子嶺南節度使鄭權卒辛丑吐蕃貢犛牛鑄成銀犀牛羊鹿各一壬寅以鄂岳觀察使檢校兵部尙書崔植檢校吏部尙書兼廣州刺史御史大夫充嶺南節度觀察經略使以戶部侍郎韋顗爲御史中丞兼戶部侍郎以御史中丞鄭覃權知工部侍郎以刑部侍郎韋弘景爲吏部侍郎以權知禮部侍郎李宗閔權知兵部侍郎以工部侍郎于敖爲刑部侍郎十一月丙午朔戊申安南都護李元素奏黃家賊與環王國合勢陷睦州殺刺史葛維蘇常湖嶽吉潭郴等七州水傷稼庚申葬穆宗于光陵十二月乙亥朔癸未

迴紇吐蕃奚契丹遣使朝貢襄州柳公綽滄州李全略晉州李寰滑州高承簡並自尚書加檢校右僕射以前起居舍人劉栖楚爲諫議大夫淮南節度使王播厚賂貴要求領鹽鐵使諫議大夫獨孤朗張仲方起居郎孔敏行柳公權宋申錫補闕韋仁實劉敦儒拾遺李景讓薛廷老等伏延英抗疏論之戊子夜月掩東井庚寅加天平軍節度使烏重胤同平章事乙未徐泗王智興請置僧尼戒壇浙西觀察使李德裕奏狀論其姦幸時自憲宗朝有勅禁私度戒壇智興冒禁陳請蓋緣久不與置由是天下沙門奔走如不及智興邀其厚利由是致富時議醜之丁酉宰相牛僧孺進封奇章郡公李程彭原郡公竇易直晉陽郡公並食邑三千戸吏部侍郎韓愈卒

寶曆元年春正月乙巳朔辛亥親祀昊天上帝于南郊禮畢御丹鳳樓大赦改元寶曆元年先是鄠縣令崔發坐誤辱中官下獄是日與諸囚陳於金鷄竿下俟釋放忽有內官五十餘人環發而毆之發破面折齒臺吏以蓆蔽之方免有詔復繫於臺中宰相救之方釋宰相牛僧孺累表乞解機務帝許以郊禮後乙

卯以僧孺檢校禮部尚書同平章事鄂州刺史充武昌軍節度鄂岳觀察使淮南節度使王播兼諸道鹽鐵轉運使於鄂州特置武昌軍額寵僧孺也壬申以給事中李渤爲桂州刺史兼御史中丞桂管防禦觀察使李德裕獻丹扆箴六首上深嘉之命學士韋處厚優其答詔辛卯以前禮部郎中李翺爲廬州刺史以求知制誥面數宰相李逢吉過故也辛丑江西觀察使薛放卒癸卯以職方郎中知制誥王璠爲御史中丞三月乙巳朔以兵部尚書郭釗爲梓州刺史劍南東川節度使壬子宴羣臣於三殿戊辰夜有流星長三丈出紫微入濁滅辛未以前桂管觀察使殷侑爲江西觀察使上御宣政殿試制舉人二百九十一人以中書舍人鄭涵吏部郎中崔琯兵部郎中李虞仲並充考制策官夏四月甲戌朔宰相涼國公李逢吉進封鄭國公以右神策大將軍康志睦檢校工部尚書兼青州刺史平盧軍節度使宣中書以諫議大夫劉栖楚爲刑部侍郎丞郎宣授自栖楚始也鄭涵等考定制舉人敕下後數日上謂宰相曰韋端符楊魯士皆涉物議宜與外官乃授端符白水尉魯士城固尉宰臣請其罪名不報

癸巳羣臣上徽號曰文武大聖廣孝皇帝御宣政殿受冊禮畢御丹鳳樓大赦
天下大辟罪已下無輕重咸赦除之時李紳貶官李逢吉惡紳不欲紳量移乃
於赦書節文內但言左降官已經量移宜與量移近處不言未量移者宜與量
移翰林學士上疏論列云不可為李紳一人與逢吉相惡遂令近年流貶官皆
不得量移則乖曠蕩之道也帝遽命追赦書添改之乙亥以劍南東川節度檢
校司空李絳為左僕射御史蕭徹彈京兆尹兼御史大夫崔元略違詔徵畿內
所放錢萬七千貫付三司勘鞫不虛辛丑勅削元略兼御史大夫五月甲辰朔
以前平盧軍節度使檢校左僕射兼戶部尚書賜振武軍錢一十四萬貫修築
東受降城庚戌幸魚藻宮觀競渡庚申正衙命使冊九姓迴紇登里囉汨沒密
施毗伽昭禮可汗丙寅太子少傅致仕閻濟美卒丁卯湖南觀察使沈傳師奏
當道先配吐蕃羅沒等一十七人準赦放還本國今各得狀不願還從之庚午
以右金吾將軍李文悅為豐州刺史天德軍防禦使安南李元喜奏移都護府
於江北岸六月壬申朔乙酉詔公主郡主並不得進女口丙戌將作監張武均

出爲洋州刺史坐贓犯也諸司白身馮志謀等三百九人並賜綠丁亥命品官田務豐領國信十二車賜迴紇可汗及太和公主己丑河中節度使檢校司空李愿卒乙未以檢校左僕射兼戶部尚書薛平檢校司空河中尹河中節度使秋七月癸卯朔以忠武軍節度使守司徒兼侍中李光顏爲太原尹北京留守以河東節度使王沛爲許州刺史忠武軍節度使熒惑犯右執法甲辰鹽鐵使王播進羨餘絹一百萬匹仍請日進二萬計五十日方畢播自掌鹽鐵以正入錢進奉以希寵固位託稱羨餘物議欲鳴鼓而攻之乙酉鄜坊水壞廬舍癸丑以右金吾衞大將軍張茂宗爲兗海沂密節度使乙卯正衙命使冊司徒李光顏丙辰淄王傅分司元錫卒己未詔王播造競渡船二十隻供進仍以船材京內造時計其功當半年轉運之費諫議大夫張仲方切諫乃改進十隻辛酉萬年縣典賈鎮誣告故統軍王俶男王謨等七人謀亂詔杖殺之甲子夜月犯畢乙丑侍講學士崔郾高重進纂要十卷賜錦綵二百匹丁卯以戶部侍郎韋顗爲吏部侍郎京兆尹崔元略爲戶部侍郎奉天縣水壞廬舍辛未以左散騎常

侍胡證爲戸部尙書判度支太子賓客分司盧士玫卒閏七月壬午朔以權知工部侍郎鄭覃爲京兆尹甲申拾遺李漢舒元褒薛廷老於閤內論曰伏見近日除授往往不由中書進擬多是內中宣出臣恐紀綱寖壞姦邪恣行伏希詳察上然之詔度支進銅三千觔金薄十萬翻修淸思院新殿及昇陽殿圖障丙戌戸部尙書致仕裴堪卒戊子以給事中盧元輔爲工部侍郎壬辰以前河東節度使李聽爲義成軍節度使戊戌以刑部尙書段文昌爲兵部尙書依前判左丞事八月辛丑朔戊申以鄜國公楊造男元湊襲鄜國公食邑三千戸兩京河西大稔勑度支和糴折糴粟二百萬石乙卯夜太白近房戊午遣中使往湖南江南等道及天台山採藥時有道士劉從政者說以長生久視之道請於天下求訪異人冀獲靈藥仍以從政爲光祿少卿號昇玄先生秋九月辛未朔丁丑衞尉卿劉遵古役人安再榮告前袁王府長史武昭謀害宰相李逢吉詔三司鞫之壬午昭義節度使劉悟卒癸未夜太白犯南斗丙戌夜月犯右執法丁酉華州暴水傷稼徐州王智興奏大將武華等四百人謀亂並伏誅十月庚子

朔河南尹王起奏盜銷錢爲佛像者請以盜鑄錢論丁巳振武節度使張惟清以東受降城濱河歲久雉堞摧壞乃移置於綏遠峯南及是功成己未以崖州安置人嗣郢王佐爲穎王府長史分司東都仍賜金紫壬戌夜太白近哭星甲子三司鞫武昭獄得實武昭及弟稾役人張少騰宜付京兆府決河陽節度掌書記李仲言配流象州稾流崖州太學博士李涉流康州皆坐武昭事也十一月庚午朔辛未以御史中丞王璠爲工部侍郎以諫議大夫獨孤朗爲御史中丞癸酉鎮星近東井癸未以殿中少監嚴公素爲容管經略使是夜月犯東井庚寅車駕幸温湯卽日還宮壬辰以刑部侍郎劉栖楚爲京兆尹丙申詔封皇子普爲晉王丁酉吏部侍郎韋顗卒十二月己亥朔辛丑以晉王普爲昭義軍節度副大使以劉悟子將作監主簿從諫起復雲麾將軍守金吾衛大將軍同正檢校左散騎常侍兼御史大夫充昭義節度留後戊申夜月犯畢其夜北方有霧起須臾遍天霧上有赤氣久而方散甲子以左僕射李絳爲太子少師分司東都戊辰勅農功所切實在耕牛疲甿多乏須議給賜委度支往河東振武

靈夏等州市耕牛一萬頭分給畿內貧下百姓是歲淮南浙西宣襄鄂澧湖南等州旱灾傷稼

二年春正月己巳朔庚午貶殿中侍御史王源植爲昭州司馬時源植銜行爲教坊樂伎所侮導從呵之遂成紛競京兆尹劉栖楚決責樂伎御史中丞獨孤朗論之太切上怒遂貶源植辛未湖南觀察使沈傳師奏奉詔校尋葉靖能羅光遠文案檢尋不獲癸酉右贊善大夫李光現與品官李重實爭忿以笏擊重實流血上以宗屬罰兩月俸料甲戌以諸軍丁夫二萬入內穿池修殿辛巳與元節度使裴度奏修斜谷路及館驛皆畢功壬辰裴度來朝甲午以衛尉卿劉遵古爲湖南觀察使以國子祭酒衛中行爲福建觀察使丙申鹽鐵使王播奏揚州城內舊漕河水淺舟船澁滯輸不及期程今從閶門外古七里港開河向東屈曲取禪智寺橋東通舊官河計長一十九里其功役所費當使自方圓支遣從之二月己亥朔辛丑容管經略使嚴公素奏當州普寧等七縣請同廣昭桂賀四州例北選從之丙午夜月犯畢丁未以山南西道節度觀察處置等使

光祿大夫守司空同中書門下平章事與元尹上柱國晉國公裴度守司空同平章事復知政事丁巳寒食節三殿宴羣臣自戊午至庚申方止丙寅正冊司空裴度丁卯以禮部尚書王涯檢校左僕射爲山南西道節度使三月戊辰朔命與唐觀道士孫準入翰林待詔辛未江西觀察使殷侑請於洪州寶歷寺置僧尼戒壇勅殷侑故違制令擅置戒壇罰一季俸料甲戌賜宰臣百寮上巳宴于曲江亭乙亥右散騎常侍李翺卒戊寅幸魚藻宮觀競渡辛巳以同州刺史蕭俛爲太子少保分司壬午以工部尚書裴武爲同州刺史癸未嶺南節度使崔植奏廣湖封雷潘辯等七州戍軍除折衝別將外並請停從之丙戌昆明夷遣使朝貢丁亥勅冊才人郭氏爲貴妃丙申以吏部侍郎韋弘景爲陝虢觀察使四月戊戌朔橫海軍節度使李全略卒壬寅以右金吾衞大將軍高承簡爲邠寧慶節度使丙午王廷湊檢校司空戊申昭義節度使留後劉從諫檢校工部尚書充昭義節度副大使知節度事庚戌鄂岳觀察使牛僧孺奏當道沔州與鄂州隔江相對纔一里餘其州請併省其漢陽汶川兩縣隸鄂州從之丙辰

右金吾衛大將軍高霞寓卒丙寅先是王廷湊請於當道立聖德碑是日內出碑文賜廷湊五月戊辰朔上御宣和殿對內人親屬一千二百人並於教坊賜食各頒錦綵辛未祕書省著作郎韋公肅注太宗所撰帝範十二篇進特賜錦綵百匹甲戌以涇原節度楊原卿為河陽三城懷州節度使以金吾衛大將軍李祐為涇原節度使是夜月近太微星浙西送到絕粒女道士施子微戊寅幸魚藻宮觀競渡庚辰中使自新羅取鷹鷂迴幽州軍亂殺其帥朱克融及男延齡軍人立其第二子延嗣為留後辛巳神策軍苑內古長安城中修漢未央宮掘獲白玉床一張長六尺癸未山人杜景先於光順門進狀稱有道術令中使押杜景先往淮南及江南湖南嶺南諸州求訪異人甲申以右丞丁公著為兵部侍郎以前湖南觀察使沈傳師為尚書左丞辛卯贈朱克融司徒甲午夜熒惑犯昴賜與唐觀道士劉從政修院錢二萬貫六月丁酉朔賜御史中丞獨孤朗金紫丁巳減放苑內役人二千五百帝性好土木自春至冬興作相繼庚申鄆州進驢打毬人石定寬等四人是夜太白犯昴辛酉幸凝碧池令兵士千餘

人於池中取大魚長大者送入新池癸亥以旱命京城諸司疏理繫囚以延康坊官宅一區爲諸王府司局甲子上御三殿觀兩軍教坊內園分朋驢鞠角抵戲酣有碎首折臂者至一更二更方罷秋七月丙寅朔乙亥河中進力士八人癸未衡王絢薨癸巳勑鄠縣渼陂尚食管係太倉廣運潭復賜司農寺八月丙申朔以司空平章事裴度判度支以工部侍郎王播爲河南尹代王起以起爲吏部侍郎以前福州觀察使徐晦爲工部侍郎是夜太白近太微令供奉道士二十人隨浙西處士周息元入內宮之山亭院上問以道術言識張果葉靜能浙西觀察使李德裕上疏言息元誕妄無異於人庚戌以太府卿李憲爲江西觀察使丁丑夜月犯輿鬼加京兆尹劉栖楚兼御史大夫癸丑以太常卿崔從檢校吏部尚書判東都尚書省事兼御史大夫東都留守東畿汝都防禦使九月丁丑朔大合宴於宣和殿陳百戲自甲戌至丙子方已戊寅河東節度使守司徒兼侍中李光顏卒出內庫錢萬貫令內園召募力士幽州監軍奏都知兵馬使李再義與弟再寧同殺朱延嗣幷其家屬三百餘人推再義爲留後壬申

宰相李程爲北都留守河東節度使勅戶部所管同州長春宮莊宅宜令內莊
宅使管係冬十月乙未朔乙亥以幽州衙前都知兵馬使李再義檢校戶部尚
書充盧龍軍節度副大使知節度使仍賜名載義壬戌以中書舍人崔郾爲禮
部侍郎十一月甲子朔以太清宮道士趙歸真充兩階道門都教授博士帝好
深夜自捕狐狸宮中謂之打夜狐中官許遂振李少端兼志弘以侍從不及削
職壬申以戶部尚書胡證檢校兵部尚書兼廣州刺史充嶺南節度使甲申以
右僕射同平章事李逢吉檢校司空同平章事兼襄州刺史充山南東道節度
使臨漢監牧使乙酉同州刺史裴武卒己丑詔朝官及方鎮人家不得置私白
身癸巳以前東都留守楊於陵爲太子少傅中官李奉義王惟直成守貞各杖
三十分配諸陵宣徽使閆弘約副使劉弘逸各杖二十十二月甲午朔辛丑帝
夜獵還宮與中官劉克明田務成許文端打毬軍將蘇佐明王嘉憲石定寬等
二十八人飲酒帝方酣入室更衣殿上燭忽滅劉克明等同謀害帝即時殂於
室內時年十八羣臣上謚曰睿武昭愍孝皇帝廟號敬宗太和元年七月十三

日葬于莊陵

史臣曰古人謂堯無子舜無父言其賢不肖之相遠也以文惠驕誕之性繼之以昭愍固其宜也而昭獻昭肅英特不羣文足以緯邦家武足以平禍亂三子之操行頓異其何道哉寶曆不君國統幾絕天未降喪幸賴裴度復任殄諧彼狡童兮夫何足議

文宗元聖昭獻孝皇帝諱昂穆宗第二子母曰貞獻皇后蕭氏元和四年十月十日生長慶元年封江王初名涵寶曆二年十二月八日敬宗遇害賊蘇佐明等矯制立絳王勾當軍國事樞密使王守澄中尉梁守謙率禁軍討賊誅絳王迎上于江邸癸卯見宰臣于閤內下教處分軍國事甲辰僧惟真齊賢正簡道士趙歸真並配流嶺南擊毬軍將于登等六人令本軍處置宰臣百寮三上表勸進乙巳即位於宣政殿丙午上赴西宮成服丁未宰臣百寮上表請聽政三表許之道士紀處玄楊沖虛伎術人李元戢王信等並配流嶺南戊申尊聖母爲皇太后己酉勅鳳翔淮南先進女樂二十四人並放歸本道庚戌以正議大

夫尚書兵部侍郎知制誥充翰林學士柱國賜紫金魚袋韋處厚爲中書侍郎同中書門下平章事以翰林學士路隨承旨侍講學士宋申錫充書詔學士丙辰以山南東道節度使柳公綽爲刑部尚書丁巳爲絳王舉哀廢朝三日庚申詔君天下者莫尚乎崇澹泊子困窮遵道以端本推誠而達下故聖祖之誡以慈儉爲寶大易明訓垂簡易之文未有上約而下不豐欲寡而求不給朕以眇薄遭逢內難刷君父之讐恥攄億兆之哀寃而股肱大臣羣卿庶士引義抗請至于再三以圖宗社之安以答華夷之望俯從衆欲夙夜震兢思所以克己復禮修政安人宵興匪寧旰食勞慮夫儉過則酌之以禮文勝則矯之以質庶乎俗登太古道洽生靈儀刑家邦以化天下內庭宮人非職掌者放三千人任從所適長春宮斛斗諸物依前戶部收管鄠縣渼陂鳳翔府駱谷地還府縣教坊樂官翰林待詔伎術官幷總監諸色職掌內冗員者共一千二百七十人並宜停廢總監中一百二十四人先屬諸軍並各歸本司餘七百三人勒納牒身放歸本管先供教坊衣糧一百分廂家及諸司新加衣糧三千分並宜停給五方

鷹鷂並解放今年新宣附食度支衣糧小兒一百人並停給別詔宣纂組雕鏤不在常貢內者並停度支鹽鐵戶部及州府百司應供宮禁年支一物已上並準貞元元額爲定先造供禁中床榻以金筐瑟瑟寶鈿者悉宜停造東頭御馬坊毬場宜卻還龍武軍其殿及亭子所司毀拆餘舍賜本軍應行從處張陳不得用花蠟結綵華飾今年已來諸道所進音聲女人各賜束帛放還城外墳墓先有開斸以備行幸處宜曉示百姓任其修塞其大逆魁首蘇佐明等二十八人並已處斬宗族籍沒妖妄僧惟貞道士趙歸真等或假於卜筮或託以醫方疑衆挾邪已從流竄其情非姦惡迹涉詿誤者一切不問兇徒既殄寰宇佇康載舉令猷用弘庶績布告中外知朕意焉帝在藩邸知兩朝之積弊此時釐革並出宸衷士民相慶喜理道之復興矣壬戌以前江西觀察使殷侑爲大理卿

太和元年春正月癸亥朔庚午以御史中丞獨孤朗爲戶部侍郎以兵部尚書權判左丞事段文昌爲御史大夫是夜月掩畢大星戊寅以左散騎常侍李益爲禮部尚書致仕以京兆尹劉栖楚爲桂管觀察使以前戶部侍郎于敖爲宣

歙觀察使代崔羣以羣爲兵部尚書癸未以吏部侍郎庾承宣爲京兆尹兼御
史大夫丙申復置兩輔六雄十望十緊三十四州別駕其諸色在京及內外諸
軍使等職事並不在挾名限己亥以右散騎常侍集賢殿學士判院事張正甫
爲工部尚書辛丑以前廣州節度使崔植爲戶部尚書以太子少師分司東都
李絳檢校司空兼太常卿乙巳御丹鳳樓大赦改元太和甲寅勅諸道節度觀
察使去任日宜具交割狀仍限新使到任一月分析聞奏以憑殿最丙辰以華
州刺史錢徽爲尚書右丞以前河陽節度使崔弘禮爲華州鎮國軍使己未以
太子少保分司蕭俛爲檢校右僕射兼禮部尚書庚申以虔州刺史韓約爲安
南都護三月庚戌朔右軍中尉梁守謙請致仕以樞密使王守澄代之戊寅以
前蘇州刺史白居易爲祕書監仍賜金紫壬午幽州李載義奏故張弘靖判官
家屬凡一百九十人並送赴闕四月壬辰朔癸巳以太子少傅楊於陵守右僕
射致仕俸料全給甲午鳳翔築臨汧城於汧陽縣西北八十里壬寅毀昇陽殿
東放鴨亭戊申毀望仙門側看樓十間並敬宗所造也以前亳州刺史張遵爲

邕管經略使乙卯以禮部尚書蕭俛爲太子少師分司己未忠武軍節度使王沛卒庚申以太僕卿高瑀檢校左散騎常侍充忠武軍節度己巳貶山南東道節度副使李續爲涪州刺史山南東道行軍司馬張又新爲汀州刺史李逢吉黨也五月壬戌朔戊辰詔元首股肱君臣象類義深同體理在坦懷夫任則不疑疑則不任然自魏晉已降參用霸制虛儀搜索因習尚存朕方推表大信置人心腹庶使諸侯方嶽鼓洽道化夷貊飛走暢泳治功況吾台宰又何間焉自今已後紫宸坐朝衆寮既退宰臣復進奏事其監搜宜停丙子以天平軍節度使守司徒同中書門下平章事烏重胤爲横海軍節度使以前攝横海軍節度副使檢校國子祭酒侍御史李同捷檢校左散騎常侍兼兗州刺史充兗海沂密等州節度使就加魏博史憲誠同平章事甲申淮南節度鹽鐵轉運等使王播來朝丙戌夜熒惑犯右執法六月辛卯朔勅文武常參官朝參不到據料錢多少每貫罰二十五文癸己以淮南節度副大使知節度事管內營田觀察處置臨漢監牧等使兼諸道鹽鐵轉運等使銀青光祿大夫檢校司空同中書門

下平章事揚州大都督府長史上柱國太原縣開國伯食邑七百戶王播可尙書左僕射同中書門下平章事依前充諸道鹽鐵轉運使以御史大夫段文昌代播爲淮南節度使丙申左司郎中兼侍御史知雜溫造權知御史中丞癸卯詔元和長慶中皆因用兵權以濟事所下制勅難以通行宜令尙書省取元和已來制勅參詳刪定訖送中書門下議定聞奏甲寅以旱放繫囚七月辛酉朔癸亥太常卿李絳進封魏國公李同捷除兗海不受詔結幽鎭謀叛癸酉葬敬宗于莊陵辛巳勅今年權于東都置舉徐州王智興請全軍討李同捷八月庚寅朔以工部侍郞獨孤朗爲福建觀察使以太府卿裴弘泰爲黔中經略使觀察使左僕射致仕楊於陵讓全給俸料許之庚子詔削奪李同捷在身官爵復以張茂宗爲兗海沂密節度使辛丑邠寧節度使高崇簡卒壬寅以刑部尙書柳公綽檢校左僕射充邠寧節度使戊申以諫議大夫張仲方爲福建觀察使癸丑前福建觀察使獨孤朗卒九月庚申朔癸亥以左神策軍將軍知軍事何文哲爲鄜坊丹延節度使甲戌以左神策大將軍知軍事李泳爲單于都護充

振武麟勝節度使丁丑浙西觀察使李德裕浙東觀察使元稹就加檢校禮部尙書壬午桂管觀察使劉栖楚卒丙戌以諫議大夫蕭裕爲桂管觀察使癸丑兗州復置萊蕪縣十一月己未朔丙申河中薛平奏虞鄉縣有白虎入靈峯觀天平橫海等軍節度使守司徒同中書門下平章事烏重胤卒庚辰以保義軍節度晉慈等州觀察處置等使李寰爲橫海軍節度使癸巳以晉州慈州復隸河中癸巳以左丞錢徽爲華州刺史丁酉右金吾衛大將軍王公亮爲潭州刺史湖南觀察使

二年春正月戊午朔壬申以右散騎常侍孔戣爲京兆尹二月丁亥朔以兵部侍郎王起爲陝虢觀察使代韋弘景以弘景爲尙書左丞乙巳以刑部侍郎盧元輔爲兵部侍郎祕書監白居易爲刑部侍郎庚戌勅李絳所進則天太后删定兆人本業三卷宜令所在州縣寫本散配鄉村三月丁丑朔度支奏京兆府奉先縣界鹵池側近百姓取水柏柴燒灰煎鹽每一石灰得鹽一十二觔一兩亂法甚於鹹土請行禁絕今後犯者據灰計鹽一如兩池鹽法條例科斷從之

辛巳上御宣政殿親試制策舉人以左散騎常侍馮宿太常少卿賈餗庫部郎中龐嚴爲考制策官閏三月丙戌朔內出水車樣令京兆府造水車散給緣鄭白渠百姓以漑水田夏四月丙辰朔壬午以邕管經略使王茂元爲容管經略使五月乙酉朔丁巳命中使於漢陽公主及諸公主第宣旨今後每遇對日不得廣插釵梳不須著短窄衣服乙未以吏部侍郎丁公著爲禮部尚書庚子勅應諸道進奉內庫四節及降誕進奉金花銀器并纂組文纈雜物並折充鋌銀及綾絹其中有賜與所須待五年後續有進止帝性恭儉惡侈靡庶人務敦本故有是詔帝與侍講學士許康佐語及取蚺蛇膽生剖其腹爲之惻然乃詔度支曰每年供進蚺蛇膽四兩桂州一兩賀州二兩泉州一兩宜於數內減三兩桂賀泉三州輪次歲貢一兩帝自撰集尙書中君臣事迹命畫工圖於太液亭朝夕觀覽焉王廷湊出兵侵鄰藩欲撓王師以援李同捷昭義劉從諫請出軍討之六月乙卯朔晉王普薨贈爲悼懷太子陳州水害秋稼癸亥四方館請賜印其文以中書省四方館爲名辛酉以吏部尙書鄭絪爲太子少保辛巳以靈

武節度使李進誠爲邠寧節度使以天德軍使李文悅爲靈武節度使乙酉以前邠寧節度使柳公綽檢校左僕射兼刑部尙書甲辰詔宰臣集三署四品已上常參官議討王廷湊可否是夜彗西出攝提南長二尺八月甲寅朔丁巳以兵部侍郎盧元輔爲華州鎭國軍使以代錢徽以徽爲吏部尙書致仕壬戌京畿奉先等十七縣水九月甲申朔丁亥王智興拔棣州以新除橫海軍節度使李寰爲夏州節度使甲午詔削奪王廷湊在身官爵隣道接界隨便進討以前夏州節度使傅良弼爲橫海軍節度使庚戌安南軍亂逐都護韓約冬十月癸丑朔丁巳罷揚州海陵監牧以戶部尙書崔植爲華州刺史鎭國軍使丙寅嶺南節度使胡證卒辛未以江西觀察使李憲爲嶺南節度使癸酉以尙書右僕射同平章事竇易直檢校左僕射同平章事充山南東道節度使臨漢監牧等使代李逢吉以逢吉爲宣武軍節度使代令狐楚以楚爲戶部尙書以右丞沈傳師爲江西觀察使己卯以河南尹王璠爲右丞以左散騎常侍馮宿爲河南尹十一月癸未朔乙酉以右金吾衛大將軍李祐爲橫海軍節度使新除傅良

弼赴鎮卒於陝州故也甲辰禁中巳時昭德寺火直宣政殿之東至午未間北風起火勢益甚至暮稍息十二月壬子朔乙丑魏博行營都知兵馬使开志紹率所部兵馬二萬人謀叛欲殺史憲誠父子壬申中書侍郎同平章事韋處厚暴卒戊寅詔以兵部侍郎知制誥充翰林學士路隨爲中書侍郎同平章事

三年春正月壬午朔丙戌开志紹率兵迴據永濟縣其衆分散入諸縣邑史憲誠告難詔滄州行營兵士赴之丁亥京兆尹孔戢卒庚寅吏部尚書致仕錢徽卒庚子李聽殺敗开志紹兵志紹北走鎮州甲辰以太常卿李絳檢校司空兼興元尹山南西道節度使華州刺史鎮國軍潼關防禦使崔植卒己酉以前山南西道節度使王涯爲太常卿二月辛亥朔以兵部尚書崔羣爲荊南節度使甲寅荊南節度使王潛卒三月辛巳朔以戶部尚書令狐楚爲東都留守乙酉勅兵戈未息教坊每日祗候樂人宜權停壬辰易定節度使柳公濟卒以前東都留守崔從爲戶部尚書夏四月庚午王智興奏部下將石雄搖扇軍情請行朝典乃長流白州五月己卯朔甲申柏耆斬李同捷於將陵滄景平李祐入滄

州丁亥御與安樓受滄州所獻李祐送李同捷母妻及男元達等赴闕詔並宥之令於湖南安置貶滄德宣慰使諫議大夫柏耆循州司戶宣慰判官殿中侍御史沈亞之虔州南康尉以擅入滄州取李同捷諸鎮所怒奏論之也丙申橫海軍節度使李祐卒以涇原節度使李岵爲齊德等州節度使改名有裕丁酉以前義武軍節度使傅毅爲滄州刺史橫海軍節度使辛丑以右金吾衞大將軍張惟清檢校司空充涇原節度使以左金吾衞大將軍劉遵古爲邠寧節度使六月己酉朔辛亥以魏博節度使史憲誠檢校司徒兼侍中河中尹充河中晉絳節度使以義成軍節度使李聽兼充魏博節度使以魏博節度副使檢校工部尚書史孝章爲相衞節度使壬申勅元和四年勅禁鉛錫錢皆納官許人糺告一錢賞百錢此爲太過此後以鉛錫錢交易者一二貫以下州府常行杖決脊杖二十十貫以下決六十徒三年過十貫已上集衆決殺能糺告者一貫賞錢五十文秋七月己卯朔癸未中使劉弘逸送史憲誠旌節自魏州還稱六月二十六日夜魏博軍亂殺史憲誠立大將何進滔爲留後其新節度使李聽入

城不得乙丑河中節度使薛平依前河中節度使乙未嶺南節度使李憲卒兵部侍郎盧元輔卒丁酉以京兆尹崔護爲御史大夫廣南節度使戊戌以大理卿李諒爲京兆尹乙巳以禮部尚書翰林侍講學士丁公著檢校戶部尚書兼潤州刺史充浙江西道觀察使以前浙西觀察使檢校禮部尚書李德裕爲兵部侍郎辛亥魏博何進滔奏准詔割相衞三州三軍不受壬子詔以魏博衙內都知兵馬使何進滔檢校左散騎常侍充魏博節度使癸丑以衞尉卿殷侑檢校工部尚書爲齊德滄節度使辛酉京畿奉先等九縣旱損田播州流人衞中行卒宋亳水害稼壬申詔雪王廷湊復官爵甲戌以吏部侍郎李宗閔同中書門下平章事九月戊寅朔辛巳勑兩軍諸司內官不得著紗縠綾羅等衣服帝性儉素不喜華侈駙馬韋處仁戴夾羅巾帝謂之曰比慕卿門地清素以之選尚如此巾服從他諸戚爲之唯卿非所宜也壬辰以兵部侍郎李德裕檢校戶部尚書兼滑州刺史義成軍節度使戊戌以前睦州刺史陸亘爲越州刺史浙東觀察使代元稹以稹爲尚書左丞代韋弘景以弘景爲禮部尚書冬十月戊

申朔己酉江西沈傳師奏皇帝誕月請爲僧尼起方等戒壇詔曰不度僧尼累
有敕命傳師忝爲藩守合奉詔條誘致愚妄庸非禮道宜罰一月俸料丙辰以
前義成軍節度使李聽爲太子少師癸亥以戶部侍郎崔元略爲戶部尚書判
度支以中書舍人韋詞爲湖南觀察使十一月丁丑朔庚辰太子太傅鄭絪卒
丙戌勅前亳州刺史李繁於京兆府賜死甲申帝親祀昊天上帝於南郊禮畢
御丹鳳門大赦節文禁止奇貢云四方不得以新樣織成非常之物爲獻機杼
纖麗若花絲布繚綾之類並宜禁斷勅到一月機杼一切焚棄刺史分憂得以
專達事有違法觀察使然後奏聞丙申西川奏南詔蠻入寇甲辰王智興來朝
乙巳以智興守太傅依前平章事武寧軍節度使進封鴈門郡王十二月丁未
朔南蠻逼戎州遣使起荆南鄂岳襄鄧陳許等道兵赴援蜀川以劍南東川節
度使郭釗爲西川節度使仍權東川事壬子貶劍南西川節度使杜元穎爲韶
州刺史遣中使楊文端齎詔賜南蠻王蒙豐佑蠻軍陷邛雅等州戊午以右領
軍衞大將軍董重質充神策西川行營都知兵馬使西川奏蠻軍陷成都府東

川奏蠻軍入梓州西郭門下營又詔促諸鎮兵救援西川己丑以東都留守令狐楚檢校右僕射天平軍節度使代崔弘禮爲東都留守丁卯貶杜元穎循州司馬乙巳郭釗奏蠻軍抽退遣使賜蠻帥蒙嵯巔國信辛未以太子少師李聽爲邠寧節度使癸酉以中丞温造爲右丞吏部郎中宇文鼎爲中丞

舊唐書卷十七上

舊唐書卷十七上考證

敬宗本紀寶歷元年以殿中少監嚴公素爲容管經略使○沈炳震曰長慶元年公素已自經略留後除容管未嘗爲殿中少監也恐是以殿中少監代公素者偶失其名遂譌爲公素耳

二年鄂岳觀察使牛僧孺奏當道沔州與鄂隔江相對云云○沈炳震曰僧孺爲節度非觀察應誤

文宗本紀大和三年五月己卯朔甲申柏耆斬李同捷于將陵滄景平○新書本紀在四月乙亥通鑑與新書同　臣宗萬按柏耆之斬同捷也耆受詔宣慰行營好張大聲勢以威制諸將故能收同捷然殺降邀功爲諸將所疾以致貶官賜死宜矣通鑑所載甚明而唐書新舊傳耆貶循州司戶以諸將攢詆文宗不獲已貶之按通鑑初李祐聞柏耆殺萬洪大驚疾遂劇上曰祐若死是耆殺之也癸酉賜耆自盡据此則文宗之貶耆以其擅殺萬洪非由諸將論列不獲已而貶也貶後李祐尋薨則賜死必矣通鑑注考異耆之賜死以

其受同捷賄故也若然則通鑑又何以獨載祐若死是耆殺之之語哉

舊唐書卷十七上考證

舊唐書卷十七下

後晉司空同中書門下平章事劉昫撰

本紀第十七下

文宗下

太和四年春正月丙子朔。辛卯，武昌軍節度使牛僧孺來朝。丙戌，以左神策軍大將軍丘直方爲鄜坊節度使。戊子，詔封長男永爲魯王。辛卯，以武昌節度使鄂岳蘄黃安申等觀察處置等使、金紫光祿大夫、檢校吏部尚書、同中書門下平章事、上柱國、奇章郡開國公牛僧孺爲兵部尚書、同中書門下平章事。壬辰，以兵部侍郎崔鄲爲陝虢觀察使，封魯王母王氏爲昭儀。癸巳，以前邠寧節度使劉遵古爲劍南東川節度使。甲午，守左僕射、同平章事、諸道鹽鐵轉運使王播卒。丙申，以太常卿王涯爲吏部尚書，充諸道鹽鐵轉運使。辛丑，以尚書左丞杜元穎檢校戶部尚書，充武昌軍節度、鄂岳蘄黃安申等州觀察使。癸卯，以前陝虢觀察使王起爲左丞。二月丙午朔。戊午，興元軍亂，節度使李絳舉家被害

判官薛齊趙存約死之庚申以左丞溫造爲興元節度使辛未夏州節度使李
寰卒壬申以神策行營節度使董重質爲夏綏銀宥節度使三月乙亥以河東
節度使李程檢校左僕射同平章事兼河中尹晉絳慈隰等州節度使以刑部
尚書柳公綽檢校左僕射太原尹北都留守河東節度使丁丑以前河中節度
使薛平爲太子太保丁亥以衛尉卿桂仲武爲福建觀察使興元溫造奏害李
絳賊首丘銓丘鑄及官健千人並處斬訖其親刃絳者斬一百段號令者三段
餘並斬首內一百首祭李絳三十首祭死王事官寮其餘屍首並投於漢江己
丑詔興元監軍使楊叔元宜配流康州百姓錮身遞於配所丁酉監修國史中
書侍郎平章事路隨進所撰憲宗實錄四十卷優詔答之賜史官等五人錦綵
銀器有差癸卯以淮南節度使段文昌檢校尚書左僕射同中書門下平章事
兼江陵尹充荆南節度使以前太子賓客崔從檢校右僕射揚州大都督府長
史淮南節度使甲辰以前荆南節度使崔羣檢校右僕射兼太常卿以中書舍
人李虞仲爲華州刺史代嚴休復以休復爲右散騎常侍夏四月乙巳朔丙午

以右散騎常侍翰林侍講學士鄭覃爲工部尚書丁未兵部尚書致仕張賈卒丁巳貶前齊德滄景等州節度使李有裕爲永州刺史馳驛赴任庚申以尚書左丞王起爲戶部尚書判度支代崔元略以元略檢校吏部尚書爲東都留守辛酉夜月掩南斗第二星壬戌詔曰儉以足用令出惟行著在前經斯爲理本朕自臨四海愍元元之久困日昃忘食宵興疚懷雖絕文繡之飾尚愧茅茨之儉亦諭卿士形于詔條如聞積習流弊餘風未革車服第室相高以華靡之制資用貨寶固啓于貪冒之源有司不禁侈俗滋扇蓋朕教導之未敷使兆庶昧於恥尚也其何以足用行令臻于致理歟永念慚歎迨茲申勅自今內外班列職位之士各務素朴弘茲國風有僭差尤甚者御史糾上主者宣示中外知朕意焉文宗承長慶寶曆奢靡之風銳意懲革躬行儉素以率厲之辛未以前東都留守崔弘禮爲刑部尚書鎮州王廷湊請修建初啓運二陵從之五月甲戌朔丁丑以旱命京城諸司疏理繫囚己卯通化南北二門鏁不可開鑰入如有持之者上令鐵工破鏁時日已及辰矣丁亥改鄆州東平縣爲天平縣戊子勅

度支每歲於西川織造綾羅錦八千一百六十七匹令數內減二千五百十匹
六月癸卯朔丁未以守司徒門下侍郎平章事上柱國開國公食邑三千戶食
實封三百戶裴度爲守司徒平章軍國重事待疾損日每三日五日一度入中
書辛未夜自一更至五更大小星流旁午觀者不能數壬申詔如聞諸司刑獄
例多停滯委尚書左右丞及監察御史糺舉以聞秋七月癸酉朔癸未詔以朝
議郎尚書右丞上柱國賜紫金魚袋宋申錫爲正議大夫行尚書右丞同中書
門下平章事乙酉勅前行郎中知制誥者約滿一周年卽與正授從諫議大夫
知者亦宜準此餘依長慶二年七月二十七日勅處分振武置雲伽關加鎮兵
千人以吏部侍郎王播爲京兆尹兼御史大夫代李諒爲桂管觀察使太原飢
賑粟三萬石賜十六宅諸王綾絹二萬匹丁酉守司徒裴度上表辭冊命言臣
此官已三度受冊有靦面目從之八月壬寅朔丙辰鄜州水溺居民三百餘家
太原柳公綽奏雲代蔚三州山谷間石化爲麪人取食之己未宣歙觀察使于
敖卒甲子內出綾絹三十萬匹付戶部充和糴戊辰幸梨園亭會昌殿奏新樂

九月壬申朔丁丑以大理卿裴誼檢校右散騎常侍充江西觀察使代沈傳師以傳師爲宣歙觀察使內出綾三千匹賜宥州築城兵士戊寅舒州太湖宿松望江三縣水溺民戶六百八十詔以義倉賑貸庚辰吏部尚書王涯爲右僕射依前鹽鐵轉運使壬午以守司徒平章軍國重事晉國公裴度守司徒兼侍中充山南東道節度使以投來奚王茹羯爲右驍衞將軍同正丙戌以前山南東道節度使竇易直爲尚書左僕射戊子吏部尚書致仕裴向卒己丑淮南天長等七縣水害稼丁酉前豐州刺史天德軍使渾鐬坐贓七千貫貶袁州司馬冬十月壬寅朔戊申以東都留守崔元略檢校吏部尚書兼滑州刺史義成軍節度使代李德裕以德裕檢校兵部尚書兼成都尹充劍南西川節度使己酉京師有熊入莊嚴寺庚戌以前刑部尚書崔弘禮爲東都留守甲寅以前劍南西川節度使檢校司空郭釗爲太常卿代崔羣爲吏部尚書丁卯御史中丞宇文鼎奏今月十三日宰臣宣旨今後羣臣延英奏事前一日進狀入來者臣以尋常公事不暇面論但見表章足以陳露儻臨時忽有公務文字不足盡言則咫

尺天聽無路聞達更俟後坐動踰數辰處置之間便有不及伏乞重賜宣示限
以狀入者並在卯前如在卯後聽不收覽自然人各遵守禮亦得中從之十一
月辛未朔是夜熒惑近左執法癸巳以左丞康承宣爲兗海沂密等州節度使
淮南大水及蟲霜並傷稼十二月辛丑朔滄州殷侑請廢景州爲景平縣己酉
義成軍節度使崔元略卒壬子以左金吾衛大將軍段嶷爲義成軍節度使癸
丑湖南觀察使韋詞卒丙辰以工部侍郎崔琯爲京兆尹代王播爲尚書左丞
癸亥東都留守崔弘禮卒以同州刺史高重爲潭州刺史兼御史中丞充湖南
觀察使甲子左僕射致仕楊於陵卒贈司空丙寅以前河南尹馮宿爲工部侍
郎戊辰以太子賓客分司白居易爲河南尹以代韋弘景以弘景守刑部尚書
東都留守閏十二月辛未朔壬申太常卿郭釗卒贈司徒壬辰廢齊州歸化縣
地入臨邑縣廢景州其縣隸滄州刺史是歲京畿河南江南荊襄鄂岳湖南等
道大水害稼出官米賑給
五年春正月庚子朔以積陰浹旬罷元會丁巳賜滄德節度使曰義昌軍太原

旱賑粟十萬石己未詔方鎮節度觀察使請入覲者先上表奏聞候允則任進程庚申幽州軍亂逐其帥李載義立後院副兵馬使楊志誠爲留後癸亥詔端午節辰方鎮例有進奉其雜綵匹段許進生白綾絹己丑以權知渤海國務大彝震檢校祕書監忽汗州都督渤海國王二月庚午朔壬辰以盧龍軍節度使守太保同平章事李載義守太保同中書門下平章事時載義失守入朝賜第於永寧里給賜優厚丙申以桂管觀察使李諒爲嶺南節度使戊戌神策中尉王守澄奏得軍虞候豆盧著狀告宰相宋申錫與漳王謀反即令追捕庚子詔貶宋申錫爲太子右庶子壬寅左常侍崔玄亮及諫官等十四人伏奏玉階北軍所告事請不於內中鞫問乞付法司帝曰吾已謀於公卿矣卿等且退崔玄亮泣涕陳諫久之帝改容勞之曰朕即與宰臣商議玄亮等方退癸卯詔漳王湊可降爲巢縣公左庶子宋申錫開州司馬同正初京師恟恟以宰相實聯親王謀逆三四日後方知誣搆人士側目於守澄鄭注故諫官號泣論之申錫方免其禍己酉勅以李載義入朝於曲江亭賜宴仍命宰臣百寮赴會辛酉以黔

中觀察使裴弘泰爲桂管經略使以前安州刺史陳正儀爲黔中觀察使丁卯紫宸奏事宰相路隨至龍墀仆于地令中人掖之翌日上疏陳退識者嘉之夏四月己巳朔甲戌以新羅王嗣子金景徽爲開府儀同三司檢校太保使持節雞林州諸軍事雞林州大都督寧海軍使上柱國封新羅王仍封其母朴氏爲新羅國太妃丁亥詔史官記事用戒時常先朝舊制並得隨仗其後宰臣撰時政記因循斯久廢墜實多自今後宰臣奏事有關獻替及臨時處分稍涉政刑者委中書門下丞一人隨時撰錄每季送史館庶警朕闕且復官常己丑以李載義爲山南西道節度依前守太保同平章事代温造以造爲兵部侍郎以幽州盧龍節度留後楊志誠檢校工部尙書爲幽州盧龍節度使五月戊戌朔太廟第四室第六室破漏有司不時修葺各罰俸上命中使領工徒及以禁中修營材葺之右補闕韋温上疏論曰宗廟不葺罪在有司弛慢宜加重責今有司止於罰俸便委內臣葺修是許百司之官公然廢職以宗廟之重爲陛下所私則羣官有司便同委棄此臣竊爲聖朝惜也事關宗廟皆書史冊苟非舊典不

可率然伏乞更下詔書復委所司營葺則制度不紊官業各修矣疏奏帝嘉之乃追止中使命有司修奉戊午西川李德裕奏南蠻放還先虜掠百姓工巧僧道約四千人還本道辛酉東都留守刑部尙書韋弘景卒丙寅以京兆尹崔琯爲尙書左丞太常少卿龐嚴權知京兆尹六月丁卯朔戊寅以霖雨涉旬詔疏理諸司繫囚辛卯蘇杭湖南水害稼甲午東川奏玄武江水漲二丈梓州羅城漂人廬舍秋七月丁酉朔庚子贈太子賓客李渤禮部尙書辛丑以兵部侍郎温造檢校戶部尙書爲東都留守甲辰以太子少師分司上柱國襲徐國公蕭俛守左僕射致仕劍南東西兩川水遣使宣撫賑給己未以給事中羅讓爲福建觀察使八月丙寅朔庚午武昌軍節度使檢校戶部尙書元稹卒辛未貶刑部員外郎舒元輿爲著作郎元輿累上表請自效并進文章朝議責其躁進也壬申以河陽三城懷州節度使楊元卿爲宣武軍節度使代李逢吉以逢吉檢校司徒兼太子太師充東都留守代温造以温造爲河陽三城懷州節度使戊寅以陝虢觀察使崔鄲爲鄂岳安黃觀察使甲申以中書舍人崔咸爲陝州防

禦使詔陝州舊有都防禦觀察使額宜停兵馬屬本州防禦使丙戌京兆尹龐
嚴卒庚寅以司農卿駙馬都尉杜悰爲京兆尹九月丙申朔甲辰貶太子左庶
子郭求爲婺王府司馬以其心疾與同寮忿競也翰林學士薛廷老李讓夷皆
罷職守本官廷老在翰林終日酣醉無儀檢故罷讓夷常推薦廷老故坐累也
己未以左僕射竇易直判太常卿西川李德裕奏收復吐蕃所陷維州差兵鎮
守冬十月乙丑朔以前綿州刺史鄭綽爲安南都護戊寅蠻寇嶲州陷二縣辛
巳滄州移清池縣於南羅城內置十一月乙未朔庚戌鳳翔節度使王承元來
朝己未以承元檢校司空青州刺史充平盧軍節度使癸亥以尚書左僕射判
太常卿事竇易直檢校司空爲鳳翔隴右節度使十二月乙丑朔戊寅以左丞
王璠兼判太常卿事甲申貶新除桂管觀察使裴弘泰爲饒州刺史以除鎮淹
程不進爲憲司所糾故也癸巳以鄭州刺史李翺爲桂管觀察使是歲淮南浙
江東西道荊襄鄂岳南東川並水害稼請蠲秋租是冬京師大雨雪
六年春正月乙未朔以久雪廢元會戊戌振武李泳招收得黑山外契苾部落

四百七十三帳壬子詔朕聞天聽自我人聽天視自我人視朕之菲德涉道未明不能調序四時導迎和氣自去冬已來踰月雨雪寒風尤甚頗傷于和念茲庶甿或罹凍餒無所假貸莫能自存中宵載懷旰食興歎怵惕若厲時予之辜思弘惠澤以順時令天下死罪因除官典犯贓故意殺人外并降徒流流已下遞降一等應京畿諸縣宜令以常平義倉斛斗賑恤京城內鰥寡癃殘無告不能自存者委京兆尹量事濟恤具數以聞言念赤子視之如傷天或警予示此陰沴撫躬夕惕予甚悼焉羣臣拜表上徽號甲寅司徒致仕薛平卒二月甲子朔以前義昌軍節度使殷侑檢校吏部尚書充天平軍節度鄆曹濮等州觀察使代令狐楚以楚檢校右僕射兼太原尹北都留守河東節度使戊寅蘇湖二州水賑米二十二萬石以本州常平義倉斛斗給庚辰戶部尚書判度支王起請於邠寧靈武置營田務從之己丑寒食節上宴羣臣於麟德殿是日雜戲人弄孔子帝曰孔子古今之師安得侮瀆亟命驅出三月甲午朔辛丑以武寧軍節度使守太傅同平章事王智興兼侍中充忠武軍節度陳許蔡觀察等使以

邠寧節度使李聽爲武寧軍節度徐泗濠觀察等使以金吾衛大將軍孟友亮爲邠寧節度使以前河東節度使柳公綽爲兵部尙書辛酉以前忠武軍節度使高瑀檢校右僕射充武寧軍節度徐泗濠觀察等使夏四月癸亥朔乙丑兵部尙書柳公綽卒戊寅以新除武寧軍節度使李聽爲太子太保五月癸巳朔甲辰西川修邛崍關城又移巂州於臺登城壬子浙西丁公著奏杭州八縣災疫賑米七萬石丁巳以鹽州刺史王晏平檢校左散騎常侍御史大夫充靈鹽節度使己未興平縣人上官興因醉殺人而亡竄官捕其父因之興歸待罪有司京兆尹杜悰中丞宇文鼎以興自首免父之囚其孝可獎請免死詔兩省參議皆言殺人者死古今共守興不可免上竟從悰等議免死決杖八十配流靈州庚申詔如聞諸道水旱害人疾疫相繼宵旰罪己興寢疚懷今長吏奏申札瘥猶甚蓋教化未感於蒸人精誠未格於天地法令或爽官吏爲非有一於茲皆傷和氣並委中外臣寮一一具所見聞奏朕當親覽無憚直言其遭災疫之家一門盡歿者官給凶器其餘據其人口遭疫多少與減稅錢疫疾未定處官

給醫藥諸道既有賑賜國費復慮不充其供御所須及諸公用量宜節減以救凶荒六月壬戌朔丙寅京兆尹杜悰兼御史大夫戊寅右僕射王涯奉勅准令式條疏士庶衣服車馬第舍之制度勅下後浮議沸騰杜悰於勅內條件易施行者寬其限事竟不行公議惜之秋七月辛卯朔甲午以諫議大夫王彥威戶部郎中楊漢公祠部員外郎蘇滌右補闕裴休並充史館修撰故事史官不過三員或止兩員今四人並命論者非之戊申原王逵薨癸丑以前靈武節度使李文悅爲兗海沂密節度使己未以河中節度使李程爲左僕射以戶部尚書判度支王起檢校吏部尚書充河中晉慈隰節度使以御史中丞兼刑部侍郎宇文鼎爲戶部侍郎判度支八月辛酉朔吏部尚書崔羣卒以駕部郎中知制誥李漢爲御史中丞乙丑以尚書右丞判太常卿王璠檢校禮部尚書潤州刺史浙西觀察使庚午山南東道節度使裴度來朝壬申以前浙西觀察使丁公著爲太常卿甲戌御史中丞李漢奏論僕射上事儀不合受四品已下官拜時左僕射李程將赴省上故也詔曰僕射上儀近定所緣拜禮皆約令文已經施

行不合更改宜準太和四年十一月十六日勅處分九月庚寅朔淄青初定兩稅額五州一十九萬三千九百八十九貫自此淄青始有上供庚子以太傅趙宗儒守司空致仕辛丑涿州置新城縣古督亢之地也丁未太常卿丁公著卒庚戌司空致仕趙宗儒卒壬子以右金吾衛將軍史孝章爲鄜州刺史鄜坊丹延節度使冬十月庚子朔甲子詔魯王永宜冊爲皇太子壬午以左金吾衛將軍李昌言檢校左散騎常侍充夏綏銀宥節度使甲申以諫議大夫王彥威爲河中少尹以其論上官與獄太徼訐故也十一月己丑朔丁未淮南節度使檢校右僕射崔從卒乙卯以荊南節度使段文昌爲劍南西川節度使依前檢校左僕射同平章事十二月己未朔乙丑以中書侍郎同平章事牛僧孺檢校右僕射同平章事揚州大都督府長史充淮南節度使戊辰內養王宗禹渤海使迴言渤海置左右神策軍左右三軍一百二十司畫圖以進以尚書右丞崔琯爲江陵尹荊南都團練觀察使珍王誠薨乙亥昭義節度使劉從諫來朝丁未以前西川節度使李德裕爲兵部尚書責授循州司戶杜元穎卒贈湖州刺史

七年春正月乙丑朔御含元殿受朝賀比年以用兵兩雪不行元會之儀故書吳蜀貢新茶皆於冬中作法爲之上務恭儉不欲逆其物性詔所供新茶宜於立春後造甲午加劉從諫同平章事襄州裴度奏請停臨漢監牧從之此監元和十四年置馬三千二百匹廢百姓田四百餘頃停之爲便乙亥以太府卿崔珙爲廣州刺史嶺南節度使壬子詔朕承上天之睠佑荷列聖之丕圖宵旰憂勞不敢暇逸思致康乂八年于茲而水旱流行疫疾作沴兆庶艱食札瘥相仍蓋德未動天誠未感物一類失所其過在予載懷罪己之心深軫納隍之歎如聞關輔河東去年亢旱秋稼不登今春作之時農務又切若不賑救懼至流亡京兆府賑粟十萬石河南府河中府絳州各賜七萬石同華陝虢晉等州各賜十萬石並以常平義倉物充以新除嶺南節度使崔珙檢校工部尚書充武寧軍節度使以右金吾衛將軍王茂元爲嶺南節度使丙辰以前武寧軍節度使高瑀爲刑部尚書嶺南五管及黔中等道選補使宜權停一二年二月己未朔己巳以吏部侍郎庾承宣爲太常卿癸酉以宗正卿李詵爲陝州防禦使代崔

咸以咸爲右散騎常侍己卯麟德殿對吐蕃渤海牂柯昆明等使辛巳御史臺
奏均王傅王堪男禎國忌日於私第科決罰人詔曰準令國忌日禁飲酒舉樂
決罰人吏都無明文起今後從有此類不須舉奏王禎宜釋放丙戌詔以銀青
光祿大夫守兵部尙書上柱國贊皇縣開國伯食邑七百戶李德裕以本官同
中書門下平章事三月戊子朔庚寅以前戶部侍郎楊嗣復爲尙書左丞壬辰
以左散騎常侍張仲方爲太子賓客分司仲方爲郎中時常駮故相李吉甫謚
德裕秉政仲方請告因授之己亥嶺南節度使李諒卒辛丑和王綺薨復於埇
橋置宿州割徐州符離縣蘄縣泗州虹縣隸之以東都鹽鐵院官吳季眞爲宿
州刺史癸卯以京兆尹駙馬都尉杜悰檢校禮部尙書充鳳翔隴右節度己酉
安南奏蠻寇當管金龍州當管獠國赤珠落國同出兵擊蠻敗之庚戌出給事
中楊虞卿爲常州刺史中書舍人張元夫汝州刺史以太府卿韋長爲京兆尹
丙辰以散騎常侍嚴休復爲河南尹丁巳以給事中蕭澣爲鄭州刺史夏四月
戊午朔辛酉九姓迴紇可汗卒癸亥前鳳翔節度使檢校司空竇易直卒癸酉

以同州刺史吳士智爲江西觀察使以吏部侍郎高鉞爲同州刺史庚辰以工部侍郎李固言爲右丞中書舍人楊汝士爲工部侍郎壬子以河南尹白居易爲太子賓客分司東都甲申以江西觀察使裴誼爲歙池觀察使代沈傳師以傳師爲吏部侍郎以右金吾衞將軍唐弘實使迴紇冊九姓迴紇愛登里羅汨沒使合句錄毗伽彰信可汗五月丁亥朔丁酉以李聽爲鳳翔隴右節度使依前檢校司徒兼太子太保癸卯與元李載義來朝癸丑以前卭州刺史劉旻爲安南都護六月丁巳朔乙巳以山南西道節度使李載義爲太原尹北都留守河東節度使依前守太保同平章事壬申以御史中丞李漢爲禮部侍郎以工部尚書翰林侍講學士鄭覃爲御史大夫甲戌以刑部尚書高瑀爲太子少保分司乙亥以中書侍郎平章事李宗閔檢校禮部尚書同平章事兼興元尹山南西道節度使丁丑以左金吾衞將軍李從易爲桂管觀察使己卯以右神策大將軍李用爲邠寧節度使河陽修防口堰役工四萬溉濟源河內温縣武德武陟五縣田五千餘頃癸未涇原節度使張惟清卒乙酉以前河東節度使令

狐楚檢校右僕射兼吏部尚書秋七月丙戌朔丁亥以右龍武統軍康志睦爲
四鎮北庭行軍涇原節度使壬寅以金紫光祿大夫守尚書右僕射諸道鹽鐵
轉運使上柱國代郡公食邑二千戸王涯可同中書門下平章事領使如故甲
辰右丞李固言等奏狀論僕射省中上事不合受四品已下拜勅旨宜準太和
四年十一月十六日勅處分乙巳虢州刺史崔玄亮卒以左丞楊嗣復檢校禮
部尚書充劍南東川節度使以戸部侍郎庾敬休爲左丞己酉以旱命京城諸
司疏決繫囚壬子勅應任外官帶一品正京官者縱不知政事其俸料宜兼給
癸丑以左僕射李程檢校司空兼汴州刺史宣武軍節度使甲寅以旱徙市左
降官開州司馬宋申錫卒詔許歸葬閏七月乙卯朔詔曰朕嗣守丕圖覆嫗生
類兢業寅畏上承天休而陰陽失和膏澤愆候害我稼穡災于黔黎有過在予
敢忌咎責從今避正殿減供膳停教坊樂廏馬量減芻粟百司廚饌亦宜權減
陰陽鬱堙有傷和氣宜出宮女千人五坊鷹犬量須減放內外修造事非急務
者並停時久無雨上心憂勞詔下數日雨澤霑洽人心大悅乙丑以前宣武軍

節度楊元卿爲太子太保戊戌以給事中崔戎爲華州刺史癸未以太子賓客李紳檢校左散騎常侍兼越州刺史充浙東觀察使代陸亘以亘爲宣歙觀察使八月甲申朔御宣政殿冊皇太子永是日降詔應犯死降徒流流已下遞減一等諸王自今年後相次出閤授緊望已上州刺史佐其十六宅諸縣主委吏部於選人中簡擇配匹具以名聞皇太子方從師傅傳授六經一二年後當令齒胄國庠以興墜典宜令國子選名儒宜五經博士各一人其公卿士族子弟明年已後不先入國學習業不在應明經進士限其進士舉宜先試帖經幷略問大義取經義精通者放及第卿大夫者下人之所視遠方之所傚若非恭儉克己廉直任人而望其服從固不可得況朕不寶珠玉不御纖華遠于六宮皆務儉薄卿大夫得不叶朕此志率先兆人比年所頒制度皆約國家令式去其甚者稍謂得中而士大夫苟自便身安於習俗因循未革以至于今百官士族起今年十月其衣服輿馬並宜準太和六年十月七日勅如有固違重加黜責文武常參官及諸州府長官子爲父後者賜勳兩轉癸巳太子太保楊元卿卒

戊申以京兆尹韋長兼御史大夫以刑部尚書高瑀爲忠武軍節度使九月甲寅朔丙寅侍御史李款閤內奏彈前邠州行軍司馬鄭注曰注內通勅使外連朝官兩地往來卜射財貨晝伏夜動干竊化權人不敢言道路以目請付法司推劾情款旬日之中諫章數十上由是授注通王府司馬兼侍御史充神策軍判官中外駭歎甲寅以前忠武軍節度使王智興依前守太傅兼侍中河中尹河中晉絳慈隰節度使代王起以起爲兵部尚書冬十月癸未朔揚州江都等七縣水害稼壬辰上降誕日僧徒道士講論於麟德殿翌日御延英上謂宰臣曰降誕日設齋起自近遠朕緣相承已久未可便革雖置齋會唯對王源中等暫入殿至僧道講論都不臨聽宰相路隨等奏誕日齋會誠資景福本非中國教法臣伏見開元十七年張說源乾曜請以誕日爲千秋節內外宴樂以慶昌期頗爲得禮上深然之宰臣因請十月十日爲慶成節上誕日也從之辛酉潤常蘇湖四州水害稼十一月癸丑朔乙亥涇原節度使康志睦卒己卯以左神策長武城使朱叔夜爲涇州刺史充涇原節度使壬午於銀州置監牧十二月

癸未朔己亥刑部詳定大理丞謝登新編格後勅六十卷令刪落詳定爲五十卷庚子幸望春宮聖體不康癸卯天平軍節度檢校司空王承元卒丁未以河南尹嚴休復檢校禮部尙書充平盧軍節度淄青登萊棣觀察等使戊申以給事中王質權知河南尹以河東節度副使李石爲給事中

八年春正月癸丑朔丁巳聖體痊平御太和殿見內臣甲子御紫宸殿見羣臣丙寅修太廟令太常卿庾承宣攝太尉徧告九室遷神主於便殿癸酉揚楚舒廬壽滁和七州去年水損田四萬餘頃二月壬午朔日有蝕之庚寅詔以聖躬痊復救繫囚放逋賦移流人己亥蔚州飛狐鎮置鑄錢院三月壬子朔甲寅上巳賜羣臣宴於曲江亭庚午以山南東道節度使裴度充東都留守依前守司徒兼侍中以東都留守李逢吉檢校司徒兼右僕射癸酉兗海節度使李文悅卒丙子以右丞李固言爲華州刺史代崔戎以戎爲兗海觀察使四月壬午朔壬辰集賢學士裴潾撰通選三十卷以擬昭明太子文選潾所取偏僻不爲時論所稱甲午以宿州刺史吳季真爲邕管經略使乙巳翰林學士兵部侍郎王

源中辭內職乃以源中爲禮部尚書五月辛亥朔己巳修奉太廟畢以吏部尚
書令狐楚攝太尉徧告神主復正殿飛龍神駒中廏火六月庚辰朔辛巳徙市
壬午大理卿劉遵古卒壬辰陳許節度使高瑀卒甲午以旱詔諸司疏決繫囚
丙申以前鳳翔節度使駙馬都尉杜悰起復檢校戸部尚書充忠武軍節度使
戊戌宰臣王涯路隨奏請依舊制讀時令庚子兗海觀察使崔戎卒辛丑同州
刺史高鉞卒戊申以將作監駙馬都尉崔杞爲兗海沂密觀察使秋七月庚戌
朔丙辰以工部侍郎楊汝士爲同州刺史戊午奉先美原櫟陽等縣雨損夏麥
辛酉定陵臺大雨震東廊廊下地裂一百三十尺詔宗正卿李仍叔啓告修塞
癸亥覃王經薨己巳夜月犯昴壬申以右金吾衞大將軍段百倫檢校工部尚
書充福建觀察使堂帖中外臣寮各舉善周易學者八月己卯朔右龍武統軍
董重質卒庚寅太白犯熒惑辛卯詔故澧王大男漢可封東陽郡王第二男源
可封安陸郡王第三男漢可封臨川郡王故深王大男潭可封河內郡王第二
男淑可封吳興郡王故絳王大男洙可封新安郡王第二男滂可封高平郡王

故淑王大男湧可封潁川郡王淄王大男瀞可封許昌郡王沔王大男灜可封晉陵郡王祁王大男溥可封平陽郡王仍並賜光祿大夫丙申罷諸色選舉歲旱故也己亥御寫周易義五道示羣臣有人明此義者三日內聞奏時李仲言以易道惑上及下其義人皆竊笑卒無進言者九月乙酉朔辛亥夜彗起太微近郎位西指長丈餘西北行凡九夜越郎位西北五尺滅癸丑月入南斗乙亥宣州觀察使陸亘卒己未宰臣李德裕進御臣要略及柳氏舊聞三卷隨州刺史杜師仁前刺吉州坐贓計絹三萬匹賜死于家故江西觀察使裴誼乖於廉察削所贈工部尚書庚申右軍中尉王守澄宣召鄭注對于浴堂門仍賜錦彩銀器是夜彗出東方長三尺輝耀甚偉辛酉以權知河南尹王質爲宣歙觀察使吏部尚書致仕張正甫卒癸亥以尚書吏部侍郎鄭瀚爲河南尹甲子鄭注進藥方一卷庚午安王溶潁王瀍皆檢校兵部尚書宰相路隨冊拜太子太師辛巳幽州節度使楊志誠監軍李懷忤悉爲三軍所逐立其部將史元忠爲留後陝州江西旱無稼己丑祕書監崔威卒庚寅以山南西道節度使檢校禮部

尚書同平章事上柱國襄武縣開國侯食邑一千戶李宗閔可中書侍郎同中書門下平章事辛卯以中使田全操充皇太子見太師禮儀使壬辰召國子四門助教李仲言對於思政殿賜緋河南府鄧州同州揚州並奏旱蟲傷損秋稼甲午以銀青光祿大夫守中書侍郎平章事李德裕檢校兵部尚書同平章事興元尹充山南西道節度使以助教李仲言爲國子周易博士充翰林侍講學士皇太子見太師路隨於崇明門丙申諫官上疏論李仲言不合擬任上令中使宣諭諫官曰朕留仲言禁中顧問經義勑命已行不可遽改淮南兩浙黔中水爲災民戶流亡京師物價暴貴庚子詔鄭注對於太和殿以御史大夫鄭覃爲戶部尚書壬寅翰林院宴李仲言賜法曲弟子二十人奏樂以寵之丙午以新除興元節度使李德裕爲兵部尚書十一月丁未朔庚戌以尚書左僕射致仕蕭俛爲太子太傅辛亥以左金吾衞大將軍蕭洪爲河陽三城節度使襄州水損田壬子滁州奏清流等三縣四月雨至六月諸山發洪水漂溺戶萬三千八百癸丑以禮部尚書王源中檢校戶部尚書充山南西道節度使以戶部侍

郎李漢爲華州刺史鎭國軍潼關防禦使成德軍節度使王廷湊卒以前揚州節度使温造爲御史大夫己卯幽州節度使楊志誠被逐入朝下御史臺訊鞫志誠在幽州被服皆爲龍鳳乃流之嶺外至商州殺之乙亥以兵部尚書李德裕檢校右僕射充鎭海軍節度浙江西道觀察等使丙子李仲言奏請改名訓從之十二月丁丑朔己卯以昭義節度副使檢校庫部員外郎賜紫金魚袋鄭注爲太僕卿辛巳以棣州刺史韓威爲安南都護癸未以通王爲幽州盧龍節度使以權勾當幽州兵馬史元忠爲留後甲申許太子太傅蕭俛致仕是夜月掩昴己丑以太子賓客分司張仲方爲左散騎常侍常州刺史楊虞卿爲工部侍郎己亥以尚書左僕射李逢吉守司徒致仕以宗正卿李仍叔爲湖南觀察使代李翺以翺爲刑部侍郎代裴潾以潾爲華州鎭國軍潼關防禦使昭成寺火

九年春正月丁未朔己卯以鎭州左司馬王元逵起復定遠將軍守左金吾衞大將軍檢校工部尚書充成德軍節度使鎭冀深趙觀察等使以太常卿庾承

宣檢校吏部尚書充天平軍節度使代殷侑以侑爲刑部尚書癸亥巢縣公湊薨追封齊王壬申司徒致仕李逢吉卒癸酉以右散騎常侍舒元輿爲陝州防禦觀察使以前棣州刺史田早爲安南都護二月丙子朔甲申以司農卿王彥威兼御史大夫充平盧軍節度使丁亥發神策軍一千五百人修淘曲江如諸司有力要於曲江置亭館者宜給與閑地辛丑冀王絿薨癸卯京師地震甲辰以幽州留後史元忠爲盧龍節度使乙巳劍南節度使西川檢校左僕射同平章事段文昌卒庚申以劍南東川節度使楊嗣復檢校戶部尚書兼成都尹西川節度使乙丑以歲饑河北尤甚賜魏博六州粟五萬石陳許鄆曹濮三鎮各賜糙米二萬石庚午左丞庚敬休卒廢朝一日詔曰官至丞郎朕所親委不幸云亡者宜爲之廢朝自今丞郎宜準諸司三品官例罷朝一日夏四月丙子朔丙戌以桂管觀察使李從易爲廣州刺史嶺南節度使以鎮海軍節度使浙西觀察等使李德裕爲太子賓客分司東都辛卯以京兆尹賈餗爲浙西觀察使以工部侍郎楊虞卿爲京兆尹仍賜金紫以給事中韓佽爲桂管觀察使丙申

以太子太師門下侍郎平章事路隨爲鎮海軍節度浙西觀察等使戊戌詔以新浙西觀察使賈餗爲中書侍郎同中書門下平章事庚子詔銀青光祿大夫守太子賓客分司東都上柱國贊皇縣開國伯食邑七百戶李德裕貶袁州長史辛丑大風含元殿四鴟吻並皆落壞金吾仗舍廢樓觀城四十餘所壬寅吏部侍郎沈傳師卒五月乙巳朔丁未以浙東觀察使李紳爲太子賓客分司東都乙卯以給事中高銖爲浙東觀察使戊午以御史大夫溫造爲禮部尚書以吏部侍郎李固言爲御史大夫辛酉太和公主進馬射女子七人沙陀小兒二人戊辰以金吾大將軍李玭爲黔中觀察使以尚書右丞王璠爲戶部尚書判度支己巳以戶部尚書鄭覃爲祕書監辛未宰相王涯冊拜司空癸酉以河中節度使王智興爲宣武軍節度使依前守太傅兼侍中六月乙亥朔西市火以前宣武軍節度使李程爲河中節度使庚寅夜月掩歲癸巳以吏部尚書令狐楚爲太常卿丁酉禮部尚書溫造卒京兆尹楊虞卿家人出妖言下御史臺虞卿弟司封郎中漢公幷男知進等八人撾登聞鼓稱寃勅虞卿歸私第己亥以

右神策大將軍劉沔爲涇原節度使壬辰詔以銀青光祿大夫守中書侍郎同平章事襄武縣開國侯食邑一千戶李宗閔貶明州刺史時楊虞卿坐妖言人歸第人皆以爲冤誣宗閔於上前極言論列上怒面數宗閔之罪叱出之故坐貶秋七月甲申朔貶京兆尹楊虞卿爲虔州司馬同正丙午以給事中李石權知京兆尹戊申填龍首池爲鞠場曲江修紫雲樓辛亥詔以御史大夫李固言爲門下侍郎同平章事壬子再貶李宗閔爲虔州長史癸丑以右司郎中兼侍御史知雜事舒元輿爲御史中丞貶吏部侍郎李漢爲汾州刺史刑部侍郎蕭澣爲遂州刺史丁巳詔不得度人爲僧尼戊午貶工部侍郎充皇太子侍讀崔侑爲洋州刺史貶吏部郎中張諷爲夔州刺史考功郎中皇太子侍讀蘇滌忠州刺史戶部郎中楊敬之連州刺史辛酉以鄂岳觀察使崔鄲充浙西觀察使以國子祭酒高重爲鄂岳觀察使壬戌鎮海軍節度使路隨卒癸亥貶侍御史李甘爲封州司馬殿中侍御史蘇特爲潘州司戶甲子以周易博士李訓爲兵部郎中知制誥依前充翰林侍講學士丁卯天平軍節度使庾承宣卒以大理卿

羅讓爲散騎常侍以汝州刺史郭行餘爲大理卿戊辰以刑部尚書殷侑爲天平軍節度使以吉州刺史裴泰爲邕管經略使八月甲戌朔以戶部侍郎李翺檢校禮部尚書充山南東道節度使代王起以起爲兵部尚書判戶部事丙子又貶虔州長史李宗閔爲潮州司戶丁丑以太僕卿鄭注爲工部尚書充翰林侍講學士上幸左軍龍首殿因幸梨園含元殿大合樂戊寅以祕書監鄭覃爲刑部尚書貶翰林學士守尚書戶部侍郎知制誥李珏爲江州刺史以鄜坊節度使李章爲義成軍節度使甲申以左神策軍大將軍趙儋爲鄜坊節度使甲午貶中書舍人權璩爲鄭州刺史丙申內官楊承和於驩州安置韋元素象州安置王踐言恩州安置仰錮身遞送言李宗閔爲吏部侍郎時託駙馬沈巇於宮人宋若憲處求宰相承和踐言元素居中導達故也宗閔黨楊虞卿李翰蕭澣皆再貶壬寅貶中書舍人高元裕爲閬州刺史元裕爲鄭注除官制說注醫藥之功注銜之故也以蘇州刺史盧周仁爲河南觀察使九月癸卯朔奸臣李訓鄭注用事不附己者卽時貶黜朝廷悚震人不自安是日下詔曰朕承天之

序燭理未明勞虛襟以求賢勵寬德以容衆頃者台輔乖弼諧之道而具寮扇
朋比之風翕然相從實斁彝憲致使薰蕕共器賢不肖並馳退迹者咸後時之
夫登門者有迎吠之客繆盭之氣堙鬱未平而望陰陽順時疵癘不作朝廷清
肅班列和安自古及今未嘗有也今既再申朝典一變澆風掃清朋附之徒匡
飭貞廉之俗凡百卿士惟新令猷如聞周行之中尚蓄疑懼或有妄相指目令
不自安今茲曠然明喻朕意應與宗閔德裕或新或故及門生舊吏等除今日
已前放黜之外一切不問辛亥以太子賓客分司東都白居易爲同州刺史代
楊汝士以汝士爲駕部侍郎乙亥以涇原節度使劉沔爲振武麟勝節度使丙
辰以權知御史中丞舒元輿爲御史中丞兼判刑部侍郎庚申以鳳翔節度使
李聽爲忠武軍節度使癸亥令內養齊抱真將杖於清泥驛決殺前襄州監軍
陳弘志以有弑逆之罪也丁卯以門下侍郎同平章事李固言爲興元尹山南
西道節度使以翰林侍講學士工部尚書鄭注檢校右僕射充鳳翔隴右節度
使戊辰以右軍中尉王守澄爲左右神策觀軍容使兼十二衛統軍己巳詔以

朝議郎守御史中丞兼刑部侍郎賜紫金魚袋舒元輿本官同中書門下平章事朝議郎守兵部郎中知制誥充翰林侍講學士賜緋魚袋李順可守尚書禮部侍郎同中書門下平章事仍賜金紫壬申以刑部郎中兼侍御史知雜李孝本權知御史中丞冬十月癸酉朔乙亥杜悰復爲陳許節度使李聽爲太子太保分司內出曲江新造紫雲樓彩霞亭額左軍中尉仇士良以百戲於銀臺門迎之時鄭注言秦中有災宜興土功厭之乃濬昆明曲江二池上好爲詩每誦杜甫曲江行云江頭宮殿鎖千門細柳新蒲爲誰綠乃知天寶已前曲江四岸皆有行宮臺殿百司廨署思復昇平故事故爲樓殿以壯之王涯獻榷茶之利乃以涯爲榷茶使茶之有榷稅自涯始也京兆河南兩畿旱以吏部尚書令狐楚爲左僕射以刑部尚書鄭覃爲右僕射辛巳遣中使李好古齎酖賜王守澄是日守澄卒壬午賜羣臣宴於曲江亭癸未以前廣州節度使王茂元爲涇原節度使丁亥禮部郎中錢可復兵部員外郎李敬彝駕部員外郎盧簡能主客員外郎蕭傑左拾遺盧茂弘等皆授鳳翔使府判官從鄭注奏請也乙未以新

授同州刺史白居易爲太子少傅分司以汝州刺史劉禹錫爲同州刺史己亥以前河陽節度使蕭洪爲鄜坊節度使淄青觀察使王彥威請停管內縣丞一十九員從之庚子東都留守特進守司徒侍中裴度進位中書令餘如故以前山南西道節度使王源中爲刑部尚書十一月壬寅朔乙巳令內養馮叔良殺前徐州監軍王守涓於中牟縣以左神策將軍胡沐爲容管經略使以大理卿郭行餘爲邠寧節度使丁未鄜坊節度使趙儋卒乙酉左金吾衛大將軍崔鄯卒癸丑以左僕射令狐楚判太常卿事右僕射鄭覃判國子祭酒事丁巳以戶部尚書判度支王璠爲太原尹北都留守河東節度使戊午以京兆尹李石爲戶部侍郎判度支以京兆少尹羅立言權知府事己未以太府卿韓約爲左金吾衛大將軍壬戌中尉仇士良率兵誅宰相王涯賈餗舒元輿李訓新除太原節度王璠郭行餘鄭注羅立言李孝本韓約等十餘家皆族誅時李訓鄭注謀誅內官詐言金吾仗舍石榴樹有甘露請上觀之內官先至金吾仗見幕下伏甲遽扶帝輦入內故訓等敗流血塗地京師大駭旬日稍安癸亥詔以銀青光

祿大夫尚書左僕射上柱國滎陽郡開國公鄭覃以本官同中書門下平章事乙丑詔以朝議郎守尚書戶部侍郎判度支李石可朝議大夫本官同平章事丁卯以左神策大將軍陳君奕爲鳳翔節度使戊辰以給事中李翊爲御史中丞左右軍中尉仇士良魚志弘並兼上將軍十二月壬申朔諸道鹽鐵轉運榷茶使令狐楚奏榷茶不便於民請停從之癸丑太子太保張茂宗卒甲子勅左右省起居齎筆硯及紙於螭頭下記言記事丙子以刑部尚書王源中爲天平軍節度使丁丑勅諸道府不得私置曆日板己卯鳳翔監軍奏鄭注判官錢可復等四人並處斬訖庚辰上御紫宸謂宰相曰坊市之間人漸安未李石奏曰人情雖安然刑殺過多致此陰沴又聞鄭注在鳳翔招致兵募不少今皆被刑戮臣恐乘此生事切宜原赦以安之上曰然鄭覃又陳理道上曰我每思貞觀開元之時觀今日之事往往憤氣塡膺耳癸未儀仗使田全操巡邊迴馳馬入金光門街市訛言相驚縱橫散走賴金吾大將軍陳君賞以其徒立望仙門下至晚方定丁亥以權知京兆尹張仲方爲華州防禦使以司農卿薛元賞權知

京兆左僕射令狐楚奏方鎮節度使等具帑抹帶器仗就尚書省兵部參辭伏乞停罷如須參謝令具公服從之時楚引訓注奸謀用王璠郭行餘兵仗遂云不宜以兵仗入省參辭殊乖事體也物議尤之先是宰相武元衡被害憲宗出內庫弓箭陌刀賜左右街使侯宰相入朝以爲翼從及建福門退至是亦停之

辛卯置諫院印

開成元年正月辛丑朔帝常服御宣政殿受賀遂宣詔大赦天下改元開成乙巳御紫宸殿宰臣李石奏曰陛下改元御殿人情大悅全放京兆一年租賦又停四節進奉恩澤所該實當要切帝曰朕務行其實不欲崇長空文石曰赦書須內留一本陛下時看之又十道黜陟使發日更付與公事根本令向外與長吏詳擇施行方盡利害之要丁未以祕書監韋縝爲工部尚書勅楊承和韋元素王踐言崔潭峻頃遭誣陷每用追傷宜復官爵聽其歸葬以銀州刺史劉源爲夏綏銀宥節度使丙辰望日有蝕之二月辛未朔以左散騎常侍羅讓爲江西觀察使乙亥夜四更京師地震屋瓦皆墮丙申左武衛大將軍朱叔夜賜死

於藍田關天德奏生退渾部落三千帳來投豐州三月庚子朔壬寅以袁州長
史李德裕爲滁州刺史庚申幸龍首池觀內人賽雨因賦暮春喜雨詩昭義節
度使劉從諫三上疏問王涯罪名內官仇士良聞之惕懼是日從諫遣焦楚長
入奏於客省進狀請面對上召楚長慰諭遣之夏四月庚午朔以河南尹鄭澣
爲左丞以太子賓客分司東都李紳爲河南尹癸酉以亳州刺史裴弘泰爲義
成軍節度使以諫議大夫李讓夷兼權知起居舍人事己卯以潮州司戶李宗
閔爲衡州司馬以江州刺史李珏爲太子賓客分司癸未吏部侍郎李虞仲卒
辛卯淄王協薨甲午詔以山南西道節度使檢校兵部尚書李固言爲門下侍
郎同中書門下平章事以左僕射諸道鹽鐵轉運使令狐楚檢校左僕射爲山
南西道節度使丙申李固言判戶部事李石判度支兼諸道鹽鐵轉運使五月
乙亥朔癸卯以翰林學士歸融爲御史中丞丁未以給事中郭承嘏爲華州防
禦使給事中盧載以承嘏公正守道屢有封駁不宜置之外郡乃封還詔書翊
日復以承嘏爲給事中乃以給事中盧鈞代嘏守華州乙卯御紫宸上謂宰臣

曰爲政之道自古所難李石對曰朝廷法令行則易丁巳以尙書右丞鄭肅爲
陝虢都防禦觀察使前罷觀察復置之以中書舍人唐扶爲福建觀察使庚申
判國子祭酒宰臣鄭覃奏太學新置五經博士各一人請依王府官例賜以祿
粟從之丙寅昭義奏開夷儀山路通太原晉州從之閏五月己巳朔甲申以河
中節度使李程爲左僕射判太常卿事乙酉以太子太保分司李聽爲河中節
度使丙戌烏集唐安寺逾月方散己丑以神策大將軍魏仲卿爲朔方靈鹽節
度湖南觀察使盧周仁進羨餘錢二萬貫雜物八萬段不受還之使貸貧下戶
征稅六月戊戌朔癸亥以河南尹李紳檢校禮部尙書汴州刺史充宣武軍節
度使秋七月戊辰朔御史臺奏祕書省管新舊書五萬六千四百七十六卷長
慶二年已前並無文案太和五年已後並不納新書今請創立簿籍據闕添寫
卷數逐月申臺從之辛未以左金吾衞將軍傅毅爲鄜坊節度使癸酉宣武軍
節度使王智興卒辛卯刑部尙書殷侑檢校右僕射充山南東道節度使壬午
以滁州刺史李德裕爲太子賓客甲午以金吾衞大將軍陳君賞爲平盧軍節

度使代王彥威以彥威爲戶部侍郎判度支丙申湖南觀察使盧周仁進羨餘錢一十萬貫御史中丞歸融彈其違制進奉詔以周仁所進錢於河陰院收貯八月戊戌朔甲戌詐稱國舅人前鄜坊節度使蕭洪宜長流驩州戊申以皇太后親弟蕭本爲右贊善大夫九月丁卯朔庚辰詔復故左降開州司馬宋申錫正議大夫尚書右丞同平章事仍以其子慎微爲臣固尉以饒州刺史馬植爲安南都護辛巳以壽州刺史高承恭爲邕管經略使辛卯勅祕書省集賢院應欠書四萬五千二百六十一卷配諸道繕寫冬十月丁酉朔己酉揚州江都七縣水旱損田十一月丙寅朔庚辰浙西觀察使李郾卒以太子賓客分司東都李德裕檢校戶部尚書充浙西觀察使壬午以兵部尚書皇太子侍讀王起兼判太常卿甲申以左僕射李程兼吏部尚書忠武帥杜悰天平帥王源中奏當道常平義倉斛斗除元額外請別置十萬石十二月丙申朔以京兆尹兼御史大夫薛元賞爲武寧節度徐泗宿濠觀察等使以戶部侍郎兼御史中丞歸融爲京兆尹以給事中狄兼謨爲御史中丞己酉嶺南節度使李從易卒庚戌以

華州刺史盧鈞爲廣州刺史充嶺南節度使以中書舍人崔龜從爲華州防禦使辛亥劍南東川節度使馮宿卒壬子太僕卿段伯倫卒癸丑以兵部侍郎楊汝士檢校禮部尚書充劍南東川節度使己未潊王縱薨

二年春正月乙丑朔丙寅宣州觀察使王質卒乙亥以吏部侍郎崔鄲爲宣歙觀察使以右丞鄭澣爲刑部尚書判左丞事庚寅戸部侍郎判度支王彥威進所撰供軍圖略序曰至德乾元之後迄于貞元元和之際天下有觀察者十節度二十有九防禦者四經略者三掎角之師犬牙相制大都通邑無不有兵約計中外兵額至八十餘萬長慶戸口凡三百三十五萬而兵額又約九十九萬通計三戸資奉一兵今計天下租賦一歲所入總不過三千五百餘萬而上供之數三之一焉三分之中二給衣賜自留州留使兵士衣食之外其餘四十萬衆仰給度支焉二月乙未朔丙申刑部侍郎郭承嘏卒丙午夜彗出東方長七尺在危初西指戌申王彥威進所撰唐典七十卷起武德終永貞庚戌均王緯薨辛酉夜彗長丈餘直西行稍南指在虛九度半壬戌夜彗長二丈餘廣三尺

在女九度自是漸長闊三月甲子朔內出音聲女妓四十八人令歸家乙丑夜彗星長五丈岐分兩尾其一指氐其一掩房丙寅罷曲江宴是夜彗長六丈尾無岐在亢七度勑尚食使自今每一日御食料分爲十日停內修造戊辰夜彗長八丈有餘西北行東指在張十四度辛未宣徽院法曲樂官放歸壬申詔曰朕嗣丕構對越上玄虔恭寅畏于今一紀何嘗不宵衣念道旰食思愆師周文之小心慕易乾之夕惕懼德不類貽列聖羞將欲俗致和平時無殃咎然誠未格物謫見於天仰愧三靈使慚庶彙思獲攸濟浩無津涯昔宋景發言星因退舍魯僖納諫飢不害人取鑒往賢深惟自勵載軫在予之責宜降恤辜之恩式表殷憂冀答昭誡天下死罪降從流流已下並釋放唯故殺人官典犯贓主掌錢穀賊盜不在此限諸州遭水旱處並蠲租稅中外修造並停五坊鷹隼悉解放朕今素服避殿徹樂減膳近者內外臣寮繼貢章表欲加徽號夫道大爲帝朕膺此稱祇愧已多矧鍾星變之時敢議名揚之美非徽旣往且儆將來中外臣寮更不得上表奏請表已在路並宜速還在朝羣臣方岳長吏宜各上封事

極言得失弼違納誨副我虛懷甲戌以左僕射李程爲山南東道節度使壬午
以楚州刺史嚴謩爲桂管觀察使甲申以山南東道節度使殷侑爲太子賓客
分司貞輿門外鵲巢于古冢丁亥邠寧節度使李用卒戊子以河南尹李珏爲
戶部侍郎己丑以金吾大將軍李直臣爲邠寧節度使壬辰桂管觀察使韓佽
卒以兵部侍郎裴潾爲河南尹夏四月甲午朔戊戌詔將仕郎守尚書工部侍
郎知制誥充翰林學士兼皇太子侍讀上騎都尉賜紫金魚袋陳夷行可本官
同中書門下平章事丙子以中書舍人敬昕爲江西觀察使戊申前江西觀察
使羅讓卒己酉祕書監張仲方卒丁卯宰相李石奏定長定選格庚申太原節
度使李載義卒辛酉詔置終南山神祠蓬州復置蓬池二縣五月癸亥朔乙丑
以東都留守裴度爲太原尹北都留守河東節度使依前守司徒中書令丙寅
戶部侍郎李珏判本司事以浙西觀察使李德裕檢校戶部尚書兼揚州大都
督府長史充淮南節度使辛未詔以前淮南節度使牛僧孺爲檢校司空東都
留守以蘇州刺史盧商爲浙西觀察使壬申上幸十六宅與諸王宴樂決十六

宅宮市內官范文喜等三人以供諸王食物不精故也六月癸巳朔丁酉以成德軍節度使王元逵爲駙馬都尉尚壽安公主己亥以鴻臚卿李逵爲天德軍都防禦使庚子吏部奏長定選格請加置南曹郎中一人別置印一面以新置南曹之印爲文從之丙午河陽軍亂逐節度使李泳戊申以左金吾衞將軍李執方爲河陽三城懷州節度使庚戌以右金吾衞大將軍崔珙爲京兆尹魏博澤潞淄青滄德兗海河南府等州並奏蝗害稼鄆州奏蝗得雨自死丁亥以御史中丞狄兼謨爲刑部侍郎以前京兆尹歸融爲祕書監以給事中李翊爲湖南觀察使秋七月壬戌朔乙亥以久旱徙市閉坊門甲申以太府卿張賈爲兗海觀察使詔除河北三鎮外諸州府不得以試銜奏官鄆州奏當州先廢天平平陰兩縣請復置平陰縣以制盜賊從之乙酉以蝗旱詔諸司疏決繫囚己丑遣使下諸道巡覆蝗蟲是日京畿雨羣臣表賀外州李紳奏蝗蟲入境不食田苗詔書褒美仍刻石于相國寺八月壬辰朔丁酉彗出虛危之間振武奏突厥入寇營田庚戌詔昭儀王氏冊爲德妃昭容楊氏冊爲賢妃又詔敬宗皇帝第

二子休復第三子執中第四子言揚第六子成美等宜開列土之封用申睦族之典休復可封梁王執中可封襄王言揚可封杞王成美可封陳王皇第二男宗儉可封蔣王乙丑房州刺史盧行簡坐贓杖殺己巳以湖南觀察使盧行術爲陝虢觀察使甲申詔曰慶成節朕之生辰天下錫宴庶同歡泰不欲屠宰用表好生非是信尚空門將希無妄之福恐中外臣庶不諭朕懷廣置齋筵大集僧衆非獨凋耗物力兼恐致惑生靈自今宴會蔬食任陳脯醢永爲常例又勅慶成節宜令京兆尹准上巳重陽例於曲江會文武百寮延英奉觴宜權停戊子以尚書戶部侍郎判度支王彥威爲衞尉卿分司東都冬十月辛卯朔詔改天后所撰三教珠英爲海內珠英戊戌詔嘉王運循王遹通王諶並可光祿大夫檢校司空賜勳上柱國仍依百官例給料錢安王溶穎王瀍並給料錢庚子慶成節賜羣臣宴于曲江上幸十六宅與諸王宴樂癸卯宰臣判國子祭酒鄭覃進石壁九經一百六十卷時上好文鄭覃以經義啓導稍折文章之士遂奏置五經博士依後漢蔡伯喈刊碑列于太學創立石壁九經諸儒校正訛謬上

又令翰林勒字官唐玄度復校字體又乖師法故石經立後數十年名儒皆不窺之以爲蕪累甚矣戊申以門下侍郎同平章事李固言爲劍南西川節度使依前同門下侍郎平章事甲寅勅鹽鐵戶部度支三使下監院官皆郎官御史爲之使雖更改院官不得移替如顯有曠敗即具事以聞己未以前西川節度使楊嗣復爲戶部尚書充諸道鹽鐵轉運使十一月辛酉朔壬戌以太子賓客分司東都殷侑爲忠武軍節度使癸亥狂病人劉德廣突入含元殿付京兆府杖殺乙丑京師地震丁丑與元節度使令狐楚卒丁亥以刑部尚書鄭澣爲山南西道節度使己丑契丹朝貢十二月庚寅朔丙申閤內對左右史裴素等上自開成初復故事每入閤左右史執筆立於螭頭之下君臣論奏得以備書故開成政事最詳於近代壬寅以前忠武軍節度使杜悰爲工部尚書判度支時悰既除官久未謝恩戶部侍郎李珏奏杜悰爲岐陽公主服假內珏因言比來駙馬爲公主行服三年所以士族之家不願爲國戚者以此帝大駭其奏即日詔曰制服輕重必資典禮如聞往者駙馬爲公主行服三年緣情之義殊非故

實遵經之制今乃聞知宜行朞周永爲定制
三年春正月庚申朔甲子宰臣李石遇盜於親仁里中劍斷其馬尾又中流矢不甚傷是時京城大恐捕盜不獲旣而知仇士良所爲乙丑常參官入朝者九人而已餘皆潛竄累日方安丁卯詔故齊王湊贈懷懿太子戊申以諸道鹽鐵轉運使正議大夫守戶部尚書上柱國弘農郡開國伯食邑七百戶賜紫金魚袋楊嗣復可本官同中書門下平章事朝議郎戶部侍郎判戶部事上柱國賜紫金魚袋李珏可本官同中書門下平章事依前判戶部事丙子以中書侍郎同中書門下平章事李石爲荊南節度使依前中書侍郎平章事丁丑以前荊南節度使韋長爲河南尹癸未詔去秋蝗蟲害稼處放逋賦仍以本處常平倉賑貸是日大雪二月己丑朔乙未上謂宰臣曰李宗閔在外數年可別與一官鄭覃陳夷行曰宗閔養成鄭注幾覆朝廷其奸邪甚於李林甫楊嗣復李珏奏曰太和末宗閔德裕同時得罪二年之間德裕再量移爲淮南節度使而宗閔尙在貶所凡事貴得中不可但徇私情上曰與一郡可也丁酉以衡州司馬李

宗閔爲杭州刺史庚子吏部奏去年所修長定選格或乖往例頗不便人不可久行請却用舊格從之乙巳詔僕射尚書侍郎左右丞大卿監每遇坐日宜令兩人循次進對丁未以同州刺史孫簡爲陝虢觀察使盧行術行術爲福王傅分司東都乙酉禮部尚書許康佐卒辛亥左丞盧載爲同州防禦使三月己未朔庚午封故陳王第十九男黴爲宣城郡王故褒王第三男寀爲樂平郡王夏四月戊子朔己丑禮部尚書致仕徐晦卒辛卯戶部侍郎崔龜從判本司事詔曰戶部侍郎兩員今後先授上者宜令判本司錢穀加帶平章事判鹽鐵度支兼中丞學士不在此限壬辰以給事中裴袞爲華州防禦使己酉改法曲爲仙韶曲仍以伶官所處爲仙韶院兵部侍郎裴潾卒癸丑屯田郎中李衢沔王府長史林贊等進所修皇唐玉牒一百五十卷五月丁巳朔勅禮部貢院進士舉人歲限放三十人及第辛酉詔前江西觀察使吳士規坐贓長流端州庚午月犯天心大星癸未以吏部侍郎高鍇爲鄂岳觀察使代高重以重爲兵部侍郎六月丁未朔辛酉出宮人四百八十送兩街寺觀安置廢晉州平陽院礬官並

歸州縣癸丑上御紫宸對宰臣曰幣輕錢重如何楊嗣復曰此事已久不可遽
變其法法變則擾人但禁銅器斯得其要秋七月丙辰朔壬戌陳許節度使殷
侑卒甲子以衛尉卿王彥威檢校禮部尚書充忠武軍節度使以右金吾衛大
將軍史孝章爲邠寧節度使戊辰西川節度使李固言再上表讓門下侍郎及
檢校右僕射八月丙戌朔甲午山南東道諸州大水田稼漂盡丁酉詔大河而
南幅員千里楚澤之北連亘數州以水潦暴至隄防潰溢旣壞廬舍復損田苗
言念黎元罹此災沴或生業蕩盡農功索然困餒彫殘豈能自濟宜令給事中
盧弘宣往陳許鄭滑曹濮等道宣慰刑部郎中崔瑨往山南東道鄂岳蘄黃道
宣慰己亥嘉王運薨魏博六州蝗食秋苗並盡九月丙辰朔辛酉荊南李石讓
中書侍郎乃改授檢校兵部尚書壬戌上以皇太子慢遊敗度欲廢之中丞狄
兼謨垂涕切諫是夜移太子於少陽院殺太子宮人左右數十人戊辰詔梁王
等五人先於北內可却歸十六宅辛未易定節度使張璠卒壬申以易州刺史
李仲遷爲定州刺史充義武軍節度使戊寅以東都留守牛僧孺爲左僕射辛

巳詔皇太子侍讀竇宗直隔日入少陽院冬十月乙酉朔以尚書左丞崔琯檢校戶部尚書充東都留守易定軍亂不納新使李仲遷立張璠子元益爲留後己丑以少府監張沼爲黔中觀察使壬辰以右金吾衞將軍高霞寓爲夏綏銀宥節度使癸巳以中書舍人李景讓爲華州防禦使甲午慶成節命中人以酒酺仙韶樂賜羣臣宴於曲江亭丁酉夏州節度使劉源卒庚子皇太子薨於少陽院諡曰莊恪乙巳以左金吾將軍郭旼爲邠寧慶節度使是夜彗起於軫其長三丈東西指己酉前邠寧節度使史孝章卒十一月乙卯朔是夜彗孛東西竟天壬戌詔曰上天蓋高感應必由乎人事寰宇雖廣理亂盡繫於君心從古已來必然之義朕嗣膺寶位十有三年常尅己以恭虔每推誠於衆庶將以導迎休應漸致緝熙期克荷於宗祧思保寧於華夏而德有所未至信有所未孚災氣上騰天文謫見再周朞月重擾星纏當求衣之時覩垂象之變兢懼惕厲若蹈泉谷是用舉成湯之六事念宋景之一言詳求讜告之端採聽銷禳之術必有精理蘊於衆情冀屈法以安人爰恤刑而原下應京城諸道見繫囚自十

二月八日已前死罪降流已下遞減一等十惡大逆殺人劫盜官典犯贓不在此限今年遭水蝗蟲處並宜存撫賑給以滄州節度使李彥佐爲鄆曹濮節度使以德州刺史滄景節度副使劉約爲義昌軍節度使癸亥以宋州刺史唐弘實爲邕管經略使乙丑天平軍節度使王源中卒庚午以翰林學士丁居晦爲御史中丞壬申以蔡州刺史韓威爲定州刺史義武軍節度北平軍等使十二月乙酉朔辛丑詔以河東節度使開府儀同三司守司徒兼中書令太原尹北都留守上柱國晉國公食邑三千戶裴度可守司徒中書令以兵部侍郎狄兼謨爲河東節度使丙午守太子太師尚書右僕射門下侍郎國子祭酒同平章事鄭覃罷太子太師仍三五日入中書日本國貢珍珠絹

四年春正月甲寅朔丁巳熒惑太白辰聚於南斗丁卯夜於咸泰殿觀燈作樂三宮太后諸公等畢會上性節儉延安公主衣裾寬大即時斥歸駙馬竇澣待罪詔曰公主入參衣服踰制從夫之義過有所歸澣宜奪兩月俸錢閏月甲申朔以吏部侍郎鄭肅檢校禮部尚書河中晉絳慈隰等州節度使以蘇州刺史

李道樞爲浙東觀察使以諫議大夫高元裕爲御史中丞丙申以前河中節度使李聽爲太子太保己亥裴度自太原至上令中人就第問疾辛丑以司農卿李玭爲福建觀察使諫官論其不可乃罷之丙午以大理卿盧貞爲福建觀察使丁未與元節度使鄭澣卒戊申闍婆國朝貢二月癸酉朔辛酉以吏部侍郎歸融檢校禮部尚書充山南西道節度使丙寅寒食節上御通化門以觀遊人戊辰幸勤政樓觀角抵蹴鞠三月癸未朔乙酉賜羣臣上巳宴於曲江是夜月掩東井第三星丙申司徒中書令裴度卒癸酉浙東觀察使李道樞卒以戶部侍郎崔龜從爲宣歙觀察使代崔鄲以鄲爲太常卿以楚州刺史蕭俶爲浙東觀察使夏四月壬子朔以右羽林統軍李昌元爲鄜坊節度使壬戌有彗出太廟五月辛丑朔丁亥閤內上謂宰臣曰新修開元政要如何楊嗣復曰臣等未見陛下欲以此書傳示子孫則宣付臣等參定可否緣開元政事與貞觀不同玄宗或好畋遊或好聲色選賢任能未得盡美撰述示後所貴作程豈容易哉丙申鄭覃陳夷行罷知政事覃守左僕射夷行爲吏部侍郎丙午邠寧節度使

郭旼卒天平魏博易定等管內蝗食秋稼六月辛亥朔以長武城使符澈爲邠
寧節度使庚申上幸十六宅安王穎王院宴樂賜與頗厚戊辰以久旱分命祠
禱每憂動於色宰臣等奏曰水旱時數使然乞不過勞聖慮上改容言曰朕爲
人主無德及天下致茲災旱又謫見於天若三日不雨當退歸南內更選賢明
以主天下宰臣嗚咽流涕各請策免是夜大雨霑霈丁丑襄陽山竹結實其米
可食秋七月庚辰朔西蜀水害稼乙未夜月犯熒惑壬寅以河南尹韋長爲平
盧軍節度使以刑部侍郎高錯爲河南尹甲辰以大中大夫守太常卿上柱國
賜紫金魚袋崔鄲可本官同中書門下平章事滄景淄青大水八月庚戌朔以
給事中姚合爲陝虢觀察使辛亥郯王經薨丙辰邢州廢青山縣磁州移昭義
縣於固鎮驛癸亥以左僕射牛僧孺檢校司空同平章事兼襄州刺史充山南
東道節度使辛未夜流星出羽林尾長八十餘尺滅後有聲如雷壬申鎮冀四
州蝗食稼至於野草樹葉皆盡九月己卯朔辛卯以劍南東川節度楊汝士爲
吏部侍郎丁酉夜月掩東井第三星辛丑以吏部侍郎陳夷行爲華州鎮國軍

防禦使以蘇州刺史李頵爲江西觀察使以諫議大夫馮定爲桂管觀察使甲辰以京兆尹鄭復爲劍南東川節度使丙午以前江西觀察使敬昕爲京兆尹冬十月己酉朔戊午慶成節賜羣臣宴於曲江亭辛酉夜星入斗魁前桂管觀察使嚴謩卒丙寅制以敬宗第六男陳王成美爲皇太子丁丑太子太保李聽卒十一月己卯朔壬申前福建觀察使唐扶卒己亥曲赦京城繫囚十二月己酉朔癸丑貶光祿卿駙馬都尉韋讓爲澧州長史乙卯乾陵火以杭州刺史李宗閔爲太子賓客分司東都辛酉上不康百寮赴延英起居乙亥宰臣入謁見上于太和殿是歲戶部計見管戶四百九十九萬六千七百五十二

五年春正月戊寅朔上不康不受朝賀己卯詔立親弟潁王瀍爲皇太弟權勾當軍國事皇太子成美復爲陳王辛巳上崩於大明宮之太和殿壽三十三羣臣謚曰元聖昭獻皇帝廟號文宗其年八月十七日葬于章陵

史臣曰昭獻皇帝恭儉儒雅出於自然承父兄奢弊之餘當閹寺撓權之際而能以治易亂化危爲安太和之初可謂明矣初帝在藩時喜讀貞觀政要每見

太宗孜孜政道有意于茲洎即位之後每延英對宰臣率漏下十一刻故事天子隻日視事帝謂宰輔曰朕欲與卿等每日相見其輟朝放朝用雙日可也時憲宗郭后居興慶宮曰太皇太后敬宗母寶曆太后及上母蕭太后時呼三宮太后帝性仁孝三宮問安其情如一嘗內園進櫻桃所司答曰別賜三宮太后帝曰太后宮送物焉得爲賜遽取筆改賜爲奉宗正寺以祭器朽敗請易之及有司呈進命陳於別殿具冠帶而閱之容色悽然尤勤於政理凡選內外羣官宰府進名帝必面訊其行能然後補除中書用鴻臚卿張賈爲衢州刺史賈好博朝辭曰帝謂之曰聞卿善長行對曰政事之餘聊與賓客爲戲非有所妨帝曰豈有好之而無妨也內外聞之悚息而帝以累世變起禁闈尤側目於中官欲盡除之然訓注狂狡之流制御無術矢謀既誤幾致顛危所謂有帝王之道而無帝王之才雖旰食焦憂不能弭患惜哉

贊曰昭獻統天洪惟令德心憤讐恥志除凶慝未殄夔魖又生鬼蜮天未好治亂何由息

舊唐書卷十七下

珍倣朱版玡

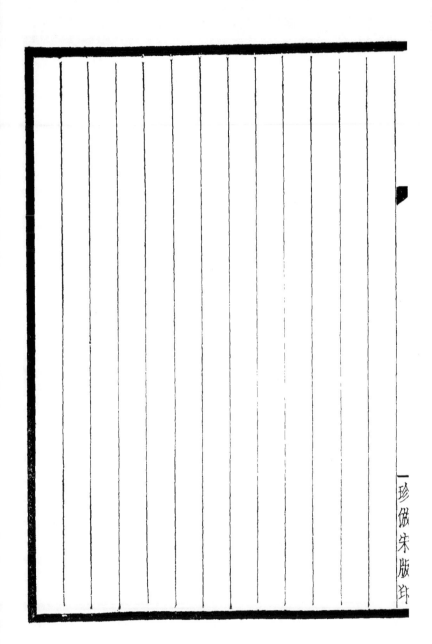

舊唐書卷十七下考證

二月癸卯京師地震○臣德潛按新書三月乙卯京師地震舊書五行志亦同則二月癸卯之震乃錯簡也當從新書

開成二年冬十月詔嘉王運循王遹通王諶並可光祿大夫檢校司空賜勳上柱國○沈炳震曰新書德宗本紀及兩書諸王傳嘉王運于貞元十七年薨循王遹雖不紀薨年然考代宗諸王唯原王逵薨于大和六年餘則未有在文宗朝者此疑有誤後三年八月書嘉王運薨亦誤

癸卯宰臣判國子祭酒鄭覃進石壁九經一百六十卷○臣宗萬按石經爲鄭覃勘定勒石覃傳載覃奏起居郎周墀水部員外郎崔球監察御史張次宗禮部員外郎溫業校定而題名于石者有四門館明經艾居晦陳玠又文學館明經不知名一人將仕郎守句容縣尉段絳將仕郎守祕書省正字柏𥳑將仕郎守四門助教陳莊士朝議郎知沔王友上柱國賜緋魚袋唐玄度朝議郎守國子毛詩博士上柱國章師道朝散大夫守國子司業騎都尉賜緋

魚袋楊敬之并覃共十人又冊府元龜載文宗命率更令韓臬充詳定官則

合之有十五人矣而或書或不書彼此互異不可解也又按開成中唐玄度

依司業舊本參詳改正撰新加九經字樣一卷兼請於國學刱立石經雖鄭

覃輩成之其議實始于玄度也

三年冬十月以右金吾衛將軍高霞寓爲夏綏銀宥節度使○臣德潛按高霞

寓已卒于寶歷二年夏四月丙辰此誤

舊唐書卷十七下考證

舊唐書卷十八上

後晉司空同中書門下平章事劉昫撰

本紀第十八上

武宗

武宗至道昭肅孝皇帝諱炎穆宗第五子母曰宣懿皇后韋氏元和九年六月十二日生於東宮長慶元年三月封潁王本名瀍開成中加開府儀同三司檢校吏部尚書依百官例逐月給俸料初文宗追悔莊恪太子殂不由道乃以敬宗子陳王成美爲皇太子開成四年冬十月宣制未遑冊禮五年正月二日文宗暴卒宰相李珏知樞密劉弘逸奉密旨以皇太子監國兩軍中尉仇士良魚弘志矯詔迎潁王於十六宅曰朕自嬰疾疹有加無瘳懼不能躬總萬機日釐庶政稽於謨訓謀及大臣用建親賢以貳神器親弟潁王瀍昔在藩邸與朕常同師訓動成儀矩性稟寬仁俾奉昌圖必諧人欲可立爲皇太弟應軍國政事便令權勾當百辟卿士中外庶臣宜竭迺心輔成予志陳王成美先立爲皇太

子以其年尚冲幼未漸師資比日重難不遑册命迴踐朱邸式協至公可復封陳王是夜士良統兵士於十六宅迎太弟赴少陽院百官謁見於東宮思賢殿三日仇士良收捕宣詔院副使尉遲璋殺之屠其家四日文宗崩宣遺詔皇太弟宜於柩前卽皇帝位宰相楊嗣復攝冢宰十四日受册於正殿時年二十七陳王成美安王溶殂於邸第初楊賢妃有寵於文宗而莊恪太子母王妃失寵怨望爲楊妃所譖王妃死太子廢及開成末年帝多疾無嗣賢妃請以安王溶嗣帝謀於宰臣李珏珏非之乃立陳王至是仇士良立武宗欲歸功於己乃發安王舊事故二王與賢妃皆死二月制穆宗妃韋氏追謚宣懿皇太后帝之母也上御正殿降德音以開府右軍中尉仇士良封楚國公左軍中尉魚弘志爲韓國公太常卿崔鄲戶部尚書判度支崔珙並本官同中書門下平章事勅二月十五日玄元皇帝降生日宜爲降聖節休假一日三月詔宮人劉氏王氏並爲妃勅朔望入閤對刑法官是日非便宜停五月中書奏六月十二日皇帝載誕之辰請以其日爲慶陽節祔宣懿太后于太廟初武宗欲啓穆宗陵祔葬中

書門下奏曰園陵已安神道貴靜光陵二十餘載福陵則近又修崇竊惟孝思
足彰嚴奉今若再因合祔須啓二陵或慮聖靈不安未合先旨又以陰陽避忌
亦有所疑不移福陵實協典禮乃止就舊墳增築名曰福陵又奏准今年二月
八日赦文應京諸司勒留官令本處剋留手力雜給與攝官者臣等檢詳諸道
正官料錢絕少雜給手力即多今正官勒留亦管公事料錢少於雜給刻下事
未得中臣等商量其正官料錢雜給等錢望每貫割留二百文與攝官餘並如
舊從之秋七月制檢校禮部尚書華州刺史陳夷行復爲中書侍郎同平章事
八月十七日葬文宗皇帝于章陵知樞密劉弘逸薛季稜率禁軍護靈駕至陵
所二人素爲文宗獎遇仇士良惡之心不自安因是掌兵欲倒戈誅士良弘志
鹵簿使兵部尚書王起山陵使崔稜覺其謀先諭鹵簿諸軍是日弘逸季稜伏
誅門下侍郎同平章事楊嗣復檢校吏部尚書潭州刺史充湖南都團練觀察
使中書侍郎同平章事李珏檢校兵部尚書桂州刺史充桂管防禦觀察等使
御史中丞裴夷直爲杭州刺史皆坐弘逸季稜黨也易定軍亂逐節度使陳君

賞君賞鳩合豪傑數百人復入城盡誅謀亂兵士軍中復安九月以淮南節度使檢校尚書左僕射李德裕爲吏部尚書同中書門下平章事尋兼門下侍郎以宣武軍節度使檢校吏部尚書汴州刺史李紳代德裕鎮淮南帝在藩時頗好道術修攝之事是秋召道士趙歸真等八十一人入禁中於三殿修金籙道場帝幸三殿於九天壇親受法籙右拾遺王哲上疏言王業之初不宜崇信過當疏奏不省十一月鹽鐵轉運使奏江淮已南請復稅茶從之魏博節度使何進滔卒三軍推其子重霸知留後事

會昌元年正月壬寅朔庚戌有事於郊廟禮畢御丹鳳樓大赦改元二月壬寅以淮南節度使檢校吏部尚書李紳爲中書侍郎同平章事中書奏南宮六曹皆有職分各責官業郎事不因循近者戶部度支多是諸軍奏請本司郎吏束手閑居今後請秖令本行分判委中書門下簡擇公幹才器相當者轉授從之車駕幸昆明池賜仇士良紀功碑詔右僕射李程爲其文三月貶湖南觀察使楊嗣復湖州司馬桂管觀察使李珏瑞州司馬杭州刺史裴夷直驩州司戶宰

臣李德裕進位司空三月壬申宰相李德裕諫夷行崔珙李紳等奏憲宗皇帝有恢復中興之功請爲百代不遷之廟帝曰所論至當續議之事竟不行贈故中書令晉國公裴度太師山南東道蝗害稼造靈符應聖院於龍首池四月辛丑勅憲宗實錄舊本未備宜令史官重修進內其舊本不得注破候新撰成同進時李德裕先請不遷憲宗廟爲議者沮之復恐或書其不善之事故復請改撰實錄朝野非之五月辛未中書門下奏據六典隋置諫議大夫七人從四品上大曆二年昇門下侍郎爲正三品兩省遂闕四品建官之道有所未周詩云袞職有闕仲山甫補之周漢大臣願入禁闥補過拾遺張衡爲侍郎爲居帷幄從容諷諫此皆大臣之任故其秩峻其任重則敬其言而行其道況蹇諤之地宜老成之人秩未優崇則難用耆德其諫議大夫望依隋氏舊制昇爲從四品分爲左右以備兩省四品之闕向後與丞郎出入迭用以重其選又御史中丞爲大夫之貳緣大夫秩崇官不常置中丞爲憲臺之長令寺監少卿少監司業少尹並爲寺署之貳皆爲四品中丞官名至重見秩未崇望昇爲從四品從之

六月有禿鶖鳥集於禁苑庚子夜五更小流星五十餘旁午流散制以魏博兵馬留後何重霸檢校工部尚書魏州大都督府長史充天雄軍節度使仍賜名重順中書奏請依姚璹故事宰相每月修時政記送史館從之以衡山道士劉玄靖爲銀青光祿大夫充崇玄館學士賜號廣成先生令與道士趙歸真於禁中修法籙左補闕劉彥謨上疏切諫貶彥謨爲河南府戶曹勅自前中外上封論事有所糺舉則請留中今後並云請付御史臺不得云留中不下如事關軍國理須宥密不在此限如臺司勘當後若得事實必獎奉公茍涉加誣必當反問告示中外明知此意七月己巳北方有流星經天良久關東大蝗傷稼襄郢江左大水彗復出室壁之間八月迴鶻烏介可汗遣使告難言本國爲黠戞斯所攻故可汗死今部人推爲可汗緣本國破散今奉太和公主南投大國時烏介至塞上大首領嗢沒斯與赤心宰相相攻殺赤心率其部下數千帳近西域天德防禦使田牟以聞烏介又令其相頡于伽斯上表借天德城以安公主仍乞糧儲牛羊供給詔金吾大將軍王會宗正少卿李師偃往其牙宣慰令放公

主入朝賑粟二萬石九月幽州軍亂逐其帥史元忠推牙將陳行泰爲留後三軍上章請符節朝旨未許十月幽州雄武軍使張絳遣軍吏吳仲舒入朝言行泰慘虐不可處將帥之任請以鎮軍加討許之十月誅行泰遂以絳知兵馬使車駕校獵咸陽十一月丁酉朔壬寅夜大星東北流其光燭地有聲如雷山崩石隕其彗起於室凡五十六日而滅太和公主遣使入朝言烏介自稱可汗乞行策命緣初至漢南乞降使宣慰從之十二月中書門下奏修實錄體例舊錄有載禁中之言伏以君上與宰臣公卿言事皆須衆所聞見方可書於史冊且禁中之語在外何知或得之傳聞多涉於浮妄便形史筆實累鴻猷今後實錄中如有此色並請刊削又宰臣與公卿論事行與不行須有明據或奏請允愜必見褒稱或所論乖僻因有懲責在藩鎮上表必有批答居要官啓事者自有著明並須昭然在人耳目或取捨存於堂案或與奪形於詔勅前代史書所載奏議罔不由此近見實錄多載密疏言不彰於朝聽事不顯於當時得自其家未足爲信今後實錄所載章奏並須朝廷共知者方得紀述密疏並請不載如

此則理必可法人皆向公愛憎之志不行褒貶之言必信從之李德裕奏改修憲宗實錄所載吉甫不善之迹鄭亞希旨削之德裕更此條奏以掩其迹搢紳謗議武宗頗知之

二年春正月丙申朔以撫王紘爲開府儀同三司幽州大都督府長史充幽州盧龍節度大使以雄武軍使張絳檢校左散騎常侍兼幽州左司馬知兩使留後仍賜名仲武中書奏百官議九宮壇本大祠請降爲中祠宰相崔珙陳夷行奏定左右僕射上事儀注二月丙寅中書奏准元和七年勅河東鳳翔鄜坊邠寧等道州縣官令戶部加給課料錢歲六萬二千五百貫吏部出得平留官數百員時以爲當自後戶部支給零碎不得觀察使乃別將破用徒有加給不及官人所以選人憚遠不樂注受伏望令部都與實物及時支還諸道委觀察判官知給受專判此案隨月支給年終計帳申戶部又赴選官人多京債到任塡還致其貪求罔不由此今年三銓於前件州府得官者許連狀相保戶部各備兩月加給料錢至支時折下所冀初官到任不帶息債衣食稍足可責清廉從

之太子太師致仕蕭僥卒牂柯南詔蠻遣使入朝三月遣使冊迴紇烏介可汗以振武麟勝節度使銀青光祿大夫檢校尚書右僕射單于大都護兼御史大夫彭城郡開國公食邑二千戶劉沔可檢校右僕射兼太原尹北京留守充河東節度管內觀察處置等使代符澈時迴紇在天德命沔以太原之師討之四月乙丑朔光祿大夫守司空兼門下侍郎平章事李德裕銀青光祿大夫守右僕射門下侍郎平章事崔珙銀青光祿大夫中書侍郎同平章事李紳金紫光祿大夫檢校司徒兼太子太保牛僧孺等上章請加尊號曰仁聖文武至神大孝皇帝戊寅御宣政殿受冊十月九日雨至十四日轉甚乃改用二十三日時有纖人告中尉仇士良言宰相作赦書欲減削禁軍衣糧馬草料士良怒曰必若有此軍人須至樓前作鬧宰相李德裕等知之請開延英訴其事帝曰奸人之詞也召兩軍中尉諭之曰赦書出自朕意不由宰相況未施行公等安得此言士良惶恐謝之是日晴霽中書奏元日御含元殿百官就列唯宰相及兩省官皆未開扇前立於欄檻之內及扇開便侍立於御前三朝大慶萬邦稱賀唯

宰相侍臣同介冑武夫竟不拜至尊而退酌於禮意事未得中臣等請御殿日
昧爽宰相兩省官闕班於香案前侯扇開通事贊兩省官再拜拜訖升殿侍立
從之天德奏迴紇族帳侵擾部內勅勸課種桑比有勅命如能增數每歲申聞
比知並無遵行恣加翦伐列於鄽市賣作薪蒸自今州縣所由切宜禁斷五月
勅慶陽節百官率醵外別賜錢三百貫以備素食合宴仍令京兆府供帳用追
集坊市樂人天德軍使田牟奏迴紇大將嗢沒斯與多覽將軍將吏二千六百
人請降遣中人齎詔慰勞之宰相李德裕兼守司徒太子太師致仕鄭單卒六
月甲子朔火星犯木丙寅太白犯東井迴紇降將嗢沒斯將吏二千六百餘人
至京師制以嗢沒斯檢校工部尚書充歸義軍使封懷化郡王仍賜姓名曰李
思忠以迴紇宰相受耶勿爲歸義軍副使檢校右散騎常侍賜姓名曰李弘順
七月嵐州人田滿川據郡叛劉沔誅之八月迴紇烏介可汗過天德至杷頼峰
北俘掠雲朔北川詔劉沔出師守鴈門諸關迴紇首領屈武降幽王授左武衛
將軍同正詔以迴紇犯邊漸侵內地或攻或守於理何安令少師牛僧孺陳夷

行與公卿集議可否以聞僧孺曰今百寮議狀以固守關防伺其可擊則用兵宰相李德裕議以迴紇所恃者嗢沒赤心耳今已離叛其強弱之勢可見戎人獷悍不顧成敗以失二將乘忿入侵出師急擊破之必矣守險示弱虜無由退擊之爲便天子以爲然乃徵發許蔡汴滑等六鎮之師以太原節度使劉沔爲迴紇南面招討使以張仲武爲幽州盧龍節度使檢校工部尚書封蘭陵郡王充迴紇東面招討使以李思忠爲河西党項都將迴紇西南面招討使皆會軍於太原制以皇子峴爲益王岐爲兗王皇長女爲昌樂公主第二女爲壽春公主第三女永寧公主上御麟德殿見室韋首領督熱論等十五人太原奏迴紇移帳近南四十里索叛將嗢沒斯昨至橫水俘虜兼公主上表言食盡乞賜牛羊事賜烏介詔曰朕自臨寰區爲人父母唯以好生爲德不願黷武爲名故自彼國不幸爲嗢沒斯所破來投邊境已歷歲年撫納之間無所不至初則念其饑歉給以糧儲旋則知其破傷盡還馬價前後遣使勞問交馳道途小小侵擾亦盡不計今可汗尚此近塞未議還蕃朝廷大臣四方節鎮皆懷疑忿盡請與

師雖朕切務含弘亦所未諭一昨數使迴來皆言可汗只待馬價及令付之次
又聞所止屢遷或侵掠雲朔等州或刼奪羌渾諸部未知此意終欲如何若以
未交馬價須近塞垣行止之間亦宜先告邊將豈有倏來忽往遷徙不常雖云
隨逐水草動皆逼近城柵遙揣深意佀恃姻好之情每覩蹤由實爲馳突之計
況到橫水柵下殺戮至多蕃渾牛羊豈惔馳掠黎庶何罪皆被傷夷所以中朝
大臣皆云迴紇近塞已是違盟更戮邊人實背大義咸願因此翦逐以雪殂謝
之寃然朕志在懷柔情深屈己寧可汗之負德終未忍於幸災石戒直久在京
城備知人實憤惋發於誠懇固請自行嘉其深見事機不能違阻可汗審自問
遂速擇良圖無至不悛以貽後悔詔太原起室韋沙陀三部落吐渾諸部委石
雄爲前鋒易定兵千人守大同軍契苾通何清朝領沙陀吐渾六千騎趨天德
李思忠率迴紇党項之師屯保大柵十月吐蕃贊普卒遣使論普熱入朝告哀
詔將作少監李璟入蕃吊祭帝幸涇陽校獵白鹿原諫議大夫高少逸鄭朗等
於閣內論陛下校獵太頻出城稍遠萬機廢弛星出夜歸方今用兵且宜停止

上優勞之諫官出謂宰相曰諫官甚要朕時聞其言庶幾減過

三年春正月以宿師于野罷元會勅新授銀州刺史本州押蕃落銀川監牧使何清朝可檢校太子賓客左龍武大將軍令分領沙陁吐渾党項之衆赴振武取劉沔處分二月先詔百官之家不得於京城置私廟者其皇城南向六坊不得置其閑僻坊曲卽許依舊置太原劉沔奏昨率諸道之師至大同軍遣石雄襲迴鶻牙帳雄大敗迴鶻於殺胡山烏介可汗被創而走已迎得太和公主至雲州是日御宣政殿百寮稱賀制曰夫天之所廢難施繼絶之恩人之所棄當用侮亡之道朕每思前訓豈忘格言迴鶻比者自恃兵強久爲桀驁凌虐諸郡結怨近鄰黠戛斯潛師彗掃穹居瓦解種族盡膏於原野區落遂至於荆榛今可汗逃走失國竊號自立遠踰沙漠寄命邊陲朕念其衰殘尋加賑卹每陳章表多詐諛之詞接我使臣如全盛之日無傷禽哀鳴之意有困獸猶鬬之心去歲潛入朔川大掠牛馬今春掩襲振武逼近城池可汗皆自率兵首爲寇盜不恥破敗莫顧姻親河東節度使劉沔料敵伐謀乘機制勝發胡貉之騎以爲前

鋒塞鏑侯之旗伐彼在穴短兵鏖於帳下元惡秩於轂中況乘匪六飛衆纔一旅儲備已竭計日可擒太和公主居處不同情義久絕懷土多思亟聞黃鵠之歌失位自傷寧免綠衣之歎念其羈苦常軫朕心今已脫於豺狼再見宮闕上以攄宗廟之宿憤次以慰太皇太后之深慈永言歸寧良用欣感其迴紇既以破滅義在翦除宜令諸道兵馬使同進討河東立功將士已下優厚賞給續條疏處分應在京外宅及東都修功德迴紇並勒冠帶各配諸道收管其迴紇及摩尼寺莊宅錢物等並委功德使以御史臺及京兆府各差官點檢收抽不得容諸色人影占如犯者並處極法錢物納官摩尼寺僧委中書門下條疏聞奏以麟州刺史天德行營副使石雄爲銀青光祿大夫檢校左散騎常侍崖州刺史御史大夫充豐州西城中城都防禦本管押蕃落等使劉沔檢校尚書左僕射張仲武檢校尚書右僕射餘並如故黠戛斯使注吾合素入朝獻名馬二匹言可汗已破迴鶻迎得太和公主歸國差人送公主入朝愁迴鶻殘衆奪之於路帝遂遣中使送注吾合素往太原迎公主時烏介可汗中箭走投黑車子詔

黠戛斯出兵攻之三月太和公主至京師百官班于章敬寺迎謁仍令所司告
憲宗穆宗二室四月昭義節度使劉從諫卒三軍以從諫姪稹爲兵馬留後上
表請授節鉞尋遣使齎詔潞府令稹護從諫之喪歸洛陽稹拒朝旨詔中書門
下兩省尚書御史臺四品已上武官三品已上會議劉稹可誅可宥之狀以聞
五月敕諸道節度使置隨身不得過六十人觀察使不得過四十人經略都護
不得過三十人築望仙觀於禁中宰臣百寮進議狀以昆戎未殄塞上用兵不
宜中原生事潞府請以親王遙領令稹權知兵馬事以俟邊上罷兵獨李德裕
以爲澤潞內地前時從諫許襲已是失斷自後跋扈難制規脅朝廷以稹豎子
不可復踐前車討之必殄武宗性雄俊曰吾與德裕同之保無後悔自是諫官
上疏言不可用兵相繼六月西內神龍寺災左軍中尉楚國公仇士良卒秋七
月戊子宰相奏秋色已至將議進軍幽州須早平迴鶻鎭魏須速誅劉稹各須
遣使諭旨兼值三鎭軍情今日延英面奏聖旨欲遣張賈充使臣等續更商量
張賈幹濟有才甚諳軍中體勢然性剛負氣慮不安和不如且命李回若以臺

綱關人卽兵部侍郎鄭涯久爲征鎭判官情甚精敏雖無詞辯言事分明官重事閑最似相稱上曰不如令李回去卽遣回奉使三鎭八月壬戌火星自七月蒼赤色動搖井中至是月十六日犯輿鬼萬年縣東市火黠戞斯使諦德伊斯難珠入朝以右僕射平章事陳夷行檢校司空兼河中尹御史大夫充河中節度晉絳慈隰觀察等使九月制定天下者致風俗於大同安生人者齊法度於畫一雖晉之欒趙家有舊勳漢之韓黥身爲佐命至于干亂紀律罔不梟夷禁暴除殘古今大義故昭義節度劉悟頃居海岱嘗列爪牙屬師道阻兵王師問罪三面開網一境離心乘此危機遂能歸命憲宗嘉其誠款授以南燕穆宗待以腹心委之上黨招致死士固護一方迨于末年已虧臣節劉從諫生稟戾氣幼習亂風因跋扈之資以專封壤恃紀綱之力以襲兵符暫展執珪之儀終無上壽之請隙駒爲喻魏豹姑務於絶河井蛙自居孫述頗聞于恃險誘受亡命妄作妖言中罔朝廷潛圖左道接壤戎帥屢奏陰謀顧盻亂之所矜豈淵魚之是察洎乎沈痼曾靡哀鳴猶駐將盡之魂恣行邪僻之志罔或奮拔自樹狡童

中使授醫莫覩其朝服近臣銜命不入於壘門逆節甚明人神共棄其贈官及
先所授官爵并劉稹在身官爵宜並削奪成德軍節度使王元逵魏博節度使
何弘敬或姻連王室或任重藩維懇陳一至之誠願揚九伐之戰吳漢任職受
詔而初無辦嚴卜式朴忠未戰而義形於色況成德軍嘗以梟騎橫陣首破朱
滔戰氣方酣再迴魯陽之日鼓音不息三騎不周之山魏博軍頃以大旆涉河
竟殲師道建十二郡之旗鼓以列降人削六十年之厲階盡歸皇化士傳餘勇
軍有雄名必能稟鄴侯之指縱成葛亮之心伐咨爾二師朕所注懷元逵可本
官充北面招討澤潞使弘敬充東面招討澤潞使曩者列祖在藩先天啓聖符
瑞昭晰彩繪煥於泗亭鑾輅巡遊金石刻於代邸實謂可封之俗久爲仁壽之
鄉寇難以來頗著誠節必非同惡咸許自新其昭義舊將士及百姓等如保初
心並赦而不問如能捨逆效順以州郡兵衆歸降者必厚加封賞如能擒送劉
稹者別授土地以報勳庸頃隨劉悟鄆州舊將校子孫既有義心宜思改悔如
能感喻劉稹束身歸朝必當待之如初特與洗雪爾等舊校亦並酬勞仍委夷

行劉沔王茂元各進兵同力攻討其諸道進軍並不得焚燒廬舍發掘墳墓擒執百姓以爲俘囚桑麻田苗各許本戶爲主罪止元惡務拯生靈於戲蕃維大臣抗疏於外髦俊舊老昌言於朝戒朕以祖宗之法不可私一族刑賞之柄所以正萬邦宜用甲兵陳於原野雖朕以恩不聽而羣臣以義固爭詢自僉謀諒非獲已布告中外明體朕懷仍以徐泗節度使李彥佐爲澤潞西南面招討使河陽節度使王茂元以本軍屯萬善彥佐制下後踰月未出師朝廷疑其持重乃以天德軍石雄爲彥佐之副劉稹牙將李丕降用爲忻州刺史以陳許節度使王宰充澤潞南面招討使河陽節度使王茂元卒贈司徒王宰代茂元總萬善之師十月宰相監修國史李紳兵部郎中史館修撰判館事鄭亞進重修憲宗實錄四十卷頒賜有差晉絳行營副招討石雄奏收賊砦五以河東節度使劉沔檢校司空兼滑州刺史御史大夫充義成軍節度鄭滑濮觀察等使以荊南節度使檢校右僕射同平章事李石可檢校司空平章事兼太原尹北都留守充河南節度管內觀察等使十一月勅中外官員過爲繁冗量宜減省以便

軍民宜令吏部條疏合減員數以聞十二月王宰奏收天井關楡杜行營都將王逢奏兵少乞濟師詔太原軍二千人赴之初劉沔破迴鶻留三千人戍橫水至是李石以太原無兵抽橫水戍卒一千五百人以赴王逢是月二十八日橫水軍至太原請出軍優給舊例每一軍絹二疋時劉沔交代後軍庫無絹石以己絹益之方可人給一疋便催上路軍人以歲將除欲候過歲期旣速軍情不悅都頭楊弁乘士卒流怨激之爲亂

四年春正月乙酉朔以澤潞用兵罷元會其日楊弁逐太原節度使李石勅齋月斷屠出於釋氏國家創業猶近梁隋卿相大臣或沿茲弊鼓刀者旣獲厚利糾察者潛受請求正月以萬物生植之初宜斷三日列聖忌斷一日仍准開元二十二年勅三元日各斷三日餘月不禁壬子河東監軍使呂義忠收復太原生擒楊弁盡斬其亂卒百寮稱賀二月甲寅朔丁巳制晉絳河中慈隰等州節度觀察等使中散大夫檢校左散騎常侍河中尹御史大夫上柱國博陵縣開國男食邑三百戶崔元式可檢校禮部尚書兼太原尹北都留守充河東節度

觀察等使戊午夜太白犯鎮星辛酉太原送楊弁與其同惡五十四人來獻斬於狗脊嶺三月以晉絳副招討石雄爲澤潞西面招討以汾州刺史李丕爲副以道士趙歸真爲左右街道門教授先生時帝志學神仙師歸真歸真乘寵每對排毀釋氏言非中國之教蠹耗生靈盡宜除去帝頗信之四月王宰進軍攻澤州五月以司農卿薛元賞爲京兆尹六月金紫光祿大夫尚書右僕射中書侍郎同平章事判度支崔珙貶澧州刺史癸丑勅諫官論事所見不同連狀署名事同糺率此後凡論公事各隨己見不得連署姓名如有大政奏論卽可連署制追削故左軍中尉仇士良先授官及贈官其家財並籍沒士良死後中人於其家得兵杖數千件兼發士良宿罪故也勅責授官銀青光祿大夫澧州刺史上柱國安平郡開國公食邑二千戶崔珙再貶恩州司馬員外置以珙領鹽鐵時欠宋滑院鹽鐵九十萬貫帝令度支鹽鐵轉運合爲一使七月以淮南節度使檢校司空杜悰守尚書右僕射兼門下侍郎同平章事仍判度支充鹽鐵轉運等使又制銀青光祿大夫守尚書右僕射兼門下侍郎同平章事監修國

史上柱國趙郡開國公食邑二千戶李紳可檢校司空平章事揚州大都督府長史淮南節度副大使知節度事吏部條奏中外合減官員一千一百一十四員王元逵奏邢州刺史裴問別將高元武以城降洺州刺史王釗磁州刺史安玉以城降何弘敬山東三州平潞州大將郭誼張谷陳楊廷遣人至王宰軍請殺稹以自贖王宰以聞乃詔石雄率軍七千入潞州誼斬劉稹首以迎雄澤潞等五州平八月戊戌王宰傳稹首與大將郭誼等一百五十人露布獻於京師上御安福門受俘百寮樓前稱賀以魏博節度使檢校尚書右僕射同平章事何弘敬進封廬江郡開國公食邑二千戶以成德軍節度使王元逵檢校司空兼太子太師同平章事進封太原郡開國公食邑二千戶宰相李德裕守太尉進封衞國公加食邑一千戶以兵部侍郎翰林學士承旨崔鉉爲中書侍郎同平章事河東節度使陳夷行卒九月以天德軍使晉絳行營招討使石雄檢校兵部尚書河中尹兼御史大夫河中晉絳慈隰等州節度使以前山南東道節度使盧鈞檢校尚書左僕射潞州大都督府長史充昭義軍節度使澤潞邢洺

觀察等使以忠武軍節度陳許蔡等州觀察處置等使河陽行營諸軍招討使金紫光祿大夫檢校尚書右僕射兼御史大夫上柱國太原郡開國公食邑二千戶王宰檢校司空太原尹北都留守充河東節度管內觀察處置等使制曰逆賊郭誼等狐鼠之妖依丘穴而作固牛羊之力得水草而逾兇久從叛臣皆負逆氣劉從諫背德反義掩賊藏姦積其怙亂之謀無非親吏之計劉公直安全慶等各憑地險屢抗王師每肆悖言常懷革面況郭誼王協聞邢洺歸款懼義旅覆巢賣孽童以圖全據堅城而請命昔伍被詣吏不免就誅延岑出降終亦夷滅致之大辟無所愧懷郭誼劉公直王協安全慶李道德李佐堯劉稹稹母阿裴稹弟曹九滿郎君郎妹四娘五娘從兄洪卿漢卿周卿魯卿匡堯張谷男涯解愁陳楊廷弟宣男醜奴張溢男歡郎三寶門客甄戈伎術人郭諗蔣黨李訓兄仲京王涯姪孫羽韓約男茂章茂寶王璠男珪等並處斬于獨柳勅以河陽三城鎮遏使爲孟州割澤州隸焉與懷孟澤爲節度號河陽制以皇子愕爲開府儀同三司夏州刺史朔方軍節度大使時党項叛命親王以制之十月

車駕幸鄠縣十一月幸雲陽十二月勅郊禮日近獄囚數多案款已成多有翻覆其兩京天下州府見繫囚已結正及兩度番案伏款者並令先事結斷訖申時左僕射王起頻年知貢舉每貢院考試訖上榜後更呈宰相取可否復人數不多宰相延英論言主司試藝不合取宰相與奪比來貢舉艱難放人絶少恐非弘訪之道帝曰貢院不會我意不放子弟即太過無論子弟寒門但取實藝耳李德裕對曰鄭肅封敖有好子弟不敢應舉帝曰我比聞楊虞卿兄弟朋比貴勢妨平人道路昨楊知至鄭朴之徒並令落下抑其太甚耳德裕曰臣無名第不合言進士之非然臣祖天寶末以仕進無他伎勉強隨計一舉登第自後不於私家置文選蓋惡其祖尙浮華不根藝實然朝廷顯官須是公卿子弟何者自小便習舉業自熟朝廷間事臺閣儀範班行准則不教而自成寒士縱有出人之才登第之後始得一班一級固不能熟習也則子弟成名不可輕矣五年春正月己酉朔勅造望僊臺於南郊壇時道士趙歸真特承恩禮諫官上疏論之延英帝謂宰臣曰諫官論趙歸真此意要卿等知朕宮中無事屏去聲

技但要此人道話耳李德裕對曰臣不敢言前代得失只緣歸真於敬宗朝出
入宮掖以此人情不願陛下復親近之帝曰我爾時已識此道人不知名歸真
只呼趙練師在敬宗時亦無甚過我與之言滌煩爾至於軍國政事唯卿等與
次對官論何須問道士非直一歸真百歸真亦不能相惑歸真自以涉物論遂
舉羅浮道士鄧元起有長年之術帝遣中使迎之繇是與衡山道士劉玄靖及
歸真膠固排毀釋氏而拆寺之請行焉宰臣李德裕杜悰李讓夷崔鉉太常卿
孫簡等率文武百寮上徽號曰仁聖文武章天成功神德明道皇帝辛亥有事
於郊廟禮畢御承天門大赦天下庚申義安太后崩敬宗之母也遺令皇帝三
日聽政十三日小祥二十五日大祥二十七日釋服兵部尚書歸融奏事貴得
中禮從順變配祔之禮宜有等差請降服期以日易月十二日釋服內外臣寮
亦請以其日釋服陵園制度請無降殺從之以前太原節度使檢校司空李石
以本官充東都留守二月戊寅朔太白掩昴之北側諫議大夫權知禮部貢舉
陳商選士三十七人中第物論以為請託令翰林學士白敏中覆試落張濆李

玗薛伉張覲崔瓘王諶劉伯芻等七人三月崔鉉罷知政事出為陝虢觀察使以御史中丞兼兵部侍郎李回本官同平章事夏四月皇第四女封延慶公主第五女封靖樂公主敕祠部檢括天下寺及僧尼人數大凡寺四千六百蘭若四萬僧尼二十六萬五百宰相杜悰罷知政事以戶部侍郎判戶部崔元式同平章事六月丙子敕漢魏已來朝廷大政必下公卿詳議博求理道以盡羣情所以政必有經人皆向道此後事關禮法羣情有疑者令本司申尚書都省下禮官參議如是刑獄亦先令法官詳議然後申刑部參覆如郎官御史有能駮難或據經史故事議論精當即擢授遷改以獎之如言涉浮華都無經據不在申聞神策奏修望僊樓及廊舍五百三十九間功畢秋七月庚子敕併省天下佛寺中書門下條疏聞奏據令式諸上州國忌日官吏行香於寺其上州望各留寺一所有列聖尊容便令移於寺內其下州寺並廢其上都東都兩街請留十寺寺僧十人敕曰上州合留寺工作精妙者留之如破落亦宜廢毀其合行香日官吏宜於道觀其上都下都每街留寺兩所寺留僧三十人上都左街留

慈恩薦福右街留西明莊嚴中書又奏天下廢寺銅像鐘磬委鹽鐵使鑄錢其鐵像委本州鑄爲農器金銀鍮石等像銷付度支衣冠士庶之家所有金銀銅鐵之像勑出後限一月納官如違委鹽鐵使依禁銅法處分其土木石等像合留寺內依舊又奏僧尼不合隸祠部請隸鴻臚寺其大秦穆護等祠釋教既已釐革邪法不可獨存其人並勒還俗遞歸本貫充稅戶如外國人送還本處收管八月制朕聞三代已前未嘗言佛漢魏之後像教寖興是由季時傳此異俗因緣染習蔓衍滋多以至於蠹耗國風而漸不覺誘惑人意而衆益迷泊於九州山原兩京城闕僧徒日廣佛寺日崇勞人力於土木之功奪人利於金寶之飾遺君親於師資之際違配偶於戒律之間壞法害人無逾此道且一夫不田有受其飢者一婦不蠶有受其寒者今天下僧尼不可勝數皆待農而食待蠶而衣寺宇招提莫知紀極皆雲構藻飾僭擬宮居晉宋齊梁物力凋瘵風俗澆詐莫不由是而致也況我高祖太宗以武定禍亂以文理華夏執此二柄足以經邦豈可以區區西方之教與我抗衡哉貞觀開元亦嘗釐革剗除不盡流衍

轉滋朕博覽前言旁求輿議弊之可革斷在不疑而中外誠臣協予至意條疏至當宜在必行懲千古之蠹源成百王之典法濟人利衆予何讓焉其天下所拆寺四千六百餘所還俗僧尼二十六萬五百人收充兩稅戶拆招提蘭若四萬餘所收膏腴上田數千萬頃收奴婢爲兩稅戶十五萬人隸僧尼屬主客顯明外國之教勒大秦穆護祆三千餘人還俗不雜中華之風於戲前古未行似將有待及今盡去豈謂無時驅游惰不業之徒已踰十萬廢丹臒無用之室何啻億千自此清淨訓人慕無爲之理簡易齊政成一俗之功將使六合黔黎同歸皇化尚以革弊之始日用不知下制明廷宜體予意制第六女封樂溫公主第七女封長寧公主中書奏伏見公主上表稱妾某者伏以臣妾之義取其賤稱家人之禮卽宜區別臣等商量公主上表請如長公主之例並云某邑公主幾女上表郡縣主亦望依此例稱謂從之九月火星犯上將十月乙亥中書奏汜水縣武牢關是太宗擒王世充竇建德之地關城東峯有二聖塑容在一堂之內伏以山河如舊城壘猶存威靈皆盛於軒臺風雲疑還於豐沛誠宜百代

嚴奉萬邦式瞻西漢故事祖宗嘗行幸處皆令邦國立廟今緣定覺寺例合毀
拆望取寺中大殿材木於東峯以造一殿四面置宮牆伏望名爲昭武廟以昭
聖祖武功之盛委懷孟節度使差判官一人勾當緣聖像年代已久望令李石
於東都揀好畫手就增嚴飾初與功日望令東都差分司官一員薦告從之十
一月甲辰勑悲田養病坊緣僧尼還俗無人主持恐殘疾無以取給兩京量給
寺田賑濟諸州府七頃至十頃各於本管選耆壽一人勾當以充粥料十二月
車駕幸咸陽給事中韋弘質上疏論中書權重三司錢穀不合相府兼領宰相
奏論之曰臣等昨於延英對恭聞聖旨常欲朝廷尊臣下肅此是陛下深究理
本也臣按管子云凡國之重器莫重於令令重則君尊君尊則國安故國安在
於尊君尊君在於行令君人之理本莫要于出令故曰虧令者死益令者死不
行令者死不從令者死又曰令行于上而下論可不可是上失其威下繫於人
也自太和已來其風大弊令出于上非之於下此弊不除無以理國也昨韋弘
質所論宰相不合兼領錢穀臣等輒以事體陳聞昔匡衡所以云大臣者國家

之股肱萬姓所瞻仰明王所慎擇傳曰下輕其上賤人圖柄則國家搖動而人不靜弘質受人教導輒獻封章是則賤人圖柄矣蕭望之漢朝名儒重德爲御史大夫奏云今首歲日月少光罪在臣等上以望之意輕丞相乃下侍中御史詰問貞觀中監察御史陳師合上書云人之思慮有限一人不可兼總數職太宗曰此人妄有毀謗欲離間我君臣流師合於嶺外賈誼云人主如堂羣臣如陛陛高則堂高亦由將相重君臣尊其勢然也如宰相姦謀隱匿則人人皆得上論至於制置職業固是人主之柄非小人所得干議古者朝廷之上各守其官思不出位弘質賤人豈得以非所宜言上瀆明主此是輕宰相撓時政也昔東漢處士橫議遂有黨錮事起此事深要懲絕伏望陛下詳其姦詐去其朋徒則朝廷安靜制令肅然臣等不勝感憤之至弘質坐貶官又奏曰天寶已前中書除機密遷授之外其他政事皆與中書舍人同商量自艱難已來務從權便政頗去於臺閣事多繫於軍期決遣萬機不暇博議臣等商量今後除機密公事外諸侯表疏百寮奏事錢穀刑獄等事望令中書舍人六人依故事先參詳

可否臣等議而奏聞從之李德裕在相位日久朝臣爲其所抑者皆怨之自崔
鉉杜悰罷相後中貴人上前言德裕太專上意不悅而白敏中之徒教弘質論
之故有此奏而德裕結怨之深由此言也
六年春正月癸卯朔丁巳左散騎常侍致仕馮定卒贈工部尚書己未南詔契
丹室韋渤海牂柯昆明等國遣使入朝對于麟德殿兵部侍郎判度支盧商奏
諸道兵討伐党項今差度支郎官一人往所在有糧料州郡先計度支給從之
己丑渤海王子大之萼入朝東都太微宮修成玄元皇帝玄宗肅宗三聖容遣
右散騎常侍裴章往東都薦獻監察元壽奏前彭州刺史李絿買本州龍興寺
婢爲乳母違法貶隨州長史二月壬申朔癸酉以時雨愆候詔京城天下繫囚
除官典犯贓持仗劫殺忤逆十惡外罪遞減一等並釋放征党項行營兵士不
得濫有殺傷丁丑左拾遺王龜以父興元節度使起年高乞休官侍養從之是
夜月犯畢大星相去三寸庚辰以夏州節度使尤暨充東北道招討党項使壬
午右庶子呂讓進狀亡兄温女太和七年嫁左衞兵曹蕭敏生二男開成三年

敏心疾乖忤因而離婚今敏日愈却乞與臣姪女配合從之乙酉前太子少保劉沔可太子太保致仕前壽州刺史王鎮貶潞州長史丁亥夜月色少光至一更一點犯熒惑相去四寸後良久其光燭地在軫七度壬辰以翰林學士起居郎孫瑴爲兵部員外郎充職以旱停上巳曲江賜宴勅比緣錢重幣輕生人轉困今新加鼓鑄必在流行通變救時莫切於此宜申先甲之令以儆居貨之徒京城諸道宜起來年正月已後公私行用並取新錢其舊錢權停三數年如有違犯同用鉛錫錢例科斷其舊錢並沒納又勅諸道鑄錢已有次第須令舊錢流例有布絹價值稍增文武百寮俸料起三月一日並給見錢一半先給疋段對估時價皆給見錢貶舒州刺史蘇滌爲連州刺史滌李宗閔黨前自給事中爲德裕所斥累年郡守至是李紳言其無政故也以邠寧節度使高承恭充西南面招討党項使丙申夜月掩牛南星又犯歲星丁酉新羅使金國連入朝辛丑夜東北流星如桃色赤其光燭地尾迹入大角西流穿紫微垣三月壬寅上不豫制改御名炎帝重方士頗服食修攝親受法籙至是藥躁喜怒失常疾既

篤旬日不能言宰相李德裕等請見不許中外莫知安否人情危懼是月二十三日宣遺詔以皇太叔光王柩前即位是日崩時年三十三謚曰至道昭肅孝皇帝廟號武宗其年八月葬於端陵德妃王氏祔焉

史臣曰開成中王室寖卑政由閽寺及綴衣將變儲位遽移昭肅以孤立維城副茲當璧而能雄謀勇斷振已去之威權運策勵精拔非常之俊傑屬天驕失國潞孽阻兵不惑盈庭之言獨納大臣之計戎車既駕亂略底寧紀律再張聲名復振足以蹈彰武出師之迹繼元和戡亂之功然後迂訪道之車築禮神之館棲心玄牝物色幽人將致俗於大庭欲希蹤於姑射於是削浮圖之法懲游惰之民志欲矯步丹梯求珠赤水徒見蕭衍姚興之謬學不悟秦王漢武之非求蓋惑於左道之言偏斥異方之說況身毒西來之教向欲千禩蚩蚩之民習以成俗畏其教甚於國法樂其徒不異登僊如文身祝髮之鄉久習而莫知其醜以吐火吞刀之戲乍觀而便以爲神安可正之以咸韶律之以章甫加以笮融何充之佞代不乏人非荀卿孟子之賢誰與正論一朝隳殘金狄燔棄胡書

結怨於膜拜之流犯怒於鄙夫之口哲王之舉不駭物情前代存而勿論實爲
中道欲革斯弊以俟河清昭肅明照聽斯弊矣

舊唐書卷十八上

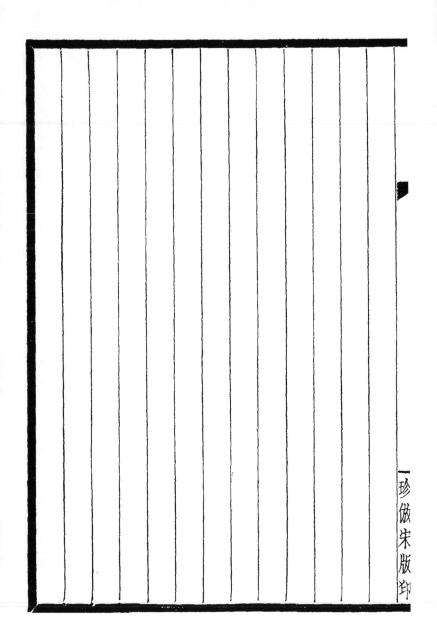

舊唐書卷十八上考證

武宗本紀二月制穆宗妃韋氏追謚宣懿皇太后帝之母也○新書正月甲午

追尊母爲皇太后

太常卿崔鄲戸部尚書判度支崔珙並本官同中書門下平章事○沈炳震曰

崔珙之相新書在五月己卯又按崔鄲于開成四年七月巳同平章事矣此

乃兼官非入相也並字應誤

二年五月宰相李德裕兼守司徒○新書在三年六月辛酉

五年夏四月以戸部侍郎判戸部崔元式同平章事○新書在大中元年三月

沈炳震曰崔元略傳元式于大中初始入相當從新書

舊唐書卷十八上考證

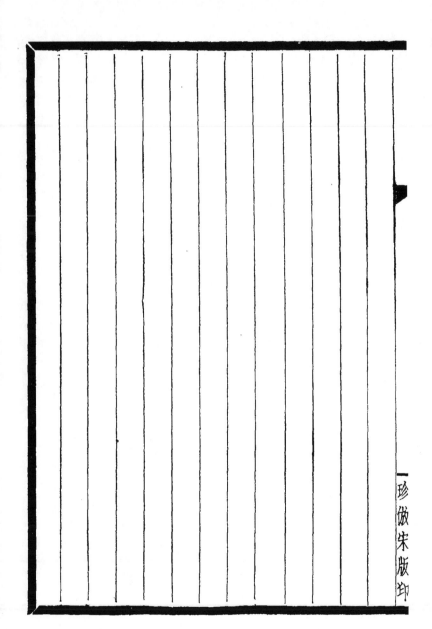

舊唐書卷十八下

後晉司空同中書門下平章事劉昫撰

本紀第十八下

宣宗

宣宗聖武獻文孝皇帝諱忱憲宗第十三子母曰孝明皇后鄭氏元和五年六月二十二日生於大明宮長慶元年三月封光王名怡會昌六年三月一日武宗疾篤遺詔立爲皇太叔權勾當軍國政事翌日柩前卽帝位改今名時年三十七帝外晦而內朗嚴重寡言視瞻特異幼時宮中以爲不慧十餘歲時遇重疾沈綴忽有光輝燭身蹶然而興正身拱揖如對臣寮乳媼以爲心疾穆宗視之撫其背曰此吾家英物非心憊也賜以玉如意御馬金帶常夢乘龍昇天言之於鄭后乃曰此不宜人知者幸勿復言歷太和會昌朝愈事韜晦羣臣游處未嘗有言文宗武宗幸十六宅宴集強誘其言以爲戲劇謂之光叔武宗氣豪尤不爲禮及監國之日哀毀滿容接待羣寮決斷庶務人方見其隱德焉四月

辛未釋服尊母鄭氏曰皇太后以兵部侍郎翰林學士承旨白敏中守本官同中書門下平章事以特進守太尉門下侍郎同平章事上柱國衛國公食邑二千戶李德裕檢校太尉同平章事江陵尹荆南節度使以中散大夫大理卿馬植爲金紫光祿大夫刑部侍郎充諸道鹽鐵等使以成德軍節度使王元逵檢校太保山南西道節度使王起檢校司空魏博節度使何弘敬淮南節度使李昇並檢校司空劍南西川節度使崔鄲檢校尚書右僕射同中書門下平章事並如故東都留守李石奏修奉太廟畢所迎奉太微宮神主祔廟訖東都太廟者本武后家廟神龍中中宗反正廢武氏廟主立太祖已下神主祔之安祿山陷洛陽以廟爲馬廄棄其神主而協律郎嚴郢收而藏之史思明再陷洛陽尋又散失賊平東京留守盧正已又募得之廟已焚毀乃寄主於太微宮大曆十四年留守路嗣恭奏重修太廟以迎神主詔百官參議紛然不定禮儀使顏真卿堅請歸祔不從會昌五年留守李石因太微宮正殿圮隧以廢弘敬寺爲太廟迎神主祔之又下百寮議皆言准故事無兩都俱置之禮唯禮部侍郎陳商

議云周之文武有鎬洛二廟今兩都異廟可也然不宜置主於廟主宜依禮瘞於廟之北墉下事未行而武宗崩宣宗即位因詔有司迎太微宮寓主祔廢寺之新廟而知禮者非之制皇長男温可封鄆王二男涇可封雅王第三男滋可封蘄王第四男沂可封慶王五月左右街功德使奏准今月五日赦書節文上都兩街舊留四寺外更添置八所兩所依舊名興唐寺保壽寺六所請改舊名寶應寺改爲資聖寺青龍寺改爲護國寺菩提寺改爲保唐寺清禪寺改爲安國寺法雲尼寺改爲唐安寺崇敬尼寺改爲唐昌寺右街添置八所西明寺改爲福壽寺莊嚴寺改爲聖壽寺舊留寺二所舊名千福寺改爲興元寺化度寺改爲崇福寺永泰寺改爲萬壽寺温國寺改爲崇聖寺經行寺改爲龍興寺奉恩寺改爲興福寺勅旨依奏誅道士劉玄靖等十二人以其說惑武宗排毀釋氏故也今月五日赦書節文吏部三銓選士秪憑資考多匪實才許觀察使刺史有奇才異政之士聞薦試用又觀察使刺史交代之時冊書所交戸口如能增添至千戸即與超遷如逃亡至七百戸罷後三年內不得任使又徒流人在

天德振武者管中量借糧種俾令耕田以爲業以劍南東川節度使檢校禮部
尙書盧商爲兵部侍郎同平章事六月以戸部侍郎充諸道鹽鐵轉運使馬植
本官同平章事七月以兵部尙書李讓夷爲劍南東川節度使十月勅太廟祫
享合以功臣配其憲宗廟以裴度杜黃裳李愬高崇文等配享以荆南節度使
李德裕爲東都留守十一月有司享太廟其穆宗室文曰皇兄太常博士閔慶
之奏夫禮有尊尊而不敘親親祝文稱弟未當請改爲嗣皇帝從之京兆府奏
京師百司職田斛㪷請准會昌三年例許人戸自送納京師所冀州縣無得撒
隱從之以江西觀察使周墀爲義成軍節度使鄭滑觀察等使十二月刑部尙
書判度支崔元式奏准七月二日勅綾紗絹等次弱疋段並同禁斷不得織造
臣欲與鹽鐵戸部三司同條疏先勘左藏庫令分析出次弱疋段州府即牒本
道官搜索狹小機杼令焚毀其已納到次弱疋段具數以聞上從之
大中元年春正月戊戌朔宮苑使奏皇帝致齋行事內諸宮苑門共九十四所
並令鎖閉鑰匙進內候車駕還宮則請領從之戊申皇帝有事於郊廟禮畢御

丹鳳門大赦改元制條曰古郎官出牧卿相治郡所以重親人之官急爲政之本自澆風久扇此道稍消頡頏清途便臻顯貴治人之術未嘗經心欲使究百姓艱危通天下利病不可得也爲政之始思厚儒風軒墀近臣盡備顧問如其不知人疾苦何以膺朕眷求今後諫議大夫給事中中書舍人未曾任刺史縣令或在任有贓累者宰臣不得擬議守宰親人職當撫字三載考績著在格言貞元年中屢下明詔縣令五考方得改移近者因循都不遵守諸州或得五考畿府罕及二年以此字人若爲成政道途郡吏有迎送之勞鄉里庶民無蘇息之望自今須滿三十六箇月永爲常式二月丁卯制憲宗第十七子愓封彭王第十八子惴爲棣王第五子澤爲濮王第六子潤爲鄂王勅修百福殿以檢校太尉東都留守李德裕爲太子少保分司東都以給事中鄭亞爲桂州刺史御史中丞桂管防禦觀察等使二月丁酉禮部侍郎魏扶奏臣今年所放進士三十三人其封彥卿崔琢鄭延休等三人實有詞藝爲時所稱皆以父兄見居重位不得令中選詔令翰林學士承旨戶部侍郎韋琮重考覆勅曰彥卿等所試

文字並合度程可放及第有司考試秖在至公如涉請託自有朝典今後但依
常例放牓不得別有奏聞帝雅好儒士留心貢舉有時微行人間採聽輿論以
觀選士之得失每山池曲宴學士詩什屬和公卿出鎭亦賦詩餞行凡對臣寮
肅然拱揖鮮有輕易之言大臣或獻章疏卽燒香盥手而覽之當時以大中之
政有貞觀之風焉又勅自今進士放牓後杏園任依舊宴集有司不得禁制武
宗好巡遊故曲江亭禁人宴聚故也閏三月勅會昌季年併省寺宇雖云異方
之教無損致理之源中國之人久行其道釐革過當事體未弘其靈山勝境天
下州府應會昌五年四月所廢寺宇有宿舊名僧復能修創一任住持所司不
得禁止四月積慶太后蕭氏崩諡曰貞獻文宗母也六月以義成軍節度使周
墀爲兵部侍郎判度支冊黠戛斯王子爲英武誠明可汗命鴻臚卿李業入蕃
冊拜以金紫光祿大夫守太子少保分司東都上柱國奇章郡開國公食邑二
千戶牛僧孺守太子太師銀青光祿大夫行太子賓客上柱國隴西郡開國公
食邑二千戶李彥佐爲太子太保並依前分司以左諫議大夫庾簡休爲虢州

刺史以正議大夫行尚書考功郎中知制誥上柱國崔璵爲中書舍人以中散大夫前朔州刺史彭陽縣開國男食邑三百戶令狐綯行尚書考功郎中知制誥秋七月制以正議大夫尚書戶部侍郎知制誥翰林學士承旨柱國賜紫金魚袋韋琮以本官同中書門下平章事以太子少保分司東都衞國公李德裕爲人所訟貶潮州司馬員外置同正員八月工部尚書中書侍郎平章事盧商出爲鄂岳觀察使神策軍奏修百福殿成名其殿曰雍和殿樓曰親親樓凡廊舍屋宇七百間以會諸王子孫九月前永寧縣尉吳汝納詣闕稱冤言弟湘會昌四年任揚州江都縣尉被節度使李紳誣奏湘贓罪宰相李德裕曲情附紳斷臣弟湘致死詔下御史臺鞫按

二年春正月壬戌宰臣率文武百寮上徽號曰聖敬文思和武光孝皇帝御宣政殿受冊訖宣德音神策軍修左銀臺門樓屋宇及南面城牆至睿武樓二月制劍南西川節度光祿大夫檢校吏部尚書同平章事成都尹上柱國隴西郡開國公食邑二千戶李回責授湖南觀察使桂州刺史御史中丞桂管防禦觀

察使鄭亞貶循州刺史前淮南觀察判官魏鉶貶吉州司戶陸渾縣令元壽貶
韶州司戶殿中侍御史蔡京貶澧州司馬御史臺奏據三司推勘吳湘獄謹具
逐人罪狀如後揚州都虞候盧行立劉羣於會昌二年五月十四日於阿顏家
喫酒與阿顏母阿焦同坐羣自擬收阿顏爲妻妾稱監軍使處分要阿顏進奉
不得嫁人兼擅令人監守其阿焦遂與江都縣尉吳湘密約嫁阿顏與湘劉羣
與押軍牙官李克勳即時遮欄不得乃令江都百姓論湘取受節度使李紳追
湘下獄計贓處死具獄奏聞朝廷疑其寃差御史崔元藻往揚州按問據湘雖
有取受罪不至死李德裕黨附李紳乃貶元藻嶺南取淮南元申文案斷湘處
死今據三司使追崔元藻及淮南元推判官魏鉶并關連人款狀淮南都虞候
劉羣元推判官魏鉶典孫貞高利錢倚黃嵩江都縣典沈頒臣宰節度押牙白
涉鎮遏使傅義左都虞候盧行立天長縣令張弘思典張洙清陳迴右廂子巡
李行璠典臣金弘舉送吳湘妻女至澧州取受錢物人潘宰前揚府錄事參軍
李公佐元推官元壽吳珙翁恭太子少保分司李德裕西川節度使李回桂管

觀察使鄭亞等伏候勅旨其月勅李回鄭亞元壽魏鉶已從別勅處分李紳起
此寃訴本由不真今既身殁無以加刑粗塞衆情量行削奪宜追奪三任官告
送刑部注毀其子孫稽於經義罰不及嗣並釋放李德裕先朝委以重權不務
絕其黨庇致使寃苦直到于今職爾之由能無恨歎昨以李威所訴已經遠貶
俯全事體特爲從寬宜準去年勅令處分張弘思李公佐卑吏守官制不由已
不能守正曲附權臣各削兩任官崔元藻會受無辜之貶合從洗雪之條委中
書門下商量處分李恪詳驗款狀蠹害最深以其多時須議減等委京兆府決
脊杖十五配流天德李克勳欲收阿顏決脊杖二十配流硤州劉羣據其款狀
合議痛刑曾効職官不欲決脊決臀杖五十配流岳州其盧行立及諸典吏委
三司使量罪科放訖聞奏三月己酉兵部侍郎判度支周墀本官平章事以禮
部尚書鹽鐵轉運使馬植本官同平章事日本國王子入朝貢方物王子善碁
帝令待詔顧師言與之對手五月己未日有蝕之六月己丑太皇太后郭氏崩
諡曰懿安憲宗妃穆宗之母也戶部侍郎兼御史大夫判度支崔龜從奏應諸

司場院官請却官本錢後或有欺隱欠負徵理須足不得苟從恩蕩以求放免
今後凡隱盜欠負請如官典犯贓例處分縱逢恩赦不在免限從之七月戊午
以前山南西道節度使高元裕爲吏部尚書八月戊子朝散大夫中書舍人充
翰林學士上柱國平陰縣開國男食實封三百戶賜紫金魚袋畢誠爲刑部侍
郎九月勅比有無良之人於街市投匿名文書及於箭上或旗幡上縱爲奸言
以亂國法此後所由切加捉搦如獲此色便仰焚瘞不得上聞十一月兵部侍
郎判戶部事魏扶奏天下州府錢物斛㪷文簿並委錄事參軍專判仍與長史
通判至交代時具數申奏如無懸欠量與減選注擬勅路隨等所修憲宗實錄
舊本却仰施行其會昌新修者仰並進納如有抄錄得勅到並納史館不得輒
留委州府嚴加搜捕以戶部侍郎判度支崔龜從本官同平章事銀青光祿大
夫門下侍郎兼禮部尚書同平章事韋琮爲太子詹事分司東都
三年春正月丙寅涇原節度使康季榮奏吐蕃宰相論恐熱以秦原安樂三州
及石門等七關之兵民歸國詔太僕卿陸躭往喻旨仍令靈武節度使朱叔明

邠寧節度使張景緒各出本道兵馬應接其來以太常卿封敖檢校兵部尚書爲興元尹山南西道節度使三月乙卯勅待詔官宜令與刑法官諫官次對銀青光祿大夫中書侍郎同平章事監修國史上柱國汝南縣開國子食邑五百戶周墀檢校刑部尚書梓州刺史充劍南東川節度使四月以正議大夫守中書侍郎同平章事集賢殿大學士賜紫金魚袋馬植爲太子賓客分司東都以正議大夫守御史大夫上柱國博陵縣開國子食邑五百戶賜紫金魚袋崔鉉可中書侍郎平章事正議大夫行兵部侍郎判戶部事上柱國鉅鹿縣開國男食邑五百戶賜紫金魚袋魏扶可本官平章事五月幽州節度使檢校司徒平章事張仲武卒三軍以其子直方知留後事六月癸未五色雲見于京師勅先經流貶罪人不幸歿於貶所有情非惡逆任經刑部陳牒許令歸葬絶遠之處仍量事官給棺櫝康季榮奏收復原州石門驛藏木峽制勝六盤石峽等六關訖邠寧張君緒奏今月十三日收復蕭關御史臺奏義成軍節度使韋讓於懷眞坊侵街造屋九間已令毀拆訖勅於蕭關置武州改長樂爲威州七月三州

七關軍人百姓皆河隴遺黎數千人見於闕下上御延喜門撫慰令其解辮賜之冠帶共賜絹十五萬疋八月鳳翔節度使李玭奏收復秦州制曰自昔皇王之有國也曷嘗不文以守成武以集事參諸二柄歸乎大寧朕猥荷丕圖思弘景運憂勤庶政四載于茲每念河湟土疆緜亘遐闊自天寶末犬戎乘我多難無力禦姦遂縱腥羶不遠京邑事更十葉時近百年進士試能靡不竭其長策朝廷下議皆亦聽其直詞盡以不生邊事爲永圖且守舊地爲明理荏苒於是收復無由今者天地儲祥祖宗垂佑左衽輸款邊壘連降刷恥建功所謀必克實樞衡妙算將帥雄稜副玄元不爭之文絶漢武遠征之悔甌脫頓空於內地斥堠全據於新封莫大之休指期而就況將士等櫛沐風雨暴露郊原披荊棘而刁斗夜嚴逐豺狼而穹廬曉破動皆如意古無與京念此誠勤宜加寵賞涇原宜賜絹六萬疋靈武五萬疋鳳翔邠寧各四萬疋並以戶部產業物色充仍待季榮叔明李玭君緒各迴戈到鎮度支差脚支送四道立功將士各具名銜聞奏當議甄酬其秦威原三州及七關側近訪聞田土肥沃水草豐美如百姓

能耕墾種蒔五年內不加稅賦五年已後重定戶籍便任爲永業溫池鹽利可贍邊陲委度支制置聞奏鳳翔邠寧靈武涇原守鎮將士如能於本戍處耕墾營田即度支給賜牛糧子種每年量得斛𣁾便充軍糧亦不限約定數三州七關鎮守官健每人給衣糧兩分一分依常年例支給一分度支加給仍二年一替換其家口委長吏切加安存官健有莊田戶籍者仰州縣放免差役秦州至隴州已來道路要置堡柵與秦州應接委李玭與劉皐即便計度聞奏如商旅往來官健父兄子弟通傳家信關司並不得邀詰阻滯三州七關刺史關使將來訓練捍防有効能者並與超序官爵劍南西川沿邊沒蕃州郡如力能收復本道亦宜接借三州七關創置戍卒且要務靜如蕃人求市切不得通有來投降者申取長吏處分嗚呼七關要害三郡膏腴候館之殘趾可尋唐人之遺風尚在追懷往事良用興嗟夫取不在廣貴保其金湯得必有時詎計於遲速今則便務修築不進干戈必使足食足兵有備無患載洽亭育之道永致生靈之安中外臣寮宜體朕意九月辛亥西川節度使杜悰奏收復維州制曰朕秖荷

丕業思平泰階將分邪正之源冀使華夷胥悅其有常登元輔久奉武宗深苞
禍心盜弄國柄雖已行譴斥之典而未塞億兆之言是議再舉朝章式遵彝憲
守潮州司馬員外置同正員李德裕早藉門地叨踐清華累居將相之榮唯以
姦傾爲業當會昌之際極公台之榮騁諛佞而得君遂恣橫而持政專權生事
妬賢害忠動多詭異之謀潛懷僭越之志秉直者必棄向善者盡排誣貞良造
朋黨之名肆讒構生加諸之釁計有踰於指鹿罪實見其欺天屬者方處鈞衡
曾無嫌避委國史於愛壻之手寵秘文於弱子之身洎參信書亦引親昵恭惟
元和寶錄乃不刊之書擅敢改張罔有畏忌奪他人之懿績爲弘門之令猷又
附李紳之曲情斷成吳湘之寃獄凡彼簪纓之士遏其取捨之途驕居自夸狡
蠹無對擢爾之髮數罪未窮載鬫罔上之由益驗無君之意使天下之人重足
而迹皆讋懼奉面而慢易在心爲臣若斯於法何逭於戲朕務全大體久爲含
容雖黜降其官榮尚蓋藏其醜狀而睥睨未已兢惕無聞積惡既彰公議難抑
是宜移投荒服以謝萬邦中外臣寮當知予意可崖州司戶參軍所在馳驛發

遣縱逢恩赦不在量移之限以起居郎庾道蔚禮部員外郎李文儒並充翰林學士十月辛巳京師地震河西天德靈夏尤甚戍卒壓死者數千人十一月東川節度使鄭涯鳳翔節度使李玭奏修文川谷路自靈泉至白雲置十一驛下詔褒美經年爲雨所壞又令封敖修斜谷舊路以刑部侍郎韋有翼爲御史中丞以職方員外郎鄭處誨兼御史知雜幽州軍亂逐其留後張直方軍人推其衙將周綝爲留後十二月追諡順宗曰至德大聖大安孝皇帝憲宗曰昭文彰武大聖孝皇帝初以河湟收復百寮請加徽號帝曰河湟收復繼成先志朕欲追尊祖宗以昭功烈白敏中等對曰非臣愚昧所能及至是上御宣政殿行事及冊出俯僂目送流涕嗚咽崖州司戶參軍李德裕卒於貶所

四年春正月以追尊二聖御正殿大赦天下徒流比在天德者以十年爲限既遇鴻恩例減三載但使循環添換邊不闕人次第放歸人無怨苦其秦原威武諸州諸關先准格徒流人亦量與立限止於七年如要住者亦聽諸州府縣官如請工假一月已下權差諸廳判官一月已上即准勾當例其課料等據數每

貫刻二百文與見判案官添給有故意殺人者雖已傷未死已死更生意欲殺傷偶然得免並同已殺人條處分二月皇女萬壽公主出降右拾遺鄭顥以顥爲銀青光祿大夫行起居郎駙馬都尉三月己卯刑部奏監臨主守應將官物私自貸使并貸借人及以己物中納官司者并專知別當主掌所由有犯贓並同犯入己贓不在原赦之限從之以幽州節度副大使檢校工部尚書張直方爲左金吾衛將軍四月勅法司用刑或持巧詐分律兩端遂成其罪旣奸吏得計則黎庶何安自今後應書罪定刑宜直指其事不得舞文妄有援引又刑部奏准今年正月一日勅節文據會昌元年三月二十六日勅竊盜贓至一貫文處死宜委所司重詳定條目奏聞臣等檢校並請准建中三年三月二十四日勅竊盜贓滿三疋已上決殺如贓數不充量請科放從之七月丙子大理卿劉濛奏古者懸法示人欲使人從善遠罪至於不犯以致刑措准太和二年十月二十六日刑部侍郎高鉞條疏准勘節目一十一件下諸州府粉壁書於錄事參軍食堂每申奏罪人須依前件節目歲月滋久文字湮淪州縣推案多違漏

節目今後請下諸道令刻石置於會食之所使官吏起坐觀省記憶條目庶令案牘周詳從之八月刑部侍郎御史中丞魏謩奏諸道州府百姓詣臺訴事多差御史推劾臣恐煩勞州縣先請差度支戶部鹽鐵院官帶憲銜者推劾又各得三司使申稱院官人數不多例專掌院務課績不辦令諸道觀察使幕中判官少不下五六人請於其中帶憲銜者委令推劾如累推有勞能雪冤滯御史臺闕官便令奏用從之九月以朝請大夫檢校禮部尙書孟州刺史河陽三城節度使李拭爲太原尹北都留守河東節度等使幽州節度使周綝卒軍人立其牙將張允伸爲留後十月中書侍郎平章事魏扶罷知政事十一月己亥勅收復成維扶等三州建立已定條令制置一切合同其已配到流人宜准秦原威武等州流例七年放還以戶部侍郎判本司事令狐綯爲兵部侍郎同平章事十二月以華州刺史周敬復爲光祿大夫檢校左散騎常侍兼洪州刺史江南西道團練觀察使賜金紫

五年春正月甲戌制皇第七子洽封懷王第八子汭爲昭王第九子汶爲康王

勅兩京天下州府起大中五年正月一日已後三年內不得殺牛如郊廟享祀
合用者卽與諸畜代二月戶部侍郎裴休充諸道鹽鐵轉運等使四月癸卯刑
部侍郎劉瑑奏據今年四月十三日已前凡三百四十四年雜制勅計六百四
十六門二千一百六十五條議輕重名曰大中刑法統類欲行用之五月以太
原尹河東節度使李拭爲鳳翔節度使李業檢校戶部尚書太原尹北都留守
充河東節度使守司空門下侍郎太原郡開國伯食邑一千戶白敏中檢校司
徒同平章事邠州刺史充邠寧節度觀察東面招討党項等使以戶部侍郎判
戶部事魏謩本司同平章事七月宰相監修國史崔龜從續柳芳唐曆二十二
卷上之八月勅公主邑司擅行文牒恐多影庇有紊條章今後公主除錄徵封
外不得令邑司行文書牒府縣如緣公事令邑司申宗正寺與酌事體施行汝
州刺史張義潮遣兄義澤以瓜沙伊肅等十一州戶口來獻自河隴陷蕃百餘
年至是悉復隴右故地以義潮爲瓜沙伊等州節度使九月勅條疏刺史交代
須一一交割公事與知州官方得離任准會昌元年勅刺史只禁科率由抑配

人戶至於使州公廨及雜利潤天下州府皆有規制不敢違越緣未有明勅處分多被無良人吏致使恐嚇或致言訟起今後應刺史下擔什物及除替後資送錢物但不率斂官吏不科配百姓一任各守州縣舊例色目支給如無公廨不在資送之限若輒有率配以入己贓論以正議大夫兵部侍郎諸道鹽鐵轉運使上柱國河東縣開國子裴休守禮部尚書進階金紫以前宣歙觀察使大中大夫檢校左散騎常侍裴諗權知兵部侍郎十月己亥京兆尹韋博奏京畿富戶爲諸軍影占苟免府縣色役或有追訴軍府紛然請准會昌三年十二月勅諸軍使不得強奪百姓入軍從之十一月中書侍郎兼吏部尚書平章崔龜從檢校尚書左僕射汴州刺史充宣武軍節度使沙州置歸義軍以張義潮爲節度使太子詹事姚康獻帝王政纂十卷又撰統史三百卷上自開闢下盡隋朝帝王美政詔令制置銅鹽錢穀損益用兵利害下至僧道是非無不備載編年爲之國子祭酒馮審奏文宣王廟始太宗立之睿宗書額武后竊政之日改篆題大周二字請削之從之十二月盜斫景陵神門戟京兆尹韋博罰兩月俸

貶宗正卿李文舉睦州刺史陵令吳閱岳州司馬奉先令裴讓隋州司馬是歲
湖南大饑
六年春正月戊辰以隴州防禦使薛逵爲秦州刺史天雄軍使兼秦成階兩州
經略使二月右衛大將軍鄭光以賜田請免租稅宰相魏謩奏曰鄭光以國舅
之親賜田可也免稅無以勸蒸民勅曰一依人戶例供稅三月隴州刺史薛逵
奏修築定戍關工畢四月丁酉勅常平義倉斛㪷每年檢勘實水旱災處錄事
參軍先勘人戶多少支給先貧下戶富戶不在支給之限以禮部尚書諸道鹽
鐵轉運等使裴休可本官同平章事五月勅天下軍府有兵馬處宜選會兵法
能弓馬等人充教練使每年合教習時常令教習仍於其時申兵部御史臺奏
諸色刑獄有關連朝官者尚書省四品已上諸司三品已上官宜先奏取進止
如取諸色官狀即申中書取裁從之秋七月丙辰前淮南節度使金紫光祿大
夫檢校尚書左僕射兼揚州大都督府長史御史大夫上柱國贊皇郡開國公
食邑一千五百戶李珏卒贈司空勅犯贓人平贓據律以當時物價上旬估請

取所犯之處其月內上旬時估平之從之檢校司空太子少師上柱國范陽郡開國公食邑二千戶盧鈞可太原尹北都留守河東節度使九月勅起居郎轉官月限宜以二十箇月

七年春正月壬辰金紫光祿大夫守太子少傅分司上柱國晉陵郡開國公食邑二千戶歸融卒贈右僕射宗正卿李文舉貶睦州刺史四月以御史大夫鄭朗爲中書侍郎同平章事五月左衞率府倉曹張戣集律令格式條件相類一千二百五十條分一百二十一門號曰刑法統類上之七月以正議大夫尚書左丞上柱國賜紫金魚袋崔瑑爲刑部尚書以銀青光祿大夫行兵部侍郎知制誥充翰林學士蘇滌爲尚書左丞權知戶部侍郎崔璵可權知兵部侍郎十月尚書左僕射門下侍郎平章事大清宮使弘文館大學士崔鉉進續會要四十卷修撰官楊紹復崔瑑薛逢鄭言等賜物有差

八年春正月陝州黃河清二月南蠻進犀牛詔還之三月勅以旱詔使疏決繫囚宰相監修國史魏謩修成文宗實錄四十卷上之修史官給事中盧耽太常

少卿蔣偕司勳員外郎王渢右補闕盧吉頒賜銀器錦綵有差以山南東道節
度使檢校戶部尚書襄州刺史上柱國酒泉縣開國子食邑三百戶李景讓爲
吏部尚書五月以中書舍人翰林學士韋澳爲京兆尹以戶部侍郎翰林學士
承旨上柱國武功縣開國子食邑三百戶蘇滌檢校兵部尚書兼江陵尹御史
大夫充荆南節度管內觀察處置等使七月銀青光祿大夫守門下侍郎同平
章事魏謩兼戶部尚書八月以司農卿鄭助爲檢校左散騎常侍兼夏州刺史
御史大夫上柱國滎陽縣開國男食邑三百戶夏綏銀宥等州節度營田觀察
處置押蕃落安撫平夏党項等使
九年春正月辛巳銀青光祿大夫祕書監許昌縣開國男陳商卒贈工部尚書
二月中書侍郎兼禮部尚書同平章事裴休檢校吏部尚書兼汴州刺史御史
大夫充宣武軍節度使汴宋亳頴觀察處置等使三月試宏詞舉人漏泄題目
爲御史臺所劾侍郎裴諗改國子祭酒郎中周敬復罰兩月俸料考試官刑部
郎中唐枝出爲處州刺史監察御史馮顓罰一月俸料其登科十人並落下其

吏部東銓委右丞盧懿權判以吏部侍郎鄭涯檢校禮部尚書兼定州刺史御史大夫充義武軍節度易定州觀察處置北平軍等使御史臺據正月八日禮部貢院捉到明經黃續之趙弘成全質等三人僞造堂印堂帖兼黃續之僞著緋衫將僞帖入貢院令與舉人虞蒸胡簡党贊等三人及第許得錢一千六百貫文據勘黃續之等罪款具招造僞所許錢未曾入手便事敗奉勅並准法處死主司以自獲姦人並放七月以河東節度使檢校司空太原尹北都留守上柱國范陽郡開國公食邑二千戶盧鈞守尚書右僕射八月以門下侍郎守尚書右僕射監修國史博陵縣開國伯食邑一千戶崔鉉檢校司空同平章事兼揚州大都督府長史充淮南節度副大使知節度使事宣宗宴餞賦詩以賜之九月昭義節度使檢校禮部尚書兼潞州大都督府長史御史大夫上柱國賜紫金魚袋鄭涓檢校刑部尚書太原尹比都留守御史大夫充河東節度管內觀察處置等使十一月以河南尹劉瑑檢校工部尚書汴州刺史兼御史大夫充宣武軍節度宋亳汴潁觀察處置等使以中書舍人鄭顥爲禮部侍郎

十年春正月乙巳以正議大夫華州刺史潼關防禦鎮國軍等使上柱國隴西縣開國男食邑三百戸賜紫金魚袋李訥檢校左散騎常侍兼越州刺史御史大夫浙江東道都團練觀察等使三月中書門下奏據禮部貢院見置科目開元禮三禮三傳三史學究道舉明算童子等九科近年取人頗濫曾無實藝可採徒添入仕之門須議條疏俾精事業臣已於延英面論伏奉聖旨將文字來者其前件九科臣等商量望起大中十年權三年滿後至時赴科試者令有司據所舉人先進名令中書舍人重覆問過如有本業稍通堪備朝廷顧問即作等第進名候勅處分如有事業荒蕪不合送名數者考官即議朝責其童子近日諸道所薦送者多年齒已過僞稱童子考其所業又是常流起今日後望令天下州府薦送童子並須實年十一十二已下仍須精熟一經問皆全通兼自能書寫者如違制條本道長吏亦議懲法從之四月癸丑以刑部郎中盧搏爲廬州刺史以給事中渤海郡開國公食邑二千戸高少逸檢校禮部尚書華州刺史潼關防禦鎮國軍等使六月以兵部郎中裴夷直爲蘇州刺史九月以中

書舍人杜審權知禮部貢舉十月以邠寧慶節度使檢校禮部尚書邠州刺史上柱國賜紫金魚袋畢諴爲檢校兵部尚書潞州大都督府長史御史大夫充昭義節度副大使知節度使潞邢洺等州觀察使桂管觀察使令狐楚卒贈禮部尚書

十一年春正月以銀青光祿大夫守吏部尚書上柱國酒泉縣開國男食邑三百戶李景讓爲御史大夫以朝請大夫守御史中丞兼尚書右丞上柱國賜紫金魚袋夏侯孜爲戶部侍郎判戶部事以朝散大夫守京兆尹上柱國扶風縣開國男食邑三百戶賜紫金魚袋韋澳檢校工部尚書孟州刺史御史大夫充河陽三城節度孟懷澤觀察處置等使先是車駕將幸華清宮兩省官進狀論奏詔曰朕以驪山近宮真聖廟貌未嘗修謁自謂闕然今屬陽和氣清中外事簡聽政之暇或議一行蓋崇禮敬之心非以逸遊爲事雖申勅命兼慮勞人卿等職備禁闈志勤奉上援據前古列狀上章載陳懇到之詞深覩盡忠之節已允來請所奏以劍南西川節度副大使知節度事管內觀察處置統押近界諸

鑾及西山八國雲南安撫等使特進檢校司徒同中書門下平章事兼成都尹
上柱國太原郡開國公食邑二千戶白敏中以本官兼江陵尹充荆南節度管
內觀察處置等使二月以夏綏銀宥節度使通議大夫檢校左散騎常侍夏州
刺史御史大夫上柱國滎陽縣開國男食邑三百戶賜紫金魚袋鄭助爲檢校
工部尚書邠州刺史充邠寧慶節度管內營田觀察處置兼充慶州南路救援
鹽州及當道沿路鎮寨糧料等使以右金吾衞將軍田在賓檢校右散騎常侍
兼夏州刺史代鄭助爲夏綏銀宥節度等使以荆南節度使銀青光祿大夫檢
校兵部尚書兼江陵尹御史大夫上柱國武功郡開國男食邑三百戶蘇滌爲
太常卿以銀青光祿大夫守門下侍郎兼戶部尚書同平章事監修國史上柱
國魏謩檢校戶部尚書同平章事兼成都尹充劒南西川節度副大使知節度
事以太中大夫守工部尚書上柱國賜紫金魚袋崔慎由爲中書侍郎同平章
事以成德軍節度鎮冀深趙觀察處置等使起復雲麾將軍守左金吾衞大將
軍同正檢校兵部尚書鎮州大都督府長史王紹鼎爲銀青光祿大夫檢校尚

書右僕射餘官如故以通議大夫守中書門下侍郎兼禮部尚書同平章事集賢殿大學士上柱國賜紫金魚袋鄭朗可監修國史太中大夫守工部尚書同平章事上柱國賜紫金魚袋崔慎由可集賢院大學士三月起復朝請大夫深州刺史御史大夫兼成德軍節度判官王紹懿可檢校左散騎常侍鎮府左司馬知府事充成德軍節度副使兼充都知兵馬使以成德軍中軍兵馬使銀青光祿大夫檢校太子賓客兼監察御史上柱國王景胤可本官深州刺史本州團練守捉使檢校左散騎常侍右神武大將軍知軍事王紹孚可落起復依前右神武大將軍紹懿紹孚鎮州王紹鼎之弟也景胤紹鼎子也以朝請大夫檢校刑部尚書華州刺史上柱國鄭縣開國男食邑三百戶賜紫金魚袋蕭倣爲太子賓客分司東都四月以職方郎中知制誥裴坦爲中書舍人以朝議大夫權知京兆尹崔郢爲濮王傅分司東都以決殺府吏也以江西觀察使洪州刺史御史中丞上柱國賜紫金魚袋張毅夫爲京兆尹以鳳翔節度使正議大夫檢校戶部尚書兼鳳翔尹上柱國襲晉國公食邑三千戶襲實封一百五十戶

裴識可許州刺史充忠武軍節度陳許蔡觀察等使以吏部侍郎盧懿檢校工
部尚書兼鳳翔尹御史大夫鳳翔隴右節度使以中書舍人鄭憲爲洪州刺史
御史中丞江南西道都團練觀察處置等使仍賜紫金魚袋以安南宣慰使右
千牛衛大將軍宋涯爲安南都護御史中丞本管經略招討處置等使以幽州
節度使張允伸弟允中爲荊州刺史允千檀州刺史允辛安塞軍使允舉納降
軍使並兼御史中丞以前邠寧節度使朝議大夫檢校工部尚書邠州刺史上
柱國賜紫金魚袋柳憙可檢校禮部尚書河南尹五月以職方郎中李玄爲壽
州刺史六月以朔方靈武定遠等城節度使朝散大夫檢校左散騎常侍靈州
大都督府長史上柱國賜紫金魚袋劉潼爲鄭州刺史馳驛赴任以給邊兵糧
不及時也以安南都護宋涯爲容州刺史容管經略招討處置等使制皇第三
男灌封衛王第十一男灘封廣王以朝散大夫守尚書兵部侍郎判度支上柱
國彭縣開國男食邑三百戶賜紫金魚袋蕭鄴本官同平章事判度支以右監
門將軍知內府省事清河公崔巨淙爲淮南監軍以特進檢校司空兼太子太

傳分司東都上柱國扶風郡開國公食邑二千戶杜悰本官判東都尚書省兼御史大夫充東都留守東畿汝都防禦使七月以飛龍使宮闈局令王歸長守內侍省內常侍知省事充內樞密使責授邠州員外司馬張直方爲右驍衛大將軍八月成德軍節度使檢校尚書右僕射王紹鼎卒贈司空賻布帛三百段以皇子昭王汭爲開府儀同三司守鎮州大都督府長史成德軍節度鎮冀深趙觀察等大使以成德軍節度副使都知兵馬使左司馬知府事御史中丞王紹懿爲成德軍副使留後以義武軍節度易定觀察等使檢校禮部尚書定州刺史上柱國滎陽縣開國男食邑三百戶鄭涯檢校戶部尚書汴州刺史上柱國充宣武軍節度副大使知節度事宋亳觀察亳州大清宮等使以四鎮北庭行軍涇原渭武節度使銀青光祿大夫檢校右散騎常侍涇州刺史御史大夫上柱國范陽縣開國男食邑三百戶盧簡求可檢校工部尚書定州刺史義武節度使易定觀察北都天平軍等使以鹽州防禦押蕃落諸軍防秋都知兵馬使度支烏池榷稅等使檢校右散騎常侍鹽州刺史上柱國賜紫金魚袋陸耽

代僩求爲涇原節度使以翰林學士朝散大夫中書舍人賜紫金魚袋曹確權知河南尹汝州防禦使令狐緒有善政郡人詣闕請立德政碑頌緒以弟綯在中書上表乞寢從之以太常卿蘇滌爲兵部尚書權知吏部銓事以銀青光祿大夫守散騎常侍上柱國渤海郡開國伯食邑七百戶封敖爲太常卿是月熒惑犯東井九月以秦州刺史李承勛爲朝散大夫檢校工部尚書涇州刺史充四鎮北庭涇原渭武節度等使以禮部郎中楊知溫充翰林學士以中散大夫尚書禮部侍郎上柱國賜紫金魚袋杜審權爲陝州大都督府長史兼御史大夫陝虢都防禦觀察處置等使以銀青光祿大夫檢校司空兼太子太師上柱國范陽郡開國公食邑二千戶盧鈞爲檢校司空同中書門下平章事與元尹充山南西道節度等使右補闕陳嘏左拾遺王譜右拾遺薛廷傑上疏諫遣中使往羅浮山迎軒轅先生詔曰朕以萬機事繁躬親庶務訪聞羅浮山處士軒轅集善能攝生延齡益壽乃遣使迎之或冀有少保理也朕每觀前史見秦皇漢武爲方士所惑常以之爲誡卿等位當論列職在諫司閱示來章深納誠意

仍謂崔慎由曰爲吾言於諫官雖少翁欒大復生不能相惑如聞軒轅生高士欲與之一言耳宰相鄭朗累月請告三章求免是月乙未彗出於房初度長三尺十月制通議大夫守中書侍郎禮部尚書同平章事監修國史上柱國賜紫金魚袋鄭朗可檢校尚書右僕射兼太子少保以山南西道節度使中散大夫檢校禮部尚書興元尹上柱國賜紫金魚袋蔣係權知刑部尚書宰相崔慎由兼修國史蕭鄴兼集賢殿大學士以華州刺史高少逸爲左散騎常侍以蘇州刺史裴夷直爲華州刺史潼關防禦鎮國軍等使以太常少卿崔鈞爲蘇州刺史入迴鶻冊禮使衛尉少卿王端章貶賀州司馬副使國子禮記博士李潯爲郴州司馬判官河南府士曹李寂永州司馬端章等出塞黑車子阻路而迴故也以成德軍觀察留後御史中丞賜紫金魚袋王紹懿檢校工部尚書兼鎮州大都督府長史御史大夫充成德軍節度鎮冀深趙觀察等使以中書舍人李藩權知禮部貢院十一月太子少師鄭朗卒贈司空銀青光祿大夫檢校尚書左僕射兼太子太保充右羽林統軍御史大夫上柱國滎陽縣開國男食邑三

百戶鄭光卒輟朝三日贈司徒仍令百官奉慰上之元舅也宰相崔慎由爲中書侍郎兼禮部尚書蕭鄴兼工部尚書餘並如故十二月以昭義軍節度使朝議大夫檢校工部尚書上柱國平陰縣開國男食邑三百戶畢誠爲太原尹北都留守河東節度使朝議大夫檢校禮部尚書兼太原尹北都留守上柱國賜紫金魚袋劉瑑爲尚書戶部侍郎判度支以翰林學士承旨通議大夫守尚書戶部侍郎知制誥上護軍賜紫金魚袋蔣伸爲兵部侍郎充職以金紫光祿大夫守太子少保分司東都上柱國河東縣開國男食邑五百戶裴休檢校戶部尚書兼潞州大都督府長史昭義軍節度副大使知節度事潞磁邢洺觀察等使以正議大夫行尚書兵部侍郎上柱國河東縣開國男食邑三百戶賜紫金魚袋柳仲郢本官兼御史大夫充諸道鹽鐵轉運使以正議大夫檢校戶部尚書兼太子賓客上柱國賜紫金魚袋孔溫業本管分司東都以病請告故也禮部郎中楊知溫本官知制誥充翰林學士以幽州中軍使檢校國子祭酒幽府左司馬知府事御史中丞張簡真檢校右散騎常侍允伸之子也以中散

大夫權知刑部尚書上柱國賜紫金魚袋蔣係檢校戶部尚書鳳翔尹御史大夫鳳翔隴右節度觀察處置等使是歲舒州吳塘堰有衆禽成巢闊七尺高七丈而水禽山鳥鷹隼鸑雀之類無不馴狎又有鳥人面綠毛爪觜皆紺色其聲曰甘人呼爲甘蟲

十二年春正月以晉陽令鄭液爲通州刺史羅浮山人軒轅集至京師上召入禁中謂曰先生遐壽而長生可致乎曰徹聲色去滋味哀樂如一德施周給自然與天地合德日月齊明何必別求長生也留之月餘堅求還山三月以前鄉貢進士于琮爲祕書省校書郎尋尚皇女廣德公主改銀青光祿大夫守右拾遺駙馬都尉以安南本管經略招討處置使朝散大夫檢校左散騎常侍安南都護御史大夫賜紫金魚袋李弘甫爲宗正卿以中大夫守京兆尹上柱國賜紫金魚袋張毅夫爲鄂州刺史御史大夫鄂岳蘄黃申等州都團練觀察使以太中大夫福州刺史御史中丞上柱國賜紫金魚袋揚發檢校右散騎常侍廣州刺史御史大夫充嶺南東道節度觀察處置等使以朝散大夫守康王傅分

司東都上柱國襲魏郡開國公食邑二千戶賜紫金魚袋王式爲安南都護兼
御史中丞充安南本管經略招討處置等使以朝請大夫前守太子賓客分司
東都上柱國鄭縣開國男食邑三百戶賜紫金魚袋蕭倣守太子少保分司以
朝請大夫檢校左散騎常侍右金吾大將軍充右街使上柱國襲太原郡開國
公食邑二千戶賜紫金魚袋王鎮爲檢校左散騎常侍使持節都督福州諸軍
事兼福州刺史御史大夫充福建等州都團練觀察處置等使以翰林學士朝
議郎守尚書司勳郎中知制誥賜緋魚袋孔溫裕爲中書舍人充職以右驍衛
上將軍李正源守大內皇城留守以朝議大夫守尚書戶部侍郎判度支上柱
國賜紫金魚袋劉瑑本官同平章事依前判度支以太中大夫守中書侍郎兼
禮部尚書同平章事監修國史上柱國賜紫金魚袋崔愼由檢校禮部尚書梓
州刺史御史大夫劍南東川節度副大使知節度事代韋有翼以有翼爲吏部
侍郎二月以前邕管經略招討處置使朝議郎邕州刺史御史中丞賜紫金魚
袋段文楚爲昭武校尉右金吾衛將軍以朝議郎守中書舍人權知禮部貢舉

上柱國賜緋魚袋李藩爲尚書戶部侍郎以朝散大夫守工部尚書同平章事
充集賢殿大學士上柱國彭城縣開國男食邑三百戶賜紫金魚袋蕭鄴爲監
修國史以朝議大夫守戶部侍郎同平章事判度支上柱國賜紫金魚袋劉瑑
可充集賢院學士以渤海國王弟權知國務大虔晃爲銀青光祿大夫檢校祕
書監忽汗州都督冊爲渤海國王以兵部侍郎柳仲郢爲刑部尚書以朝議大
夫守尚書戶部侍郎判戶部事上柱國賜紫金魚袋夏侯孜爲兵部侍郎充諸
道鹽鐵轉運使以朝請大夫權知刑部侍郎賜紫金魚袋杜勝爲戶部侍郎判
戶部事以光祿大夫守左領軍衞大將軍分司東都上柱國會稽縣開國公食
邑一千五百戶康季榮可檢校尚書右僕射兼左衞上將軍分司貶前利州刺
史杜倉爲賀州司戶蔡州刺史李叢邵州司馬以工部郎中知制誥于德孫庫
部郎中知制誥苗恪並可中書舍人依前翰林學士以前右金吾衞將軍鄭薄
璋前鴻臚少卿鄭漢卿並起復授本官國舅光之子也以銀青光祿大夫行給
事中駙馬都尉衞洙爲工部侍郎前濮王傅分司皇甫權爲康王傅分司以庫

部員外郎史館修撰李漁爲長安令閏二月以司農少卿盧籍爲代州刺史前江陵少尹杜惲爲司農少卿以河東馬步都虞候段威爲朔州刺史充天寧軍使兼與唐軍沙陁三部落防遏都知兵馬使五月以兵部侍郎鹽鐵轉運使夏侯孜本官同平章事六月南蠻攻安南府八月洪州賊毛合宣州賊康全大攻掠郡縣詔兩浙兵討平之十二月太子少保魏謩卒贈司徒

十三年春正月以虢陝觀察使杜審權爲戶部侍郎判戶部事三月宰相蕭鄴罷知政事守吏部尚書四月以翰林學士承旨兵部侍郎知制誥蔣伸本官同平章事五月上不豫月餘不能視朝八月七日宣遺詔立鄆王爲皇太子勾當軍國事是日崩于大明宮聖壽五十詔門下侍郎平章事令狐綯攝冡宰羣臣上謚曰聖武獻文孝皇帝廟號宣宗十四年二月葬於貞陵

史臣曰臣嘗聞黎老言大中故事獻文皇帝器識深遠久歷艱難備知人間疾苦自寶曆已來中人擅權事多假借京師豪右大擾窮民洎大中臨馭一之日權豪斂迹二之日姦臣畏法三之日閹寺讋氣由是刑政不濫賢能效用百揆

四嶽穆若清風十餘年間頌聲載路上宮中衣澣濯之衣常膳不過數器非母后侑膳輒不舉樂歲或小饑憂形於色雖左右近習未嘗見怠惰之容與羣臣言儼然煦接如待賓僚或有所陳聞虛襟聽納舊時人主所行黃門先以龍腦鬱金藉地上悉命去之宮人有疾醫視之既瘳即袖金賜之誡曰勿令勑使知謂予私於侍者其恭儉好善如此季年風毒召羅浮山人軒轅集訪以治國治身之要其伎術詭異之道未嘗措言集亦有道之士也十三年春堅求還山上曰先生少留一年候於羅浮山別創一道館集無留意上曰先生捨我亟去國有災乎朕有天下竟得幾年集取筆寫四十字而十字挑上乃十四年也興替有數其若是乎而帝道皇猷始終無缺雖漢文景不足過也惜乎簡籍遺落舊事十無三四吮墨揮翰有所慊然

贊曰李之英主實惟獻文粃粺盡去淑慝斯分河隴歸地朔漠消氛到今遺老歌詠明君

舊唐書卷十八下

舊唐書卷十八下考證

宣宗本紀六月以戶部侍郎充諸道鹽鐵轉運使馬植本官同平章事○新書馬植入相在會昌二年五月

七月以兵部尚書李讓夷爲劍南東川節度使○臣德潛按新書讓夷于三月拜司空未嘗罷相爲兵部尚書也此處闕同平章事文

大中元年二月制憲宗第十七子惕封彭王○新書在三年十一月己卯舊書傳同

第十八子惴封棣王○新書在六年十一月舊書傳同

第五子澤封濮王○新書在二年三月舊書傳同

第六子潤封鄂王○新書在五年六月舊書傳同

二年六月己丑太皇太后郭氏崩○新書在五月己卯

七月戊午以前山南西道節度使高元裕爲吏部尚書○沈炳震曰元裕傳大中初爲刑部尚書三年檢校吏部尚書山南東道節度使此尚書兼東道之

拜非自西道遷吏部尚書也且本傳亦無節度西道文疑誤
十一月以戸部侍郎判度支崔龜從本官同平章事○新書在四年六月戊申
本傳同當從新書
三年十一月幽州軍亂逐其留後張直方軍人推其衙將周綝爲留後○沈炳
震曰新書在四年八月軍人逐直方卽以張允伸爲留後無周綝綱目同舊
書
四年冬十月中書侍郎同平章事魏扶罷知政事○ 臣德潛按新書六月戊申
扶已書薨則十月中不應罷知政事兩書必有一誤也而扶無傳可考未知
孰是綱目與舊書同
五年春正月制皇第七子洽封懷王第八子汭封昭王第九子汶封康王○新
書在八年九月舊書傳同
八月沙州刺史張義潮遣其兄義澤以瓜沙伊肅等十一州戸口來獻○ 臣宗
萬按河湟自天寶末陷沒吐蕃百有餘年至是始悉復故地實錄正月壬戌

天德軍奏沙州刺史張義潮差使上表請以沙州降十月遣義澤以瓜沙伊肅等十一州地圖戶籍來獻唐年補錄舊紀義潮降在五年八月新書五年十月沙州人張義潮以十一州歸于有司又傳擢義潮沙州防禦使據此則舊書八月本唐年補錄舊紀新書十月本實錄均統爲一事也通鑑從實錄分晰正月請降十月獻地當從通鑑至義潮官名舊書本實錄書刺史通鑑同新傳則書防禦使兩書互異十一州者瓜沙伊肅鄯甘河西蘭岷廓是也

十年春正月以華州刺史李訥檢校左散騎常侍兼越州刺史浙東都團練觀察等使○臣德潛按新書九年七月浙東軍亂已逐觀察使李訥矣而舊書于十年始還浙東觀察使未知孰是綱目與新書同

十一年六月皇第三男灌封衞王○沈炳震曰本傳宣宗第三男滋已封夔王灌非第三男應誤

十三年三月宰相蕭鄴罷知政事守吏部尚書○新書在十一月懿宗即位後當從新書

史臣論臣嘗聞黎老言云云○異代史官稱臣非體亦仍舊文未訂正也

舊唐書卷十八下考證

舊唐書卷十九上

後晉司空同中書門下平章事劉昫撰

本紀第十九上

懿宗

懿宗昭聖恭惠孝皇帝諱漼宣宗長子母曰元昭皇太后晁氏太和七年十一月十四日生於藩邸會昌六年十月封鄆王本名温大中十三年八月七日宣遺詔立爲皇太子監國改今名十三日柩前卽帝位年二十七帝姿貌雄傑有異稠人藩邸時常經重疾郭淑妃侍醫藥見黃龍出入於臥內旣閒妃以異告帝曰愼勿復言又嘗大雪數尺而帝寢室之上獨無人皆異之宣宗制泰邊陲樂曲詞有海晏咸通之句又大中末京城小兒疊布漬水紐之向日謂之拔暈帝果以鄆王卽大位以咸通爲年號九月釋服追尊母后晁氏爲太后諡曰元昭十月癸未制以門下侍郎守左僕射同平章事令狐綯守司空門下侍郎兵部尚書同平章事蕭鄴兼尚書右僕射中書侍郎禮部尚書平章事夏侯孜兼

兵部尚書中書侍郎平章事蔣伸兼工部尚書並依前知政事又以兵部侍郎
鄭顥爲河南尹以昭義軍節度潞邢磁洺觀察等使光祿大夫檢校吏部尚書
兼潞州大都督府長史上柱國河東縣開國子食邑五百戸裴休爲太原尹北
都留守河東節度管內觀察處置等使以河中節度使檢校尚書左僕射畢諴
爲汴州刺史充宣武軍節度宋亳觀察等使以中書舍人裴坦權知禮部貢舉
十二月以戸部侍郎翰林學士杜審權爲檢校禮部尚書河中晉絳節度等使
咸通元年春正月上御紫宸殿受朝對室韋使二月葬宣宗皇帝於貞陵以右
拾遺劉鄴充翰林學士以河中節度使杜審權爲兵部侍郎判度支尋以本官
同平章事以門下侍郎守司徒同平章事令狐綯檢校司徒同平章事出鎮河
中尚書左僕射諸道鹽鐵轉運使杜悰同平章事浙東觀察使王式斬草賊仇
甫浙東郡邑皆平八月以河東節度使裴休爲鳳翔尹鳳翔隴右節度使以鳳
翔隴右節度使銀青光祿大夫檢校刑部尚書盧簡求爲太原尹北都留守河
東節度使十一月丙午朔丁未上有事於郊廟禮畢御丹鳳門大赦改元以中

書舍人薛肬權知貢舉
二年春二月吏部尚書蕭鄴檢校尚書右僕射太原尹北都留守河東節度觀察等使鄭滑節度使檢校工部尚書李福奏屬郡潁州去年夏大雨沉丘汝陰潁上等縣平地水深一丈田稼屋宇淹沒皆盡乞蠲租賦從之以中書侍郎兼工部尚書蔣伸兼刑部尚書右僕射門下侍郎杜悰爲左僕射依前知政事四月以前婺州刺史裴閱爲潁州刺史充本州團練鎮遏等使以駕部郎中王鐸本官知制誥八月以中書舍人衞洙爲工部侍郎尋改銀青光祿大夫檢校禮部尚書兼滑州刺史御史大夫駙馬都尉充義成軍節度鄭滑潁觀察處置等使洙奏狀稱蒙恩除授滑州刺史官號內一字與臣家諱音同雖文字有殊而聲韻難別請改授閑官者勅曰嫌名不諱著在禮文成命已行固難依允以兵部侍郎曹確判度支以兵部員外郎楊知遠司勳員外郎穆仁裕試吏部宏詞選人九月以前兵部侍郎判度支畢誠爲工部尚書同平章事蔣伸罷知政事林邑蠻寇安南府遣神策將軍康承訓率禁軍及江西湖南之兵赴援

三年春正月左僕射門下侍郎平章事杜悰率百寮上徽號曰睿文明聖孝德
皇帝五月勑嶺南分爲五管誠已多年居常之時同資禦捍有事之際要別改
張邕州西接南蠻深據黃洞控兩江之獷俗居數道之游民比以委人太輕軍
威不振境連內地不並海南宜分嶺南爲東西道節度觀察處置等使以廣州
爲嶺南東道邕州爲嶺南西道別擇良吏付以節旄其所管八州俗無耕桑地
極邊遠近罹盜擾尤甚凋殘將盛藩垣宜添州縣宜割桂州管內龔州象州容
州管內藤州巖州並隸嶺南西道收管宰臣杜悰兼司空畢諴兼兵部尚書駕
部郎中知制誥王鐸爲中書舍人以邕管經略使鄭愚爲廣州刺史充嶺南東
道節度觀察處置等使將軍宋戎爲嶺南西道節度使夏淮南河南蝗旱民饑
南蠻陷交阯徵諸道兵赴嶺南詔湖南水運自湘江入澪渠西造地麪粥以饋
行營湘灕泝運功役艱難軍屯廣州乏食潤州人陳磻石詣闕上書言江西湖
南泝流運糧不濟軍師士卒食盡則散此宜深慮臣有奇計以饋南軍天子召
見磻石因奏臣弟聽思曾任雷州刺史家人隨海船至福建往來大船一隻可

致千石自福建裝船不一月至廣州得船數十艘便可致三萬石至廣府矣又
引劉裕海路進軍破盧循故事執政是之以磻石爲鹽鐵巡官往楊子院專督
海運於是康承訓之軍皆不闕供七月徐州軍亂以浙東觀察使王式檢校工
部尚書徐州刺史御史大夫武寧軍節度徐泗濠觀察等使初王智興得徐州
召募兇豪之卒二千人號曰銀刀鵰旗門槍挾馬等軍番宿衙城自後寖驕節
度使姑息不暇田牟鎮徐日每與驕卒雜坐酒酣撫背時把板爲之唱歌其徒
日費萬計每有賓宴必先猒食飫酒祁寒暑雨巵酒盈前然猶諠譟邀求動謀
逐帥前年壽州刺史溫璋爲節度使驕卒素知璋嚴酷深負憂疑璋開懷撫諭
終爲猜貳給與酒食未嘗瀝口不期月而逐璋上是以式代璋時式以忠武義
成之師三千平定仇甫便詔式率二鎮之師渡淮徐卒聞之懼其勢無如之何
至大彭館方來迎謁居三日犒勞兩鎮兵令還既擐甲執兵卽命環驕卒殺之
徐卒三千餘人是日盡誅繇是兇徒悉殄九月以戶部侍郎李晦檢校工部尙
書兼興元尹山南西道節度使十一月遣將軍蔡襲率禁軍三千會諸道之師

赴援安南以吏部侍郎鄭處誨蕭倣吏部員外郎楊儼戶部員外郎崔彥昭等
試宏詞選人十二月以吏部侍郎蕭倣權知禮部貢舉
四年春正月甲子朔庚午上有事于圓丘禮畢御丹鳳樓大赦中外官宜准建
中元年勅授官後三日舉一人自代州牧令錄上佐官在任須終三考河東節
度使檢校刑部尚書盧簡方以病求罷詔以太子少師致仕歸東都以昭義節
度使檢校禮部尚書上柱國賜紫金魚袋劉潼爲太原尹北都留守御史大夫
充河東節度觀察處置等使二月以左散騎常侍李茍檢校工部尚書滑州刺
史義成軍節度鄭滑觀察等使三月以兵部侍郎判度支楊收本官同平章事
以刑部侍郎曹汾爲河南尹以戶部侍郎李蠙檢校禮部尚書潞州大都督府
長史充昭義節度觀察處置等使四月勅徐州罷防禦使爲文都隸兗州七月
朔制安南寇陷之初流人多寄溪洞其安南將吏官健走至海門者人數不少
宜令宋式李良瑍察訪人數量事救卹安南管內被蠻賊驅刧處本戶兩稅丁
錢等量放二年候收復後別有指揮其安南溪洞首領素推誠節雖蠻寇竊據

城壁而酋豪各守土疆如聞溪洞之間悉藉嶺北茶藥宜令諸道一任商人與
販不得禁止往來廉州珠池與人共利近聞本道禁斷遂絶通商宜令本州任
百姓採取不得止約其徐州銀刀官健其中先有逃竄者累降勑旨不令捕逐
其今年四月十八日草賊頭首已抵極法其餘徒黨各自奔逃所在更勿捕逐
是月東都許汝徐泗等州大水傷稼初大中末安南都護李琢貪暴侵刻獠民
羣獠引林邑蠻攻安南府三年大徵兵赴援天下騷動其年冬蠻竟陷交州赴
安南諸軍並令抽退分保嶺南東西道十一月長安縣尉集賢校理令狐滈爲
左拾遺制出左拾遺劉蛻起居郎張雲上疏論滈父綯秉權之日廣納賂遺受
李琢賄除安南致生蠻寇滈不宜居諫諍之列時綯在淮南上表論訴乃貶雲
與元少尹蛻華陰令滈改詹事司直以中書舍人王鐸權知禮部貢舉以兵部
侍郎判度支曹確同平章事以中書侍郎平章事畢諴檢校吏部尚書河中尹
晉絳慈隰節度使就加幽州張允伸檢校司徒以兵部侍郎高璩本官同平章
事以戸部侍郎裴寅判本司事

五年春正月戊午朔以用兵罷元會諫議大夫裴坦上疏論天下徵兵財賦方
匱不宜過與佛寺以困國力優詔答之二月以兵部尚書牛叢檢校兵部尚書
兼成都尹劍南西川節度副大使知節度事徐州處置觀察防禦使以門下侍
郎兵部尚書平章事杜審權爲潤州刺史浙江西道節度使三月以兵部郎中
高湜員外于懷試吏部平判選人四月右僕射平章事夏侯孜增爵五百戶以
中書舍人王鐸爲禮部侍郎以晉州刺史孟球檢校工部尚書兼徐州刺史南
蠻寇邕管以秦州經略使高駢率禁軍五千赴邕管會諸道之師禦之五月丁
酉制朕以寡昧獲承高祖太宗之丕構六載於茲矣罔敢遊是娛罔聲色是縱
罔刑戮是濫罔邪佞是惑夙夜悚惕以憂以勤庶幾乎八表用康兆人以泰而
西戎款附北狄懷柔獨惟南蠻姦宄不率侵陷交阯突犯邕寧爰及嶲州亦用
攘寇勞我士卒與吾甲兵騷動黎元役力飛輓每一軫念閔然疚懷顧惟生人
罹此愁苦宜布自天之澤俾垂及物之仁如聞湖南桂州是嶺路係口諸道兵
馬綱運無不經過頓遞供承動多差配凋傷轉甚宜有特恩潭桂兩道各賜錢

三萬貫文以助軍錢亦以充館驛息利本錢其江陵江西鄂州三道比於潭桂
徭配稍簡宜令本道觀察使詳其閑劇准此例與置本錢邕州已西黎巂界內
昨因蠻寇互有殺傷宜令本道收拾埋瘞量設祭酹徐州土風雄勁甲士精強
比以制馭乖方頻致騷擾近者再置額却領四州勞逸既均人心甚泰但聞比
因罷節之日或有被罪奔逃雖朝廷頻下詔書並令一切不問猶恐尚懷疑懼
未委招攜結聚山林終成詿誤況邊方未靜深藉人才宜令徐泗團練使選揀
召募官健三千人赴邕管防戍待嶺外事寧之後即與替代歸還仍令每召滿
五百人即差軍將押送其糧料賞給所司準例處分淮南兩浙海運虜隔舟船
訪聞商徒失業頗甚所由縱捨爲弊實深亦有搬貨財委於水次無人看守多
至散亡嗟怨之聲盈於道路宜令三道據所搬米石數牒報所在鹽鐵巡院令
和雇入海舸船分付所司通計載米數足外輒不更有隔奪妄稱貯備其小舸
短船到江口使司自有船不在更取商人舟船之限如官吏妄行威福必議痛
刑於戲萬方靡安寧忘於罪己百姓不足敢怠於責躬用伸欽恤之懷式表憂

勤之旨壬寅制以中書侍郎平章事楊收爲門下侍郎兼刑部尚書以中書侍郎平章事曹確兼工部尚書兵部侍郎平章事高璩爲中書侍郎知政事餘並如故秋七月壬子延資庫使夏侯孜奏鹽鐵戶部生積欠當使咸通四年已前延資庫錢絹三百六十九萬餘貫匹內戶部每年合送錢二十六萬四千一百八十貫匹從大中十二年至咸通四年九月已前除納外欠一百五十萬五千七百一十四萬貫匹當使緣戶部積欠數多先具申奏請於諸道州府場監院合納戶部所收八十文除陌錢內割一十五文屬當使自收管勑命雖行送納稽緩今得戶部送稱所收管除陌錢絹外更有諸雜物貨延資庫徵收不便請起今年合納延資庫錢絹一時便足其已前積欠候物力稍充積漸塡納其所割一十五文錢卽當司仍舊收管又緣累歲以來嶺南用兵多支戶部錢物當使不欲堅論舊欠請依戶部商量合納今年一年額色錢絹須足明年卽依舊制三月九月兩限送納畢其以前積欠仍令戶部自立塡納期限者勑旨依之十月丙辰以中書舍人李蔚權知禮部貢舉十一月乙酉以大同軍防禦使盧

節方檢校工部尚書滄州刺史御史大夫充義昌軍節度滄齊德觀察等使乙未以兵部侍郎蕭寘本官同中書門下平章事六年正月癸未朔丁亥制以河東節度使檢校刑部尚書孔温裕爲鄆州刺史天平軍節度鄆曹棣觀察處置等使二月制以御史中丞徐商爲兵部侍郎同平章事高璩罷知政事以吏部尚書崔慎由吏部侍郎鄭從讜吏部侍郎王鐸兵部員外郎崔瑾張彥遠等考宏詞選人金部員外郎張乂思大理少卿董厪試拔萃選人以給事中楊嚴爲工部侍郎尋召爲翰林學士四月西川節度使牛叢奏於蠻界築新城安城遏戎州功畢時南詔蠻入寇姚巂陳許大將顏復戍巂州新築二城其年秋六姓蠻攻遏戎州爲復所敗退去兵部侍郎平章事徐商蕭寘轉中書侍郎知政事五月以左丞相楊知温爲河南尹以神策大將軍馬舉爲秦州經略招討使以右金吾大將軍李宴元爲夏州刺史朔方節度等使安南都護高駢奏於邕管大敗林邑蠻七月以右衛大將軍薛綰檢校工部尚書徐州刺史充徐泗團練觀察防禦等使九月以中書舍人趙騭權知禮部貢舉以吏部侍郎蕭倣檢校

禮部尚書滑州刺史御史大夫充義成軍節度鄭滑穎觀察等使十二月太皇
太后鄭氏崩謚曰孝明是歲秋高駢自海門進軍破蠻軍收復安南府自李琢
失政交阯湮沒十年蠻軍北寇邕容界人不聊生至是方復故地
七年春正月戊寅朔以太皇太后喪罷元會三月成德軍節度鎮冀深趙等州
觀察處置等使金紫光祿大夫檢校司空鎮州大都督府長史御史大夫太原
縣開國伯食邑七百戶襲食實封一百戶王紹懿卒贈司徒紹鼎之弟俱壽安
公主之子也三軍推紹鼎子景崇知兵馬留後事就加幽州張允伸兼太保平
章事進封燕國公以吏部侍郎鄭從讜檢校禮部尚書兼太原尹北都留守御
史大夫上柱國滎陽縣開國男食邑三百戶充河東節度管內觀察處置等使
四月壽安公主上表請入朝詔曰志與奏汝以景崇未降恩命欲來朝覲事具
悉景崇素聞孝悌頗有義方洽三軍愛戴之情荷千里折衝之寄纘迺舊服綽
有令猷朝廷獎能續有處分緣孝明太后園寢有日庶事且停候祔廟禮成當
允誠請七月沙州節度使張義潮進甘峻山青骹鷹四聯延慶節馬二匹吐蕃

女子二人僧曇延進大乘百法門明論等八月鎮州王景崇起復忠武將軍左金吾衞將軍同正檢校右散騎常侍兼鎮州大都督府左司馬知府事御史中丞充成德軍節度觀察留後上柱國賜紫金魚袋中書侍郎平章事徐商兼工部尚書十月沙州張義潮奏差迴鶻首領僕固俊與吐蕃大將尚恐熱交戰大敗蕃寇斬尚恐熱傳首京師右僕射門下侍郎平章事夏侯孜檢校司空平章事兼成都尹劍南西川節度等副大使知節度事安南高駢奏蠻寇悉平十一月十日御宣政殿大赦以復安南故也以翰林學士承旨戶部侍郎路巖爲兵部侍郎同平章事義成軍節度蕭倣就加檢校兵部尚書褒能政也以禮部郎中李景溫吏部員外郎高湘試拔萃選人

八年春正月壬寅朔丁未河中晉絳地大震廬舍壓仆傷人有死者三月安南高駢奏南至邕管水路湍險巨石便塗令工人開鑿訖漕船無滯者降詔褒之制以門下侍郎兼戶部尚書平章事上柱國晉陽縣開國男食邑三百戶賜紫金魚袋楊收檢校兵部尚書充浙江西道觀察使以浙西觀察使杜審權守尚

書左僕射以兵部侍郎于悰本官同平章事九月丁酉延資庫使曹確奏戶部每年合送當使三月九月兩限絹二十一萬四千一百匹錢萬貫自大中八年已後至咸通四年積欠一百五十萬五千七百餘貫匹前使杜悰申奏起請咸通五年正月以後於諸道州府場監院合送戶部八十文除陌錢內割十五文當使收管以塡積欠續據戶部牒稱州府除陌錢有折色零碎請起咸通五年所合送延資庫錢絹逐年兩限須足其除陌十五文當司仍舊收管前使夏侯孜具事由申奏且請依戶部論請期限其咸通五年錢絹戶部已送納自六年至八年其錢絹依前旋納又積欠三十六萬五千五百七貫匹者伏以所置延資庫初以備邊爲名至大中三年始改今號若財貨不充則名額虛設當制置之時所令三司逐年分減送當使收管元勑只有錢數但令本司減割送庫不定色目以此因循漸隳舊制年月既久積欠漸多既無計以徵收乃指色以取濟稍稱備邊名號得遵元勑指揮乃割戶部除陌八十文內十五文收管及戶部請逐年送庫須且稟從今既積欠又多終慮不及期限臣今酌量諸道州府

場監院合送戶部錢絹內分配令勒留下合送延資庫數目令本處別爲綱運
與戶部綱同送上都直納延資庫則戶部免有逋懸不至累年積欠從之十月
丙寅兵部侍郎判度支崔彥昭奏當司應收管江淮諸道州府咸通八年已前
兩稅榷酒及支米價幷二十文除陌諸色屬省錢準舊例逐年商人投狀便換
自南蠻用兵已來置供軍使當司在諸州府場監錢猶有商人便換齎省司便
換文牒至本州府請領皆被諸州府稱準供軍使指揮占留以此商人疑惑乃
致當司支用不充乞下諸道州府場監院依限送納及給還商人不得託稱占
留者勅旨從之宰相門下侍郎戶部尚書曹確兼吏部尚書門下侍郎禮部尚
書路巖兼戶部尚書中書侍郎工部尚書徐商兼刑部尚書兵部侍郎平章事
于悰爲中書侍郎以中書舍人劉允章權知禮部貢舉以吏部侍郎盧匡吏部
侍郎李蔚兵部員外郎薛崇司勳員外郎崔殷夢考吏部宏詞選人
九年春正月丙申以吏部侍郎李蔚檢校刑部尚書汴州刺史御史大夫充宣
武節度汴宋亳觀察處置等使幽州節度使張允伸就加檢校太傅以兵部員

外郎焦濆司勛員外郎李嶽考宏詞選人七月戊戌白虹橫亘西方其月徐州赴桂林戍卒五百人官健許佶趙可立殺其將王仲甫以糧料判官龐勛爲都頭剽掠湘潭衡山兩縣有衆千人擅還本鎮九月辛卯朔甲午龐勛陷宿州知州判官焦潞奔歸于徐乙未龐勛陷徐州殺節度使崔彥曾判官焦潞李稅溫延皓崔蘊韋廷乂惟免監軍張道謹遂出徐宿官庫錢帛召募兇徒不旬日其徒五萬勛抗表請罪仍命羣兇邀求節鉞上遣中使因而撫之賊令別將梁伾守宿州以姚周爲柳子寨主又遣劉行及丁景琮吳迥攻圍泗州十月詔徵河南河東山南諸道之師貶浙西觀察使楊收爲端州司馬同正收弟前浙東觀察使越州刺史御史中丞嚴爲韶州刺史檢校工部尚書洪州刺史鎮南節度江南西道觀察處置等使嚴譔長流嶺南賊攻泗州勢急淮南節度使令狐綯慮失泗口爲賊奔衝乃令大將李湘赴援爲賊所誘示弱乞降乘其無備爲賊所襲舉軍皆沒湘與都監郭厚本俱爲賊所執送徐州十一月庚寅朔丁酉戊時妖星初出如匹練亘空化爲雲沒在楚分吳迥旣執李湘乃令小將張行簡

吳約攻滁州城內無兵有淮南遊奕兵三百人在州界見賊至徑來奔郡賊乘之遂陷滁州張行簡執刺史高錫望手刃之屠其城而去行簡又進攻和州刺史崔雍登城樓謂吳迥曰城中玉帛女子不敢惜只勿取天子城池賊許之遂剽城中居民殺判官張琢以琢城壕故也龐勛又令將劉贇攻濠州陷之囚刺史盧望回於迴車館望回鬱憤而死僕妾數人皆爲賊蒸而食之十二月庚辰朔將軍戴可師率沙陁吐渾部落二萬人於淮南與賊轉戰賊黨屢敗盡棄淮南之守是歲江淮蝗食稼大旱龐勛奏當道先發戍嶺南兵士三千人春冬衣今欲差人送赴邕管鄂岳觀察使劉允章上書言龐勛聚徒十萬今若遣人達嶺表如戍卒與勛合勢則禍難非細尋詔龐勛止絕兼令江淮諸道紀綱捕之

十年春正月己未朔以徐州用兵罷元會癸亥以右拾遺韋保衡爲銀青光祿大夫守起居郎駙馬都尉尚皇女同昌公主出降之日禮儀甚盛以神武大將軍王晏權檢校工部尚書徐州刺史御史大夫充武寧軍節度徐泗濠觀察兼徐州北路行營招討等使智興之從子也以將軍朱克誠充北路招討都虞候

王宥北路招討前軍使以翰林學士戶部侍郎劉瞻守本官同平章事中書侍郎兼戶部尚書平章事蔣伸爲太子太保罷知政事病免也以門下侍郎兼刑部尚書同平章事徐商檢校兵部尚書江陵尹荊南節度使以右神策大將軍知軍使兼御史大夫上柱國龍陽縣開國伯食邑一千戶康承訓可金紫光祿大夫檢校刑部尚書兼右神策大將軍御史大夫上柱國扶風郡開國公食邑一千五百戶充徐泗行營都招討使又以將軍李邳爲徐州南路行營招討都虞候以將軍史忠用爲潁州行營都知兵馬使將軍馬瀍爲徐州行營都知兵馬使將軍董濤充廬州行營都知兵馬使將軍戴可師充漕州行營招討使將軍朱耶赤心充太原行營招討使沙陀三部落等軍使將軍王建充淮泗行營招討使將軍曹翔充兗海節度行營招討使將軍馬舉爲揚州都督府司馬充淮南行營招討使將軍高羅銳爲楚荊刺史本州行營招討使將軍秦匡謨爲濠州刺史本州行營招討使將軍李播爲宿州刺史赴廬州行營招討使以將軍孟彪爲太僕卿充都糧料使凡十八將分董諸道之兵七萬三千一十五人

正月一日進軍攻徐州魏博何弘敬奏當道點檢兵馬一萬三千赴行營時賊將劉行及丁景琮吳迥攻圍泗州可師乘勝救之屯於石梁驛賊自退去可師追擊生擒劉行及賊保都梁城乃斷行及之指懸於城下以示賊賊登城拜曰見與都頭謀歸朝可師既知其詐乃退軍五里其城西面有水三面天軍賊乃夜中涉水而遁明早開城門惟病嫗數人而已王師入壘未整翌日詰旦重霧賊軍大至可師方大醉單馬奔出爲虹縣人郭真所殺一軍盡沒惟忠武太原沙陀之騎軍保全而退副將王健爲賊所擒劉行及卻爲賊將吳迥所得吳迥乃進軍復圍泗州自是梯衝雲合內外不通龐勛恃其驟勝遣人上表詞語不恭又與康承訓書指斥朝政王晏權者智興之猶子也故授以武寧節制以招之以冀招懷徐人怨王式之誅相扇構亂數月招攜啗之以利民闕卒無革心者康承訓大軍攻宿州賊將梁伾出戰屢敗乃授承訓檢校尚書右僕射兼滑州刺史義成軍節度使責授端州司馬楊收長流驩州與嚴譔並賜死於路其黨楊公慶嚴季實楊全益史明康遂何師玄李孟勳馬全祐李羽王彥復等長

流儋崖播等州判官朱侶常潾閻均等配流嶺南以河中節度使開府儀同三司檢校司徒平章事上柱國譙郡開國公食邑二千戶夏侯孜爲太子少保分司東都時南平蠻寇西川責孜在蜀日失政也二月己丑龐勛急攻泗州遣牙將李員入城見刺史杜慆曰留後知中丞名族不敢令軍士失禮但開城門令百姓存活無相疑也慆執而殺之詔司農卿薛瓊使淮南盧壽楚等州點集鄉兵以自固四月康承訓奏大敗柳子寨賊詔監軍楊玄价與康承訓商量拔汴河水以灌宿州六月丁亥朔戊戌制曰動天地者莫若精誠致和平者莫若修政朕顧惟庸昧託于王公之上于茲十一年矣祗荷丕構寅畏小心慕唐堯之欽若昊天遵周王之昭事上帝念茲夙夜靡替虔恭同馭朽之憂勤思納隍之軫慮內戒奢靡外罷畋遊匪敢期於雍熙所自得於清淨止望寰區無事稼穡有年然而燭理不明涉道唯淺氣多堙鬱誠未感通旱暵是虞蟲螟爲害蠻蜑未賓於遐裔寇盜復蠹於中原尚駕戎車益調兵食俾黎元之重困每宵旰而忘安今歲夏驕陽時雨久曠憂勤兆庶旦夕焦勞內修香火以虔祈外罄牲玉

以精禱仰俟玄貺必致甘滋而油雲未興秋稼闕望因茲愆亢軫于誠懷矧復暴政煩刑強官酷吏侵漁蠹耗陷害孤煢致有冤抑之人構災沴之氣主守長吏無忘奉公伐叛興師蓋非獲已除奸討逆必使當辜苟或陷及平人自然風雨愆候凡行營將帥切在審詳昭示惻憫之心敬聽勤卹之旨應京城天下諸州府見禁囚徒除十惡忤逆官典犯贓故意殺人合造毒藥放火持仗開劫墳墓及關連徐州逆黨外並宜量罪輕重速令決遣無久繫留雷雨不同田疇方瘁誠宜愍物以示好生其京城未降雨閒宜令坊市權斷屠宰昨陝虢中使迴方知蝗旱有損處諸道長吏分憂共理宜各推公共思濟物內有饑歉切在慰安哀此蒸人毋俾艱食徐方寇孽未殄師旅有征凡合誅鋤審分淑慝無令脅從橫死元惡偷生宜申告伐之文使知逆順之理於戲每思禹湯之罪己其庶成康之措刑孰謂德信未孚教化猶梗咨爾多士俾予一人旣引過在躬亦漸幾于理布告中外稱朕意焉賊將鄭鎰急攻壽州詔南面招討使馬舉救之賊解圍而去康承訓悉兵攻賊小睢寨不利而退七月康承訓攻賊柳子寨垂剋

而賊將王弘立救至王師大敗承訓退保宋州龐勛乘勝自率徐州勁卒併攻泗州留其部將許佶守徐州詔南面招討使馬舉為行營都招討使代承訓率諸軍以援泗州八月和州防禦行官石倖等一百三十人狀訴刺史崔雍稱賊初劫烏江縣雍令步奏官二人探知雍猶不信二人並被枷扭續差人探見賊已去州十里賊尋逼州城崔雍與賊頭吳約於鼓角樓上飲酒許與賊州又認軍事判官李譙為親弟表狀驅使官張立為男只乞二人并身其餘將士一任處置便令押衙李詞等各脫下衣甲防虞官健束手被斬者八百餘人行官石瓊脫衣甲稍遲便被崔雍遣賊處斬其崔雍所有料錢并家口累差人押送往采石今在潤州豈有將一千人兵士之命贖拔己之一身不惟辜其神明實亦生負聖主兼科配軍州官吏修葺城池妄稱出料錢修城者勅曰臣子之節無如盡忠士人之風宜當遠恥崔雍任居牧守賊犯州城禦扞曾不發言從容乃與命酒況石瓊未脫衣甲志在當鋒不能奬其赤誠翻令擒送賊所原其深意與賊通和臣節全虧情狀可見欲行朝典宜更推窮其崔雍家口並在宣州宜

令宣歙觀察使追崔雍收禁速勘逐具事由申奏是月馬舉率師解泗州之圍賊黨遁去勅曰當崔雍守郡之日是龐勛肆逆之初屬狂寇奔衝望風和好置酒以邀賊將啓關而納兇徒城內不許持兵皆令解甲致使三軍百姓抆血相視連頭受誅初聞奏陳深駭觀聽錫望守城而死已有追榮杜慆孤壘獲全尋加殊獎旣褒忠節難赦罪人玉石固分懲勸斯在將垂誡於四海當何愛於一夫其崔雍宜差內養孟公度專往宣州賜自盡公度至雍死於陵陽館其男黨兒歸僧配流康州錮身遞送司勳郎中崔原貶柳州司戶比部員外郎崔福昭州司戶長安縣令崔朗澧州司戶左拾遺崔庾連州司戶荊南觀察支使崔序衡州司戶皆雍之親黨也九月賊宿州守將張玄稔以城降有兵萬人馬舉率師赴之龐勛聞之遂急攻玄稔玄稔賊之勁將出遂與舉合勢急圍徐州許佶登城拒守者三日佶敗走出玄稔收復徐州龐勛方來赴援聞城已拔欲南趨濠州馬舉追及澮河擊敗之勛溺水而死蕭縣主將又斬許佶首來降徐寇悉平初龐勛據徐州倉庫素無貯蓄乃令羣兇四出於楊楚廬壽滁和兗海沂密

曹濮等州界剽牛馬輓運糧糗以夜繼晝招致亡命有衆二十萬男女十五已
上皆令執兵其人皆舒鋤鈎爲兵號曰霍錐首尾周歲十餘郡生靈受其酷毒
至是盡平與玄稔詔曰去歲災興分野毒起徐方蕞爾庸夫稱兵犯命招諭不
復猖狂罔悛脅從三州之人污染萬姓之俗逆順之理邪正坐分果有忠臣悉
殲逆黨再清郡邑不舉干戈此皆衆人協心闔州受福但以首尾周歲取制兇
威里閭不安農桑失業言念於此倍積憂懷已有詔指揮令授玄稔銀青光祿
大夫檢校右散騎常侍兼右驍衛大將軍御史大夫賜物帛五千匹金榼一枚
蓋椀一具金腰帶一條軍將張皋已下二十人等第優給令差高品李志承押
領宣賜制曰朕以眇身獲承丕業虔恭惕厲十一載于茲況荷十七聖之鴻休
紹三百年之慶祚將求理本敢忘宵衣雖誠信未孚而寅畏不怠既絕意於苑
囿固無心於畋遊業業兢兢日愼一日休徵罔應沴氣潛生南蠻將罷於戰爭
徐寇忽孤於惠養招諭不至虐暴滋深竊弄干戈擅攻州鎮將邀符印輒恣兇
殘不畏神祇自貽覆滅股肱之臣以罪惡之難捨腹心之衆謂悖逆之可誅爰

徵甲兵用救塗炭上將宣力內臣協心選用皆得於良材掃盪纔及於周歲誅
干紀反常之噍類懲亂臣賊子之奸謀今則已及偃戈重康庶黎疇庸之典在
絲髮以無私懋賞之時貴纖毫之必當其四面行營節度使既成茂勳宜加酬
獎並取別勅處分應諸道行營都將已下節度及軍將各委本道具功勞名銜
分析聞奏當續有處分被堅執銳冒涉寒暄解甲櫜弓還鄉復業須繒帛之賜
免差役之征應四面行營將士今既平寧宜令次第放歸本道其賞賜匹段已
從別勅處分到本道後仍令節度使各犒宴放歸私第便令歇息未用差使如
行營人並免差科色役如本廂本將今後有節級員闕且以行營軍健量材差
置用酬征伐之勤臨敵用命力屈殞身須慰傷魂以彰忠節超與職事仍加任
使如無父兄子弟即有妻女者即委州使厚加贈卹常令安撫如是都將至都
虞候陣亡者與贈官應陣亡將士有父兄子弟願入軍者便令本道填替如無
父兄子弟仍且與給衣糧三年因戰陣傷損手足永廢者終身不得停給如將
士被賊殺害者委所在州縣量事救接重與改瘞勿令暴露兼與設祭王者以

仁恕爲本拯濟是謀元惡既已誅鋤脅從宜從寬宥除龐勛親屬及桂州迴戈
逆黨爲賊脅從及因戰陣拒敵官軍招諭不悛懼法逃走皆非本惡蓋鋒刃所
驅今並釋放一切不問應舊軍將軍吏節及所由既已歸還征賦先宜蠲免其
徐宿濠泗等州應合徵秋夏兩稅及諸色差科色役一事已上宜放十年已後
蠲放三年待三年後續議條疏處分編甿失業丘井無人桑柘枌榆鞠爲茂草
應行營處百姓田宅產業爲賊殘毀燒焚者今既平寧並許識認各還本主諸
色人不得妄有侵占九原可作千載不忘尙禁樵蘇寧傷丘壠應有先賢墳墓
碑記爲人所知被賊毀廢者卽與掩藏仍量致祭自用兵已來郡邑皆罹攻劫
遠念驚撓尤在慰安今遣右散騎常侍劉異兵部郎中薛崇等往彼宣撫於戲
朕以四海爲家兆人爲子一物失所每軫納隍之憂一方未寧常負阽危之戒
今元兇就戮逆黨誅夷載戢干戈永銷氛祲庶平妖氣允洽嘉祥遐邇臣寮當
體予意制以徐州南面招討使檢校尙書左僕射右神武大將軍權知淮南節
度事扶風縣開國伯食邑一千戶馬舉可檢校司空兼揚州大都督府長史淮

南節度副大使知節度事以右武衞大將軍徐州東南面招討使曹翔檢校兵部尚書兼徐州刺史御史大夫徐泗濠團練防禦等使以前淮南節度使檢校司空平章事上柱國涼國公食邑三千戶令狐綯爲太子太保分司東都魏博節度使檢校太傅同平章事何弘敬卒三軍立其子全皥爲兵馬留後十一月南詔蠻驃信坦綽酋龍率衆二萬寇巂州定邊軍節度都頭安再榮守清溪關爲賊所攻再榮退保大渡河北去清溪關二百里隔水相射凡九日八夜定邊軍節度使竇滂勒兵拒之十二月驃信遣清平官十餘人來僞和與竇滂語次蠻軍船栰競渡忠武武寧軍兵士結陣抗之接戰自午及申蠻軍稍却竇滂自縊于帳中徐州將苗全緒解之謂滂曰都統何至於是但安心全緒與再榮弘節等血戰取勝全緒三人率兵而出滂乃單騎宵遁其夜蠻軍營於山下全緒等謀曰彼衆我寡若明日對陣吾屬敗矣可夜擊之令其軍亂自解去忠武武寧之師乃夜入蠻軍弓弩亂發蠻衆大駭全緒等三將保軍而去蠻軍乘勝進攻西川城朝廷以顏慶復爲大渡河制置劍南應接等使宋威爲行營都知兵

馬使將兵數萬與忠武武寧之師合與蠻軍戰于漢州之毗橋大捷解西川之圍明日蠻軍遁走西川平以蜀王佶爲開府儀同三司成都尹劍南西川節度副大使知節度事不出閤以盧耽知節度事詔河東節度使鄭從讜赴闕以義成軍節度使光祿大夫檢校尚書左僕射同平章事滑州刺史上柱國會稽縣開國伯食邑二千戶康承訓以本官兼太原尹北都留守充河東軍節度使以吏部侍郎楊知溫吏部侍郎于德孫李玄考官司封員外郎盧蕘刑部侍郎楊戴考試宏詞選人以虞部郎中宋震前昭應主簿胡德融考科目舉人詔以兵戈纔罷且務撫寧其禮部貢舉宜權停一年付中書行勅指揮其兩省官等不用論奏勅荊南節度使杜悰據司天奏有小孛星氣經歷分野恐有外夷兵水之患緣邊藩鎮最要隄防宜訓習師徒增築城堡凡關制置具事以聞制以魏博節度使何全皞起復檢校司空同平章事

十一年春正月甲寅朔制尚書右僕射杜審權爲檢校司徒河中尹絳慈隰節度觀察處置等使丙午制宰相門下侍郎吏部尚書曹確可兼尚書左僕射門

下侍郎戶部尚書路巖可兼右僕射中書侍郎于悰可兼戶部尚書平章事劉瞻可中書侍郎知政事餘並如故己酉制河東節度使康承訓將門瑣質戎壘微才曾不知兵謬膺重祿憂韜鈐以効任畜奸惡以事君幾授鉞於戎藩嘗執金以徼道謂其盡節委以專征屬者徐部匪寧敢干紀律俾護諸將坐覆危巢罄國幣以佐軍頒王爵而賞士而玩寇莫戰按甲不前立法未學於穰苴申令頓虧於孫子況部伍不戰逼撓無謀人數空多軍威何振使農夫釋耒工女下機始凝望於天誅翻有恩於賊至洎元兇自潰玄稔効忠彭門洞開爾功何有而負恩已甚瀆貨是求叨榮苟幸於一時遺患遂逾於積歲爰行國典俾傅戎藩可蜀王傅分司東都再貶恩州司馬同正馳驛發遣以檢校左散騎常侍泗州刺史杜慆檢校工部尚書滑州刺史義成軍節度鄭滑觀察等使以河東行營沙陀三部落羌渾諸部招討使檢校太子賓客監察御史朱邪赤心爲檢校工部尚書單于大都護御史大夫振武節度麟勝等州觀察等使仍賜姓名曰李國昌以吏部尚書蕭鄴吏部侍郎于德孫吏部侍郎楊知溫考官司勳員外

郎李燿禮部員外郎崔澹等考試應宏詞選人以河陽三城節度孟懷澤觀察使中散大夫檢校禮部尙書孟州刺史御史大夫崔彥昭爲金紫光祿大夫檢校刑部尙書太原尹北都留守河東節度觀察等使以兵部侍郎翰林學士承旨扶風縣開國子食邑五百戶駙馬都尉韋保衡本官同平章事以兵部侍郎劉鄴判度支左僕射門下侍郎同平章事曹確以病求免授檢校司空同平章事兼潤州刺史充浙江西道觀察等使魏博節度使何全皥酷政爲衙軍所殺推其大將韓君雄爲留後四月癸未朔戊子勅去年屬以用軍之際權停貢舉一年今旣去戈卻宜仍舊來年宜別許三十人及第進士十人明經二十人已後不得援例八月辛巳朔己酉同昌公主薨追贈衞國公主諡曰文懿主郭淑妃所生主以大中三年七月三日生咸通九年二月二日下降上尤鍾念悲惜異常以待詔韓宗紹等醫藥不効殺之收捕其親族三百餘人繫京兆府宰相劉瞻京兆尹温璋上疏論諫行法太過上怒叱出之九月丙辰制以正議大夫守中書侍郎兼刑部尙書同平章事充集賢殿大學士上柱國彭城縣開國侯

食邑一千戶賜紫金魚袋劉瞻檢校刑部尚書同平章事兼江陵尹充荆南節
度等使翰林學士戶部侍郎知制誥上柱國賜紫金魚袋鄭畋爲梧州刺史正
議大夫御史中丞上柱國賜紫金魚袋孫瑝爲汀州刺史將仕郎右諫議大夫
柱國賜紫金魚袋高湘爲高州刺史中散大夫比部郎中知制誥柱國賜紫金
魚袋楊知至爲瓊州司馬將仕郎守禮部郎中魏簹爲春州司馬朝議大夫行
兵部員外郎判度支案柱國張顏爲播州司戶朝議大夫行刑部員外郎柱國
崔顏融爲雷州司戶並坐劉瞻親善爲韋保衡所逐也京兆尹温璋貶振州司
馬制出之夜璋仰藥而死劉瞻再貶康州刺史十月以給事中薛能爲京兆尹
以中書舍人高湜權知禮部貢舉十一月己酉朔辛亥制以禮部尚書王鐸本
官同平章事丁卯勅徐州地當沛野軍本驍雄實爲壯國之都固協建侯之制
況山河素異土俗甚殷豈欲削卑挫其繁盛蓋緣比因稔禍或至亂常罪由己
招孽非天作桂林叛卒繼有逆謀塗炭生靈首尾周歲殺傷黎庶污染忠良所
不忍言尋加剪滅是以卑其鎮額隸彼藩方近屬大兵已來饑年荐至且聞軍

人百姓深恥前非願行舊規却希建節朕每深軫念思致小康特示渥恩復其軍額宜賜宣徽軍綾絹十萬匹助其宴犒必獲周豐其徐州都團練使改爲感化軍節度徐宿濠泗等州觀察處置等使以吏部侍郎鄭從讜檢校戶部尚書兼外州刺史御史大夫充宣武軍節度使代李蔚以蔚檢校吏部尚書揚州大都督府長史兼淮南節度副大使知節度事

十二年春正月戊申宰相路巖率文武百寮上徽號曰睿文英武明德至仁大聖廣孝皇帝御含元殿冊禮畢大赦辛酉葬衞國公主於少陵原先是詔百寮爲挽歌詞仍令韋保衡自撰神道碑京兆尹薛能爲外監護供奉楊復璟爲內監護威儀甚盛上與郭淑妃御延興門哭送幽州節度使張允伸病請以子簡會爲節度副大使權知兵馬事詔從之三月以吏部尚書蕭鄴吏部侍郎歸仁晦李當考官司封郎中鄭紹業兵部員外郎陸勳等考試宏詞選人四月以左僕射門下侍郎同平章事路巖檢校司徒兼成都尹劍南西川節度等使五月庚申勅慎恤刑獄大易格言語曰如得其情卽哀矜而勿喜而獄吏苛刻務在

舞文守臣因循罕聞視事以此械繫之輩溢於狴牢追捕之徒繁於簡牘實傷和氣因致沴氛況時屬熇蒸化先茂育並赦罪戾式順生成應天下所禁繫罪人除十惡忤逆故意殺人合造毒藥持仗行劫開發墳墓外餘並宜疎理釋放或信任人吏多有生情繫留續察訪得知本道觀察使判官州府本曹官必加懲譴以誡慢易到後十日內速疎理分析聞奏上幸安國寺賜講經僧沉香高座七月辛丑中書門下奏准今年六月十二日勅釐革諸道及在京諸司奏官并請章服事者其諸道奏州縣官司錄縣令錄事參軍或見任公事敗闕不理切要替換及前任實有勞効并見有闕員即任各舉所知每道奏請仍不得過兩人其河東潞府邠寧涇原靈武鹽夏振武天德鄜坊滄德易定三川等道觀察防禦等使及嶺南五管每道每年除令錄外許量奏簿尉及中下州判司及縣丞共三人福州不在奏州縣官限其黔中所奏州縣官及大將管內官即任準舊例處分在京諸司及諸道帶職奏官或非時僉替考限未滿並却與本資官諸道節度及都團練防禦使下將校奏轉試官及憲御等令諸節度事每年

量許五人都團練防禦量許三人爲定不得更於其外奏請其御史中丞已下
即準勅文條疏須有軍功方可授任自今後如顯立戰伐功勞者任具事績申
奏如檢甚不虛當別與商量處分以外輒不得更有奏請其幽鎭魏三道望且
準承前舊例處分勅旨從之十二月以檢校戶部尚書汴州刺史御史大夫宣
武軍節度使鄭從讜爲廣州刺史嶺南東道節度觀察處置等使
十三年春正月壬寅朔甲戌制以兵部侍郎判度支劉鄴本官同平章事幽州
盧龍等軍節度使檢校司徒同平章事幽州大都督府長史上柱國燕國公食
邑三千戶張允伸卒贈太尉謚曰忠烈允伸鎭幽州二十三年二月幽州牙將
張公素奪留後張簡會軍政自稱留後丁巳制以尚書右僕射門下侍郎同平
章事于琮檢校司空襄州刺史充山南東道節度觀察處置等使以御史中丞
趙隱爲戶部侍郎本官同平章事三月以吏部尚書蕭鄴吏部侍郎獨孤雲考
官職方郎中趙蒙駕部員外郎李超考試宏詞選人試日蕭鄴替差右丞孔溫
裕權判五月庚午朔辛未勅檢校尚書左僕射守左羽林軍統軍御史大夫張

直方貶康州司馬同正以其部下爲盜故也乙亥國子司業韋殷裕於閤門進狀論淑妃弟郭敬述陰事上怒甚即日下京兆府決殺殷裕籍沒其家殷裕妻崔氏音聲人鄭羽客王燕客婢微娘紅子等九人配入掖庭閤門使田獻銛奪紫配於橋陵閤門司閽敬直決十五配南衙爲受殷裕文狀故也給事中杜裔休貶端州司馬中書舍人崔沆循州司戶殷裕妻兄也太僕少卿崔元闕州司戶殷裕妻父也前河陰院官韋君卿爲愛州宋平尉殷裕季父也以前大理正方侯鎔爲國子司業前興元少尹馮彭爲普州刺史前大理正陽琯爲昌州刺史丙子制開府儀同三司檢校尚書左僕射兼襄州刺史御史大夫充山南西道節度觀察等使于琮可正議大夫守普王傅分司東都辛巳勅尚書左丞李當貶道州刺史吏部侍郎王渢貶漳州刺史左散騎常侍李鄠貶賀州刺史前中書舍人封彥卿貶湖州司戶翰林學士承旨兵部侍郎知制誥張裼貶封州司馬右諫議大夫楊塾貶和州司戶工部尚書嚴祁貶郴州刺史給事中李貺蘄州刺史給事中張鐸藤州刺史左金吾衛大將軍充左街使李敬伸儋州司

戸前青州刺史平盧軍節度使于涓爲涼王府長史分司東都前湖南觀察使于環爲袁州刺史涓環琮之兄也于蕩于兢亦配流自李當已下皆于琮之親黨也爲韋保衡所逐以天德防禦使檢校左散騎常侍段文楚爲雲州刺史大同軍防禦使六月義成軍節度使檢校工部尚書杜慆奏當管穎州僧道百姓舉留刺史宗回勅曰回清幹臨人自有月限方藉綏輯未議替移六月中書門下奏今月十七日延英面奉聖旨令誡約天下州府應有逃亡戸口其賦稅差科不得攤配見在人戸上者伏以諸道州府或兵戈之後災沴之餘戸口逃亡田疇荒廢天不敷佑人多艱危鄉閭屢困於征徭帑藏因茲而耗竭遂使從來經費色額太半空系簿書緩徵斂則闕於供須促期限則迫於貧苦言念凋弊勞乃憂勤不降明文孰知聖念其逃亡戸口賦稅及雜差科等須有承佃戸人方可依前應役如將闕稅課額攤於見在人戸則轉成逋債重困黎元或富者有連阡之田貧者無立錐之地欲令均一固在公平若令狡猾之徒得以昇降由己望其完葺不亦難乎全由長史竭誠方使疲甿漸泰臣等商量令諸道州

府準此條疏應有逃亡戶口稅賦并雜色差科等並不得輒更攤配於見存務
人戶之上設法招攜多方撫御乘茲豐稔重獲昭蘇苟致安寧自當遷陟不遵
詔令必舉典刑從之七月以前義昌軍節度使盧簡方爲太僕卿十二月以振
武節度李國昌爲檢校右僕射雲州刺史大同軍防禦等使國昌恃功頗橫專
殺長史朝廷不能平乃移鎮雲中國昌稱病辭軍務乃以太僕卿盧簡方檢校
刑部尚書雲州刺史充大同軍防禦等使上召簡方於思政殿謂之曰卿以滄
州節鎮屈轉大同然朕以沙陀羌渾撓亂邊鄙以卿曾在雲中惠及部落且忍
屈爲朕此行具達朕旨安慰國昌勿令有所猜嫌也是月李國昌小男克用殺
雲中防禦使段文楚據雲州自稱防禦留後制追謚宣宗爲元聖至明成武獻
文睿智章仁神聰懿道大孝皇帝

十四年春正月丙寅朔御史中丞韋蟾奏應諸州刺史除授正衙辭謝後託故
陳牒請假實爲容易自今後如實有故爲衆所知者三日外不在陳牒之限應
內外除官入京合便朝謝如遇假日且合在都亭驛近日多因請假便歸私家

既犯條章頗乖禮敬自今已後望準故事如未朝謝須於都亭驛如違越臺司
劾當申奏從之辛未以雲朔暴亂代北騷動賜盧簡方詔曰李國昌久懷忠赤
顯著功勞朝廷亦三受土疆兩移旄節其爲寵遇實寡比倫昨者徵發兵師又
令克讓將領惟嘉節義同絶嫌疑近知大同軍不安殺害段文楚推國昌小男
克用主領兵權事雖出於一時心豈忘於長久段文楚若實刻剝自結怨嫌但
可申論必行朝典遽至傷殘性命刳剔肌膚慘毒憑凌殊可驚駭況忠烈之後
節義之門致茲橫亡尤悚觀聽若克用暫勿主兵務束手待朝廷除人則事出
權宜不足猜慮若便圖軍柄欲奄有大同則患繫久長故難依允料國昌輸忠
効節必當已有指揮知卿兩任雲中恩及國昌父子敬憚懷感不同常人宜悚
與書題深陳禍福殷勤曉喻劈析指宜切令大節無虧勿使前功併棄簡方準
詔諭之國昌不奉詔乃詔太原節度使崔彥昭幽州節度使張公素帥師討之
三月以新除大同軍使盧簡方爲單于大都護振武節度麟勝等州觀察等使
時李國昌據振武簡方至嵐州而卒自是沙陀侵掠代北諸軍鎮庚午詔兩街

僧於鳳翔法門寺迎佛骨是日天雨黃土徧地四月八日佛骨至京自開遠門達安福門綵棚夾道念佛之音震地上登安福門迎禮之迎入內道場三日出於京城諸寺士女雲合威儀盛飾古無其比制曰朕以寡德纘承鴻業十有四年頃屬寇猖狂王師未息朕憂勤在位愛育生靈遂乃尊崇釋教至重玄門迎請真身爲萬姓祈福今觀覩之衆隘塞路岐載念狴牢寢興在慮嗟我黎人陷於刑辟況漸當暑毒繫於縲紲或積幽凝滯有傷和氣或關連追擾有妨農務京畿及天下州府縣禁囚徒除十惡忤逆故意殺人官典犯贓合造毒藥放火持仗開發墳墓外餘罪輕重節級遞減一等其京城軍鎮限兩日內疏理訖聞奏天下州府勅到三日內疏理聞奏以吏部侍郎蕭倣爲兵部侍郎同平章事六月帝不豫七月癸亥朔戊寅疾大漸庚午制立晉王儼爲皇太子權勾當軍國政事辛巳遺詔曰朕祇事九廟君臨四海夕惕如厲宵分靡寧必求政化之源思建大中之道至於懷柔夷貊偃戢干戈皆以德綏亦自馴致冀清淨之爲理庶治平之可臻自秋已來忽爾嬰疹坐朝既闕踰旬未瘳六疾斯侵萬機多

曠醫和無驗以至彌留嗚呼數災有窮聖賢之所必同明於斯言是爲達節載申顧命式叶典謨皇太子權勾當軍國事儼性禀寬和生知忠孝德苞睿哲聖表衒齊必能揚祖宗之重光荷邦家之丕構宜令所司具禮於柩前即皇帝位以司空門下侍郎平章事韋保衡攝冢宰軍國務殷豈可久曠況易月之制行之自古皇帝宜三日而聽政二十七日釋服諸道節度觀察團練防禦等使及監軍諸州刺史受寄至重並不得離任赴哀文武常參官朝晡之臨十五舉音宮中當臨者非時無得擅哭天下人吏百姓告哀後出臨三日皆釋服勿禁食肉飲酒婚姻祭祀釋服之後無禁當舉薄葬之禮宜遵漢魏之文其山陵制度切在儉約並不得以金銀錦繡文飾喪具五坊鷹犬等除蒐狩外餘並解放其醫官段璲趙玭符虔休馬及等並釋放咨爾將相卿士中外臣寮竭力盡忠匡予令嗣送往事居無違朕志是日崩于咸寧殿聖壽四十一百寮上謚曰睿文昭聖恭惠孝皇帝廟號懿宗十五年二月葬于簡陵

史臣曰臣嘗接咸通耆老言恭惠皇帝故事當大中時四海承平百職修舉中

外無粃政府庫有餘貲年穀屢登封疆無擾恭惠始承丕構頗亦勵精延納讜言尊崇耆德數稔之內洋洋頌聲然器本中庸流於近習所親者巷伯所昵者桑門以蠱惑之侈言亂驕淫之方寸欲無怠忽其可得乎及釁結蠻陬奸生戍卒發五嶺之轉輸寰海動搖徵二蜀之扞防蒸人蕩覆徐寇雖殄河南幾空然猶削軍賦而飾伽藍困民財而修淨業以諛佞爲愛己謂忠諫爲妖言爭趨險詖之途罕勵貞方之節見豕負塗之愛竪非次寵昇燋頭爛額之輔臣無辜竄逐是以干戈布野蟲旱彌年佛骨纔入於應門龍輴已泣於蒼野報應無必斯其驗歟士德淩夷禍階於此雖有文景之英繼難以興焉自茲龜玉之不昌固其宜矣黃髮遺叟言之涕零

贊曰邦家治亂在君聽斷恭惠驕奢賢良貶竄凶竪當國險人滿朝奸雄乘釁貽謀道消

舊唐書卷十九上

懿宗本紀咸通四年夏四月勅徐州防禦使爲文都隸兗州○沈炳震曰按文都唐無此官疑團練使之譌又隸兗州新書方鎮表在咸通三年

六年夏四月兵部侍郎同平章事徐商蕭寘轉中書侍郎知政事○臣德潛按新書三月蕭寘薨不應四月復轉中書侍郎必有一誤而兩書俱無寘傳未知孰是

五月安南都護高駢奏於邕管大敗林邑蠻○臣宗萬按通鑑注曰林邑在海南自至德後號環王與中國久絶劉昫但見南蠻則謂之林邑誤也新書南詔傳亦云駢以選士五千渡江敗林邑兵於邕州亦承此而誤也

七年十月安南高駢奏蠻寇患平十一月十日御宣政殿大赦以復安南故也○臣宗萬按六年紀曰是歲秋高駢自海門進軍破蠻軍收復安南府若然則六年已收復安南豈有七年始奏而行大赦之理則安南之復實在七年明矣劉昫蓋因駢於六年秋發海門遂云復安南耳

八年三月以浙西觀察使杜審權守尙書左僕射○沈炳震曰審權傳龐勛之亂審權猶在浙西而本紀八年已遷左僕射則去九年九月龐勛之反一年有餘不應遷而未去也此疑有誤

十年春正月中書侍郎兼戸部尙書同平章事蔣伸爲太子太保罷知政事○臣德潛按伸于二年九月已罷政矣此疑錯簡于此

魏博節度使何弘敬卒三軍立其子全皥爲兵馬留後○新書在七年六月

十三年十二月李國昌小男克用殺雲中防禦使段文楚自稱防禦留後○新書在僖宗乾符五年二月綱目同新書

十四年四月迎佛骨至京制或積幽寧滯有傷和氣云云○寧滯乃凝滯之誤也已改正

舊唐書卷十九下

後晉司空同中書門下平章事劉昫撰

本紀第十九下

僖宗

僖宗惠聖恭定孝皇帝諱儇懿宗第五子母曰惠安皇后王氏咸通三年五月八日生於東內初封普王名儼十四年七月懿宗大漸其月十八日制曰朕守大器之重居兆人之上日慎一日如履如臨旰昃勞懷寢興思理涉道猶淺導化未孚而攝養乖方寒暑成癘實有慮於闕政且無暇於怡神恙未少瘳日加寖劇萬務凡總須有主張考思舊章謀于卿士思闡鴻業式建皇儲第五男普王儼改名儇孝敬温恭寬和博厚日新令德天假英姿言皆中規動必由禮俾崇邦本允協人心宜立爲皇太子權勾當軍國政事咨爾中外卿士洎于腹心之臣敬保予胤輔成予志各竭乃心以安黎庶布告中外知朕意焉是日懿宗崩二十日即皇帝位于柩前時年十二左軍中尉劉行深右軍中尉韓文約居

中執政並封國公八月皇帝釋服冊聖母王氏爲皇太后河南大水自七月雨不止至釋服後方霽九月守司空門下侍郎平章事韋保衡貶賀州刺史以岳州刺史于琮爲太子少傅緣琮貶逐者並放還循州司戶崔沆復爲中書舍人前戶部侍郎知制誥翰林學士承旨鄭畋爲左散騎常侍前兵部侍郎知制誥翰林學士張裼爲太子賓客前諫議大夫高湘復爲諫議大夫前宣歙觀察使楊嚴復爲給事中十月左僕射門下侍郎平章事劉鄴檢校左僕射同平章事兼揚州大都督府長史充淮南節度觀察副大使知節度事十一月以光祿大夫守太子少傅駙馬都尉于琮檢校尚書左僕射兼襄州刺史御史大夫充山南東道節度觀察等使十二月雷震義成軍節度使檢校刑部尚書杜慆就加兵部尚書

乾符元年春正月辛酉朔乙丑左僕射門下侍郎平章事蕭倣兼右僕射門下侍郎吏部尚書平章事王鐸檢校吏部尚書同平章事兼汴州刺史充宣武軍節度宋亳觀察等使二月葬懿宗于簡陵三月以河東節度使檢校尚書右僕

射崔彥昭爲尙書兵部侍郎充諸道鹽鐵轉運等使以銀青光祿大夫京兆尹上柱國岐山郡開國公食邑三千戶竇瀚檢校戶部尙書太原尹北都留守御史大夫充河東節度管內觀察處置等使以中書侍郎刑部尙書同平章事趙隱檢校吏部尙書潤州刺史浙江西道都團練觀察等使四月崔彥昭本官同平章事領使如故以前淮南節度使李蔚爲吏部尙書以天平軍節度使檢校尙書右僕射兼鄆州刺史高駢檢校司空兼成都尹充劍南西川節度副大使知節度事以右散騎常侍韋荷爲吏部侍郎前同州刺史崔璞爲右散騎常侍右領軍衞上將軍渾僖檢校吏部尙書左千牛衞上將軍以侍御史盧胤征爲司封員外郎判戶部案五月以吏部侍郎鄭畋爲兵部侍郎同平章事戶部侍郎知制誥翰林學士賜紫金魚袋盧攜本官同平章事太子右庶子李嶧爲太僕卿侍御史裴渥爲起居郎以嶺南東道節度使檢校刑部尙書鄭從讜爲刑部尙書以吏部侍郎韋荷檢校禮部尙書廣州刺史嶺南東道節度使七月以禮部侍郎裴瓚爲檢校左散騎常侍潭州刺史御史大夫湖南觀察使故湖南

觀察使李庾贈禮部尚書十月以中書舍人崔沆爲中書侍郎右諫議大夫崔胤爲給事中十一月丙戌朔庚寅上有事於宗廟禮畢御丹鳳門大赦改元爲乾符宰相蕭倣兼司空弘文館大學士太清宮使兵部侍郎崔彥昭爲中書侍郎兵部侍郎鄭畋爲集賢殿大學士以宣慰沙陀六州部落檢校兵部尚書李鈞爲靈武節度制曰朕以沙陀驍勇重累戰功六州蕃渾沐浴王化念其出於猜貳互有傷殘而克璋報仇其意未已被我君臨之德軫吾子育之心爰擇良能俾之宣撫惟爾先王嘗鎮北門待國昌以雄傑之才置國昌於濟活之地旣藉奕葉之舊又懷任士之觀是用付以封疆委之軍旅必集王事無墜家聲初鈞父業鎮太原能安集代北部落時李國昌父子據大同振武吐渾契苾幽州諸道之軍攻之不利故假鈞靈武節鉞率師招諭之以長安令李壁爲諫議大夫以吏部員外郎徐彥若爲長安令兵部郎中盧鄴爲楚州刺史十二月党項迴鶻寇邊以左司郎中崔原爲兵部郎中江州刺史李可仁爲右司郎中權知工部尚書牛蔚爲禮部尚書太子賓客于涯爲工部尚書是冬南詔蠻寇蜀詔

河西河東山南西道東川徵兵赴援西川節度使高駢奏奉勅抽發長武鄜州河東等道兵士赴劍南行營者伏以西川新軍舊軍差到已衆況蠻蜑小醜必可枝梧今以道路崎嶇館驛窮困更有軍頓立見流移所謂望一處完全而百處俱破且兵不在衆而在於和其左右神策長武鎮鄜川河東所抽甲馬兵士人數不少況備辦軍食費損尤多又緣三道藩鎮盡扼羌戎邊鄙未寧望不差發如已在道路並請降勅勒迴詔答曰蠻蜑如尚憑凌固須倍兵禦敵若已奔退即要併力追擒方藉北軍助平南寇其三處兵士宜委高駢候到蜀日分布驅使具務多多之辦寧亂整整之師其河東一千二百人令竇澣不要差發時駢扞蠻已退長武兵士竟至蜀而還議者惜其勞費而虛邀出入之賞也右軍中尉韓文約以疾乞休致從之

二年春正月乙酉朔己丑宰相崔彥昭率文武百寮上尊號上御正殿受冊以知內樞密田令孜爲右軍中尉南蠻驃信遣使乞盟許之以鳳州刺史郭弘業爲左金吾衛將軍庫部郎中韋岫爲泗州刺史都官員外郎李頻爲建州刺史

二月以兵部侍郎充諸道鹽鐵轉運使王凝爲祕書監以所補吏職罪也以吏
部侍郎裴坦爲兵部侍郎充諸道鹽鐵轉運使以翰林學士崔澹爲中書舍人
翰林學士徐仁嗣爲司封郎中學士如故以容管經略招討使高秦檢校戸部
尚書太府卿李嶧爲宗正卿湖州刺史張摶爲廬州刺史庫部員外郎楊堪爲
吏部員外郎三月以右補闕鄭勤爲起居郎度支推官牛徽爲右補闕以戸部
郎中崔彥融爲長安令都官郎中楊知退爲戸部郎中左司員外郎唐嶠爲刑
部郎中刑部員外郎畢紹顏爲左司員外郎侍御史鄭頊爲刑部員外郎四月
海賊王郢攻剽浙西郡邑以殿中侍御史李燭爲禮部員外郎以太子賓客張
裼爲吏部侍郎前淮南節度使李蔚爲太常卿成德軍節度使王景崇加開府
儀同三司祕書監蕭峴爲國子祭酒汝州刺史崔彥冲爲太子賓客分司新除
吏部侍郎張裼爲京兆尹東川點檢兵馬使吳行魯可金紫光祿大夫檢校兵
部尚書兼梓州刺史御史大夫充劍南東川節度等使以東川節度使檢校戸
部尚書崔充爲河南尹河南尹李晦檢校左散騎常侍兼福州刺史福建都團

練觀察使以鳳翔隴西節度使檢校司徒同平章事上柱國涼國公食邑三千戶令狐綯進封趙國公五月濮州賊首王仙芝聚於長垣縣其衆三千剽掠閭井進陷濮州俘丁壯萬人鄭州節度使李種出兵擊之爲賊所敗以殿中少監薛瑎爲衞州刺史國子司業裴拙爲洋州刺史中書舍人崔沆爲禮部侍郎兵部郎中裴虔餘爲太常少卿六月以司勳員外郎薛邁爲兵部郎中戶部員外郎鄭就爲司勳員外郎倉部員外郎鄭棨爲戶部員外郎主客員外郎王鐐爲倉部員外郎秋七月以大理卿蔡行爲澧州刺史天德軍都防禦使大理卿張彥遠爲大理卿以京兆尹張裼檢校戶部尚書兼鄆州刺史御史大夫充天平軍節度鄆曹濮觀察等使以左司勳員外郎杜貞符爲都官郎中吏部員外郎牛循爲金州刺史司封員外郎盧胤征爲吏部員外郎十月以祕書少監李晛爲諫議大夫以前大同軍及雲朔都防禦營田供軍等使李瑎檢校左散騎常侍澧州刺史充天德軍澧州西城中城都防禦使本管押蕃落等使以考功員外郎趙蘊爲吏部員外郎戶部員外郎盧莊爲起居員外郎禮部員外郎蕭邁

爲考功員外郎十一月以起居郎劉崇龜爲禮部員外郎殿中侍御史孔緯爲
戸部員外郎是月雷震雹左僕射王鐸兼門下侍郎同平章事復輔政
三年春正月己卯朔司空門下侍郎同平章事蕭倣以病求免罷爲太子太傅
浙西奏誅王郢徒黨以左金吾衞大將軍右街使齊克讓檢校兵部尚書兼兗
沂海等州節度使三月以吏部尚書歸仁晦吏部侍郎孔晦吏部侍郎崔蕘試
宏詞選人考功郎中崔庾考功員外郎周仁舉爲考官以太常卿李蔚本官同
平章事奉天鎮上言金龍晝見自河昇天門下侍郎崔彥昭太清宮使弘文館
大學士中書侍郎刑部尚書平章事鄭畋監修國史以右武衞大將軍墨冲謙
爲左金吾衞大將軍以黎州刺史杜岡爲雅州刺史五月以江西觀察使獨孤
雲爲太子少傅金州刺史東鄉勵爲嘉州刺史六月勅福建觀察使李播荊州
刺史楊權古蔚州刺史王龜範壁州刺史張贇濮州刺史韋浦施州刺史婁傳
會邢州刺史王回撫州刺史崔理黄州刺史計信卿等刺史親人之官苟不諳
詳豈宜除授比爲朕養百姓非獨榮爾一身每念疲羸實所傷歎李播等九人

授官之時衆詞不可王回等三人到郡無政惟務貪求贓污方州並宜停任以檢校右散騎常侍衞尉卿李鐸爲太府卿以涼王傅分司裴思謙爲衞尉卿撫王府長史劉允章涼王傅主客郎中崔福爲汾州刺史荆南節度副王皓爲主客郎中六月以門下侍郎刑部尚書平章事太清宮使弘文館大學士判度支崔彥昭兼左僕射中書侍郎鄭畋兼門下侍郎太常卿平章事李蔚爲中書侍郎以歙州刺史蕭蘧爲右司員外郎右司員外郎崔潼爲歙州刺史七月草賊王仙芝寇掠河南十五州其衆數萬是月賊逼穎許攻汝州下之虜刺史王鐐刑部侍郎劉承雍在郡爲賊所害賊遂南攻唐鄧安黃等州時關東諸州府兵不能討賊但守城而已以戶部郎中李節爲駕部郎中金部郎中王皓爲戶部郎中主客郎中鄭誠爲金部郎中金部員外郎張譙爲主客郎中屯田員外郎竇璵爲金部員外郎京兆司錄趙曄爲屯田員外郎工部侍郎崔朗爲同州刺史左軍擗仗使左監門衞上將軍西門思恭爲右威衞上將軍以右諫議大夫知制誥魏簹爲中書舍人九月以右丞崔蕘權知吏部侍郎禮部侍郎崔沆爲

尚書右丞中書舍人高湘權知禮部侍郎京兆尹楊知至爲工部侍郎兵部尚
書兼太常卿李璫檢校尚書右僕射太常衞尉卿蕭寬爲鴻臚卿充閑廐使以
宰相崔彥昭男保謙爲祕書省校書郎右僕射門下侍郎平章事崔彥昭加特
進門下侍郎禮部尚書平章事鄭畋可特進太中大夫平章事盧攜可銀青光
祿大夫銀青光祿大夫平章事李蔚可金紫光祿大夫以太府卿李嶧檢校工
部尚書滑州刺史御史大夫充義成軍節度鄭滑穎觀察處置等使雄州自六
月地震至七月未止壓傷人頗衆詔河南藩鎭舉兵討賊以刑部郎中李磎爲
戶部郎中分司東都戶部郎中鄭誠爲刑部郎中戶部郎中知制誥翰林學士
王徽爲中書舍人戶部員外郎翰林學士蕭遘爲戶部郎中學士並如故諫議
大夫趙蒙爲給事中商州刺史張同爲諫議大夫十一月以司門員外郎鄭蕘
爲池州刺史水部員外郎樊充爲工部員外郎汴宋度支使杜孺休爲水部員
外郎太常少卿崔渾貶康州刺史揚州左司馬鄭祥澧州刺史度支分巡院使
李仲章爲建州刺史十二月以右金吾衞將軍張簡會爲左金吾大將軍充右

衛使右龍武將軍李珙爲右金吾將軍前陝西虢觀察使陸墉爲太子賓客
四年春正月癸酉朔丁丑降制赦天下繫囚及徒流人放還以諫議大夫李湯
爲給事中以兵部郎中崔厚爲諫議大夫大理少卿王承顏爲鹽州刺史明州
刺史殷僧辯爲大理卿以吏部尙書鄭從讜吏部侍郎孔晦吏部侍郎崔蕘考
宏詞選人三月以開府行內侍監致仕劉行深爲內侍省觀軍容守內侍監致
仕以判鹽鐵案檢校考功郎中鄭溵爲司封員外郎充轉運判官兵部員外郎
裴渥爲蘄州刺史職方員外郎盧澄爲兵部員外郎以草賊大寇河南山南詔
曰亂常干紀天地所不容伐罪弔人帝王之大典歷觀往代徧數前朝其有怙
衆稱兵憑兇構孽或疑迷於郡縣或殘害於生靈初則狐假鴟張自謂驍雄莫
敵旋則鳥焚魚爛無非破敗而終蓋以逆順相懸幽明共怒近者龐勛拒命王
郢挻災結聚至多猖狂頗甚尋則身膏原野家受誅夷亦有方從叛亂能自徊
翔移吉凶於反掌之間變禍福於立談之際則諸葛爽今爲刺史朱實見存將
軍弘霸郎受職於禁營宋再雄策名於淮海莫不身名光顯家族輝榮近準諸

道奏報草賊稍多江西淮南宋亳曹穎或攻郡縣或掠鄉村雖命兵師且令招撫朕以寬弘爲理慈愍居心每念蒼生皆同赤子恨不能均其衣食令致荒饑寧忍迫以鋒鋌斷其身首如王仙芝及諸賊頭領能洗心悔過散卒休兵所在州府投降便令具名聞奏朝廷當議獎升如諸賊頑傲不悛兇強自恃即宜令諸道兵師犄角誅翦若諸軍全捕得一火草賊數至三百人已上者超授將軍賞錢一千貫如鄉村有幹勇才略而能率合義徒驅除草寇者本處以聞亦與重賞如鄭鎰湯羣之輩已爲刺史朝廷故不食言勅到宜令諸道明行宣諭令知朕意青州節度使宋威上表請步騎五千特爲一使兼率本道兵士所在討賊必立微功以酬聖獎優詔嘉之乃授威諸道招討草賊使仍給禁兵三千甲馬五百匹仍諭河南方鎮曰王仙芝本爲鹽賊自號草軍南至壽廬北經曹宋半年燒劫僅十五州兩火轉鬬踰七千衆諸道發遣將士同共討除日月漸深煙塵未息蓋以遞相觀望虛費糇糧州縣罄於供承鄉村泣於侵暴今平盧軍節度使宋威深憤萑蒲請行誅討朕以威前時蜀部破南詔之全軍比歲徐州

摧龐勛之大陣官階甚貴可以統諸道之都頭驍勇素彰足以破伏戎之草寇今已授指揮諸道兵馬招討草賊使侯宋威到本道日供給犒設並取上供錢支給仍命指揮都頭凡攻討進退取宋威處分時賊渠王仙芝尙君長在安州宋威自青州與副使曹全晸進軍攻討所在破賊是月寃朐賊黃巢聚萬人攻鄆州陷之逐節度使薛崇五月幽州節度使李茂勳上表乞致仕以其男可舉權知兵馬事制以壽王傑爲開府儀同三司幽州經略盧龍等軍節度觀察押奚契丹等使以幽州節度副使權知兵馬事李可舉檢校左散騎常侍幽州大都督府左司馬充幽州兵馬留後制以幽州盧龍節度使檢校工部尙書李茂勳守尙書左僕射致仕以前綿州刺史皇甫鏞爲祕書少監以陳州刺史許珂爲睦州刺史以右衛將軍程可復爲左衛大將軍黃巢賊陷沂州六月以宣歙觀察使高駢檢校司空兼潤州刺史鎭海軍節度蘇常杭潤觀察處置江淮鹽鐵轉運江西招討等使以汝州防禦使李鈞檢校尙書右僕射潞州大都督府長史充昭義軍節度潞邢洺磁觀察等使幽州留後李可舉請以本軍討沙陀

三部落從之七月黃巢自沂海其徒數萬趨潁蔡入查牙山遂與王仙芝合七月賊陷隨州執刺史崔休徵羣賊屯於白洑是月江州賊首柳彥璋聚徒陷江州殺刺史陶祥八月以中書舍人崔澹權知貢舉沙陀大寇雲朔十月詔昭義節度李鈞幽州李可舉吐渾赫連鐸白義誠沙陀安慶薛葛部落合兵討李國昌父子於蔚州十一月賊王仙芝率衆渡漢攻江陵節度使楊知溫嬰城拒守知溫本非禦侮之才城無宿備賊急攻之十二月賊陷江陵之郛知溫窮蹙求援於襄陽山南東道節度使李福悉其師援之時沙陀軍五百騎在襄陽軍次荊門騎軍擊賊敗之賊盡焚荊南郛郭而去

五年春正月丁酉朔沙陀首領李盡忠陷遮虜軍太原節度使竇澣遣都押衙康傳圭率河東土團二千人屯代州將發求賞呼譟殺馬步軍使鄧虔竇澣自入軍中安慰仍借率富戶錢五萬貫以賞之朝廷以澣非禦侮才以前昭義節度使曹翔檢校尚書右僕射兼太原尹北都留守河東節度使又以左散騎常侍支謨爲河東節度副使二月王仙芝餘黨攻江西招討使宋威出軍屢敗之

仍宣詔書諭仙芝仙芝致書於威求節鉞威僞許之仙芝令其大將尚君長蔡温玉奉表入朝威乃斬君長温玉以徇仙芝怒急攻洪州陷其郛宋威赴援與賊戰大敗之殺仙芝傳首京師尚君長弟尚讓爲黄巢黨以兄遇害乃大驅河南山南之民其衆十萬大掠淮南其鋒甚鋭侍中晉國公王鐸請自督衆討賊天子以宋威失策殺君長乃以王鐸檢校司徒兼侍中門下侍郎江陵尹荆南節度使充諸道兵馬都統三月王鐸奏兗州節度使李係爲統府左司馬兼潭州刺史充湖南都團練觀察使黄巢之衆再攻江西陷虔吉饒信等州自宣州渡江由浙東欲趨福建以無舟船乃開山洞五百里由陸趨建州遂陷閩中諸州以吏部尚書鄭從讜吏部侍郎崔沆考宏詞選人七月滑州忠武昭義諸道之師會于太原大同軍副使支謨爲前鋒先趨行營八月沙陀陷岢嵐軍曹翔自率軍赴忻州翔至軍中風而卒諸軍皆退太原大懼閉城門昭義兵士爲亂劫坊市九月門下侍郎吏部尚書平章事李蔚檢校尚書左僕射充東都留守以吏部尚書鄭從讜本官同平章事十月司空平章事崔彦昭罷爲太子太傅

十一月制以河東宣慰使權知代北行營招討崔季康檢校戶部尚書兼太原尹北都留守充河東節度代北行營招討使沙陀攻石州崔季康救之十二月季康與北面行營招討使李鈞與沙陀李克用戰于岢嵐軍之洪谷王師大敗鈞中流矢而卒戊戌代州昭義軍亂爲代州百姓所殺殆盡以中書舍人張讀權知禮部貢舉

六年春正月辛卯朔河東節度使崔季康自靜樂縣收合餘衆迴軍軍亂殺孔目官石裕季康委衆遁歸行營衙將張鍇郭胐率其衆歸太原兵士鼓譟攻東陽門入使衙季康父子皆被害三月以吏部侍郎崔沆崔澹試宏詞選人駕部郎中盧薀刑部郎中鄭頊爲考官制以邠寧節度使李侃檢校戶部尚書兼太原尹北都留守充河東節度等使四月黄巢陷桂管五月賊圍廣州仍與廣南節度使李巖浙東觀察使崔璆書求保薦乞天平節鉞璆巖上表論之詔公卿議其可否宰相鄭畋盧攜爭論於中書詞語不遜俱罷爲太子賓客分司東都以吏部侍郎崔沆爲兵部侍郎戶部侍郎翰林學士豆盧瑑並本官同平章事

黃巢陷廣州大掠嶺南郡邑八月制以特進檢校司空東都留守李蔚爲檢校司徒同平章事兼太原尹北都留守河東節度觀察兼代北行營招討供軍等使十月制以鎮海軍節度浙江西道觀察處置等使高駢檢校司徒同平章事揚州大都督府長史充淮南節度副大使知節度事江淮鹽鐵轉運江南行營招討等使進封燕國公食邑三千戶初駢在浙西遣大將張璘梁續等大破黃巢於浙東賊進寇福建踰嶺表故移鎮揚州時賊北踰大庾嶺朝廷授駢諸道行營兵馬都統太原節度使李蔚卒以禮部侍郎張讀權知左丞事十一月制以銀青光祿大夫檢校右散騎常侍河東行軍司馬鴈門代北制置等使石嶺鎮北兵馬代北軍等使上柱國康傳圭檢校工部尚書兼太原尹北都留守河東節度使時傳圭已率兵在代州是月自行營赴任兩都虞候張鍇郭朏迎於烏城驛並殺之軍中震悚又制以神策大將軍周寶檢校尚書左僕射兼潤州刺史鎮海軍節度浙江西道觀察等使以定州已來制置內閑廄宮苑等使金紫光祿大夫檢校刑部尚書上柱國太原縣開國伯食邑七百戶王處存檢校

戸部尚書兼定州刺史充義武軍節度易定觀察處置北平軍等使十二月制以河東馬步軍都虞候朱玫爲代州刺史以太子賓客分司盧攜爲兵部尚書同平章事太子賓客鄭畋檢校左僕射鳳翔尹充鳳翔節度使廣明元年春正月乙卯朔上御宣政殿制曰朕祗膺寶祚嗣守宗祧夙夜一心勤勞八載實欲驅黎元於仁壽致華夏之昇平而國步猶艱羣生寡遂災沴荐起寇孽仍臻竊弄干戈連攻郡邑雖輸降款未息狂謀江右海南瘡痍既甚湖湘荊漢耕織屢空言念疲羸良深軫惻我心未濟天道如何賴近者嚴勅師徒稍聞勝捷皆明聖之潛祐寧菲德以言功屬節變三陽日當首歲乃御正殿爰命改元況及發生是宜在宥自古繼業守文之主握圖御宇之君必自正月吉辰發號施令所以垂千年之懿範固萬代之洪基莫不由斯道也可改乾符七年爲廣明元年近日東南州府頻奏草賊結連本是平人迫於饑饉驅之爲盜情不願爲委所在長吏子細曉諭如自首歸降保非詐僞便須撫納不要勘問如未倒戈即登時剪撲東南州府遭賊之處農桑失業耕種不時就中廣州荊南湖南盜賊留

駐人戶逃亡傷夷最甚自廣明已前諸色稅賦宜令十分減四其河中府太原府遭賊寇掠處亦宜準此吏部選人粟錯及除駁放者除身名渝濫欠考外並以比遠殘闕收注入仕之門兵部最濫全無根本頗壞紀綱近者武官多轉入文官依資除授宜懲僭倖以辨品流自今後武官不得轉入文官選改所冀輪轅各適秩序區分其內司不在此限沙陀部落踰鴈門關進逼忻州二月沙陀逼太原昭大谷康傳圭遣大將伊釗張彥球蘇弘軫分兵拒之於秦城驛爲沙陀所敗傳圭怒斬蘇弘軫張彥球部下兵士爲亂倒戈攻太原殺傳圭監軍使周從寓安慰方定是月制以開府儀同三司門下侍郎兼兵部尚書同平章事充太清宮使弘文館大學士延資庫使上柱國滎陽郡開國公食邑三千戶鄭從讜檢校司空同平章事兼太原尹北都留守充河東節度管內觀察處置兼行營招討供軍等使黃巢賊軍自衡永州下頓昭湖南江西屬郡時都統王鐸前鋒都將李係守潭州有衆五萬并諸團結軍號十萬賊自桂陽編木爲栰數千其衆乘暴水泝湘而下徑至潭州急攻其城一日而陷李係僅以身免兵士

五萬皆爲賊所殺流屍塞江賊將尙讓乘勝泝流而下進逼江陵王鐸聞係軍敗乃棄城奔襄陽別將劉漢宏大掠江陵之民剽剝不勝其酷士民亡竄山谷江陵焚剽殆盡半月餘賊衆方至江陵三月賊悉衆欲寇襄陽江西招討使曹全晸與襄陽節度使劉巨容謀拒之時營於荊門賊軍一萬屯於團林驛全晸命巨容悉以精甲陣於林薄之中自以騎軍挑戰僞不勝而遁賊大乘之比至荊門其徒不成列巨容發伏擊之賊大潰而走全晸鐵騎急追之比至江陵十俘七八黃巢尙讓以餘衆徒濟江全晸方渡江襲賊遽詔至以段彥謨爲江南節度使全晸乃還賊遂率舟軍東下攻鄂州陷其郛全晸救至賊遂轉戰江西陷江西饒信杭衢宣歙池等十五州全晸在江西朝廷以王鐸統衆無功乃授淮南節度使高駢爲諸道兵馬行營都統駢令大將張璘渡江討賊屢捷賊衆疫癘其將李罕之以一軍投淮南其衆稍沮是月沙陀寇忻代詔以汝州防禦使諸葛爽爲北面行營副招討率東都防禦兵士赴代州四月甲申朔大雨雹大風拔兩京街樹十二三東都長夏門內古槐十拔七八宮殿鴟尾皆落丁酉

制以檢校吏部尚書前太常卿上柱國隴西郡開國公食邑三千戶李琢爲光祿大夫檢校尚書右僕射御史大夫充蔚朔等州諸道行營都招討使應東北面行營李孝昌李元禮諸葛爽王重盈朱玫等兵馬及忻代州土團並取琢處分以內常侍張存禮充都糧料使判官崔鋋充制置副使六月代北行營招討使李琢幽州節度使李可舉吐渾首領赫連鐸等軍討李克用於雲州時克用令其大將軍傅文達守蔚州高文集守朔州吐渾赫連鐸遣人說高文集令歸國文集與沙陀首領李友金薩葛都督米海萬安慶都督史敬存以前蔚州歸款於李琢時克用率衆禦燕軍於雄武軍九月沙陀三部落李友金等開門迎天軍克用聞之亟來赴援爲李可舉之兵追擊大敗於藥兒嶺李琢赫連鐸又擊敗于蔚州降文達李克用部下皆潰獨與國昌及諸兄弟北入達靼部乃以吐渾都督赫連鐸爲雲州刺史大同軍防禦使吐渾白義誠爲蔚州刺史薩葛米海萬爲朔州刺史加李可舉檢校司徒同平章事七月黃巢之衆渡江寇淮南是歲春末賊在信州疫癘其徒多喪淮南將張璘急擊之賊懼以金啗璘仍

致書高駢乞保命歸國駢信之厚待其使許求節鉞時昭義武寧義武等軍兵
馬數萬赴淮南駢欲收功於己乃奏賊已將殄不在諸道之師並遣還北賊知
諸軍已退以求節鉞不獲暴怒與駢絶請戰駢怒令張璘整軍擊之爲賊所敗
臨陣殺璘賊遂乘勝渡江攻天長六合等縣駢不能拒但決陳登水自固而已
朝廷聞賊復振大怒詔河南諸道之師屯于溵水官軍大集賊未北渡時兗州
節度使齊克讓屯汝州九月徐州兵三千人赴溵水途經許許州節度使薛能
前爲徐帥得軍民情徐軍吏至請館能以徐軍懷惠令館於州内許軍懼徐人
見襲許州大將周岌自溵水以爲戍卒還逐薛能自據其城徐軍以至河陰聞
許軍亂徐將時溥亦以戍兵還徐逐節度使支詳齊克讓懼兵見襲亦還兗州
溵水諸軍皆散賊聞之十月乃悉衆渡淮黄巢自號率土大將軍其衆富足自
淮已北整衆而行不剽財貨惟驅丁壯爲兵耳十一月辛亥朔己巳賊陷東都
留守劉允章率分司官屬迎謁之賊供頓而去坊市晏然壬申陷虢州丙子攻
潼關守關諸將望風自潰十二月庚辰朔辛巳賊據潼關時左軍中尉田令孜

專政宰相盧攜曲事之相與誤謀以至傾敗令孜恐衆罪加己請貶攜官命學士王徽裴徹爲相甲申宣制以戶部侍郎翰林學士王徽裴徹本官同平章事貶右僕射門下侍郎平章事盧攜爲太子賓客攜聞賊至仰藥而死是日上與諸王妃后數百騎自子城由含光殿金光門出幸山南文武百官寮不之知並無從行者京城晏然是日晡晚賊入京城時右驍衞大將張直方率武官十餘迎黄巢於坡頭壬辰黄巢據大內僭號大齊稱年號金統悉陳文物據丹鳳門僞赦以太常博士皮日休進士沈雲翔爲學士爲僞赦書云揖讓之儀廢已久矣竄遁之迹良用憮然朝臣三品已上並停見任四品已下宜復舊位以趙章爲中書令尚讓爲太尉崔璆爲中書侍郎平章事時宰相豆盧瑑崔沆故相左僕射劉鄴太子少師裴諗御史中丞趙蒙刑部侍郎李溥故相于琮皆從駕不及匿於閭里爲賊所捕皆遇害將作監鄭綦庫部郎中鄭係義不臣賊舉家雉經而死

中和元年春正月庚戌朔車駕在興元以翰林學士承旨尚書戶部侍郎知制

誥蕭遘爲兵部侍郎充諸道鹽鐵轉運等使尋以本官同平章事領使如故以宿州刺史劉漢宏爲越州刺史領東軍節度浙江東道觀察處置等使詔太原節度使鄭從讜發本道之師與北面行營招討副使諸葛爽代州刺史北面行營馬步都虞候朱玫夏州將李思恭等行營諸軍並赴京師討賊河中馬步都虞候王重榮逐其帥李都自稱留後二月代州北面行營都監押謂景思率沙陀薩葛安慶等三部落與吐渾之衆三萬赴援關中次絳州沙陀首領翟稽俘掠絳州叛還景思知不可用遣使詣行在請赦李國昌父子令討賊以贖罪從之三月陳景思賚詔入達靼召李克用軍屯蔚州克用因大掠鴈門已北軍鎮以鳳翔節度使鄭畋守司空門下侍郎同平章事充京西諸道行營都統與涇原節度使程宗楚秦州經略使仇公遇鄜延節度使李孝恭夏州節度使拓拔思恭等同盟起兵傳檄天下黃巢遣大將林言尚讓率衆數萬寇鳳翔鄭畋率師逆擊大敗賊衆於龍尾陂四月以前大同軍防禦使李克用檢校工部尚書兼代州刺史鴈門已北行營兵馬節度等使五月李克用赴代州遂率蕃漢兵

萬人南出石嶺關稱準詔赴難長安丁巳沙陀軍至太原鄭從讜供給糧料辛
酉沙陀求發軍賞錢從讜與錢千貫米千石克用怒縱兵大掠從讜求援於振
武契苾通自率兵來赴與沙陀戰於晉王嶺沙陀敗走陷榆次陽曲而退是日
大風天雨土特進尚書右僕射趙隱卒贈司空六月沙陀退還代州車駕幸成
都府西川節度使陳敬瑄自來迎奉七月丁未朔乙卯車駕至西蜀丁巳御成
都府廨改廣明二年爲中和元年大赦天下以兵部侍郎判度支韋昭度本官
同平章事以侍中王鐸檢校太尉中書令兼滑州刺史義成軍節度鄭滑觀察
處置兼充京城四面行營都統以太子太保崔安潛爲副觀軍容使西門思恭
爲天下行營兵馬都監押中書侍郎平章事諸道鹽鐵轉運等使韋昭度爲供
軍使時淮南節度使高駢爲諸道行營都統自車駕出幸中使相繼促駢起軍
駢託以周寶劉漢宏不利於己遷延半歲竟不出軍乃以鐸爲都統以河中節
度使王重榮爲京城北面都統義武軍節度使王處存爲京城東面都統鄜延
節度使李孝章爲京城西面都統朔方軍節度使拓拔思恭爲京城南面都統

以忠武監軍使楊復光爲天下行營兵馬都監代西門思恭許王鐸以便宜從事遣郎官御史分行天下徵兵赴關內八月代北行營兵馬使諸葛爽朱玫拓拔思恭等軍屯渭橋朱玫屯興平爲賊將王璠所擊退保奉天諸葛爽降賊僞署爽河陽節度使許州牙將秦宗權奏破賊於汝州乃授宗權蔡州防禦使昭義節度使高潯與賊將李詳戰于石橋爲賊所敗退歸河中賊乘勝陷同州九月澤潞高潯牙將劉廣擅還據潞州是月潯天井關戍將孟方立率戍卒攻劉廣殺之方立遂自稱留後仍移軍鎮於邢州制以京城四面催陣使守兵部尚書王徽檢校左僕射兼潞州大都督府長史昭義節度潞邢洛磁觀察等使貶高潯端州刺史楊復光王重榮以河西昭義忠武義成之師屯武功鳳翔節度使鄭畋以病徵還行在以鳳翔大將李昌言代畋爲節度使兼京城西面行營都統十月青州軍亂逐節度使安師儒立其行營將王敬武爲留後十二月行營都統王鐸率禁軍山南東川之師三萬至京畿屯於盩厔

二年春正月甲辰朔天下勤王之師雲會京畿京師食盡賊食樹皮以金玉買

人於行營之師人獲數百萬山谷避亂百姓多爲諸軍之所執賣二月涇原大將唐弘夫大敗賊將林言於興平俘斬萬計王處存率軍二萬徑入京城賊僞遁去京師百姓迎處存歡呼叫譟是日軍士無部伍分占第宅俘掠妓妾賊自灞上分門復入處存之衆蒼黃潰亂爲賊所敗黃巢怒百姓歡迎處存凡丁壯皆殺之坊市爲之流血自是諸軍退舍賊鋒愈熾三月前蔚州刺史蘇祐爲沙陀所敗棄郡投鎮州至靈壽部人爲盜祐爲王景崇所殺七月辛丑朔丙午夜西北方赤氣如絳虹竟天賊將尙讓攻宜君砦雨雪盈尺甚寒賊兵凍死者十二三八月庚子賊同州防禦使朱温殺其監軍嚴實與大將胡真謝瞳等來降王鐸承制拜華州刺史潼關防禦鎮國軍等使魏博節度韓簡自率軍三萬攻河陽僞署節度使諸葛爽棄城而去簡遣大將守河橋而還九月賊以黃鄴爲華州刺史初賊以李詳守華州詳與朱温素善及温歸河中黃巢遣閹官後冗率功臣馬千匹至華殺詳以鄴代歸太原諸山桃杏有花實十月西北方無雲而雷名天狗墜以嵐州刺史湯羣爲懷州刺史時羣倚沙陀爲援朝廷疑而易

之鄭從讜遣人傳官告授羣羣怒殺使者據城內沙陀魏博節度使韓簡以兵攻鄆州節度使曹全晸拒之爲簡所敗執而殺之全晸大將朱瑄以餘衆保鄆州乞和於簡簡捨之而去十一月沙陀李克用監軍陳景思以部落之衆一萬七千騎自嵐石州路赴河中賊將李詳下牙隊斬華州守將歸明王鐸用其部將王遇爲華州刺史十二月己亥朔庚戌成德軍節度鎮冀深趙觀察處置等使開府儀同三司檢校太尉中書令上柱國常山郡王食邑六千戶王景崇卒贈太傅諡曰忠穆遺表請以子鎔纘繼戎事遂以鎔爲兵馬留後

三年春正月戊辰朔車駕在成都府鴈門節度使檢校工部尚書李克用率師至河中己巳沙陀軍進屯沙苑之乾坑二月沙陀攻華州刺史黃鄴出奔至石堤谷追擒之魏博節度使韓簡再興兵討河陽諸葛爽遣大將李罕之拒之於武陟逆擊之魏軍大敗而還大將樂彥貞先據魏州韓簡爲部下所殺推彥貞爲留後就加李克用檢校尚書左僕射忻代雲蔚等州觀察處置等使三月丁卯朔壬申沙陀軍與賊將趙章尚讓戰于成店賊軍大敗追奔至良天坡橫屍

三十里王重榮築屍爲京觀四月丁酉朔庚子沙陀忠武義成義武等軍趨長安賊悉衆拒之於渭橋大敗而還李克用乘勝追之己卯黃巢收其殘衆由藍田關而遁庚辰收復京城天下行營兵馬都監楊復光上章告捷行在曰頃者妖興霧市嘯聚叢祠而岳牧藩侯備盜不謹謂大同之運常可容姦謂無事之秋縱其長惡賊首黃巢因得充盈窟穴蔓延萑蒲驅我蒸黎徇其兇逆展鉏鶴以成鋒刃殺耕牛以恣燔炮魑魅晝行虺蜴夜噬自南海失守湖外喪師養虎災深馴梟逆大物無不害惡靡不爲豺狼貽朝市之憂瘡痏及腹心之痛遂至毒流萬姓盜污兩京衣冠銜塗炭之悲郡邑起丘墟之歎萬方共怒十道齊攻仗九廟之威靈殄積年之兇醜河中節度使王重榮神資壯烈天賦機謀誓立功名志安家國至於屯田待敵率士當衝收百姓十萬餘家降賊黨三萬餘衆法能持重功遂晚成久稽原野之刑未決雷霆之怒自收同華進逼京師夕烽高照於國門遊騎頻臨於灞岸既知四隅斷絕百計奔衝如窮鳥觸籠似飛蛾赴焰鴈門節度使李克用神傳將略天付忠貞機謀與武藝皆優臣節共本心

相稱殺賊無非手刃入陣率以身先可謂雄才得名飛將統領本軍南下與臣
同力前驅雖在寢興不忘寇孽今月八日遣衙隊將前鋒守宗河中騎將白志
遷橫野軍使滿存躡雲都將丁行存朝邑鎮將康師貞忠武黃頭軍使龐從等
三十二都隨李克用自光泰門先入京師力摧兇逆又遣河中將劉讓王瓌冀
軍武孫珙忠武大將喬從遇鄭滑將韓從威荊南大將申屠悰滄州大將賈滔
易定大將張仲慶壽州大將張行方天德大將顧彥朗左神策弩手甄君楚公
孫佐橫衝軍使楊守亮躡雲都將高周彝忠順都將胡貞絳州監軍毛宣伯聶
弘裕等七十都繼進賊尙爲堅陣來抗官軍李克用率勵驍雄整齊金革叫譟
而聲將動瓦喑嗚而氣欲吞沙寬列戈矛麾軍夾擊自卯至申兇徒大敗自望
春宮殲殺至昇陽殿合圍戈不濫揮矢無虛發其賊卽時奔遁散入商山徒延
漏刃之生佇作飲頭之器伏自收平京國三面皆立大功若破敵摧鋒鴈門實
居其首其餘將佐同効驅馳兼臣所部二萬餘人數歲櫛風沐雨旣茲盪定並
錄以聞報至從官稱賀五月制以河中節度使檢校尙書右僕射王重榮檢校

司空同平章事餘如故鴈門已北行營節度忻代蔚朔等州觀察處置等使檢校尚書左僕射代州刺史上柱國食邑七百戶李克用檢校司空同平章事兼太原尹北京留守充河東節度管內觀察處置等使義武軍節度使檢校司空王處存檢校司徒同平章事餘如故以檢校尚書右僕射華州刺史潼關防禦等使朱温檢校司空兼汴州刺史御史大夫充宣武節度觀察等使仍賜名全忠京城西北營都統充金紫光祿大夫檢校司空邠州刺史邠寧節度使朱玫就加同平章事進封吳興縣侯食邑一千戶鄜坊節度使金紫光祿大夫檢校尚書右僕射東方逵就加同平章事王鐸罷行營都統依前檢校太師中書令進封晉國公加食邑二千戶節度觀察使如故時中尉田令孜用事自負帷幄之功以鐸用兵無功而由楊復光建策召沙陀成破賊之効欲權歸北司乃黜王鐸而悅復光也就加諸道行營兵馬都監楊復光開府儀同三司弘農郡開國公食邑三千戶充同華等州管內制置使仍賜號資忠耀武匡國平難功臣六月乙未朔甲子楊復光卒於河中其部下忠武八都都頭鹿晏弘晉暉王建

韓建等各以其衆散去時復光兄復恭知內樞密田令孜以復光立破賊功憚
而惡之故賊平賞薄及聞復光死甚悅復擯復恭罷樞密爲飛龍使是月黃巢
圍陳州營於州北五里初賊出藍田關遣前鋒將孟楷攻蔡州刺史秦宗權以
兵逆戰爲楷所敗宗權勢窘與賊通和孟楷移兵攻陳州刺史趙犨示弱伏兵
擊之臨陣斬楷楷賊之愛將深惜之黃巢怒悉衆攻陳州時黃巢與宗權合從
縱兵四掠遠近皆罹其酷時仍歲大饑民無積聚賊俘人爲食其炮炙處謂之
舂磨寨白骨山積喪亂之極無甚於斯賊攻城急徐州節度使時溥許州周岌
汴州朱全忠皆出師護援之七月制以西川節度使開府儀同三司守太尉同
平章事成都尹上柱國潁州郡王食邑三千戶實封四百戶陳敬瑄賜鐵券詔
鄭從讜赴行在八月李克用赴鎮太原制以前振武節度檢校司空兼單于都
護御史大夫李國昌爲檢校司徒代州刺史鴈門已北行營節度蔚朔等州觀
察等使十月李國昌卒十一月蔡賊秦宗權圍許州十二月詔河東李克用赴
援陳許忠武大將鹿晏弘陷與元逐節度使牛蔚自爲留後

四年春正月癸亥朔車駕在成都府二月河東節度使李克用將出師援陳許河陽節度使諸葛爽以兵屯澤州拒之三月壬戌朔甲戌克用移軍自河中南渡東下洛陽四月辛卯朔甲寅沙陀軍次許州節度使周岌監軍田從異以兵會戰賊將尙讓屯太康黃鄴屯西華稍有芻粟己未沙陀分兵攻太康西華賊砦庚申尙讓黃鄴遁去官軍得其芻粟黃巢亦退保郾城以兵部侍郎判度支鄭昌凝以本官同平章事五月辛酉朔癸亥沙陀追黃巢而北丁卯次尉氏戊辰大雨平地水深三尺溝河漲溢賊至中牟臨汴河欲渡沙陀遽至賊大駭其黨分潰殺傷溺死殆半尙讓一軍降時溥別將楊能李讜霍存葛從周張歸霸等降朱全忠李周楊景彪以殘衆走封丘己巳沙陀渡汴河趨封丘黃巢兄弟悉力拒戰李克用擊敗之獲所俘男女五萬口牛馬萬餘并僞乘輿法物符印寶貨戎仗等三萬計得巢幼子年六歲黃巢既敗以其殘衆東走庚午李克用急躡黃巢一日夜行二百里馬疲乏死者殆半宿宛朐糧運不及騎軍至寡乃與忠武監軍田從異班師甲戌次汴州節度使朱全忠館克用于上源驛全忠

以克用兵力寡弱大軍在遠乃圖之是夜置酒郵舍克用既醉全忠以兵圍驛縱火燒之雷雨驟作平地水深尺餘克用踰垣僅免其部下三百餘人及監軍使史敬思書紀任珪皆被害丙子克用至許州率本軍還太原庚辰徐州將李師悅陳景思率兵萬人追黃巢於兗州六月鄆州節度使朱瑄奏大敗賊於合鄉秋七月己未朔癸酉賊將林言斬黃巢黃揆黃秉三人首級降時溥初徐將李師悅與賊戰于瑕丘賊殊死戰其衆殆盡林言與巢走至太山狼虎谷之襄王村懼追至併命乃斬賊降師悅壬午捷書至行在從官稱賀河東節度使李克用累表訴屈請討汴州天子優詔和解之就加克用階特進封隴西郡王以悅之自是全忠克用有尋戈之怨九月山南西道節度使鹿晏弘爲禁軍所討棄城擁衆東出襄鄧大掠許州晏弘大將王建韓建張造晉暉李師泰各率本軍歸朝田令孜以建等楊復光故將薄之皆授諸衞將軍惟以王建爲璧州刺史十月關東諸鎮上章請車駕還京十一月鹿晏弘陷許州殺周岌自稱留後尋爲秦宗權所攻制以義成軍節度檢校太師中書令上柱國晉國公王鐸爲

滄州刺史義昌軍節度滄德觀察處置等使十二月丁亥朔大明宮留守權知
京兆尹御史大夫京畿制置等使王徽與留司百官上表請車駕還宮詔以來
年正月還京新除滄德節度使王鐸爲魏博節度使樂彥禎害之於漳南縣之
高雞泊行從三百餘人皆遇害光啓元年春正月丁巳朔車駕在成都府己卯
僖宗自蜀還京二月丁亥朔丙申車駕次鳳翔三月丙辰朔丁卯車駕至京師
己巳御宣政殿大赦改元光啓時李昌符據鳳翔王重榮據蒲陝諸葛爽據河
陽洛陽孟方立據邢洺李克用據太原上黨朱全忠據汴滑秦宗權據許蔡時
溥據徐泗朱瑄據鄆齊曹濮王敬武據淄青高駢據淮南八州秦彥據宣歙劉
漢宏據浙東皆自擅兵賦迭相吞噬朝廷不能制江淮轉運路絕兩河江淮賦
不上供但歲時獻奉而已國命所能制者河西山南劒南嶺南西道數十州大
約郡將自擅常賦殆絕藩侯廢置不自朝廷王業於是蕩然蔡賊秦宗權侵寇
藩鄰制以徐州節度使時溥爲鉅鹿王充蔡州四面行營兵馬都統宗權將秦
賢攻汴鄭不已以汴州刺史朱全忠爲沛郡王充蔡州西北面行營都統杭州

刺史董昌大敗劉漢宏之衆進攻越婺台明等州下之遂以昌爲越州刺史鎮東軍節度浙江東道觀察等使以杭州大將錢鏐爲杭州刺史閏三月鎮冀節度使王鎔獻耕牛千頭農具九千兵仗十萬四月乙卯朔以開府儀同三司右金吾衛上將軍左街功德使齊國公田令孜爲左右神策十軍使時自蜀中護駕令孜招募新軍五十四都都千人左右神策各二十七都分爲五軍令孜總領其權時軍旅既衆南衙北司官屬萬餘三司轉運無調發之所度支惟以關畿稅賦支給不充賞勞不時軍情咨怨舊日安邑解縣兩池榷鹽稅課鹽鐵使特置鹽官以總其事自黃巢亂離河中節度使王重榮兼領榷務歲出課鹽三千車以獻朝廷至是令孜以親軍闕供計無從出乃舉廣明前舊事請以兩池榷務歸鹽鐵使收利以贍禁軍詔下重榮上章論訴言河中地窘悉籍鹽課供軍五月制以河中節度使檢校司徒同平章事河中尹上柱國琅邪郡王王重榮爲檢校太傅同平章事兼兗州刺史兗沂海節度觀察處置等使代齊克讓以克讓檢校司徒兼定州刺史御史大夫充義武節度觀察北平軍等使代王

處存以處存依前檢校太傅同平章事河中尹河中晉慈隰節度觀察等使是
月宰臣蕭遘率文武百寮上徽號曰至德光烈孝皇帝御宣政殿受册大赦六
月甲寅朔丙辰定州王處存奏幽州節度使李可舉鎮州節度使王鎔各令大
將率領兵士侵攻當道臣並已殺退時李可舉乘天子播越中原大亂以河朔
三鎮休戚事同惟易定二郡爲朝廷所有乃同議攻處存以分其地會燕將李
全忠有奪帥之志軍情相疑全忠方圍易州處存出奇騎以擊之燕軍大敗是
月全忠收合殘衆攻幽州李可舉舉室登樓自焚而死全忠自稱留後滄州軍
亂逐其帥楊全孜立衙將盧彦威爲留後制以保鑾都將檢校司徒兼黔州刺
史黔中節度觀察等使曹誠檢校太保兼滄州刺史充義昌軍節度滄德觀察
等使河中王重榮累表論列數令孜離間方鎮令孜遣邠寧節度使朱玫會合
鄜延靈夏之師討河中九月朱玫屯沙苑王重榮求援於太原十月李克用率
太原軍南出陰地關十一月河中太原之師與禁軍對壘於沙苑十二月辛亥
朔癸酉官軍合戰爲沙陀所敗朱玫走還邠州神策軍潰散遂入京師肆掠乙

亥沙陀逼京師田令孜奉僖宗出幸鳳翔初黃巢據京師九衢三內宮室宛然及諸道兵破賊爭貨相攻縱火焚剽宮室居市閭里十焚六七賊平之後令京兆尹王徽經年補葺僅復安堵至是亂兵復焚宮闕蕭條鞠爲茂草矣

二年春正月辛巳朔車駕在鳳翔李克用旋師河中與朱玫王重榮同上表請駕駐蹕鳳翔仍數田令孜之罪乃以飛龍使楊復恭復知內樞密事戊子田令孜迫乘輿請幸興元庚寅車駕次寶雞授刑部尚書孔緯兼御史大夫令率從官赴行在時車駕夜出宰相蕭遘裴徹鄭昌圖及文武百寮不之知扈從不及故令孔緯促之蕭遘惡令孜弄權再亂京國因邠州奏事判官李松年至鳳翔乃令亟召朱玫迎奉癸巳朱玫引步騎五千至鳳翔令孜聞邠州軍至奉帝入散關令禁軍守靈壁玫至禁軍潰散遂長驅追駕至尊途驛嗣襄王熅疾爲玫所得時興元節度使石君涉聞車駕入關乃毀徹棧道柵絕險要車駕由他道僅達爲邠州軍踵後崎嶇危殆者數四二月辛亥朔以十軍觀軍容使開府田令孜爲劍南西川節度監軍以內樞密使楊復恭爲神策左軍中尉三月庚辰

朔戊午興元節度使石君涉棄城入朱玫軍內丙申車駕至興元戊辰以翰林學士承旨兵部尙書知制誥杜讓能爲兵部侍郞刑部尙書御史大夫孔緯爲兵部侍郞充諸道鹽鐵轉運等使並以本官同平章事保鑾都將李鋋楊守亮楊宗守等敗邠州軍於鳳州四月庚戌朔是夜熒惑犯月角壬子朱玫李昌言迫宰相蕭遘等於鳳翔驛舍請嗣襄王熅權監軍國事玫自爲大丞相兼左右神策十軍使遂驅率文武百寮奉襄王還京師五月己卯朔庚辰襄王僭卽皇帝位年號建貞以蕭遘初沮襄王監國之命罷知政事爲太子少師以朱玫爲侍中諸道鹽鐵轉運使以裴澈爲門下侍郞右僕射同平章事判度支中書侍郞刑部尙書平章事鄭昌圖判戶部事蕭遘移疾歸河中之永樂僞制加諸侯官爵以淮南節度使檢校太尉兼侍中高駢爲太師中書令江淮鹽鐵轉運諸道行營兵馬都統又以淮南右都押衙和州刺史呂用之檢校兵部尙書兼廣州刺史嶺南東道節度使令戶部侍郞柳涉往江淮宣諭戶部侍郞夏侯潭河北宣諭諸藩節將多授其僞署惟定州太原宣武河中拒而不受是月星孛於

箕尾歷北斗攝提荊南襄陽仍歲蝗旱米斗三十千人多相食楊復恭兄弟於河中太原有破賊連衡之舊乃奏遣諫議大夫劉崇望齎詔宣諭達復恭之旨王重榮李克用欣然聽命尋遣使貢奉獻縑十萬匹願殺朱玫自贖崇望使還君臣相賀六月己酉朔以扈蹕都將楊守亮爲金州刺史金商節度京畿制置使守亮率師二萬趨金州與王重榮李克用掎角進軍時朱玫遣將王行瑜率邠寧河西之師五萬屯鳳州保鑾都將李鋋李茂貞陳珮等抗之於大唐峯七月戊寅朔蔡賊秦宗權陷許州殺鹿晏弘以金商節度使楊守亮檢校司徒兼興元尹充南山西道節度等使王行瑜急攻興州守亮出師擊敗之八月幽州節度使李全忠卒三軍立其子匡威爲留後九月楊守亮復敗邠州軍於鳳州軍容楊復恭密遣人說王行瑜令謀歸國十月壬子朔滑州軍亂逐其帥安師儒逐衙將張驍主留後軍務師儒奔汴州朱全忠殺之遂以兵攻滑斬張驍以告行在朝廷以汴帥全忠兼領義成軍節度使壬辰夜白虹見西方十一月蔡賊孫儒陷鄭州刺史李璠遁免儒引軍攻河陽十二月乙巳朔是月朱玫愛將

王行瑜受密詔自鳳州率衆還長安辛酉行瑜斬朱玫及其黨與數百人縱兵大掠是冬苦寒九衢積雪兵入之夜寒冽尤劇民吏剽剝之後僵凍而死蔽地裴徹鄭昌圖及百官奉襄王奔河中王重榮紿稱迎奉執李熅斬之械裴徹鄭昌圖於獄文武官寮遭戮者殆半重榮函襄王首赴行在刑部奏請御興元城南門閱俘馘受賀下禮院定儀注博士殷盈孫奏曰伏以僞熅違背宗社僭竊乘輿欺天之禍既盈盜國之罪斯重果至覆敗以就誅夷九重之妖祲既除萬國之生靈共慶宜陳賀禮以顯皇猷然物議之間有所未允臣按禮經公族有罪獄既具有司聞於公曰某之罪在大辟君曰赦之如是者三有司走出致刑君復使謂之曰雖然固當赦之有司曰不及矣君爲之素服不樂三月左傳衛君在晉衛臣元咺立衛君之弟叔武衛君入國叔武爲前驅所殺衛君哭之左氏書焉今僞熅皇族也雖犯殊死之罪宜就屠戮其可以朝羣臣而受賀乎臣以爲熅胤係金枝名標玉牒迫脅之際不能守節効死而乃甘心逆謀罪實滔天刑不可赦已爲軍前處置宜即黜爲庶人絕其屬籍其首級仍委所在以庶

人禮收葬大捷之慶當以朱玫首級到日稱賀爲得其宜上不軫于宸衷下無
傷於物體協禮經之旨祛中外之疑遂罷賀禮及朱玫傳首至乃御樓受俘馘
是月蔡賊孫儒陷河陽諸葛爽奔歸汴州別將李罕之出據澤州張全義據懷
州
三年春正月乙亥朔車駕在興元府制以邠州都將王行瑜檢校刑部尚書兼
邠州刺史邠寧慶節度使保鑾都將李鋋檢校司空黔州刺史黔中節度觀察
使扈蹕都頭李茂貞爲檢校尚書左僕射洋州刺史武定軍節度使扈蹕都頭
楊守宗爲金州刺史金商節度等使保鑾都將陳珮檢校尚書右僕射爲宣州
刺史宣歙觀察使兵部侍郎諸道租庸使張濬本官同平章事二月乙巳朔潤
州牙將劉浩度支使薛朗同謀逐其帥周寶劉浩自稱留後三月乙亥朔甲申
車駕還京次鳳翔以宮室未完節度使李昌符請駐蹕以俟畢工河中械送僞
宰相裴徹鄭昌圖命斬之於岐山縣太子少師致仕蕭遘賜死於永樂縣以特
進監修國史門下侍郎吏部尚書平章事孔緯領諸道鹽鐵轉運使以集賢殿

大學士中書侍郎兵部尚書平章事杜讓能進封襄陽郡公增食邑三千戶四月甲辰朔揚州牙將畢師鐸自高郵率戍兵攻揚州下之因高駢於別室自總軍政蔡賊秦賢攻汴州周列三十六砦朱全忠乞師於兗鄆朱瑾率師來赴屯封禪寺朱瑄屯靜戎鎮五月甲戌朔乙亥秦宗權自率衆來應秦賢壬午鄆兗汴三鎮之師大破蔡賊於邊孝村宗權退走孫儒聞秦賢敗盡驅河陽之人殺之投尸於河焚燒閭井而去王師收孟洛許汝懷鄭陝虢等州詔以扈駕都頭楊守宗權知許州事汴將孟從益權知鄭州事諸葛爽舊將李罕之自澤州收河陽懷州刺史張全義收洛陽揚州牙將畢師鐸召宣州觀察使秦彥入揚州推爲節度使六月癸卯朔戊申天威軍都頭楊守立與李昌符爭道麾下相毆上命中使諭之不止是夜嚴兵爲備己酉守立以兵攻昌符戰于通衢昌符兵敗出保隴州命扈駕都將李茂貞攻之甲寅河中牙將常行儒殺其帥王重榮推重榮兄重盈爲兵馬留後丙辰太常禮院奏太廟十一室幷祧廟八室孝明太后等別廟三室自車駕再幸山南並經焚毀神主失墜今大駕還京宜先葺

宗廟神主然後還宮遂詔修奉太廟使宰相鄭延昌修奉是時宮室未完國力
方困未暇舉行舊制延昌請權以少府監大廳爲太廟太廟凡十一室二十三
間間十一架今監五間請添造成十一間以備十一室之數勑曰敬依典禮七
月壬申朔隴州刺史薛知籌以城降李茂貞遂拔隴州斬李昌符昌仁等傳首
獻于行在丙子制以武定軍節度使檢校尚書左僕射兼洋州刺史御史大夫
上柱國隴西郡公食邑一千五百戸李茂貞檢校司空同平章事兼鳳翔尹鳳
翔隴右節度等使九月辛未朔淮南節度使高駢爲其牙將畢師鐸所殺楊行
密急攻廣陵蔡賊秦宗權遣其將孫儒將兵三萬渡淮爭揚州城中食盡十一
月秦彥畢師鐸潰圍奔于孫儒軍行密入據揚州秦彥引孫儒之兵攻廣陵行
密遣使求援于朱全忠制授全忠檢校太尉侍中兼揚州大都督府長史充淮
南節度觀察等使行營兵馬都統汴將李璠率師至淮口以援之十二月己巳
朔東川節度使顧彥朗壁州刺史王建連兵五萬攻成都陳敬瑄告難于朝詔
中使諭之

文德元年春正月己亥朔車駕在鳳翔制故鳳翔隴右節度觀察處置等使檢
校司徒同平章事兼鳳翔尹上柱國滎陽郡開國公食邑三千戶鄭畋贈司徒
謚曰文昭蔡賊孫儒斬秦彥畢師鐸于高郵二月己巳朔壬午車駕在鳳翔至
京師魏博軍亂逐其帥樂彥禎彥禎子相州刺史從訓率衆攻魏州牙軍立其
小校羅宗弁爲留後出兵拒之從訓求援於汴朱全忠遣將朱珍渡河赴之戊
子上御承天門大赦改元文德宰相韋昭度兼司空孔緯杜讓能加左右僕射
進階開府儀同三司並賜號持危啓運保乂功臣張濬兼兵部尚書進階開府
儀同三司左右神策十軍觀軍容使左金吾衞上將軍左右街功德使上柱國
弘農郡開國公楊復恭進封魏國公加食邑七千戶賜號忠貞啓聖定國功臣
以保鑾都將黔中節度使李鋋檢校司徒平章事保鑾都將陳珮檢校司空廣
州刺史嶺南東道節度使藩鎮諸侯進秩有差宰臣韋昭度率文武百寮上徽
號曰聖文睿德光武弘孝皇帝三月戊戌朔正殿受冊庚子上暴疾壬寅大漸
癸卯宣制睿弟壽王傑爲皇太弟勾當軍國事是夕崩於武德殿聖壽二十七

羣臣上謚曰惠聖恭定孝皇帝廟號僖宗其年十二月葬于靖陵

史臣曰恭帝沖年纘曆政在宦臣惕勵虔恭殷憂重慎屬世道交喪海縣橫流赤眉搖蕩於中原黃屋流離於遐徼黔黎塗炭宗社丘墟而猶藩垣多仗義之臣心腹有盡忠之輔驅駕豪傑號令軍戎終誅伏莽之徒大雪失邦之恥而令孜一爲謬計幾喪丕圖雖如綫之僅存固棼絲之莫救茫茫禹迹空悲文命之艱難赫赫宗周竟墜文王之基業非僖皇失道之過其土運之窮歟悲夫

贊曰運曆將窮人君幼沖塵飛巨盜波駭羣雄天既降喪人罕輸忠迴鑾返正禁旅之功

舊唐書卷十九下

舊唐書卷十九下考證

僖宗本紀乾符元年十二月詔具務多上之辦寧亂整上之師○臣德潛按二上字誤以重點爲上乃多多之辦整整之師也已改正

二年春正月宰相崔彥昭率文武百僚上尊號上御正殿受冊○新書在元年十一月

二月以吏部侍郎裴坦爲兵部侍郎充諸道鹽鐵轉運使○臣德潛按新書坦于乾符元年二月入相五月已薨顯然互異但兩書無傳可考未知孰是

三年春正月浙西奏誅王郢徒黨○臣德潛按新書不著郢誅年月綱目書四年閏二月王郢衆降郢走明州敗死則此時尙未平也疑誤

六月以門下侍郎崔彥昭兼左僕射○六月二字衍文以上已書六月也

四年五月以前綿州刺史皇甫鏞爲秘書少監○沈炳震曰鏞係皇甫鎛弟本傳于開成初卒鏞字疑誤

中和元年秋七月丁未朔乙未車駕至西蜀○新書正月壬子幸成都通鑑亦

在正月

八月諸葛爽降賊僞署爽河陽節度使○新書在廣明元年十二月据傳當從

新書

光啓二年夏五月襄王熅僭卽皇帝位○新書在十月丙午綱目同新書

三年六月詔修奉太廟使宰相鄭延昌修奉○沈炳震曰舊書昭宗大順二年

十二月入相新書景福元年三月入相僖宗時總未相也此條已書宰相而

前無同平章事文明係錯誤

文德元年二月宰臣韋昭度率文武百僚上徽號曰聖文睿德光武弘孝皇帝

○沈炳震曰此乃大順元年上昭宗徽號非僖宗也應誤

舊唐書卷十九下考證

舊唐書卷二十上

後晉司空同中書門下平章事劉昫撰

本紀第二十上

昭宗

昭宗聖穆景文孝皇帝諱曄懿宗第七子母曰惠安太后王氏以咸通八年二月二十二日生於東內十三年四月封壽王名傑乾符四年授開府儀同三司同幽州大都督幽州盧龍等軍節度押奚契丹管內觀察處置等使帝於僖宗母弟也尤相親睦自艱難播越嘗隨侍左右握兵中要皆奇而愛之文德元年二月僖宗暴不豫時初復宮闈人心傾矚遽聞被疾軍民駭愕及大漸之夕而未知所立羣臣以吉王最賢又在壽王之上將立之唯軍容楊復恭請以壽王監國三月六日宣遺詔立爲皇太弟八日柩前卽位時年二十二以司空韋昭度攝冢宰己丑見羣臣始聽政帝攻書好文尤重儒術神氣雄俊有會昌之遺風以先朝威武不振國命寖微而尊禮大臣詳延道術意在恢張舊業號令天

下卽位之始中外稱之四月戊辰朔庚午追諡聖母惠安太后曰恭獻乙亥河南尹張全義以兵襲李罕之於河陽罕之出據澤州魏博衙軍殺其帥樂彥禎於龍興寺又擊樂從訓敗之從訓以殘衆保洹水爲羅宗弁陷其城而殺之壬午蔡賊孫儒陷揚州楊行密潰圍而出據宣州孫儒自稱淮南節度仍率其衆攻宣州五月丁酉朔制以宣武軍節度使檢校侍中沛郡王朱全忠爲蔡州四面行營兵馬都統自秦賢石璠敗後蔡賊漸弱時溥方爲全忠所攻故移溥都統之命授全忠壬寅蔡賊將僞署荊襄節度使趙德諲遣使歸朝願討賊自効乃以德諲爲蔡州四面行營副都統德諲遂以荊襄之兵屬全忠六月丁卯朔以川賊王建大亂劍南陳敬瑄告難制以開府儀同三司守司空門下侍郎同平章事太淸宮使弘文館大學士延資庫使上柱國扶陽郡開國公食邑二千戶韋昭度檢校司徒門下侍郎平章事兼成都尹充劍南西川節度副大使知節度事兼兩川招撫制置等使蔡州行營奏大破賊於龍陂進軍以逼賊城七月丙申朔澤州刺史李罕之引太原之師攻河陽爲汴將丁會所敗退還高平

九月乙未汴將朱珍敗時溥之師于埇橋遂陷宿州自是溥嬰城不敢復出汴將胡元琮急攻蔡州十二月甲子朔蔡州牙將申蘂執秦宗權撾折其足乞降詔中使宣諭便以蘂權知留後比中使至別將郭璠殺申蘂篡宗權縶送汴州蔡申光等州平詔賜蔡州行營兵士錢二十五萬貫令度支逐近支給是月葬僖宗於靖陵

龍紀元年春正月癸巳朔上御武德殿受朝賀宣制大赦改元中外文武臣寮進秩頒爵有差以劍南西川節度兩川招撫制置使韋昭度檢校司空爲東都留守以翰林學士承旨兵部侍郎知制誥劉崇望本官同平章事以刑部侍郎孫揆爲京兆尹二月癸亥朔己丑汴州行軍司馬李璠監送逆賊秦宗權幷妻趙氏以獻上御延喜門受俘百寮稱賀以之徇市告廟社斬於獨柳趙氏笞死初自諸侯收長安黃巢東出關與宗權合巢賊雖平而宗權之兇徒大集西至金商陝虢南極荊襄東過淮甸北侵徐兗汴鄭幅圓數十州五六年間民無耕織千室之邑不存一二歲既凶荒皆膾人而食喪亂之酷未之前聞宗權既平

而朱全忠連兵十萬吞噬河南兗鄆青徐之間血戰不解唐祚以至於亡中書
奏請以二月二十二日爲嘉會節從之三月壬辰朔以右僕射門下侍郎同平
章事孔緯守司空太清宮使弘文館大學士延資庫使領諸道鹽鐵轉運等使
以右僕射門下侍郎集賢殿大學士杜讓能爲左僕射監修國史判度支以中
書侍郎戶部尚書同平章事張濬爲集賢殿大學士判戶部事四月壬戌朔以
宣武淮南等節度副大使知節度事管內營田觀察處置等使開府儀同三司
檢校太傅兼侍中揚州大都督府長史汴州刺史充蔡州四面行營都統上柱
國沛郡王食邑四千戶朱全忠爲檢校太尉中書令進封東平王仍賜賞軍錢
十萬貫五月壬辰朔漢州刺史王建陷成都府遷陳敬瑄于雅州建自稱西川
兵馬留後復用田令孜爲監軍六月辛酉朔邢洺節度使孟方立卒三軍推其
弟洺州刺史遷爲留後太原李克用出軍攻之杭州刺史錢鏐攻宣州下之擒
劉浩剖心以祭周寶七月詔於杭州置武威軍以鏐爲本軍防禦觀察等使十
月己未朔青州節度使王敬武卒制以特進太子少師博陵郡開國侯食邑一

千戶崔安潛檢校太傅兼侍中青州刺史平盧軍節度觀察押新羅渤海兩蕃等使青州三軍以敬武子師範權知兵馬事十一月己丑朔將有事於圓丘改御名曰曄辛亥上宿齋於武德殿宰相百寮朝服于位時兩軍中尉楊復恭及兩樞密皆朝服侍上太常博士錢珝李綽等奏論之曰皇帝赴齋宮內臣皆服朝服臣檢國朝故事及近代禮令並無內官朝服助祭之文伏惟皇帝陛下承天御曆聖祚中興祗見宗祧克陳大禮皆稟高祖太宗之成制必循虞夏商周之舊經軒冕服章式遵彝憲禮院先准大禮使牒稱得內侍省牒要知內臣朝服品秩禮院已准禮令報訖今參詳近朝事例若內官及諸衞將軍必須製冠服即各依所兼正官隨資品依令式服本官之服事存傳聽且可俯從然亦不分明著在禮令乞聖慈允臣所奏狀入至晚不報錢珝又進狀曰臣今日巳時進狀論內官冠服制度未奉聖旨伏以陛下虔事郊禋式遵彝範凡關典禮必守憲章今陛下行先王之大禮而內臣遂服先王之法服來日朝獻大聖祖臣贊導皇帝行事若侍臣服章有違制度是為非禮上瀆祖宗臣期不奉勅臣謬

當聖代叨備禮官獲正朝儀死且不朽脂膏泥滓是所甘心狀入降朱書御札
曰卿等所論至當事可從權勿以小瑕遂妨大禮於是內四臣遂以法服侍祠
甲寅圜丘禮畢御承天門大赦十二月戊午宰臣杜讓能兼司空
大順元年春正月戊子朔御武德殿受朝賀宰臣百寮上徽號曰聖文睿德光
武弘孝皇帝禮畢大赦改元大順二月丁巳宰臣兼國子祭酒孔緯以孔子廟
經兵火有司釋奠無所請內外文臣自觀察使制使下及令佐於本官料錢上
緡抽十文助修國學從之宣武節度使朱全忠進位守中書令加食邑千戶餘
如故太原都將安金俊攻圍邢州歷年城中食盡邢洺觀察使孟遷以城降乃
以孟遷之族歸太原克用以大將安建爲邢洺留後三月丁亥朔朱全忠上表
關東藩鎮請除用朝廷名德爲節度觀察使如藩臣固位不受代臣請以兵誅
之如王徽裴璩孔晦崔安潛等皆縉紳名族踐歷素高宜用爲徐鄆青兗等道
節度使從之昭義節度使李克修卒太原帥克用之弟也三軍推克修弟克恭
知留後事四月丙辰朔李克用遣大將安金俊率師攻雲州赫連鐸求援於幽

州李匡威出兵援之戰于蔚州太原軍大敗燕軍執安金俊獻之于朝李匡威
赫連鐸朱全忠等上表請因沙陀敗亡臣與河北三鎮及臣所鎮汴滑河陽之
兵平定太原願朝廷命重臣一人都總戎事昭宗以太原於艱難時立興復大
功心疑其事下兩省御史臺尚書省四品已上官議唯黨全忠者言其可伐不
可者十之七宰臣杜讓能劉崇望深以爲不可惟張濬議曰先朝再幸興元實
沙陀之罪比慮河北諸侯與之膠固無以滌除今兩河大藩皆願誅討不因其
離貳而除之是當斷失斷也孔緯曰濬言是也軍容楊復恭曰先朝蒙犯霜露
播越草莽七八年間寢不安席雖賊臣搖蕩於外亦由失制於中陛下纘承人
心忻戴不宜輕舉干戈爲國生事望優詔報全忠且以柔服爲辭上然之全忠
密遣濬之親黨賂濬濬恃全忠之援論奏不已天子僶俛從之五月制特進中
書侍郎兵部尚書同平章事集賢殿大學士上柱國河間郡開國伯食邑七百
戶張濬爲太原四面行營兵馬都統京兆尹孫揆副之以華州節度使韓建爲
北面行營招討都虞候供軍等使以宣武節度使朱全忠爲太原東南面招討

使成德軍節度使王鎔爲太原東面招討使幽州節度使李匡威爲太原北面
招討使雲州防禦使赫連鐸副之丙午潞州軍亂殺其帥李克恭監軍使薛纘
本函克恭首獻之于朝濬方起兵朝廷稱賀壬子都招討使張濬孫揆率神策
諸軍三千赴行營昭宗御安喜門臨送誡誓之六月乙卯李克用大將權知邢
洺兵馬留後安建上表請以三州歸順遣中使往勞之制以德州刺史權知滄
州兵馬留後盧彥威檢校尚書右僕射兼滄州刺史御史大夫充義昌軍節度
滄德觀察處置等使彥威光啓初逐其帥楊全玫求旄節朝廷以扈蹕都將曹
誠爲滄德節度使誠雖不至任而彥威之請不行至是王鎔羅弘信因張濬用
兵爲彥威論請故有斯授以京兆尹行營兵馬副招討孫揆檢校兵部尚書兼
潞州大都督府長史充昭義節度副大使知節度事張濬會諸軍於晉州朱全
忠選汾卒三千爲張濬牙隊秋七月乙酉朔王師屯于陰地太原大將康君立
以兵拒戰朱全忠遣大將葛從周率千騎入潞州從周權充兵馬留後朱全忠
奏已差兵士守潞州請節度使孫揆赴鎮時中使韓歸範押揆旌節官告送至

行營丙申撲建節率兵二千自晉州赴鎮昭義戊申至長子縣山谷中太原騎
將李存孝伏兵執撲與韓歸範牙兵五百俘送太原餘兵悉爲存孝所殺太原
將康君立率兵二萬攻潞州九月甲申幽州雲州蕃漢兵三萬攻鴈門太原將
李存信薛阿檀擊敗之汴將葛從周棄上黨康君立入據之克用以君立爲澤
潞兵馬留後十一月癸丑朔太原將邢州刺史李存孝自恃擒孫撲功合爲昭
義帥怨克用授康君立存孝自晉州率行營兵歸邢州據城上表歸朝仍致書
與張濬王鎔求援克用遣大將李存信薛阿檀拒王師于陰地三戰三捷由是
河西鄜夏邠岐之軍渡河西歸韓建以諸軍保平陽存信追之建軍又敗建退
保絳州張濬以汴卒禁軍萬人在晉州存信攻之三日相與謀曰張濬宰相俘
之無益天子禁兵不宜加害如得平陽於我無利遂退舍五十里而軍十二月
壬午朔張濬韓建拔晉絳遁去李存信收晉絳大掠河中四郡丙寅制特進中
書侍郎平章事太原四面行營都統張濬可檢校兵部尚書兼鄂州刺史御史
大夫充鄂岳觀察使以開府儀同三司守司徒門下侍郎同平章事上柱國魯

國公食邑三千戶充諸道鹽鐵轉運等使孔緯檢校司徒兼江陵尹荊南節度觀察處置使庚午新除鄂岳觀察使張濬責授連州刺史新除荊南節度使孔緯責授均州刺史並馳驛赴任太原軍屯晉州李克用遣中使韓歸範還朝因上表訴冤言被賊臣張濬依倚朱全忠離間功臣致削奪臣官爵朝廷欲令釋減下羣臣議其可否左僕射韋昭度等議曰賞功罰否前聖之令猷含垢匿瑕百王之垂訓是以雷解而義文象德網開而湯化歸仁用彼懷柔式存彝範上自軒農之代下臻文武之朝罔不允洽寬弘以流霈澤況國家德祖守成之日憲宗致理之時車軌一同桑麻萬里燭龍外野悉在梯航火鼠窮郊咸歸正朔然猶王承宗擁兵鎮冀詔范希朝討之仍歲無功卒行赦宥而又朱滔以幽州之衆結田悅李納王武俊之強遣馬燧等征之不克旋又寬之以累聖之典謨睿哲大朝之紀律文明非不欲厲彼風驅快其電掃然且考春秋之義稽楚鄭之文或退而許平或服而更捨存於舊史載彼新書李克用代漠強宗陰山貴胤呼吸而風雲作氣指麾而草樹成形仰天指心誓獻秩訾之首伏弢歐血屢

親都護之營所謂勇多上人自匪窮來歸我及陛下聖考懿宗皇帝之朝彭門失守親驅銳卒首建殊功而先帝卽位之初諸宮大擾復提義旅克靜妖氛其後封豕長蛇荐食上國繼以子朝之亂皆因重耳之盟保大朝之宗祧垂中興於簡冊蓋聖王之御天下也有勳可書有績可載宥過不忘於十代念功豈止於一時天高聽卑請事斯語且四海之內創痏猶殷九貢之邦綱條未理昨者遽起邠岐之衆尋已退還又徵燕薊之師倏聞內變出於饟饋失職資屝絕供致此投戈是乖借箸蓋下計之未熟非聖謀之不臧儻宸斷重離天機間出錄茲成款散彼師徒虛其念舊之懷待以如初之禮臣等所議實以在斯抑又聞往者漢將趙充國欲因邊境衰弱出兵擊之於是魏相上書畫陳利害且曰恃國家之大矜人物之衆欲見威於敵者謂之驕兵兵驕者滅非但人事乃天道也又曰臣不知此兵何名者也兵出無名事乃不成漢宣納之竟罷其伐伏惟皇帝陛下鑒往古用師之難採列聖遷善之美恩加區宇信及豚魚則臣等不勝懇願況今汴魏猶艱幽定方困縱遣之調發豈能集事虛行號令徒召寇讎

將以剿人非唯辱國且黠戛斯舉勤王之衆推劾命之誠未能虜騎獨攻所望漢兵同力令茲數鎮奔命不遑難致濟師恐又生事諭其漸當暑熱非利戎旃悉力頒霑遣還蕃部重盈陳五郡之卒益謹關防王珙振兩河之雄更嚴旗鼓然後獎其上表哀以自陳錄彼前勞責之後効徵神爵之往典還日逐之故封諭其已斥王恭不使更疑晉帝凡百臣子實切乃誠其克用在身官爵並請却還仍依前編入屬籍從之以翰林學士承旨兵部侍郎崔昭緯本官同平章事御史中丞徐彥若爲戶部侍郎同平章事尙書右僕射王徽卒贈司空諡曰貞二年春正月壬子朔李克用急攻邢州李存孝求援於王鎔鎔出軍援之屯于堯山克用自太原至擊敗之進圍邢州司徒門下侍郎平章事杜讓能進位太尉太淸宮使弘文館大學士延資庫使領諸道鹽鐵轉運等使以中書侍郎吏部尙書平章事劉崇望爲門下侍郎監修國史判度支事工部侍郎平章事崔昭緯判戶部事二月辛巳李克用復檢校太師中書令太原尹北都留守河東節度觀察處置等使時張濬韓建兵敗後爲太原將李存信等所追至是方自

舍山踰王屋出河清達于河陽屬河溢無舟檝遽壞人廬舍爲木罌數百方獲渡人多覆溺休其徒於司徒廟是役也朝廷倚朱全忠及三鎭兵全忠方連兵徐鄆乃求兵糧于鎭魏全忠終不至行營鎭魏倚太原爲扞蔽如破太原郡恐危鎭魏王鎔羅弘信亦不出師唯邠岐華鄜夏烏合之衆會晉州兵未交而孫揆擒燕卒敗所以河西岐下之師望風潰散而濬建至敗全忠以鎭魏不助兵糧觀望遣龐師古將兵討魏陷十縣羅弘信乞盟乃退棣州刺史張蟾爲青州將王師範所敗新授平盧節度使崔安潛自棣州歸朝復授太子少師三月辛亥朔以青州權知兵馬留後王師範檢校兵部尙書兼青州刺史御史大夫充平盧軍節度觀察押新羅渤海兩蕃等使淮南節度孫儒爲宣州觀察使楊行密所殺初行密揚州失守據宣州孫儒以兵攻圍三年是春淮南大飢軍中疫癘死者十三四是月孫儒亦病爲帳下所執降行密行密乃併孫儒之衆復據廣陵六月王鎔出軍援李存孝克用大舉討鎭州七月太原軍出井陘屯於常山鎭大掠鎭趙深諸郡幽州節度使李匡威自率步騎三萬援王鎔八月克用

班師九月丁未朔乙卯天子賜左軍中尉楊復恭几杖以大將軍致仕復恭怒稱病不受詔十月丁丑朔甲申天威軍使李順節率禁兵討楊復恭復恭假子玉山軍使楊守信以兵拒之列陣于昌化里昭宗登延喜樓陳兵自衛以俟變相持至晚不戰而退是夜守信乃擁其衆衛復恭出京師且戰且行出通化門由七盤路之商州又令義兒張綰爲後殿永安都頭安權追及綰擒之而還十一月朱全忠上表請移時溥節鎮是月汴軍陷宿州乃授溥太子太師溥將劉知俊降汴軍鎮州王鎔幽州李匡威復謀攻定州以分其地王處存求援於太原十二月丙子朔以光祿大夫門下侍郎右僕射平章事監修國史判度支上柱國彭城縣開國男劉崇望檢校司空同平章事兼徐州刺史充武寧軍節度徐宿觀察制置使時李順節恃恩恣横出入以兵仗自隨兩軍中尉劉景宣西門君遂懼其窺圖非望丁亥兩中尉傳詔召順節順節以甲士三百自隨至銀臺門門司傳詔止從者兩中尉在仗舍邀順節坐次令部將嗣光審斫順節頭隨劍落其部下知順節死大譟出延喜門是日天威捧日登封三都亂剽永寧

里至晚方定戶部尚書鄭延昌爲中書侍郎平章事判度支
景福元年春正月丙午朔上御武德殿受朝賀大赦改元景福鳳翔李茂貞邠
州王行瑜華州韓建同州王行約秦州李茂莊等上表疏與元楊守亮納叛臣
楊復恭請同出本軍討伐兼自備供軍糧料不取給於度支只請加茂貞山南
招討使名內臣皆不可其奏昭宗亦以茂貞得山南之後有問鼎之志詔久之
不下茂貞怒與王行瑜不俟進止發兵攻興元累請招討之命兼與宰相杜讓
能中尉西門君遂書詞語詬詈凌蔑王室昭宗心不能容二月丙子朔庚寅太
原易定之兵合勢攻鎮州王鎔復告難於幽州李匡威率步騎三萬赴之時太
原之衆軍於常山鎮易定之衆軍堅固鎮燕趙之卒分拒之三月克用處存斂
軍而退四月乙亥左軍中尉西門君遂殺天威軍使賈德晟時德晟與李順節
俱掌天威軍順節死中尉惡德晟誣奏殺之是日德晟部下千餘騎出奔鳳翔
自是岐軍益盛五月甲辰制以河南尹張全義檢校司徒同平章事兼孟州刺
史充河陽三城節度孟懷澤觀察等使七月燕趙之卒合勢援邢州太原大將

李存信率軍拒於堯山王鎔大敗而還十一月辛丑鳳翔邠寧之衆攻興元府陷之山南西道節度使楊守亮與前左軍中尉楊復恭判官李巨川突圍而遁將奔太原李茂貞表其子繼密權知興元府事十二月辛未朔華州節度使韓建奏於乾元縣遇與元潰散兵士擊敗之其楊守亮楊復恭並已處斬訖皆傳首京師

二年春正月辛丑朔制以權知劍南東川兵馬留後顧彥暉檢校尙書右僕射兼梓州刺史御史大夫充劍南東川節度觀察等使時王建連年攻彥暉李茂貞欲與建爭東川故表請彥暉正授旄鉞亦修好也二月庚午朔太原李克用以兵攻鎮州師出井陘王鎔懼再求救于幽州甲申李匡威復來赴援太原之軍還邢州三月庚子制以捧日都頭陳珮爲廣州刺史嶺南東道節度使扈蹕都頭曹誠爲黔州刺史黔中節度使耀德都頭李鋋爲潤州刺史鎮海軍節度使宣威都頭孫惟晟爲江陵尹荊南節度使並加特進同平章事各令赴鎮並落軍權時朝議以茂貞傲侮王命武臣難制欲用杜讓能及親王典禁兵故罷

五將之權兼以平章事悅其心太尉杜讓能册拜加食邑至六千戶是月幽州節度使李匡威弟匡籌據幽州自稱留後以符追行營兵兵皆還幽州匡威既無歸路遣判官李貞抱入奏請朝覲王鎔感匡威援助之惠乃築第於恆州迎匡威處之四月己巳汴將王重師牛存節陷徐州節度使時溥舉家自燔而死朱全忠遣將龐師古守徐州六月丁酉朔乙卯幽州節度使李匡威謀害王鎔而奪其帥恆州三軍攻匡威殺之戊午制太尉門下侍郎平章事晉國公杜讓能加食邑至九千戶門下侍郎吏部尚書平章事崔昭緯進階光祿大夫中書侍郎平章事鄭延昌兼刑部尚書並加食邑至千戶以祠部郎中知制誥陸扆爲中書舍人依前翰林學士幽州節度使李匡籌遣使檄王鎔訊殺匡威之罪二藩結怨朱全忠遣判官韋震使幽州和解之七月李克用與兵攻鎮州敗王鎔軍於平山鎔懼乞盟請以兵糧助攻邢州許之克用遂旋軍襄國癸未制以鳳翔隴州節度使檢校太尉中書令鳳翔尹上柱國岐王食邑四千五百戶李茂貞爲興元尹山南西道節度等使以中書侍郎同平章事徐彥若檢校尚書

左僕射同平章事兼鳳翔尹充鳳翔隴州節度使時茂貞恃兵求兼領山南節度昭宗久之不行茂貞表章不遜深詆時政上不能容將加兵問罪故以彥若代之八月丙申朔以嗣覃王爲京西招討使神策大將軍李鐬副之九月丙寅朔以武威軍防禦使錢鏐爲鎮海軍節度浙江西道觀察處置等使仍移鎮海軍額於杭州乙亥覃王率扈駕五十四軍進攻岐陽屯于興平李茂貞以兵逆戰屯于盩厔壬午岐軍進逼興平王師自潰茂貞乘勝逼京師進屯三橋甲申昭宗御安福門斬觀軍容使西門君遂內樞密使李周潼遣中使賜茂貞詔令收兵歸鎮茂貞陳兵臨皐驛數宰臣杜讓能之罪請誅之制貶太尉平章事晉國公杜讓能爲雷州司戶十月乙未賜杜讓能自盡其弟戶部侍郎弘徽坐讓能賜死十一月制以鳳翔節度使李茂貞守中書令進封秦王兼興元尹山南西道節度使邠州節度使王行瑜賜號尚父賜鐵券以門下侍郎吏部尚書平章事監修國史崔昭緯兼尚書左僕射充諸道鹽鐵轉運等使以特進行右僕射韋昭度爲司空門下侍郎同平章事弘文館大學士太清宮使延資庫使中

書侍郎刑部尙書平章事判度支鄭延昌能知政事守尙書左僕射以病求罷故也以新除鳳翔節度使徐彥若復知政事戶部侍郎判戶部事王摶本官同平章事

乾寧元年春正月乙丑朔上御武德殿受朝宣制大赦改元乾寧鳳翔李茂貞來朝大陳兵衞獻妓女三十人宴之內殿數日還藩時茂貞有山南梁洋興鳳岐隴秦涇原等十五餘郡甲兵雄盛淩弱王室頗有問鼎之志二月汴人大敗兗鄆之軍於東阿瑄瑾勢蹙求援於太原李克用出師援之三月甲子朔太原軍攻邢州陷之執其逆將李存孝檻送太原裂之克用以大將馬師素權知邢洺團練事五月蔡賊孫儒部將劉建鋒攻陷潭州自稱湖南節度使以翰林學士中書舍人陸扆爲戶部侍郎知制誥充職六月壬辰李克用攻陷雲州執大同防禦使赫連鐸以其牙將薛志勤守雲中十月庚寅以中書侍郎平章事王摶爲湖南節度使以翰林學士承旨禮部尙書知制誥李磎爲戶部侍郎同平章事宣制之日水部郎中知制誥劉崇魯出班而泣言磎姦邪黨附內官不可

居輔弼之地由是制命不行戊申制御史中丞崔胤爲兵部侍郎同平章事是月李克用以太原之衆進攻幽州十二月幽州節度使李匡籌潰圍而遁克用陷幽州以李匡威故將劉仁恭爲幽州兵馬留後是月李匡籌南奔赴闕至景城爲滄州節度使盧彥威所殺
二年春正月己未朔河中節度使檢校太師中書令河中尹上柱國琅邪郡王王重榮卒三軍立重榮子行軍司馬珂知留後事二月己丑朔王重榮子陝州節度使珙絳州刺史瑤舉兵討王珂兼上章訴珂冒姓非重榮子珂珙爭爲蒲帥上遣中使慰勞三月制以中書侍郎同平章事崔胤檢校尚書左僕射同平章事河中尹充河中節度晉絳慈隰觀察處置等使浙東節度使董昌僭號稱羅平國年稱大聖用婺州刺史蔣環爲宰相仍僞署官員鎮海軍節度使錢鏐請以本軍進討從之以翰林學士承旨兵部侍郎知制誥趙光逢爲尚書左丞依前充職太原李克用上章言王重榮有功於國其子珂宜承襲請賜節鉞邠州王行瑜鳳翔李茂貞華州韓建各上章言珂螟蛉不宜纘襲請以王珂爲陝

州王珙爲河中天子以先允克用之奏久之不下五月丁巳朔甲子李茂貞王行瑜韓建等各率精甲數千人入覲京師大恐人皆亡竄吏不能止昭宗御安福門以俟之三帥既至拜舞樓下昭宗臨軒自諭之曰卿等藩侯宜存臣節稱兵入朝不由奏請意在何也茂貞行瑜汗流洽背不能對唯韓建陳敘入覲之由上並召升樓賜之巵酒宴之於同文殿茂貞行瑜極言南北司相傾深蠹時政請誅其太甚者乃貶宰相韋昭度李磎尋殺之於都亭驛殺內官數人而去王行瑜留弟行約茂貞留假子閻圭各以兵二千人宿衛時三帥同謀廢昭宗立吉王聞太原起軍乃止留兵宿衛而還壬申以責授均州司戶孔緯繡州司戶張濬並爲太子賓客以翰林學士戶部侍郎知制誥陸扆爲兵部侍郎充職六月丁亥朔以京兆尹嗣薛王知柔兼戶部尚書判度支兼諸道鹽鐵轉運等使壬辰以太子賓客孔緯爲吏部尚書尋復開府儀同三司守司空門下侍郎同平章事弘文館大學士太清宮延資庫使上柱國魯郡開國公食邑四千戶食實封二百戶仍號持危啓運保乂功臣時緯在華州尋屬太原軍至而止以

太子賓客張濬復光祿大夫行兵部尚書上柱國河間郡開國侯食邑二千戶
濬在長水亦不至京師復以王摶爲中書侍郎平章事七月丙辰朔李克用舉
軍渡河以討王行瑜李茂貞韓建等稱兵詣闕之罪庚申同州節度使王行實
棄郡入京師謂兩軍中尉駱全瓘劉景宣曰沙陀十萬至矣請奉車駕幸邠州
且有城守時景宣附鳳翔癸亥夜閻圭與劉景宣子繼晟同州王行實縱火剽
東市請上出幸上聞亂登承天門遣諸王率禁兵禦之捧日都頭李筠率本軍
侍衞樓上閻圭以鳳翔之卒攻李筠矢及御座之樓扉上懼下樓與親王公主
內人數百幸永興坊李筠營扈蹕都頭李君實以繼至乃與筠兩都兵士侍衞
出啓夏門憩於華嚴寺以候內人繼至其日晚幸莎城鎮京師士庶從幸者數
十萬比至南山谷口暍死者三之一至暮爲盜寇掠慟哭之聲殷動山谷權令
京兆尹知柔中書事及隨駕置頓使信宿宰相徐彥若王摶崔胤三人至乃移
石門鎭之佛宮仍令知樞密劉光裕薛王知柔歸京師制置合禁軍以備宮禁
丙寅李克用遣牙將閻諤奉表奔問奏屯軍河中候進止發赴邠州丁卯上遣

內官張承業傳詔克用軍使令監太原行營兵馬發赴新平又令內官郄廷立傳詔涇州令張鐇起涇原之師會克用軍上在南山半月餘克用仍在河中未至渭北上懼鳳翔兵士刼遷乃令延王將御服鞍馬玉器等至河中宣諭曰朕以景宣全瓘行實繼鵬爲表裏之姦謀縱干戈於雙闕煙塵倏忽刼殺縱横朕偶脫鋒鋩遂移輦輅所爲巡幸止在近郊蓋知卿統領雄師駐臨蒲坂累飛書詔繼遣使人期卿以社稷爲憂君親在念必思響應速議龔行豈謂將涉兩旬未有來表憂虞是切寢食不遑豈忠義不切疚懷而道途或有阻滯今則專令親信懇託勳賢故遣延王戒丕丹王允與供奉官王魯紆等宣示卿宜便董貔貅徑臨邠鳳蕩平妖穴以拯阽危是所望也八月乙酉朔延王至河中克用已發前鋒至渭北又令史儼率五百騎赴行在侍衛己丑克用自至渭橋砦癸巳於棃園殺邠軍數千獲其大將王令陶以獻又詔鄜州節度使李思孝本軍進討丁酉制以河東節度使開府儀同三司守太師中書令兼太原尹北都留守上柱國隴西郡王李克用爲邠寧四面行營都招討使夏州節度使李思諫充

邠寧東北面招討使涇原節度使張鐇充邠寧西面招討使河中節度使王珂
充行營供軍糧料使李茂貞聞之懼斬閻圭武秃子傳首行在上章請罪辛丑
制削奪王行瑜在身官爵改授李克用邠寧四面行營都統其大將蓋寓李存
信閻鍔判官王讓李襲吉等並降詔錫賚又以河中都監袁李貞充邠寧四面
行營兵馬都監押壬寅李克用遣子存貞奉表行在請車駕還宮答詔曰昨延
王迴言卿憂時體國執禮輸忠接遇之間周旋盡節備知肺腑識我恩榮靜惟
尊主之心果契知臣之分朕欲取今月二十四日却復都城冀寧兆庶倚我勳
德有若長城速伸翦盪之謀以慰黔黎之望癸卯又令延王傳詔令克用發騎
軍三千赴三橋屯駐以備迴鑾辛亥車駕還宮壬子司空門下侍郎平章事監
修國史諸道鹽鐵轉運使崔昭緯罷知政事爲太子賓客以河中兵馬留後王
珂檢校司空兼河中尹御史大夫充護國軍節度河中晉絳慈隰觀察等使以
幽州兵馬留後劉仁恭檢校司空兼幽州大都督府長史充幽州盧龍軍節度
押奚契丹等使以故左軍中尉楊復恭開府魏國公並從克用奏請也九月甲

寅朔丙辰制光祿大夫守尚書左僕射門下侍郎同平章事監修國史上柱國東莞郡公徐彥若爲司空門下侍郎同平章事太清宮修奉太廟等使弘文館大學士延資庫使充諸道鹽鐵轉運等使正議大夫中書侍郎同平章事王摶爲金紫光祿大夫戶部尚書門下侍郎監修國史判度支正議大夫中書侍郎同平章事崔胤爲金紫光祿大夫兼禮部尚書集賢殿大學士判戶部事並賜號扶危匡國致理功臣癸亥司空門下侍郎平章事太清宮修奉太廟等使弘文館大學士延資庫使上柱國魯郡開國公孔緯卒贈太尉十月甲申朔王師破賊黎園砦俘斬萬計行瑜由是嬰城自固丁亥制敕繫因其節文曰某任崇柱石位重台衡或委以軍權或參諸宥密竟因連謗終至禍名鬱我好生嗟乎強死應大順已來有非罪而加削奪者並復官資其杜讓能西門君遂李周潼已下並與昭雪還其爵秩韋昭度頃處台司每伸相業王行瑜求尚書令獨能抑之致於沉冤諒由此事李谿文章宏贍迥出輩流竟以朋黨之間擠於死地凡在有識孰不咨嗟宜並與昭洗仍復官爵又勅太子賓客崔昭緯責授梧州

司馬水部郎中知制誥劉崇魯貶崖州司戶又詔邠州行營都統曰邠州節度
副使崔鋋破賊之時勿令漏網鋋與昭緯去年朋黨交結行瑜構合禍胎原由
此賊付四面行營知委是月四面行營大集邠州十一月癸未朔壬寅王行瑜
與其妻子部曲五百餘人潰圍出奔至慶州行瑜爲部下所殺并其家二百口
並詣行營乞降李克用遣牙將閻鍔獻于京師十二月甲申朔昭宗御延喜門
受俘馘百寮樓前稱賀制以李克用守太師中書令進封晉王食邑九千戶改
賜忠貞平難功臣是月克用班師太原制皇第三子祤封棣王第五子禊封虔
王第六子禋封沂王第七子禕封遂王
三年春正月癸丑朔制以特進戶部尚書兼京兆尹嗣薛王知柔檢校司徒兼
廣州刺史御史大夫充清海軍節度嶺南東道觀察處置等使以尚書右丞崔
澤爲鳳州刺史魏博羅弘信擊敗太原軍於莘縣初兗鄆求援于太原克用令
蕃將史完府何懷寶等千騎赴之至是又令大將李存信屯于莘縣魏人常假
其道存信戢軍不謹或侵擾魏民弘信怒伏兵擊之其軍宵潰自是弘信南結

于梁與太原絕兗鄆已至俱陷二月壬子朔制以通王滋爲開府儀同三司判侍衞諸道軍事以銀青光祿大夫戶部尚書嘉興縣子食邑五百戶陸扆爲兵部尚書三月壬子朔以考功員外郎集賢殿學士杜德祥爲工部郎中知制誥四月壬午朔湖南軍亂殺其帥劉建鋒三軍立其部將權知邵州刺史馬殷爲兵馬留後鎮海軍節度使錢鏐攻越州下之斬董昌平浙東制加錢鏐檢校太尉中書令五月辛巳責授梧州司馬崔昭緯賜自盡制金紫光祿大夫戶部尚書門下侍郎平章事監修國史上柱國太原郡開國公王摶爲檢校尚書左僕射同平章事兼越州刺史充鎮東軍節度浙江東道觀察處置等使六月庚戌李克用率沙陀幷汾之衆五萬攻魏州及其郛大掠於其六郡陷城安洹水臨漳十餘邑報莘之怨也鳳翔李茂貞怨國家有朱玫之討絕朝貢謀將犯闕天子命覃王治兵以俟變是月茂貞上章請以兵師入覲上令通王覃王延王分統安聖捧宸保寧宣化等四軍以衞近畿丙寅鳳翔軍犯京畿覃王拒之於婁館接戰不利秋七月庚辰朔壬辰岐軍逼京師諸王率禁兵奉車駕將幸太原

癸巳次渭北華州韓建遣子充奉表起居請駐蹕華州乃授建京畿都指揮安
撫制置催促諸道綱運等使詔謂建曰啓途之行已在河東今且幸鄜時甲午
次富平韓建來朝泣奏曰藩臣倔強非止茂貞雖太原勤王無宜巡幸臣之鎮
守控扼關畿兵力雖微足以自固陛下若輕捨近畿遠巡極塞去園陵宗廟寧
不痛心失魏闕金湯又非良算若輿駕渡河必難再復謀苟不臧悔之寧及願
陛下且駐三峯以圖恢復上亦泣下曰朕難奈茂貞忿不思難卿言是也乙未
次下邽丙申駐蹕華州以衙城爲行宮時岐軍犯京師宮室鄽閭鞠爲灰燼自
中和已來葺構之功掃地盡矣乙巳制以金紫光祿大夫中書侍郎兼禮部尚
書同平章事集賢殿大學士判戶部事上柱國博陵縣開國伯崔胤檢校尚書
左僕射兼廣州刺史御史大夫充清海軍節度嶺南東道觀察處置等使丙午
制以翰林學士承旨尚書左丞知制誥嘉興縣開國子食邑五百戶陸扆爲戶
部侍郎同平章事八月己酉朔甲寅新除鎮東軍節度使錢鏐權領浙江東道
軍州事戊午制以戶部侍郎平章事陸扆爲中書侍郎兼判戶部事九月己卯

朔汴州朱全忠河南尹張全義與關東諸侯俱上表言秦中有災請車駕遷都洛陽全忠全義言臣已表率諸藩繕治洛陽宮室優詔答之乙未制新除清海軍節度使崔胤復知政事胤之出鎮朱全忠再表請論奏言胤不宜去相位故有是命丁酉制中書侍郎集賢殿大學士判戶部事陸扆責授硤州刺史崔胤怒扆代己誣奏扆黨庇茂貞故也丙午制以鎮國軍節度使韓建檢校太尉兼中書令充修復宮闕京畿制置催促諸道綱運等使以京兆尹孫偓爲兵部侍郎同平章事十月戊申朔以中書舍人權知禮部貢舉薛昭緯爲禮部侍郎王子制以兵部侍郎平章事孫偓爲中書侍郎充鳳翔行營招討使甲寅偓於驛舍會諸將以議進軍戊午李茂貞上表章請罪願改事君之禮繼修職貢仍獻錢十五萬助修京闕韓建左右之師遂不行十一月丁丑朔以韓建兼領京兆尹京城把截使十二月丁未李克用縱兵俘剽魏博諸郡邑以前翰林學士承旨尚書左丞知制誥趙光遠爲御史中丞太常禮院奏權立行廟以備告鑾從之

四年春正月丁丑朔車駕在華州行宮受羣臣朝賀癸未汴將龐師古陷鄆州
節度使朱瑄與妻榮氏潰圍瑄至中都爲野人所殺榮氏俘於汴軍朱全忠署
龐師古爲鄆州兵馬留後宰相孫偓罷知政事守兵部尚書二月丙午朔戊申
汴將葛從周攻兗州陷之節度使朱瑾奔楊行密其將康懷貞降從周朱全忠
署從周爲兗州兵馬留後自是鄆齊曹棣兗沂密徐宿陳許鄭滑濮等州皆沒
於全忠唯王師範守青州亦納款於汴己未制朝議大夫守右散騎常侍上柱
國滎陽縣男鄭綮爲禮部侍郎同平章事癸丑責授硤州刺史陸扆爲工部尚
書甲寅華州防城將花重武告睦王已下八王欲謀殺韓建移車駕幸河中帝
聞之駭然召韓建諭之建辭疾不敢行帝即令通王已下詣建治所自陳建奏
曰今日未時睦王濟王韶王通王彭王韓王儀王陳王等八人到臣治所不測
事由臣酌量事體不合與諸王相見兼恐久在臣所於事非宜況睦王等與臣
中外事殊尊卑禮隔至於事柄未有相侵忽然及門意不可測又引晉室八王
撓亂天下事請依舊制令諸王在十六宅不合典兵其殿後捧日扈蹕等軍人

皆坊市無賴之徒不堪侍衛伏乞放散以寧衆心昭宗不得已皆從之是日囚
人王於別第殿後侍衛四軍二萬餘人皆放散殺捧日都頭李筠於大雲橋下
自是天子之衛士盡矣丙辰韓建上表請封拜皇太子親王以爲維城之計己
未制德王裕宜冊爲皇太子辛酉制第八男祕可封景王第九男祚可封輝王
第十男祺可封祁王第十一男禛可封雅王第十二男祥可封瓊王三月丙子
朔戊寅制韓建進封昌黎郡王改賜資忠靖國功臣以光祿大夫兵部尚書上
柱國河間郡開國侯食邑二千戶張濬爲尚書左僕射依前充租庸使四月丙
午朔就加福建節度使王潮檢校尚書右僕射韓建獻封事十條其三太子諸
王請置師傅教導乃以太子賓客王牘爲諸王侍讀宰相鄭綮以病乞骸乃罷
知政事五月乙亥朔以國子博士朱朴爲右諫議大夫同平章事七月甲戌帝
與學士親王登齊雲樓西望長安令樂工唱御製菩薩蠻詞奏畢皆泣下霑襟
覃王已下並有屬和八月甲辰朔以工部尚書陸扆爲兵部尚書韓建與邠岐
三鎮素有無君之迹及李克用誅行瑜心常切齒去歲車駕將幸河東乃令延

王戒丕使太原見克用陳省方之意是月延王自太原還韓建奏曰自陛下即位已來與近輔交惡皆因諸王典兵兇徒樂禍遂致輿駕不安比者臣奏罷兵權實慮有不測之變今聞延王覃王尚苞陰計願陛下宸斷不疑制於未亂即社稷之福也上曰豈至是耶居數日以上無報乃與知樞密劉季述矯制發兵圍十六宅諸王懼披髮沿垣而呼曰官家救兒命或登屋沿樹是日通王覃王已下一十王并其侍者皆爲建兵所擁至石堤谷無長少皆殺之而建以謀逆聞尋殺太子詹事馬道殷將作監許巖士貶平章事朱朴皆上所寵昵者九月癸酉朔以御史中丞狄歸昌爲尚書右丞以刑部侍郎楊涉爲吏部侍郎制以鎮海軍節度使錢鏐爲鎮海軍節度浙江東西道觀察處置等使杭州越州刺史上柱國吳王冬十月癸卯朔以華州節度使韓建兼同州刺史匡國軍節度使朱全忠遣其將權徐州兵馬留後龐師古兗州留後葛從周率兗鄆曹濮徐宿滑等兵士七萬渡淮討楊行密制以太中大夫前御史中丞裴贄爲禮部尚書知貢舉幽州節度使劉仁恭大敗沙陀於安塞李克用單騎僅免十一月壬

申朔癸酉淮南大將朱瑾潛出舟師襲汴軍於清口龐師古舉軍皆沒師古被
執時葛從周自霍丘渡淮至濠州聞師古敗乃退軍信宿至淠河方渡而朱瑾
至是日殺傷溺死殆盡還者不滿千人唯牛存節一軍先渡獲免比至頴州大
雪寒凍死者十五六自古喪師之甚無如此也繇是行密據有江淮之閒以檢
校司空權知兗州兵馬事葛從周爲兗州刺史充泰寧軍節度使以頴州刺史
王敬蕘檢校尚書左僕射兼徐州刺史充武寧軍節度使從全忠奏也
光化元年春正月辛未朔車駕在華州以兵部侍郎崔遠爲戶部侍郎同平章
事諸道貢修宮闕錢命京兆尹韓建入京城計度朱全忠遣判官韋震奏事求
兼領鄆州時全忠軍敗之後欲自大其權以扼鄰藩之變幽州節度使劉仁恭
特安塞之捷欲吞噬河朔是月遣其子守文將兵襲滄州節度使盧彥威棄城
而遁守文遂據之自稱留後四月庚子制淑妃何氏宜册爲皇后上幸陟屺寺
宴從官於韓建所獻御莊五月己巳朔以立后大赦汴將葛從周率衆攻李克
用邢洺磁等州陷之全忠署從周爲三州兵馬留後六月己亥帝幸西溪觀競

渡天下藩牧文武百寮上表請車駕還京七月汴將氏叔琮陷趙匡凝之隨唐鄧等州勑昇華州爲興德府刺史爲尹左右司馬爲少尹鄭縣爲次赤官員資望一同五府封華嶽廟爲佑順侯八月戊戌朔己未車駕自華還京師甲子御端門大赦改元光化九月戊辰朔以御史中丞狄歸昌爲尚書左丞制以鎭國匡國等軍節度使韓建守太傅中書令與德尹封潁川郡王賜鐵劵并御寫忠貞以遺之建累上表辭王爵乃改封許國公魏博節度使羅弘信進封臨清郡王是月弘信卒贈太師謚曰莊肅衙軍立其子副大使紹威知兵馬事尋賜之節鉞十月丁酉朔河南尹張全義就加侍中汴將朱友恭自江西行營還過安州殺刺史武瑜遣部將守之汴將張存敬以兵襲蔡州刺史崔洪納款請以弟賢質于汴許之十二月丙寅李克用將潞州節度使薛志勤死澤州刺史李罕之乘其無帥襲潞取之遣其子顥乞降于汴全忠表罕之爲節度使

二年春正月乙未朔丁未以兵部尚書陸扆爲兵部侍郎同平章事二月蔡州刺史崔洪爲衙兵所廹同竄淮南時洪以弟賢質于汴汴人遣賢還蔡徵兵三

千出征蔡兵亂殺賢遂擁洪渡淮朱全忠令其子友裕守蔡州幽州節度使劉仁恭驅燕軍十萬將兼趙魏是月陷貝州人無少長皆屠之投尸清水爲之不流遂進攻魏州羅紹威求救于汴三月朱全忠遣大將張存敬率師援之屯于內黃葛從周自邢洺率勁騎八百入魏州燕將劉守文單可及聞汴軍在內黃引軍往擊之存敬設伏內黃東大敗燕軍俘斬三萬生擒單可及劉守文以餘衆還魏州爲存敬從周所乘燕軍復敗仁恭父子僅免汴魏合兵躡之趙人復邀之東境自魏至滄五百里間僵屍相枕是春有白氣竟天如練自西南徹東北而旋有燕卒之敗四月汴將氏叔琮由上黨進軍攻太原出石會爲沙陀擒其前鋒將陳章叔琮乃退去六月制以昭義節度使檢校太尉兼太師侍中潞州大都督府長史隴西郡開國公食邑三千戶李罕之爲孟州刺史充河陽三城節度孟懷觀察等使以檢校司徒孟州刺史河陽節度使丁會爲澤潞等節度使從全忠奏也丁丑李罕之至懷州卒于傳舍陝州軍亂殺其帥王珙立都將軍李璠爲留後丁亥制以前太常卿劉崇望爲吏部尚書兵部侍郎裴樞爲

吏部侍郎戸部侍郎薛昭緯爲兵部侍郎七月青州守海州將牛從毅擁郡人投淮南行密遂有海州十一月陝州衙將朱簡殺李璠自稱留後降汴全忠表簡爲帥守

三年春正月庚子朔以禮部尚書裴贄爲刑部尚書癸卯朱全忠奏本貫宋州碭山縣蒙恩升爲輝州其地卑濕難葺廬舍請移輝州治所於單父縣從之仍賜號爲崇德軍四月戊午汴魏合軍攻滄州以報入鄆之役葛從周連陷滄德郡邑王鎔遣使和解于全忠令劉仁恭修好汴魏班師辛未皇后太子謁九廟六月丁巳朱全忠表陝州兵馬留後朱簡鄉里同宗改名友謙乞真授節鉞從之戊辰特進司空門下侍郎平章事監修國史王摶貶崖州司戸尋賜死於藍田驛樞密使宋道弼景務修並死爲崔胤所誣言三人中外相結也七月丁亥朔兵部尚書劉崇望卒贈司空甲午兵部郎中薛正表爲右諫議大夫以許州刺史朱友恭檢校司徒爲潁州刺史以左武衛將軍趙霖檢校左僕射爲許州刺史宣武押衙劉知俊檢校右僕射爲鄭州刺史從全忠奏也戊申制以武貞

軍節度澧朗敘等州觀察處置等使開府儀同三司檢校司徒同平章事朗州
刺史上柱國馮翊郡開國侯食邑一千五百戶雷滿檢校太保封馮翊郡王餘
如故以武泰軍節度黔中觀察處置等使光祿大夫檢校尚書左僕射黔州刺
史御史大夫上柱國趙崇封天水縣開國子食邑五百戶庚戌制昭義節度留
後光祿大夫檢校司空上柱國孟遷爲檢校司徒兼潞州大都府長史充昭義
節度副大使知節度事潞磁邢洺等州觀察處置使仍封平昌縣男食邑三百
戶從李克用奏也以金紫光祿大夫守兵部尚書上柱國樂安郡開國公食邑
一千五百戶孫儲守兵部尚書兼京兆尹乙卯制忠烈衞聖鎮國功臣劍南西
川節度副大使知節度事管內營田觀察處置統押近界諸蠻兼西山八國雲
南安撫制置等使開府儀同三司檢校太尉中書令成都尹上柱國琅邪郡王
食邑三千戶實封一百戶王建可兼劍南東川武信軍兩道都指揮制置等使
加食邑一千戶餘如故時建攻下梓州顧彥暉兼有東川洋果閬等州故也又
以忠義軍節度山南東道管內觀察處置三司水陸發運等使開府儀同三司

檢校太尉中書令兼襄州刺史上柱國南平王食邑三千戶趙匡凝可檢校太
師兼中書令加實封一百戶八月丙辰朔朱全忠奏先割汝州隸許州請却還
東都河陽先管澤州今緣蕃戎占據得失不常請權割河南府王屋清河鞏三
縣隸河陽從之癸亥制忠貞平難功臣河東節度管內觀察處置等使開府儀
同三司守太師兼中書令北都留守太原尹上柱國晉王食邑九千戶食實封
七百戶李克用加實封一百戶丁卯以朝請大夫虞部郎中知制誥上柱國賜
紫金魚袋顏蕘爲中書舍人己巳制前歸義軍節度副使權知兵馬留後銀青
光祿大夫檢校國子祭酒監察御史上柱國張承奉爲檢校左散騎常侍兼沙
州刺史御史大夫充歸義節度瓜沙伊西等州觀察處置押蕃落等使庚辰太
原大將李嗣昭攻洺州下之執汴將朱紹宗汴將葛從周率師赴之嗣昭棄城
而去從周邀之於青山口晉軍大敗從周乘勝攻鎮州壬午制荊南節度忠萬
歸夔涪峽等州觀察處置水陸催運等使開府儀同三司檢校太尉兼中書令
江陵尹上柱國上谷郡王食邑三千戶成汭可檢校太師中書令餘如故甲申

制扶危匡國致理功臣特進行尚書左僕射兼門下侍郎同平章事監修國史判度支上柱國清河郡開國公食邑二千戶崔胤可開府儀同三司進封魏國公加食邑一千戶餘如故九月丙戌朔朱全忠引三鎮之師攻鎮州王鎔懼遣判官周式副大使王昭祚主事梁公儒子弟爲質于汴出犒師絹十五萬匹求盟許之張存敬遂自深冀進軍攻瀛莫下郡邑二十阻雨泥濘不及幽州遂西行陷祁州大敗中山將王處直軍於沙河北進屯懷德驛遂攻定州節度使王郜奔太原衙將王處直斬孔目官梁汶出縑二十萬乞盟許之全忠遂署王處直爲義武軍留後乙巳制扶危匡國致理功臣開府儀同三司守太保兼門下侍郎平章事充太清宮使修奉太廟使弘文館大學士延資庫使諸道鹽鐵轉運等使上柱國齊國公食邑五千戶食實封一百戶徐彥若可檢校太尉同平章事充清海軍節度嶺南東道管內觀察處置供軍糧料等使丙午制光祿大夫中書侍郎兼吏部尚書同平章事充集賢殿大學士判戶部事博陵郡開國公食邑二千戶崔遠罷知政事守本官戊申制左僕射門下侍郎平章事監修

國史判度支崔胤充太清宮使修奉太廟使弘文館大學士延資庫使依前判度支兼充諸道鹽鐵轉運等使光祿大夫中書侍郎兼戶部尚書同平章事上柱國吳郡開國公食邑一千五百戶陸扆爲門下侍郎戶部尚書監修國史以正議大夫守刑部尚書上柱國河東縣開國男食邑三百戶賜紫金魚袋裴贄爲中書侍郎兼刑部尚書同平章事充集賢殿大學士以銀青光祿大夫行尚書吏部侍郎上柱國裴樞爲中書侍郎同平章事判戶部事辛亥以光祿大夫尚書右僕射租庸使張濬罷租庸使守本官十月丙辰朔辛酉以前清海軍節度副使朝散大夫檢校左散騎常侍御史大夫上柱國王溥守左散騎常侍充鹽鐵副使癸未制以保義軍節度留後銀青光祿大夫檢校戶部尚書兼御史大夫上柱國朱友謙爲金紫光祿大夫檢校尚書右僕射兼陝州大都督府長史御史大夫充保義軍節度陝虢觀察處置等使十一月乙酉朔庚寅左右軍中尉劉季述王仲先廢昭宗幽於東內問安宮請皇太子裕監國時昭宗委崔胤以執政胤恃全忠之助稍抑宦官而帝自華還宮後頗以禽酒肆志喜怒不

常自宋道弼等得罪黃門尤懼至是上獵苑中醉甚是夜手殺黃門侍女數人庚寅日及辰巳內門不開劉季述詣中書謂宰相崔胤曰宮中必有不測之事人臣安得坐觀我等內臣也可以便宜從事卽以禁兵千人破關而入問訊中人具知其故卽出與宰臣謀曰主上所爲如此非社稷之主也廢昏立明具有故事國家大計非逆亂也卽召百官署狀崔胤等不獲已署之季述仲先與汴州進奏官程巖等十三人請對對訖季述上殿待罪次左右軍將士齊唱萬歲聲遂突入宣化門行至思政殿便行殺戮徑至乞巧樓下帝遽見兵士驚墮牀下起而將去季述仲先掖而令坐何皇后遽出拜曰軍容長官護官家勿至驚恐有事取容商量季述卽出百官合同狀曰陛下倦臨寶位中外羣情願太子監國請陛下頤養於東宮帝曰吾昨與卿等歡飲不覺太過何至此耶皇后曰聖人依他軍容語卽於御前取國寶付季述卽時帝與皇后共一輦幷常所侍從十餘內人赴東宮入後季述手自扃鎖院門日於窗中通食器是日迎皇太子監國矯宣昭宗命稱上皇甲午宣上皇制太子登皇帝位宰臣百寮方鎮加

爵進秩又賜百寮銀一千五百兩絹千匹綿萬兩充救接皆季述求媚於朝也時朱全忠在定州行營崔胤與前左僕射張濬告難於全忠請以兵問罪全忠自行營還大梁十二月乙卯朔癸未夜護駕鹽州都將孫德昭周承誨董彦弼以兵攻劉季述王仲先殺仲先攜其首詣東宮門呼曰逆賊王仲先已斬首訖請陛下出宮慰諭兵士宮人破鑰帝與皇后方得出

天復元年春正月甲申朔昭宗反正登長樂門樓受朝賀班未退孫德昭執劉季述至樓前上方詰責已爲亂捧擊死乃尸之於市乙酉制以孫德昭檢校司空充靜海軍節度使丙戌宰相崔胤進位司空己丑朱全忠械程巖折足檻送京師戮之於市制皇太子裕降爲德王改名祐庚寅制以孫德昭爲安南節度檢校太保以周承誨爲邕州刺史邕管節度經略使以董彦弼爲容州刺史容管節度等使並檢校太保同平章事殺神策軍使李師虔徐彦回勅曰朕臨御已來十有四載常慕好生之德固無樂殺之心昨季述等幽辱朕躬迫脅太子李師虔是逆賊親厚選來東內主持動息之間俾其偵伺每有須索皆不供承

要紙筆則恐作詔書索錐刀則慮爲利器凌辱萬狀出入搜羅朕所御之衣書服夜濯凝冽之際寒苦難勝嬪嬙公主衾裯皆闕緡錢則貫百不入繒帛則尺寸難求六輩同其主張五人權其威勢若言狀罪翰墨難窮若許生全是爲貸法宜並處斬時朱全忠既服河朔三鎭欲窺圖王室篡代之謀以李克用在太原懼其角逐是月全忠令大將張存敬率兵三萬由含山襲河中王珂晉州刺史張漢瑜絳州刺史陶建不意賊至城守無備皆以郡降存敬移兵圍河中王珂求救於太原克用不能救乃嬰城謂存敬曰吾與汴王有舊俟王至卽降二月甲寅朔戊辰朱全忠至河中遂移王珂及兄璘弟瓚舉室徙於汴以張存敬守河中是月制以全忠檢校太師守中書令進封梁王三月癸未朔全忠引軍歸汴奏河中節度使歲貢課鹽三千車臣今代領池場請加二千車歲貢五千車候五池完葺則依平時供課額從之四月癸丑朔汴軍大舉攻太原氏叔琮以兵三萬由天井關進攻澤潞節度使孟遷以上黨降叔琮長驅出圍柏營于洞渦驛葛從周率趙魏中山之兵由土門入陷承天軍與叔琮會時屬大雨芻

糧不給汴將保衆而還甲戌天子有事於宗廟是日御長樂門大赦天下改元天復李茂貞自鎮來朝賜宴於壽春殿進錢數萬緡時中尉韓全誨及北司與茂貞相善宰相崔胤與朱全忠相善四人各爲表裏全忠欲遷都洛陽茂貞欲迎駕鳳翔各有挾天子令諸侯之意五月壬午朔庚子制門下侍郎戶部尚書平章事陸扆加兵部尚書進階特進壬寅制以朱全忠兼河中尹河中節度晉絳慈隰觀察處置安邑解縣兩池榷鹽制置等使閏六月辛巳朔制以河陽節度丁會依前檢校司徒兼潞州大都督府長史昭義節度等使代孟遷以遷檢校司徒爲河陽節度全忠奏也仍請於昭義節度官階內落下邢洺磁三州却以澤州爲屬郡其河陽節度只以懷州爲屬郡從之全忠又奏請以齊州隸鄆州從之十月己卯朔戊戌全忠引四鎮之師七萬赴河中京師聞之大恐豪民皆亡竄山谷十一月己酉朔壬子中尉韓全誨與鳳翔護駕都將李繼誨奉車駕出幸鳳翔是日汴軍陷同州執州將司馬鄴華州節度使韓建遣判官李巨川送款甲寅汴軍駐靈口乙卯全忠知帝出幸乃迴兵攻華州大軍駐赤水全

忠以親兵駐西溪韓建出降乃署爲忠武軍節度使以陳州爲理所丁巳宰相崔胤令戶部侍郎王溥至赤水砦促全忠以兵迎駕戊午全忠自赤水趨長安崔胤率文武百寮太子太師盧知猷已下迎全忠於坡頭庚申汴軍趨鳳翔戊辰至岐下全忠令判官李擇裴鑄入城奏事言臣在河中得崔胤書言奉密詔令臣以兵士迎駕臣不敢擅自迎鑾昭宗怒胤矯命連詔全忠以兵士還鎮辛未全忠引軍離鳳翔退攻邠州甲戌制扶危致理功臣開府儀同三司守司空門下侍郎平章事充太清宮使弘文館大學士延資庫使諸道鹽鐵轉運等使判度支上柱國魏國公食邑五千戶食實封二百戶崔胤可責授朝散大夫守工部尚書乙亥邠州節度使李繼徽以城降全忠乃舍其孥於河中以繼徽從軍以汴軍營於三原十二月己卯崔胤自長安至三原砦與全忠謀攻鳳翔

二年春正月戊申朔車駕在鳳翔全忠在三原李克用遣大將周德威攻慈隰晉等州全忠歸河中令其將朱友寧率衆五萬屯絳州大敗太原軍於蒲縣西北友寧乘勝追奔陷汾州進圍太原天子遣諫議大夫張顗至晉州諭全忠令

與太原通和屬友寧再戰不利乃還關西四月丁丑朱友寧總大軍屯於興平五月岐軍出戰大敗於武功南之漢谷全忠聞捷自引汴軍五萬西征六月進營虢縣丁亥進圍鳳翔遣判官入城迎駕九月岐軍出戰又敗十一月鄜州節度使李周彝率衆救鳳翔十二月癸酉汴將孔勍乘虛襲下鄜州獲周彝妻子周彝卽以兵士來降於是邠寧鄜坊等州皆陷於汴軍茂貞懼謀誅內官以解

三年春正月癸卯朔車駕在鳳翔甲辰天子遣中使到全忠軍茂貞亦令軍將郭啓奇來達上欲還京之旨丙午青州牙將劉鄩陷全忠之兗州又令牙將張厚入奏是日亦竊發於華州殺州將婁敬思上又令戶部侍郎韓偓趙國夫人寵顏宣諭於全忠軍辛亥全忠令判官李振入奏上令翰林學士姚洎傳宣令全忠喚崔胤令率文武百寮來迎駕癸丑上令禮部尚書蘇循傳詔賜全忠玉帶仍令全忠處分蔣玄暉侍帝左右丁巳蔣玄暉與中使同押送中尉韓全誨張弘彥已下二十人首級告諭四鎮兵士迴鑾之期戊午遣中使走馬華州追崔胤胤託疾不至甲子巳時車駕出鳳翔幸全忠軍全忠素服待罪泣下不自

勝上親解玉帶賜之乙丑扶風令朱友倫總兵侍衞丙寅次武功丁卯次興平宰臣崔胤率百官迎謁即日降制以崔胤守司空門下侍郎平章事復太清宮使弘文館大學士延資庫使諸道鹽鐵轉運使判度支魏國公封邑如故戊辰次咸陽己巳入京師天子素服哭于太廟改服袞旒謁九廟禮畢御長樂樓大赦百寮稱賀全忠處左軍辛未宴全忠於內殿內弟子奏樂是日制內官第五可範已下七百人並賜死於內侍省其諸道監軍及小使仰本道節度使處斬訖奏從全忠崔胤所奏也帝悲惜之自爲奠文祭之二月壬申朔甲戌制賜全忠迴天再造竭忠守正功臣名己卯制以輝王祚充諸道兵馬元帥又制以迴天再造竭忠守正功臣宣武宣義天平護國等軍節度使汴宋亳輝河中晉絳慈隰鄭滑潁鄆齊曹等州觀察處置等使太清宮修葺宮闕制置度支解縣池場等使開府儀同三司檢校太師守中書令河中尹汴滑鄆等州刺史上柱國梁王食邑九千戶食實封六百戶朱全忠可守太尉中書令充諸道兵馬副元帥進邑三千戶以宰臣崔胤守司徒兼侍中判六軍十二衞以吏部尚書平章

事裴樞檢校右僕射同平章事兼廣州刺史淸海軍節度嶺南東道觀察等使
甲戌制以門下侍郎兵部尚書同平章事監修國史陸扆責授沂王傅分司己
丑上宴全忠於壽春殿又令全忠與茂貞書取平原公主同州節度使趙珝陝
州節度使朱友謙來朝制以朱友裕爲華州刺史充感化軍節度使乙未會鞠
於保寧殿全忠得頭籌令內弟子送酒仍面賜副元帥官告以新除廣州節度
使裴樞爲門下侍郎吏部尚書平章事監修國史以戶部侍郎王溥同平章事
戊戌全忠歸大梁上宴之內殿置酒於延喜門是日全忠與四鎭判官皆預席
上臨軒泣別又令中使走送御製楊柳枝詞五首賜之辛丑平原公主至京師
三月壬寅朔全忠引四鎭之兵征王師範先是大將朱友寧楊師厚前軍臨淄
青師範求援于淮南楊行密遣將王景仁帥衆萬人赴之四月辛未朔西川王
建以兵攻秦隴乘茂貞之弱也仍遣判官韋莊入貢修好于全忠五月制鳳翔
隴右四鎭北庭行軍彰義軍節度涇原渭武觀察處置押蕃落等使開府儀同
三司守尚書令兼侍中鳳翔尹上柱國秦王李茂貞可檢校太師守中書令初

茂貞凌弱王室朝廷姑息加尙書令及是全忠方守太尉茂貞懼乞罷尙書令故也崔胤奏六軍十二衞名額空存實無兵士京師侍衞亦藉親軍請每軍量召募一千一百人共置六千六百人從之乃令六軍諸衞副使京兆尹鄭元規立格招收於市制以潁州刺史朱友恭檢校司空兼徐州刺史充武寧軍節度使從全忠奏也六月靑州淮南軍與汴人戰于臨淄汴軍大敗朱友寧戰死傳首淮南九月汴將楊師厚大敗靑州軍於臨朐荆南節度使成汭以舟師赴援鄂州澧朗雷彥恭承虛襲陷江陵汭軍士聞之潰歸汭憤怒投水而死趙匡凝遂以兵襲荆州據之辛巳汴州護駕都將朱友倫擊鞠墜馬卒全忠怒殺同鞠將校數人十一月丁酉朔王師範以靑州降楊師厚全忠復令師範知靑州事邠州鳳翔兵士逼京畿汴軍屯河中靑州牙將劉鄩以兗州降葛從周稟師範命也全忠嘉之署爲元帥府都押衙權知鄜州留後事十二月丁卯朔辛巳制以禮部尙書獨孤損爲兵部侍郎同平章事丙申制守司徒侍中太淸宮使弘文館大學士延資庫使判六軍十二衞事諸道鹽鐵轉運使判度支上柱國魏

國公食邑四千五百戶崔胤責授太子賓客守刑部尚書兼京兆尹六軍諸衞
副使鄭元規責授循州司戶是日汴州扈駕指揮使朱友諒殺胤及元規皇城
使王建勳飛龍使陳班閤門使王建襲客省使王建乂前左僕射上柱國河間
郡公張濬全忠將逼車駕幸洛陽懼胤濬立異也
天祐元年春正月丁酉朔以翰林學士左拾遺柳璨爲右諫議大夫同平章事
賜紫金魚袋己亥制以兵部尚書崔遠爲中書侍郎同平章事集賢殿大學士
己酉全忠率師屯河中遣牙將寇彥卿奉表請車駕遷都洛陽全忠令長安居
人按籍遷居徹屋木自渭浮河而下連甍號哭月餘不息秦人大罵於路曰國
賊崔胤召朱温傾覆社稷俾我及此天乎天乎丁巳車駕發京師癸亥次陝州
全忠迎謁于路二月丙寅朔乙亥全忠辭赴洛陽親督工作四月丙寅朔癸巳
帝遣晉國夫人可證傳詔諭全忠言中宮誕蓐未安取十月入洛陽宮全忠意
上遲留俟變怒甚謂牙將寇彥卿曰亟往陝州到日便促官家發來閏四月乙
未朔丁酉車駕發陝州壬寅次穀水行宮時崔胤所募六軍兵士胤死後亡散

並盡從上東還者唯諸王小黃門十數打毬供奉內園小兒共二百餘人全忠在陝仍慮此輩爲變欲盡去之以汴卒爲侍衞至穀水頓全忠令醫官許昭遠告內園等謀變因會設幄酒食次並坑之乃以謀逆聞由是帝左右前後侍衞職掌皆汴人也甲辰車駕由徽安門入朱全忠張全義宰相裴樞獨孤損前導是日大風雨上跬步不辨物色日暝稍止上謁太廟禮畢還宮御正殿宣勞從官衞士受賀乙巳上御光政門大赦制曰乃睠中州便侯伯會朝之路運逢百六順古今禳避之宜況建鼎舊京我家二宅轘轅通其左郟鄏引其前周平王之東遷更延姬姓漢光武之定業克茂劉宗肇葺新都祈天永命皆因否運復啓昌期或西避於戎狄或載殲於妖孽朕遭家不造布德不明十載已來三罹播越亦屬災纏秦雍叛起邠岐始幸石門以避衞兵之亂載還華嶽仍驚畿邑之侵憂危則矢及車輿凌脅則火延宮廟迨至逆連宮豎構結姦兇致劉季述幽朕於下宮韓全誨劫予於右輔莫匪兵圍內殿焰亘九重皆思假武以容身唯効指鹿而威衆矯宣天憲欺蔑外藩行書詔以任情欲忠良而獲罪雖羣方

嶽牧協力匡扶拘戎律於阻修報朝恩而隔越副元帥梁王全忠以兼鎮近輔
總兵四藩遠赴岐陽躬迎大駕辛勤百戰盡剿兇渠營野三年竟迴鑾輅咸鎬
載新其宮闕讓珪絶類於闍徒方崇再造之功以正中興之運又邠岐結釁巴
蜀連兵上負國恩下隳鄰好焚宮烈火更延爇於親鄰却駕兇鋒復延侵於禁
苑抑又太一遊處併集六宮罰星熒惑久纏東井玄象荐災於秦分地形無過
於洛陽爰有一二藎臣洎四方同志竭心王室共替嘉謀魏鎮定燕航大河而
畢至陳徐潞蔡輦巨軸以偕來披荊棘而立朝廷劃灰燼而化輪奐左郊祧而
右社稷肅爾崇嚴前廣殿而後重廊藹然華邃公卿僉議龜筮協從甲子令年
孟夏初吉備法駕而離陜分列百官而入洛郊觀此殿繁良多嘉慰謝罪太廟
憂惕驚懷登御端門軫惻與感蓋以一人寡祐致萬姓靡寧工役艱疲忠良盡
瘁克建再遷之業冀延八百之基宜覃渙汗之恩俟此雍熙之慶滌瑕盪垢咸
與惟新可大赦天下改天復四年爲天祐元年於戲肆眚閭闔即安宮闈雖九
廟几筵已闕於新室而諸陵松柏遥隔於舊都將務乂寧難申繼纂文武百辟

執事具僚從我千里而來端爾一心莅政恩覃既往効責從新方當開國之初
必舉慢官之罰戊申勅今後除留宣徽兩院小馬坊豐德庫御廚客省閤門飛
龍莊宅九使外其餘並停內園冰井公事委河南尹仍不差內夫人傳宣殺醫
官閻祐之國子博士歐陽特言星讖也宰相裴樞兼右僕射諸道鹽鐵轉運等
使監修國史戶部尚書門下侍郎平章事獨孤損判度支中書侍郎平章事柳
璨判戶部事五月乙丑朔丙寅制河陽節度使張漢瑜同平章事宴百寮於崇
勳殿上贊述全忠之功業因言御樓前一日所司亡失赦書賴元帥府收得副
本施行幾失事矣中書不得無過裴樞等起待罪中飲帝更衣召全忠曲宴閣
中全忠懇辭帝曰朕以全忠功業崇高欲齋中款曲以表庇賴耳全忠既不欲
來卽令敬翔來朕與之言全忠令敬翔私退奏曰敬翔亦醉而出矣己巳全忠
辭赴大梁宴于崇勳殿是日雨甚乙酉翰林學士左諫議大夫知制誥沈棲遠
守本官以病陳乞故也丁亥勅河南府緱氏縣先減尉一員可准京兆府例復置
縣尉一員癸巳中書奏准今年四月十一日赦文陝州都督府改爲興唐府其

都督府長史宜改爲尹左右司馬爲少尹錄事爲司錄陜縣爲次赤餘爲次畿從之六月甲午朔邠州楊崇本侵掠關內全忠遣朱友裕屯軍於百仁村丙申通議大夫中書舍人賜紫金魚袋楊注可充翰林學士庚子三佛齊國入朝使蒲訶栗可寧遠將軍丁未制金紫光祿大夫太子少傅盧繼可太子太保致仕銀青光祿大夫太子少師天水男食邑三百戸趙崇可檢校右僕射甲寅以京兆少尹鄭韜光爲太常少卿前侍御史韋說爲右司員外郎前進士姚顗爲校書郎前進士趙頎劉明濟竇專並可祕書省校書郎正字從柳璨奏也荆南襄州忠義軍節度開府儀同三司檢校太師中書令江陵尹襄州刺史上柱國楚王食邑六千戸趙匡凝宜備禮冊命七月癸亥朔全忠率師討邠鳳甲子自汴至洛陽宴於文思毬場全忠入百官或坐於廊下全忠怒笞通引官何凝丙寅制金紫光祿大夫行御史中丞上柱國韓儀責授棣州司馬侍御史歸藹責授登州司戸坐百官傲全忠也甲戌制以中大夫中書舍人上柱國賜紫金魚袋杜彥林爲太中大夫守御史中丞丁丑制以兵部郎中蕭頎爲吏部郎中戸部

郎中徐綰爲兵部郎中司勳員外郎張茂樞爲禮部郎中監察御史郄殷象爲右補闕己卯制武昌軍節度鄂岳蘄黃等州觀察處置兼三司水陸發運淮南西面行營招討等使開府儀同三司檢校太師中書令西平王食邑三千戶杜洪加食邑一千戶實封二百戶庚寅中書奏西京舊有凌煙閣圖畫功臣今遷都洛陽合議修建副元帥梁王勳庸冠世請凌煙閣之側別創一閣以表殊勳從之八月壬辰朔壬寅夜朱全忠令左龍武統軍朱友恭右龍武統軍氏叔琮樞密使蔣玄暉弒昭宗於椒殿自帝遷洛李克用李茂貞西川王建襄陽趙匡凝知全忠篡奪之謀連盟舉義以興復爲辭而帝英傑不羣全忠方事西討慮變起於中故害帝以絶人望帝自離長安日憂不測與皇后內人唯沉飲自寬是月壬寅全忠令判官李振自河中至洛陽與友恭等圖之是夜二鼓蔣玄暉選龍武衙官史太等百人叩內門言軍前有急奏面見上內門開玄暉每門留卒十人至椒殿院貞一夫人啓關謂玄暉曰急奏不應以卒來史太執貞一殺之急趨殿下玄暉曰至尊何在昭儀李漸榮臨軒謂玄暉曰院使莫傷官家寧

殺我輩帝方醉聞之遽起史太持劍入椒殿帝單衣旋柱而走太追而弒之漸

榮以身護帝亦爲太所殺復執何皇后將害之后求哀於玄暉玄暉以全忠止

令害帝釋后而去帝殂年三十八羣臣上諡曰聖穆景文孝皇帝廟號昭宗二

年二月二十日葬于和陵

舊唐書卷二十上

舊唐書卷二十上考證

昭宗本紀龍紀元年五月復用田令孜爲監軍○新書在大順二年八月庚子

大順二年三月淮南節度使孫儒爲宣州觀察使楊行密所殺○沈炳震曰新書本紀不書孫儒之死然儒本傳及楊行密傳皆在景福元年之春此疑誤

乾寧元年冬十月制御史中丞崔胤爲兵部侍郎同平章事○新書在大順二年九月

四年二月制朝議大夫滎陽縣男鄭綮爲禮部侍郎同平章事○新書在元年二月沈炳震曰本傳光化初昭宗還宮庶政未愜綮每形于詩什昭宗聞之因以爲相則不特非元年幷非四年矣恐當以傳爲正

天復元年春正月以孫德昭爲安南節度使○臣德潛按安南卽靜海軍前已書以孫德昭檢校司空靜海軍節度使矣此應重出

二年十一月鄜州節度使李周彝率衆救鳳翔○新書名茂勳後降朱全忠改名周彝

昭宗紀獨無史臣論贊因并見于哀帝紀後非闕遺也

舊唐書卷二十上考證

舊唐書卷二十下

後晉司空同中書門下平章事劉昫撰

本紀第二十下

哀帝

哀皇帝諱柷，昭宗第九子，母曰積善太后何氏。景福元年九月三日，生於大內。乾寧四年二月，封輝王，名祚。天復三年二月，拜開府儀同三司、充諸道兵馬元帥。天祐元年八月十二日，昭宗遇弒，翌日，蔣玄暉矯宣遺詔曰：我國家化隋爲唐，奄有天下，三百年之盛業，十八葉之耿光。朕自纘丕圖，垂將二紀，雖恭勤無怠，屬運數多艱，致寰宇之未寧，覩兵戈之屢起。賴勳賢協力，宗社再安。豈意宮闈之間，禍亂忽作，昭儀李漸榮、河東夫人裴貞一潛懷逆節，輒肆狂謀，傷痍既深，已及危革。萬機不可以久曠，四海不可以乏君，神鼎所歸，須有纘繼。輝王祚幼彰岐嶷，長實端良，褎然不羣，予所鍾愛，必能克奉丕訓，以安兆人。宜立爲皇太子，仍改名柷，監軍國事。於戲！孝愛可以承九廟，恭儉可以安萬邦，無樂逸遊

志康寰宇百辟卿士佑茲沖人載揚我高祖太宗之休烈是日遷神柩于西宮
文武百寮班慰於延和門外其日午時又矯宣皇太后令曰予遭家不造急變
爰臻禍生女職之徒事起宮奚之輩皇帝自罹鋒刃已至彌留不及顧遺號慟
徒切定大計者安社稷纂丕圖者擇賢明議屬未亡人須示建長策承高祖之
寶運緊元勳之忠規伏示股肱以匡沖昧皇太子柷宜於柩前即皇帝位其哀
制並依祖宗故事中書門下准前處分於戲送往事居古人令範行今報舊前
哲格言抆淚敷宣言不能喻帝時年十三乞且監國柩前即位宜差太常卿王
溥充禮儀使又令太子家令李能告哀於十六宅丙午大行皇帝大殮皇太子
柩前即皇帝位己酉矯制曰昭儀李漸榮河東夫人裴貞一今月十一日夜持
刃謀逆懼罪投井而死宜追削爲悖逆庶人蔣玄暉夜既弒逆詰旦宣言於外
曰夜來帝與昭儀博戲帝醉爲昭儀所害歸罪宮人以掩弒逆之跡然龍武軍
官健備傳二夫人之言於市人尋用史太爲棣州刺史以酬弒逆之功庚戌羣
臣上表請聽政甲寅中書奏皇帝九月三日降誕請以其日爲乾和節從之乙

丑百寮赴西宮殯訖釋服皇帝見羣臣於崇勳殿西廊下中書帖今月二十四日釋服後三日一度進名起居丙辰勅朕奉太后慈旨以兩司綱運未來百官事力多闕旦夕霜冷深軫所懷令於內庫方圓銀二千一百七十二兩充見任文武常參官救接委御史臺依品秩分俵是日皇帝聽政丁巳勅乾和節方在哀疚其內道場宜停戊午遣刑部尚書張禕告哀於河中全忠號哭盡哀庚申勅乾和節文武百寮諸軍諸使諸道進奏官准故事於寺觀設齋不得宰殺只許酒果脯醢辛酉勅三月二十三日嘉會節伏以大行皇帝仙駕上昇靈山將卜神既遊於天際節宜輟於人間准故事嘉會節宜停九月壬戌朔百官素服赴西內臨進名奉慰戊辰大行皇帝大祥百官素服赴西內臨己巳勅右僕射門下侍郎禮部尚書平章事裴樞宜充大行皇帝山陵禮儀使門下侍郎平章事獨孤損宜充大行皇帝山陵使兵部侍郎李燕充鹵簿使權知河南尹韋震充橋道使宗正卿李克勤充按行使庚午皇帝釋服從吉中書門下奏伏以陛下光纘寶圖纂承丕緒教道克申於先訓保任實自於慈顏今則正位宸居未

崇徽號伏以大行皇帝皇后母臨四海德冠六宮推尊宜正於鴻名敬上式光
於睿孝望上尊號曰皇太后奉勅宜依又勅輝王府官屬宜停辛巳山陵橋道
使改差權河南尹張廷範其頓遞陵下應接等使並令廷範兼之庚寅中書奏
太常寺止皷兩字敔上字犯御名請改曰肇從之十月辛卯朔日有蝕之在心
初度壬辰全忠自河中來朝赴西內臨祭訖對於崇勳殿甲午勅檢校太保左
龍武統軍朱友恭可復本姓名李彥威貶崖州司戶同正檢校司徒右龍武統
軍氏叔琮可貶貝州司戶同正又勅彥威等主典禁兵妄爲扇動既有彰於物
論兼亦繫於軍情讁掾遐方安能塞責宜配充本州長流百姓仍令所在賜自
盡河南尹張廷範收彥威等殺之臨刑大呼曰賣我性命欲塞天下之謗其如
神理何操心若此欲望子孫長世可乎呼廷範謂曰公行當及此勉自圖之是
日全忠歸大梁丙申制天平軍節度使檢校太師中書令兼鄆州刺史上柱國
東平王食邑七千戶張全義本官兼河南尹許州刺史忠武軍節度觀察等使
判六軍諸衛事皇帝即位行事官左丞楊涉進封開國伯加食邑四百戶吏部

侍郎趙光逢進開國公加食邑三百戶右散騎常侍竇回給事中孫續戶部郎中知制誥封舜卿等加勳階禮儀使太常卿王溥與一子八品正員官書寶冊官吏部尚書陸扆刑部尚書張禕扆與一子八品正員官禕加階太子太保盧紹卒魏博羅紹威進救接百官絹千匹綿三千兩十一月辛酉朔癸酉午時日有黃白暈旁有青赤紉楊行密攻光州又急攻鄂州杜洪遣使求援全忠率師五萬自潁州渡淮至霍丘大掠以紓之行密分兵來拒乙酉勅據太常禮院奏於十二月內擇日冊太后者朕近奉慈旨以山陵未畢哀感方纏凡百有司且虔充奉吉凶之禮難以並施太后冊禮宜俟山陵畢日庶得橋山攀慕彰盡節於羣臣蘭殿承榮展威儀於朕志情既獲遂禮實宜之付所司己丑嶺南東道辨州宜改爲勳州十二月辛卯朔癸卯權知河南府尹和王傅張廷範宜復本官光祿大夫檢校司徒河東縣開國子食邑五百戶充山陵副使權知河南尹天平軍節度副使韋震權知鄆州軍州事

二年春正月庚申朔楊行密陷鄂州執節度使杜洪斬於揚州市鄂岳蘄黃等

州入行密全忠自霍丘還大梁甲子太常卿王溥上大行皇帝謚號廟號乃勅
右僕射平章事裴樞撰謚冊中書侍郎柳璨撰哀冊辛未勅朕祗荷丕圖仰惟
先訓方迫遺弓之痛俯臨同軌之期將展孝思親扶護衞皇太后義深鳴鳳痛
切攀龍亦欲專奉靈輿躬及園寢兼盡追摧之道用終克敬之儀其大行皇帝
山陵發引日朕隨太后親至陵所付中書門下宜體至懷羣臣三表論諫乃止
二月庚寅朔壬辰制以前知鄜州軍州事檢校尚書左僕射劉鄩爲右金吾衞
大將軍充右街使檢校左僕射朱漢賓爲右羽林統軍丙申羣臣告謚於西宮
己亥勅今月十一日大行皇帝啓攢宮准故事坊市禁音樂至二十日掩玄宮
畢如舊庚子啓攢宮文武百寮夕臨於西宮丁未靈駕發引濮王已下從皇帝
太后長樂門外祭畢歸大內己酉葬昭宗皇帝於和陵庚戌制以太常卿王溥
爲工部尚書壬子制以汝州刺史裴迪爲刑部尚書泰寧軍節度檢校司空兗
州刺史御史大夫葛從周檢校司徒兼右金吾上將軍致仕從周病風不任朝
謁故也以左金吾上將軍盧彥威爲左威衞上將軍是月社日樞密使蔣玄暉

宴德王裕已下九王於九曲池既醉皆絞殺之竟不知其瘞所丙辰左僕射裴贄等議遷廟合遷順宗一室從之己未昭宗皇帝神主祔太廟禮院奏昭宗廟樂曰咸寧之舞三月庚申朔壬戌制以前平盧軍節度使檢校太傅同平章事兼青州刺史上柱國琅邪郡公食邑二千五百戶王師範爲孟州刺史河陽三城懷孟節度觀察等使從全忠奏也甲子制以特進尚書右僕射門下侍郎同平章事太清宮使弘文館大學士延資庫使諸道鹽鐵轉運使判度支上柱國河東郡開國公食邑二千戶裴樞可守尚書左僕射光祿大夫門下侍郎戶部尚書同平章事監修國史河南縣開國子食邑五百戶獨孤損可檢校尚書左僕射同平章事兼安南都護充靜海軍節度安南管內觀察處置等使以光祿大夫中書侍郎同平章事集賢殿大學士上柱國博陵郡開國公食邑一千五百戶崔遠可守尚書右僕射以正議大夫中書侍郎同平章事判戶部事上柱國河東縣男食邑三百戶柳璨爲門下侍郎兼戶部尚書同平章事太清宮使弘文館大學士延資庫使諸道鹽鐵轉運等使以正議大夫尚書吏部侍郎上

柱國賜紫金魚袋張文蔚爲中書侍郎同平章事監修國史判度支以銀青光祿大夫行尚書左丞上柱國弘農縣伯食邑七百戶楊涉爲中書侍郎同平章事集賢殿大學士判戶部事庚午勅朕以宰臣學士文武百寮常拘官局空逐遊從今膏澤不愆豐年有望當玆韶景宜示優恩自今月十二日後至十六日各令取便選勝追遊付所司壬申以檢校司徒和王傅張廷範爲太常卿丁亥勅翰林學士戶部侍郎楊注是宰臣楊涉親弟兄既秉於樞衡弟故難居宥密可守本官罷內職四月己丑朔壬辰勅河南府緱氏縣令宜兼充知陵臺令仍昇爲赤縣癸巳勅曰文武二柄國家大綱東西兩班官職同體咸匡聖運共列明廷品秩相對於高卑祿俸皆均於厚薄不論前代秖考本朝太宗皇帝以中外臣寮文武參用或自軍衛而居臺省亦由衣冠而秉節旄足明於武列文班不令分清濁優劣近代浮薄相尚凌蔑舊章假偃武以修文競棄本而逐末雖藍衫魚簡當一見而便許升堂縱拖紫腰金若非類而無令接席以是顯揚榮辱分別重輕遽失人心盡隳朝體致其今日實此之由須議改更漸期通濟文

武百官自一品以下逐月所給料錢並須均匀數目多少一般支給兼差使諸道亦依輪次既就公平必期開泰凡百臣庶宜體朕懷和王傅張廷範者全忠將吏也以善音律求爲太常卿全忠薦用之宰相裴樞以廷範非樂卿之才全忠怒罷樞相位柳璨希旨又降此詔斥樞輩故有白馬之禍丙午前棣州刺史劉仁遇檢校司空兼兗州刺史御史大夫充泰寧軍節度使乙未制左僕射裴樞新除清海軍節度使獨孤損河南尹張全義工部尚書王溥司空致仕裴贄刑部尚書張禕並賜一子八品正員官以奉山陵之勞也勅曰朕以宿麥未登時陽久亢慮闕粢盛之備軫予宵旰之懷所宜避正位於宸居減珍羞於常膳諒惟眇質深合罪躬自今月八日已後不御正殿減常膳付所司辛丑侍御史李光庭郗殷象殿中丞張昇崔昭矩起居舍人盧仁烱盧鼎蘇楷吏部員外郎崔協左補闕崔咸休右補闕杜承昭羅兗右拾遺韋彖路德延並宜賜緋魚袋兵部郎中韋乾美比部郎中楊煥皆賜紫金魚袋並以奉山陵之勞也壬寅勅朕獲荷丕圖仰遵慈訓爰崇徽號已定禮儀冀申爲子之心以展奉親之敬昨

所司定今月二十五日行皇太后冊禮再奉慈旨以宮殿未停工作蒸暑不欲勞人宜改吉辰固難違命冊禮俟修大內畢功日所司以聞癸卯太清宮使柳璨奏修上清宮畢請改爲太清宮從之甲辰夜彗起北河貫文昌其長三丈在西北方丁未勅設官分職各有司存銓衡既任於吏曹除授寧煩於宰職但所司注擬申到中書過驗酌量苟或差舛難可書定近年除授其徒實繁占選部之闕員擇公當之優便遂致三銓注擬之時皆曠職務且以宰相之任提舉百司唯務公平無私方致漸臻有道應天下州府令錄並委吏部三銓注擬自天祐二年四月十一日已後中書並不除授或諸薦奏量留卽度可否施行庶各司其局免致紊隳宰相提綱永存事體付所司辛亥以彗孛謫見德音放京畿軍鎮諸司禁囚常赦不原外罪無輕重遞減一等限三日內疏理聞奏壬子勅朕以沖幼克嗣丕基業業兢兢勤恭夕惕彗星謫見罪在朕躬雖已降赦文特行恩宥起今月二十四日後避正殿減常膳以明思過付所司丙辰勅准向來事例每貫抽除外以八百五十文爲貫每陌八十五文如聞坊市之中多以八

十爲陌更有除折頗爽舊規付河南府市肆交易並以八十五文爲陌不得更有改移戊午勅東上閤門西上閤門比帝出入以東上爲先大忌進名即西上閤門爲便比因閹官擅權乃以陰陽取位不思南面但啓西門邇來相承未議更改詳其稱謂似爽舊規自今年五月一日後常朝出入取東上閤門或遇奉慰即開西上閤門永爲定制付所司又勅朕以上天譴見避殿責躬不宜朔會朝正殿其五月一日朝會宜權停五月己未朔以星變不視朝勅曰天文變見合事祈禳宜於太清宮置黃籙道場三司支給齋料壬戌勅法駕還都之日洛京再建之初慮懷土有類於新豐權更名以變於舊制妖星既出於雍分高閎難効於秦餘宜改舊門之名以壯卜年之永延喜門改爲宣仁門重明門改爲興教門長樂門改爲光政門光範門曰應天門乾化門曰乾元門宣政門曰敷政門宣政殿曰貞觀殿日華門曰左延福門月華門曰右延福門萬壽門曰萬春門積慶門曰興善門含章門曰膺福門含清門曰延義門金鑾門曰千秋門延和門曰章善門保寧殿曰文思殿其見在門名有與西京門同名者並宜復

洛京舊門名付所司乙酉夜西北彗星長六七十丈自軒轅大角及天市西垣光輝猛怒其長竟天丙寅有司修皇太后宮畢中書奏皇太后慈惠臨人寬仁馭物早叶俔天之兆克彰誕聖之符今輪奐新宮規摹舊典崇訓既徵於信史積善宜顯於昌期太后宮請以積善爲名從之又以將卜郊禋預調雅樂宜以太常卿張廷範充修樂懸使丁卯荊襄節度使趙匡凝奏爲故使成汭立祠宇從之己巳太清宮使柳璨奏近勅改易宮殿門名竊以玄元皇帝廟西京曰太清宮東京曰太微宮其太清宮請復爲太微宮臣便給入官階從之庚午勅所司定今年十月九日有事郊丘其修製禮衣祭服宜令宰臣柳璨判祭器宜令張文蔚楊涉分判儀仗車輅宜令太常卿張廷範判壬申制新除靜海軍節度使銀青光祿大夫檢校尚書左僕射同平章事兼安南都護河南郡開國侯食邑一千戶獨孤損可責授朝散大夫棣州刺史仍令御史臺發遣出京訖聞奏勅曰朕謬將眇質叨荷丕圖常懷馭朽之心每軫泣辜之念諒於黜責豈易施行左僕射裴樞右僕射崔遠雖罷機衡尙居揆路既處優崇之任未傷進退之

規不能秉志安家但恣流言謗國頗與物論難抑朝章須離八座之榮尚付六條之政勉思咎己無至尤人樞可責授朝散大夫登州刺史遠可責授朝散大夫萊州刺史便發遣出京兵部郎中韋乾美貶沂州司戶甲戌勅中書舍人封渭貶齊州司戶右補闕鄭犨密州莒縣尉兵部員外盧協祁州司戶並員外置乙亥勅吏部尚書陸扆貶濮州司戶工部尚書王溥淄州司戶司天奏旬朔已前星文變見仰觀垂象特軫聖慈自今月八日夜已後連遇陰雨測候不得至十三日夜一更三點天色暫晴景緯分明妖星不見於碧虛災沴潛消於天漢者勅曰上天譴見下土震驚致夙夜之沈憂恐生靈之多難不居正殿盡輟常羞益務齊虔以申禳禱果致玄穹覆祐孛彗消除豈罪己之感通免貽人於災沴式觀陳奏深慰誠懷丙子勅戶部郎中李仁儉貶和王府咨議起居舍人盧仁炯安州司戶壽安尉直弘文館盧晏滄州東光尉丁丑陳許節度使張全義奏得許州留後狀申自多事以來許州權爲列郡今特創鼓角樓乞請復爲軍額勅旨依舊置忠武軍牌額戊寅宴羣臣於崇勳殿全忠與王鎔羅紹威置宴

也庚辰勅特進檢校司徒守太保致仕趙崇可曹州司戶銀青光祿大夫兵部侍郎王贊可濮州司戶辛巳勅責授登州刺史裴樞可隴州司戶責授棣州刺史獨孤損可瓊州司戶責授萊州刺史崔遠可白州司戶壬午勅司勳員外韋甄責授和王友洛陽縣令李光序責授左春坊典設郎甲申祕書監崔仁魯可密州司戶國子祭酒崔澄陳州司戶太府少卿裴鉞徐州司戶衛尉少卿裴紓曹州南華尉左補闕崔咸休寧陵尉司封員外薛濤輝州司戶前鹽鐵推官獨孤憲臨沂尉祕書少監裴鉥鄆州司戶長安尉直史館裴格符離尉兵部郎中李象鄭州司戶刑部員外盧薦范縣尉丙戌穎州汝陰縣人彭文妻產三男丁亥勅以翰林學士尚書職方郎中張策兼充史館修撰修國史六月戊子朔勅責授隴州司戶裴樞瓊州司戶獨孤損白州司戶崔遠濮州司戶陸扆淄州司戶王溥曹州司戶趙崇濮州司戶王贊等皆受國恩咸當重任罔思罄竭唯貯姦邪雖已謫於遐方尙難寬於國典委御史臺差人所在州縣各賜自盡時樞等七人已至滑州皆併命於白馬驛全忠令投屍於河己丑勅君臣之間進退

以禮矧於求舊欲保初終苟自掇於悔尤亦須行於黜責特進守司空致仕上柱國河東縣開國公食邑二千戶裴贄早以公望常踐台司靡聞竭力以匡時每務養恬而避事洎從請老不謂無恩合慎樞機動循規矩雖云勇退乃有後言自爲簿從之首頗失人臣之禮謫居郡掾用正朝綱可責授青州司戶刑部郎中李煦可萊州司戶辛卯太微宮使柳璨奏前使裴樞充宮使日權奏請玄元觀爲太清宮又別奏在京弘道觀爲太清宮至今未有制置伏以今年十月九日陛下親事南郊先謁聖祖廟弘道觀既未修葺玄元觀又在北山若車駕出城禮非便穩今欲只留北邙山上老君廟一所其玄元觀請折入都城於清化坊內建置太微宮以備車駕行事從之壬辰勑諸道節度觀察防禦刺史等部內有新除朝官前資朝官勑到後三日內發遣赴闕仍差人監送所在州縣不得停住苟或稽違必議貶黜付所司癸巳勑衛尉少卿敬沼是裴贄之甥常累於舅或以明經撓文柄或以私事竊化權贄已左遷爾又何逭可貶徐州蕭縣尉丙申勑福建每年進橄欖子比因閹豎出自閩中牽於嗜好之間遂成貢

奉之典雖嘉忠藎伏恐煩勞今後只供進臘面茶其進橄欖子宜停戊戌勑密
縣令裴練貶登州牟平尉長水令崔仁略淄州高苑尉福昌主簿陸珣沂州新
泰尉泥水令獨孤韜范縣尉並員外置皆裴樞崔遠陸扆宗黨也壬寅湖南馬
殷奏岳州洞庭青草之側有古祠四所先以荒圮臣復修廟了畢乞賜名額者
勑旨黃陵二妃祠曰懿節洞庭君祠曰利涉侯青草祠曰安流三閭大夫祠先
以澧朗觀察使雷滿奏已封昭靈侯宜依天祐元年九月二十九日勑處分丙
午全忠奏得宰相柳璨記事欲拆北邙山下玄元觀移入都內於清化坊取舊
昭明寺基建置太微宮准備十月九日南郊行事緣延資庫鹽鐵並無物力令
臣商量者臣已牒判六軍諸衛張全義指揮工作訖優詔嘉之丁未勑太子賓
客柳遜嘗為張濬租庸判官又王溥監修日奏充判官授工部侍郎又與趙崇
裴贄為刎頸之交昨裴樞等得罪之時合當連坐尚矜暮齒且俾懸車可本官
致仕戊申勑前司勳員外郎賜緋魚袋李延古責授衛尉寺主簿七月戊午朔
辛酉賜全忠迎鑾記功碑文立於都內全忠進助劾禮錢三萬貫癸亥再貶柳

遜曹州司馬辛巳勑全忠請鑄河中晉絳諸縣印縣名內有城字並落下如密
鄭絳蒲例單名爲文壬午宰臣柳璨禮部尚書蘇循充皇太后冊禮使是日於
積善宮行禮畢帝乘輦赴太后宮稱賀丙戌太常禮院奏每月朔望皇帝赴積
善宮起居文武百官於宮門進名起居從之八月丁亥朔戊子制中書舍人姚
洎可尚書戶部侍郎充元帥府判官從全忠奏也洛苑使奏穀水屯地內嘉禾
合穎乙未勑僞稱官階人泉州晉江縣應鄉貢明經陳文巨招伏罪款付河南
府決殺庚子勑漢代元勳鄧禹冠諸侯之上晉朝重位王導居百辟之先皆道
著匡扶功宣寰宇其於崇寵逈異等倫朕獲以眇躬重興丕運凡關制度必法
舊章實仗勳賢永安宗社副元帥梁王正守太尉中書令忠武軍節度使河南
尹張全義亦正守中書令俱深倚注咸正台衡其朝廷冊禮告祀天地宗廟其
司空則差官攝行太尉侍中中書令即宰臣攝行今太尉副元帥任冠藩垣每
遇行禮之時或不在京國即事須差攝太尉行事全義見居闕下任正中樞不
可更差別官又攝中書令事其太尉官如梁王朝覲在京便委行事如却赴鎮

即依前攝行所合差中書令便委全義以本官行禮其侍中司空司徒即臨時
差官付所司壬寅勅前太中大夫尚書兵部侍郎賜紫金魚袋司空圖俊造登
科朱紫昇籍既養高以傲代類移山而釣名志樂漱流心輕食祿匪夷匪惠難
居公正之朝載省載思當狥幽棲之志宜放還中條山癸卯勅太常卿張廷範
宜充南郊禮儀使丁未制削奪荊襄節度使趙匡凝在身官爵是月乙未全忠
遣大將楊師厚討匡凝收唐鄧福郢隨等州全忠自率親軍赴之荊襄之軍陣
於漢水之陰九月丁巳朔辛酉楊師厚於襄州西六十里陰谷江口伐竹木爲
浮梁癸亥梁成引軍渡江甲子趙匡凝率勁兵二萬陣於江之湄師厚一戰敗
之遂乘勝躡之陣於城下是夜匡凝挈其孥潰圍遁走乙丑師厚入襄陽丙寅
全忠繼至壬申匡凝牙將王建武遣押牙常質以荊南降言權知荊南軍府事
趙匡凝今月十一日棄城上峽奔蜀川勅曰梁王躬臨貔武收復荊襄拔峴首
若轉丸平荊門如沃雪連收兩鎮併走二兇乃睠勳庸載深嘉注宜賜詔奬飾
內出宣旨嬭婆楊氏可賜號昭儀嬭婆王氏可封郡夫人第二嬭婆先帝已封

郡夫人准楊氏例改封中書奏議言乳母古無封夫人賜內職之例近代因循殊乖典故昔漢順帝以乳母宋氏爲山陽君安帝乳母王氏曰野王君當時朝議非之今國祚中興禮宜求舊臣等商量楊氏望賜號安聖君王氏曰福聖君第二王氏曰康聖君從之己巳勅武成王廟宜改爲武明王乙酉勅先擇十月九日有事郊丘備物之間有所未辦宜改用十一月十九日十月丙戌朔制梁王全忠可充諸道兵馬元帥別開府幕加食邑通前一萬五千戶實封一千五百戶金州馮行襲奏當道昭信軍額內一字與元帥全忠諱字同乃賜號戎昭軍制削奪荊南留後趙匡凝官爵丁亥勅洛城坊曲內舊有朝臣諸司宅舍經亂荒榛張全義葺理已來皆已耕墾既供軍賦卽係公田或恐每有披論認爲世業須煩按驗遂啓倖門其都內坊曲及畿內已耕植田土諸色人並不得論認如要業田一任買置凡論認者不在給還之限如有本主元自差人勾當不在此限如荒田無主卽許識認付河南府甲午起居郎蘇楷駮昭宗謚號曰帝王御宇由理亂以審汙隆宗祀配天資謚號以定升降故臣下君上皆不得而

私也伏以陛下順考古道昭彰至公既當不諱之朝寧阻上言之路伏以昭宗皇帝睿哲居尊恭儉垂化其於善美孰敢蔽虧然而否運莫興至理猶鬱遂致四方多事萬乘頻遷始則閹豎猖狂受幽辱於東內終則嬪嬙悖亂罹夭閼於中闈其於易名宜循考行有司先定尊謚曰聖穆景文孝皇帝廟號昭宗敢言謚美似異直書按後漢和安順帝緣非功德遂改宗稱以允臣下之請今郊禋有日祫祭惟時將期允愜列聖之心更下詳議新廟之稱庶使叶先朝罪己之德表聖主無私之明楷禮部尚書循之子凡劣無藝乾寧二年應進士登第後物論以爲濫昭宗命翰林學士陸扆祕書監馮渥覆試黜落永不許入舉場楷負愧銜怨至是全忠弒逆君上柳璨陷害朝臣乃與起居郎羅袞起居舍人盧鼎連署駮議楷目不知書手僅能執筆其文羅袞作也時政出賊臣哀帝不能制太常卿張廷範改謚曰恭靈莊閔孝皇帝廟號曰襄宗全忠雄猜物鑒自楷駮謚後深鄙之既傳代之後循楷父子皆斥逐不令在朝丁未所司改題昭宗神主轝朝一日癸丑勅成德軍宜改爲武順管內稾城縣曰稾平信都曰堯都

欒城曰欒氏阜城曰漢阜臨城爲房子避全忠祖父名也十一月乙卯朔勅潞州潞城縣改爲潞子黎城曰黎亭全忠平荆襄後遂引軍將攻淮南行次棗陽阻雨比至光州道險塗潦人馬饑乏休止十餘日乃趨固始進軍距壽州三十里壽人閉壁不出左右言師老不可用是月丙辰全忠自正陽渡淮而北至汝陰全忠深悔此行無益丁卯至大梁時哀帝以此月十九日親祠圜丘中外百司禮儀法物已備戊辰宰相已下於南郊壇習儀而裴迪自大梁迴言全忠怒蔣玄暉張廷範柳璨等謀延唐祚而欲郊天改元玄暉柳璨大懼庚午勅曰先定此月十九日親禮南郊雖定吉辰改卜亦有故事宜改取來年正月上辛付所司辛巳制迴天再造竭忠守正功臣諸道兵馬元帥宣武宣義天平護國等軍節度觀察處置修宮闕制置度支解縣池場亳州太清宮等使開府儀同三司守太尉中書令河中尹汴滑鄆等州刺史上柱國梁王食邑一萬五千戶實封一千五百戶朱全忠可授相國總百揆其以宣武宣義天平護國天雄武順忠武佐國河陽義武昭義保義戎昭武定泰寧平盧匡國鎮國武寧忠義荆南

二十一道爲魏國仍進封魏王依前充諸道兵馬元帥太尉中書令宣武宣義天平護國等軍節度觀察處置等使加食邑五千戶實封八千五百戶入朝不趨劍履上殿贊拜不名兼備九錫之命仍擇日備禮冊命又制以楊師厚爲襄州兵馬留後左龍武統軍張慎思爲武寧軍兵馬留後壬午中書門下奏相國魏王總百揆百司合呈納本司印其中書門下印堂後王仁珪呈納中書公事權追中書省印行遣從之甲申勅河南告成縣改爲陽邑蔡州襄城改爲苞孚同州韓城改爲韓元絳州翼城改爲澮川鄆州鄆城改爲萬安慈州文城改爲屈邑澤州晉城改高都陽城改爲護澤安州應城改爲應陽洪州豐城改爲吳高全忠令判官司馬鄴讓相國總百揆之命十二月乙酉朔戊子詔蔣玄暉賫手詔赴魏國不許陳讓錫命辛卯制正議大夫門下侍郎兼戶部尚書同平章事太微宮使弘文館大學士延資庫使充諸道鹽鐵轉運等使上柱國河東縣開國男食邑三百戶柳璨可光祿大夫守司空兼門下侍郎同平章事太微宮使弘文館大學士延資庫使充諸道鹽鐵轉運等使進封河東縣開國伯通前

食邑七百戶充魏國冊禮使制相國魏王曾祖贈太傅茂琳追封魏王諡宣憲祖贈太師信追封魏王諡武元父贈尚書令誠追封魏王諡文明勅右常侍王鉅太常卿張廷範給事中崔沂工部尚書李克助祠部郎中知制誥張茂樞膳部員外知制誥杜曉吏部郎中李光嗣駕部郎中趙光胤戶部郎中崔協比部郎中楊煥左常侍孔拯右諫議蕭頎左拾遺裴璩右拾遺高濟職方郎中牛希逸主客郎中蕭蘧等隨冊禮使柳璨魏國行事先是北院宣徽使王殷使壽州行營構蔣玄暉於全忠全忠怒急歸大梁上令刑部尚書裴迪賫詔慰勞全忠全忠忿恨語極不遜故行相國百揆之命以悅其心蔣玄暉自至大梁陳訴全忠怒猶不解帝憂之甲午上召三宰相議其事柳璨曰人望歸元帥陛下揖讓釋負今其時也帝曰運祚去唐久矣幸爲元帥所延今日天下非予之天下神器大寶歸於有德又何疑焉他人傳予意不盡卿自往大梁備言此懷乃賜璨茶藥便令進發乙未勅樞密使蔣玄暉宜削在身官爵送河南府處斬豐德庫使應頊尚食使朱建武送河南府決殺庚子勅樞密使及宣徽南院北院並停

其樞密公事令王殷權知其兩院人吏並勒歸中書其諸司諸道人並不得到
宣徽院凡有公事並於中書論請其延義千秋兩門只差小黃門三人勾當其
官健勒歸本軍勅魏王堅辭寵命過示撝謙朕以國史所書元帥之任並以天
下爲名爰自近年改爲諸道既非舊制須在正名宜追制改爲天下兵馬元帥
餘准詔旨處分辛丑勅漢宣帝中興五日一聽朝歷代通規永爲常式近代不
循舊儀輒隳制度既姦邪之得計致臨視之失常須守舊規以循定制宜每月
只許一五九日開延英計九度其入閤日仍於延英曰一度指揮如有大段公
事中書門下具牓子奏請開延英不計日數付所司又勅宮嬪女職本備內任
近年已來稍失儀制宮人出內宣命宲御參隨視朝乃失舊規須爲永制今後
每遇延英坐朝日只令小黃門祗候引從宮人不得擅出內門庶循典儀免至
紛雜壬寅戎昭軍奏收復金州兵火之後弃邑殘破請移理所於均州從之仍
改爲武定軍乙巳汴州別駕蔣仲伸決殺玄暉季父也又勅蔣玄暉身居密近
擅弄威權鬻爵賣官聚財營第而苞藏悖逆稔浸姦邪雖都市已處於極刑而

屈法尙慊於衆怒更示焚棄之典以懲顯負之蹤宜追削爲兇逆百姓仍委河南府揭屍於都門外聚衆焚燒玄暉死後王殷趙殷衡等又譖於全忠云內人相傳玄暉私侍積善宮與柳璨張廷範爲盟誓之交求興唐祚戊申全忠令知樞密王殷害皇太后何氏于積善宮又殺宮人阿秋阿虔言通導蔣玄暉己酉勅以太后喪廢朝三日百官奉慰訖又勅曰皇太后位承坤德有愧母儀近者兇逆誅夷宮闈詞連醜狀尋自崩變以謝萬方朕以幼沖君臨區宇雖情深號慕而法難狥私勉循秦漢之規須示追降之典其遣黃門收所上皇太后寶冊追廢爲庶人宜差官告郊廟庚戌勅朕以謬荷丕圖禮合親謁郊廟先定來年正月上辛用事今以宮闈內亂播于醜聲難以慚恧之容入於祖宗之廟其明年上辛親謁郊廟宜停壬子勅積善宮安福殿宜廢癸丑勅光祿大夫守司空門下侍郎平章事太微宮使弘文館大學士延資庫使諸道鹽鐵轉運使柳璨責授朝議郎守登州刺史又勅太常卿張廷範太常少卿裴磵温鑾祠部郎中知制誥張茂樞等蔣玄暉在樞密之時與柳璨張廷範共爲朋扇日相往來假

其遊宴之名別貯傾危之計苟安重位酷陷朝臣既此陰謀難寬大辟柳璨已
從別勅處分廷範可責授萊州司戶裴磵等常同聚會固共苞藏磵可青州北
海尉鑾臨淄尉茂樞博昌尉並員外置甲寅勅責授登州刺史柳璨素矜儉巧
每務回邪幸以庸才驟居重位曾無顯效孤負明恩詭譎多端苞藏莫測但結
連於兇險獨陷害於賢良罪既貫盈理須竄殛可貶密州司戶再貶長流崖州
百姓委御史臺賜自盡是日斬于上東門外又勅張廷範性唯庸妄志在回邪
不能保慎寵榮而乃苞藏兇險密交柳璨深結玄暉晝議宵行欺天負地神祇
共怒罪狀難原宜除名委河南府於都市集衆以五車分裂溫鑾裴磵張茂樞
並除名委於御史臺所在賜自盡柳璨弟瑀瑊送河南府決殺
三年春正月乙卯朔全忠以四鎮之師七萬會河北諸軍屯于深州樂城戊午
勅右拾遺柳瑗貶洛州雞澤尉璨疎屬也乙丑全忠自汴河赴魏州丙寅制定
亂安國功臣鎮海鎮東軍節度浙江東西道觀察處置等使淮南東面行營招
討營田安撫兩浙鹽鐵制置發運等使開府儀同三司守侍中兼中書令杭越

兩州刺史上柱國吳王食邑九千戶實封五百戶錢鏐總臨兩鎮制撫三吳道途阻艱未行冊命宜令所司擇日備禮己巳夜魏博節度使羅紹威殺其衙內親軍八千人戊午全忠自內黃入魏州是月魏博衙外兵五萬自歷亭還分據紹威貝博等州汴軍攻圍之壬申勅相國總百揆魏王頃辭冊命宜令所司再行冊禮辛巳國子監奏奉去年十一月五日勅文應國學每年與諸道等一例解送兩人今監主郭應圖等六十人連狀論訴勅旨取士之科明經極重每年人數已有舊規去夏條疏蓋防逾濫今國子監河南府俱有論奏所試明經宜令准常年例解送禮部放人多少酌量施行但不狥囑求無致僥倖付所司二月甲申朔魏博節度使羅紹威宜許於本鎮置三代私廟癸卯勅今年禮部所放進士據依去年人數外更放兩人三月甲寅朔甲戌勅河中昭義管內俱有慈州地里相去不遠稱謂時聞錯誤其昭義管內慈州宜改爲惠州壬戌全忠奏河中判官劉崇子匡圖今年進士登第遽列高科恐涉羣議請禮部落下戊寅制元帥梁王可兼領諸道鹽鐵轉運等使判度支戶部事充三司都制置使

辛巳勅貶西都留守判官左諫議大夫鄭賨崖州司戶尋賜死四月甲申朔日
有蝕之在胃十二度戊申魏博羅紹威奏臣當管博州聊城縣武陽莘縣武水
博平高堂等五縣皆於黃河東岸其鄉村百姓渡河輸稅不便與天平軍管界
接連請割屬鄆從之五月癸酉朔追贈故荊南節度使成汭鄂岳節度使杜洪
官爵仍於本州立祠廟從全忠奏也丙申勅天祐二年九月二十日於全州置
戎昭軍割均房二州爲屬郡比因馮行襲叶贊元勳克宣丕績用獎濟師之効
遂行割地之權今命帥得人疇庸有秩其戎昭軍額宜停其均房二州却還山
南東道收管六月癸未朔甲申勅襄州近因趙匡凝作帥請別立忠義軍額既
非往制固是從權忠義軍額宜停廢依舊爲山南東道節度使己亥權知唐州
事衞審符奏州郭凋殘又不居要路請移理所於泌陽縣從之制以京兆尹佑
國軍節度使韓建爲青州節度使代王重師以重師代建爲京兆尹壬寅勅文
武百寮每月一度入閤於貞觀殿貞觀大殿朝廷正衙遇正至之辰受羣臣朝
賀比來視朔未正規儀今後於崇勳殿入閤付所司左拾遺充史館修撰裴瑑

以堂叔母危疾在濟源無兄弟侍疾乞假寧省從之七月壬子朔己未全忠始自魏州歸大梁魏博六州平定檢校工部尚書守宗正卿嗣邠王震停見任落下襲封以請告於外也辛未皇妹永明公主薨罷朝三日八月甲辰全忠復自汴州北渡河攻滄州乙未魏博奏割貝州永濟廣宗相州臨河內黃洹水斥丘等六縣隸魏州從之九月辛亥朔丁卯全忠大軍至滄州軍於長蘆是月積陰霖雨不止差官禜都門十月乙未兩浙錢鏐請於本鎮立三代私廟從之十一月庚戌朔丙子廢牛羊司御廚肉河南府供進所有進到牛羊便付河南府收管十二月己卯朔淮南僞署宣歙觀察使檢校司徒王茂章可金紫光祿大夫檢校太保從錢鏐奏也茂章背楊渥以宣州降錢鏐故也己丑全忠奏文武兩班一五九朝日元帥府排比廊飧勅曰百官入朝兩廊賜食遷都之後有司官闕供元帥梁王欲整大綱復行故事俾其班列益認優隆宜賜詔獎飾甲辰河陽節度副使孫乘貶崖州司戶尋賜自盡閏十二月己酉朔福建百姓僧道詣闕請爲節度使王審知立德政碑從之乙丑華州鎮國節度觀察處置等使額

及興德府名並宜停廢復爲華州刺史充本州防禦使仍隸同州爲支郡所管華商兩州諸縣先昇次赤次畿並罷宜依舊名西都佑國軍作鎮已來未有屬郡其金州商州宜隸爲屬郡京兆府奉先縣本屬馮翊櫟楊連接下邽奉先縣宜却隸同州櫟楊宜隸華州丙寅奪西川節度使王建在身官爵戊辰李克用與幽州之衆同攻潞州全忠守將丁會以澤潞降太原克用以其子嗣昭爲留後甲戌全忠燒長蘆營旋軍聞潞州陷故也乙亥貶與唐府少尹孫祕長流愛州尋賜死孫乘弟也

四年春正月戊寅朔壬寅全忠自長蘆至大梁天子遣御史大夫薛貽矩賫詔慰勞全忠自弒昭宗之後岐蜀太原連兵牽制關西日削幸羅紹威殺牙軍全獲魏博六州將行篡代欲威臨河朔乃再興師臨幽滄冀仁恭父子乞盟則與之相結以固王鎔紹威之心而自秋迄冬攻滄州無功及聞丁會失守燒營遽還路由魏州羅紹威知失勢恐兵襲已深贊篡奪之謀他日如王受禪必馨六州軍賦以助大禮全忠深感之至大梁會薛貽矩來乃以臣禮見全忠貽矩承

闇密陳禪代之謀全忠心德之貽矩還奏曰元帥有受代意陛下深體時事去
茲重負帝曰此吾素懷也乃降詔元帥以二月行傳禪之禮全忠僞辭二月壬
子詔文武百官以今月七日齊赴元帥府癸丑宰相百官辭全忠以未斷表爲
詞三月戊寅朔全忠令大將李思安率兵三萬合魏博之衆攻掠幽州思安頓
兵臨其郛會仁恭子守光率兵赴援思安乃還庚寅詔薛貽矩再使大梁達傳
位之旨甲辰詔曰勅宰臣文武百辟藩岳庶尹明聽朕言夫大寶之尊神器之
重儻非德充宇宙功濟黔黎著重華納麓之功彰文命導川之績允熙帝載克
代天工則何以統御萬邦照臨八極元帥梁王龍顏瑞質玉理奇文以英謀睿
武定寰瀛以厚澤深仁撫華夏神功至德絕後光前緹油罕紀其鴻勳謳誦顯
歸於至化二十年之功業億兆衆之推崇邇無異言遠無異望朕惟王聖德光
被八紘宜順玄穹膺茲寶命況天文符瑞雜沓宣明虞夏昌期顯于圖籙萬機
不可以久曠天命不可以久違神祇叶心歸于有德朕敬以天下傳禪聖君退
居舊藩以備三恪今勅宰臣張文蔚楊涉等率文武百寮備法駕奉迎梁朝勉

厲肅恭尊戴明主沖人釋茲重負永爲虞賓獲奉新朝慶泰兼極中外列辟宜體朕懷乙酉乃以中書侍郎平章事張文蔚充冊使禮部尚書蘇循爲副中書侍郎平章事楊涉押傳國寶使翰林學士中書舍人張策爲副御史大夫薛貽矩爲押金寶使左丞趙光逢爲副甲午文蔚押文武百寮赴大梁甲子行事冊曰皇帝若曰咨爾天下兵馬元帥相國總百揆梁王朕每觀上古之書以堯舜爲始者蓋以禪讓之典垂於無窮故封泰山禪梁父略可道者七十二君則知天下至公非一姓獨有自古明王聖帝焦思勞神惴若納隍坐以待旦莫不居之則兢畏去之則逸安且軒轅非不明放勳非不聖尚欲遊於姑射休彼太庭矧乎曆數尋終期運久謝屬於孤藐統御萬方者哉況自懿祖之後嬖幸亂朝禍起有階政漸無象天網幅裂海水橫流四紀于茲羣生無庇泊乎喪亂誰其底綏洎于小子粤以幼年繼茲衰緒豈茲沖昧能守洪基惟王明聖在躬體于上哲奮揚神武戡定區夏大功二十光著冊書北越陰山南踰瘴海東至碣石西暨流沙懷生之倫罔不悅附矧予寡昧危而獲存今則上察天文下觀人願

是土德終極之際乃金行兆應之辰況十載之間彗星三見布新除舊厥有明徵謳歌所歸屬在睿德今遣持節銀青光祿大夫守中書侍郎同中書門下平章事張文蔚等奉皇帝寶綬敬遜于位於戲天之曆數在爾躬允執其中天祿永終王其祗顯大禮享茲萬國以肅膺天命全忠建國奉帝爲濟陰王遷於曹州處前刺史氏叔琮之第時太原幽州鳳翔西川猶稱天祐正朔天祐五年二月二十一日帝爲全忠所害時年十七仍諡曰哀皇帝以王禮葬於濟陰縣之定陶鄉中興之初方備禮改卜遇國喪而止明宗時就故陵置園邑有司請諡曰昭宣光烈孝皇帝廟號景宗中書覆奏少帝行事不合稱宗存諡而已知禮者亦以宣景之諡非宜今只取本諡載之于紀

史臣曰悲哉土運之將亡也五常殆盡百怪斯呈宇縣瓜分皇圖瓦解昭宗皇帝英猷奮發志憤陵夷旁求奇傑之才欲拯淪胥之運而世途多僻忠義俱亡極爵位以待賢豪罄珍奇而託心腹殷勤國士之遇罕有託孤之賢豢豐而犬豕轉獰肉飽而虎狼逾暴五侯九伯無非問鼎之徒四岳十連皆畜無君之迹

雖蕭屏之臣扼腕巖廊之輔痛心空銜毀室之悲寧救喪邦之禍及扶風西幸洛邑東遷如寄珠於盜跖之門蓄水於尾閭之上往而不返夫何言哉至若川竭山崩古今同歎虎爭龍戰興替無常縱胠篋之不仁亦攫金之有道曹操請刑於椒壼蓋迫陰謀馬昭拒命於凌雲窘於見討誠知醜迹得以爲詞而全忠所行止於殘忍況自岐遷洛天子塊然六軍盡斥於秦人四面皆環於汴卒冕旒如寄纖芥爲疑迎鑾未及於崇朝傳刃已聞於塗地立嗣君於南面斃母后於中闈黃門與禁旅皆殲宗室共衣冠並殪復又盜鐘掩耳嫁禍於人何九六之數窮偶天人之道盡目擊斯亂言之傷心哀帝之時政由凶族雖揖讓之令有類於山陽而凌逼之權過踰於侯景人道寖薄陰隲難徵然以此受終如何延永

贊曰勳華受命揖讓告終逆取順守仁道已窮暴則短祚義則延洪虞賓之禍非止一宗

舊唐書卷二十下考證

哀帝本紀二年○沈炳震曰二年上宜書天祐年號

冬十月削奪荊南留後趙匡凝官爵○臣德潛按前八月丁未已書削奪荊襄節度使趙匡凝在身官爵矣此應重出

舊唐書卷二十下考證

後晉司空同中書門下平章事劉昫撰

志第一

禮儀一

記曰人生而靜天之性也感物而動性之欲也欲無限極禍亂生焉聖人懼其邪放於是作樂以和其性制禮以檢其情俾俯仰有容周旋中矩故肆覲之禮立則朝廷尊郊廟之禮立則人情肅冠婚之禮立則長幼序喪祭之禮立則孝慈著蒐狩之禮立則軍旅振享宴之禮立則君臣篤是知禮者品彙之璿衡人倫之繩墨失之者辱得之者榮造物已還不可須臾離也五帝之時斯爲治本類帝禋宗吉禮也遏音陶瓦凶禮也班瑞肆覲賓禮也誅苗殛鯀軍禮也釐降嬪虞嘉禮也故曰修五禮五玉堯舜之事也時代猶淳節文尚簡及周公相成王制五禮六樂各有典司其儀大備暨幽厲失道平王東遷周室寖微諸侯侮法男女失冠婚之節野麕之刺興焉君臣廢朝會之期踐土之譏著矣葬則奢聚

儉無算軍則狙詐不仁數百年間禮儀大壞雖仲尼自衛返魯而有定禮之言
蓋舉周公之舊章無救魯邦之亂政仲尼之世禮教已亡遭秦燔煬遺文殆盡
漢興叔孫通草定止習朝儀至於郊天祀地之文配祖禋宗之制拊石鳴球之
備物介丘璧水之威猷語則有之未遑措思及世宗禮重儒術屢訪賢良河間
博洽古文大搜經籍有周舊典始得周官五篇士禮十七篇王又鳩集諸子之
說爲禮書一百四十篇后倉二戴因而刪擇得四十九篇此曲臺集禮今之禮
記是也然數百載不見舊儀諸子所書止論其意百家縱胸臆之說五禮無著
定之文故西漢一朝曲臺無制郊上帝於甘泉祀后土於汾陰宗廟無定主樂
懸缺金石巡狩非勛華之典封禪異陶匏之音光武受命始詔儒官草定儀注
經邦大典至是粗備漢末喪亂又淪沒焉而衞宏應仲遠王仲宣等掇拾遺散
裁志條目而已東京舊典世莫得聞自晉至梁繼令條纘鴻生鉅儒銳思綿蕝
江左學者髣髴可觀隋氏平陳寰區一統文帝命太常卿牛弘集南北儀注定
五禮一百三十篇煬帝在廣陵亦聚學徒修江都禮集緣是周漢之制僅有遺

風神堯授禪未遑制作郊廟宴享悉用隋代舊儀太宗皇帝踐阼之初悉與文教乃詔中書令房玄齡祕書監魏徵等禮官學士修改舊禮定著吉禮六十一篇賓禮四篇軍禮二十篇嘉禮四十二篇凶禮六篇國恤五篇總一百三十八篇分爲一百卷玄齡等始與禮官述議以爲月令禘祭唯祭天宗謂日月而下近代禘五天帝人帝五地極皆非古典今並除之又依禮有益於人則祀之神州者國之所託餘八州則義不相及近代通祭九州今除八州等八座唯祭皇地祇及神州以正祀典又漢建武中封禪用元封時故事封泰山於圜臺上四面皆立石闕並高五丈有方石再累藏玉牒書石檢十枚於四邊檢之東西各三南北各二外設石封高九尺上加石蓋周設石距十八如碑之狀去壇二步其下石跗入地數尺今案封禪者本以成功告於上帝天道貴質故藉用稾秸鐏以瓦甒此法不在經誥又乖醇素之道定議除之又案梁甫是梁陰近代設壇於山上乃乖處陰之義今定禪禮改壇位於山北又皇太子入學及太常行山陵天子大射合朔陳五兵於太社農隙講武納皇后行六禮四孟月讀時令

天子上陵朝廟養老於辟雍之禮皆周所闕凡增多二十九條餘並準依古禮
旁求異代擇其善者而從之太宗稱善頒于內外行焉高宗初議者以貞觀禮
節文未盡又詔太尉長孫無忌中書令杜正倫李義府中書侍郎李友益黃門
侍郎劉祥道許圉師太子賓客許敬宗太常少卿韋琨太學博士史道玄符璽
郎孔志約太常博士蕭楚才孫自覺賀紀等重加緝定勒成一百三十卷至顯
慶三年奏上之增損舊禮并與令式參會改定高宗自爲之序時許敬宗李義
府用事其所損益多涉希旨行用已後學者紛議以爲不及貞觀上元三年三
月下詔令依貞觀年禮爲定儀鳳二年又詔顯慶新修禮多有事不師古其五
禮並依周禮行事自是禮司益無憑準每有太事皆參會古今禮文臨時撰定
然貞觀顯慶二禮皆行用不廢時有太常卿裴明禮太常少卿韋萬石相次參
掌其事又前後博士賀敳賀紀韋叔夏裴守真等多所議定則天時以禮官不
甚詳明特詔國子博士祝欽明及叔夏每有儀注皆令參定叔夏卒後博士唐
紹專知禮儀博學詳練舊事議者以爲稱職先天二年紹爲給事中以講武失

儀得罪被誅其後禮官張星王琇又以元日儀注乖失詔免官歸家學問開元十年詔國子司業韋縚爲禮儀使專掌五禮十四年通事舍人王嵒上疏請改撰禮記削去舊文而以今事編之詔付集賢院學士詳議右丞張說奏曰禮記漢朝所編遂爲歷代不刊之典今去聖久遠恐難改易今之五禮儀注貞觀顯慶兩度所修前後頗有不同其中或未折衷望與學士等更討論古今刪改行用制從之初令學士右散騎常侍徐堅及左拾遺李銳太常博士施敬本等檢撰歷年不就銳卒後蕭嵩代爲集賢院學士始奏起居舍人王仲丘撰成一百五十卷名曰大唐開元禮二十年九月頒所司行用焉昊天上帝五方帝皇地祇神州及宗廟爲大祀社稷日月星辰先代帝王岳鎮海瀆帝社先蠶釋奠爲中祀司中司命風伯雨師諸星山林川澤之屬爲小祀大祀所司每年預定日奏下小祀但移牒所由若天子不親祭享則三公行事若官缺則職事三品已上攝三公行事大祀散齋四日致齋三日中祀散齋三日致齋二日小祀散齋二日致齋一日散齋之日晝理事如舊夜宿於家正寢不得弔喪問疾不判署

刑殺文書不決罰罪人不作樂不預穢惡之事致齋惟爲祀事得行其餘悉斷
若大祀齋官皆於散齋之日集於尚書省受誓戒太尉讀誓文致齋之日三公
於尚書省安置餘官各於本司若皇城內無本司於太常郊社太廟署安置皆
日未出前至齋所至祀前一日各從齋所晝漏上水五刻向祠所接神之官皆
沐浴給明衣若天子親祠則於正殿行致齋之禮文武官服袴褶陪位於殿庭
車駕反齋官赴祠祭之所州縣及金吾清所行之路不得見諸凶穢及縗經者
哭泣之聲聞於祭所者權斷訖事依舊齋官至祠所太官惟設食祭訖依班序
餕訖均胙貴者不重賤者不虛中祀已下惟不受誓戒自餘皆同大祀之禮武
德初定令每歲冬至祀昊天上帝於圓丘以景帝配其壇在京城明德門外道
東二里壇制四成各高八尺一寸下成廣二十丈再成廣十五丈三成廣十丈
四成廣五丈每祀則昊天上帝及配帝設位于平座藉用藁秸器用陶匏五方
上帝日月內官中官外官及衆星並皆從祀其五方帝及日月七座在壇之第
二等內五星已下官五十五座在壇之第三等二十八宿已下中官一百三十

五座在壇之第四等外官百十二座在壇下外壝之內衆星三百六十座在外壝之外其牲上帝及配帝用蒼犢二五方帝及日月用方色犢各一內官已下加羊豕各九夏至祭皇地祇于方丘亦以景帝配其壇在宮城之北十四里壇制再成下成方十丈上成五丈每祀則地祇及配帝設位於壇上神州及五嶽四鎭四瀆四海五方山林川澤丘陵墳衍原隰並皆從祀神州在壇之第二等五嶽已下三十七座在壇下外壝之內丘陵等三十座在壝外其牲地祇及配帝用犢二神州用黝犢一岳鎭已下加羊豕各五孟春辛日祈穀祀感帝于南郊元帝配牲用蒼犢二孟夏之月雩祀昊天上帝於圓丘景帝配牲用蒼犢二五方上帝五人帝五官並從祀用方色犢十及季秋祀五方天上帝於明堂元帝配牲用蒼犢二五人帝五官並從祀用方色犢十孟冬祭神州於北郊景帝配牲用黝犢二貞觀初詔奉高祖配圓丘及明堂北郊之祀元帝專配感帝自餘悉依武德永徽二年又奉太宗配祀于明堂有司遂以高祖配五天帝太宗配五人帝顯慶元年太尉長孫無忌與禮官等奏議曰臣等謹尋方冊歷考前

規宗祀明堂必配五郊預入明堂自緣從祀今以太宗作配理有未安伏見永徽二年七月詔建明堂伏惟陛下天縱聖德追奉太宗已遵嚴配時高祖先在明堂禮司致惑竟未遷祀率意定儀遂便著令乃以太宗皇帝降配五人帝雖復亦在明堂不得對越天帝深乖明詔之意又與先典不同謹案孝經云孝莫大於嚴父嚴父莫大於配天昔者周公宗祀文王於明堂以配上帝伏惟詔意義在於斯今所司行令殊爲失旨又尋漢魏晉宋歷代禮儀並無父子同配明堂之義唯祭法云周人禘嚳而郊稷祖文王而宗武王鄭玄注云禘郊祖宗謂祭祀以配食也禘謂祭昊天於圜丘郊謂祭上帝於南郊祖宗謂祭五帝五神於明堂也尋鄭此注乃以祖宗合爲一祭又以文武共在明堂連衽配祀良爲謬矣故王肅駁曰古者祖有功而宗有德祖宗自是不毀之名非謂配食於明堂者也審如鄭義則孝經當言祖祀文王於明堂不得言宗祀也凡宗者尊也周人既祖其廟又尊其祀孰謂祖於明堂者乎鄭引孝經以解祭法而不曉周公本意殊非仲尼之義旨也又解宗武王云配勾芒之類是謂五神位在堂下

武王降位失君敘矣又案六韜曰武王伐紂雪深丈餘五車二馬行無轍迹詣營求謁武王怪而問焉太公對曰此必五方之神來受事耳遂以其名召入各以其職命焉既而克殷風調雨順豈有生來受職歿則配之降尊敵卑理不然矣故春秋傳禘郊祖宗報五者國之典祀也傳言五者故知各是一事非謂祖宗合祀於明堂也臣謹上考殷周下洎貞觀並無一代兩帝同配於明堂南齊蕭氏以武明昆季並於明堂配食事乃不經未足援據又檢武德時令以元皇帝配於明堂兼配感帝至貞觀初緣情革禮奉祀高祖配於明堂奉遷世祖專配感帝此即聖朝故事已有遞遷之典取法崇廟古之制焉伏惟太祖景皇帝搆室有周建絕代之丕業啓祚汾晉創歷聖之洪基德邁發生道符立極又世祖元皇帝潛鱗韞慶屈道事周導濬發之靈源肇光宅之垂裕稱祖清廟萬代不遷請停配祀以符古義伏惟高祖太武皇帝躬受天命奄有神州創制改物體元居正爲國始祖抑有舊章昔者炎漢高帝當塗太祖皆以受命例並配天請遵故實奉祀高祖於圓丘以配昊天上帝伏惟太宗文皇帝道格上玄功清

下瀆拯率土之塗炭協大造於生靈請準詔書宗祀於明堂以配上帝又請依
武德故事兼配感帝作主斯乃二祖德隆永不遷廟兩聖功大各得配天遠協
孝經近申詔意二年七月禮部尚書許敬宗與禮官等又奏議據祠令及新禮
並用鄭玄六天之議圜丘祀昊天上帝南郊祭太微感帝明堂祭太微五帝謹
按鄭玄此義唯據緯書所說六天皆謂星象而昊天上帝不屬穹蒼故注月令
及周官皆謂圜丘所祭昊天上帝爲北辰星曜魄寶又說孝經郊祀后稷以配
天及明堂嚴父配天皆爲太微五帝考其所說舛謬特深按周易云日月麗於
天百穀草木麗於地又云在天成象在地成形足明辰象非天草木非地毛詩
傳云元氣昊大則稱昊天遠視蒼蒼則稱蒼天此則蒼昊爲體不入星辰之例
且天地各一是曰兩儀天尙無二焉得有六是以王肅羣儒咸駁此議又檢太
史圓丘圖昊天上帝座外別有北辰座與鄭義不同得太史令李淳風等狀昊
天上帝圖位自在壇上北辰自在第二等與北斗並列爲星官內座之首不同
鄭玄據緯書所說此乃羲和所掌觀象制圖推步有徵相沿不謬又按史記天

官書等太微宮有五帝者自是五精之神五星所奉以其是人主之象故況之曰帝亦如房心爲天王之象豈是天乎周禮云兆五帝於四郊又云祀五帝則掌百官之誓戒惟稱五帝皆不言天此太微之神本非穹昊之祭又孝經惟云郊祀后稷無別祀圓丘之文王肅等以爲郊卽圓丘圓丘卽郊猶王城京師異名同實符合經典其義甚明而今從鄭說分爲兩祭圓丘之外別有南郊違棄正經理深未允且檢吏部式惟有南郊陪位更不別載圓丘式文旣遵王肅祠令仍行鄭義令式相乖理宜改革又孝經云嚴父莫大於配天下文卽云周公宗祀文王於明堂以配上帝則是上帝卽是明堂所祀正在配天而以爲但祭星官反違明義又按月令孟春之月祈穀於上帝左傳亦云凡祀啓蟄而郊郊而後耕故郊祀后稷以祈農事然則啓蟄郊天自以祈穀謂爲感帝之祭事甚不經今請憲章姬孔考取王鄭四郊迎氣存太微五帝之祀南郊明堂廢緯書六天之義其方丘祭地之外別有神州謂之北郊分地爲二旣無典據理又不通亦請合爲一祀以符古義仍並條附式令永垂後則敬宗等又議籩豆之數

曰按今光祿式祭天地日月岳鎮海瀆先蠶等籩豆各四祭宗廟籩豆各十二祭社稷先農等籩豆各九祭風師雨師籩豆各二尋此式文事深乖謬社稷多於天地似不貴多風雨少於日月又不貴少且先農先蠶俱爲中祭或六或四理不可通又先農之神尊於釋奠籩豆之數先農乃少理既差舛難以因循謹按禮記郊特牲云籩豆之薦水土之品不敢用褻味而貴多品所以交於神明之義也此卽祭祀籩豆以多爲貴宗廟之數不可踰郊今請大祀同爲十二中祀同爲十小祀同爲八釋奠準中祀自餘從座並請依舊式詔並可之遂附于禮令乾封初高宗東封迴又詔依舊祀感帝及神州司禮少常伯郝處俊等奏曰顯慶新禮廢感帝之祀改爲祈穀昊天上帝以高祖太武皇帝配檢舊禮感帝以世祖元皇帝配今既奉敕依舊復祈穀爲感帝以高祖太武皇帝配神州又高祖依新禮見配圓丘昊天上帝及方丘皇地祇若更配感帝神州便恐有乖古禮按禮記祭法云有虞氏禘黃帝而郊嚳夏后氏亦禘黃帝而郊鯀殷人禘嚳而郊冥周人禘嚳而郊稷鄭玄注云禘謂祭上帝於南郊又按三禮義宗

云夏正郊天者王者各祭所出帝於南郊卽大傳所謂王者禘其祖之所自出以其祖配之是也此則禘須遠祖郊須始祖今若禘郊同用一祖恐於典禮無所據其神州十月祭者十月以陰用事故以此時祭之依檢更無故實按春秋啓蟄而郊鄭玄注禮云三王之郊一用夏正又三禮義宗云祭神州法正月祀於北郊請依典禮以正月祭者請集奉常博士及司成博士等總議定奏聞其靈臺明堂檢舊禮用鄭玄義仍祭五方帝新禮用王肅義又下詔依鄭玄義祭五天帝其雩及明堂並準勑祭祀於是奉常博士陸遵楷張統師權無二許子儒等議稱北郊之月古無明文漢光武正月辛未始建北郊咸和中議北郊同用正月然皆無指據武德來禮令卽用十月爲是陰用事故於時祭之請依舊十月致祭乾封二年十二月詔曰夫受命承天崇至敬於明祀膺圖纂籙昭大孝於嚴配是以薦鱢鱛於清廟集振鷺於西雍宣雅頌於太師明肅恭於考室用能紀配天之盛業嗣積德之鴻休永播英聲長爲稱首周京道喪秦室政乖禮樂淪亡典經殘滅遂使漢朝博士空說六宗之文晉代鴻儒爭陳七祀之議

或同昊天於五帝分感帝於五行自茲以降遞相祖述異論紛紜是非莫定朕
以寡薄嗣膺丕緒肅承禋祀明發載懷虔奉宗祧寤寐興感每惟宗廟之重尊
配之儀思革舊章以申誠敬高祖太武皇帝撫運膺期創業垂統拯庶類於塗
炭寘懷生於仁壽太宗文皇帝德光齊聖道極幾神執銳被堅櫛風沐雨勞形
以安百姓屈己而濟四方澤被區中恩覃海外乾坤所以交泰品物於是咸亨
掩玄闕而開疆指青丘而作鎮巍巍蕩蕩無得名焉禮曰化人之道莫急於禮
禮有五經莫重於祭祭者非物自外至也自內生於心也是以惟賢者乃能盡
祭之義況祖功宗德道冠百王盡聖窮神業高千古自今以後祭圓丘五方明
堂感帝神州等祠高祖太武皇帝太宗文皇帝崇配仍總祭昊天上帝及五帝
於明堂庶因心致敬獲展虔誠宗祀配天永光鴻烈儀鳳二年七月太常少卿
韋萬石奏曰明堂大享惟古禮鄭玄義祀五天帝王肅義祀五行帝貞觀禮依
鄭玄義祀五天帝顯慶已來新修禮祀昊天上帝奉乾封二年勅祀五帝又奉
制兼祀昊天上帝伏奉上元三年三月勅五禮並依貞觀年禮爲定又奉去年

勅並依周禮行事今用樂須定所祀之神未審依古禮及貞觀禮爲復依見行之禮時高宗及宰臣並不能斷依違久而不決尋又詔尚書省及學者詳議事仍不定自此明堂大享兼用貞觀顯慶二禮則天臨朝垂拱元年七月有司議圓丘方丘及南郊明堂嚴配之禮成均助教孔玄義奏議曰謹按孝經云孝莫大於嚴父嚴父莫大於配天明配尊大昊天是也物之大者莫若於天推父比天與之相配行孝之大莫過於此以明尊配之極也又易云先王以作樂崇德殷薦之上帝以配祖考鄭玄注上帝天帝也故知昊天之祭合祖考並配請奉太宗文武聖皇帝高宗天皇大帝配昊天上帝於圓丘義符孝經周易之文也神堯皇帝肇基王業應天順人請配感帝於南郊義符大傳之文又祭法云祖文王而宗武王祖始也宗尊也所以名祭爲尊始者明一祭之中有此二義又孝經云宗祀文王於明堂文王言祖而云宗者亦是通武王之義故明堂之祭配以祖考請奉太宗文武聖皇帝高宗天皇大帝配祭於明堂義符周易及祭法之文也太子右諭德沈伯儀曰謹按禮有虞氏禘黃帝而郊嚳祖顓頊而宗

堯夏后氏禘黃帝而郊鯀祖顓頊而宗禹殷人禘嚳而郊冥祖契而宗湯周人禘嚳而郊稷祖文王而宗武王鄭玄注云禘郊祖宗謂祭祀以配食也禘謂祭昊天於圓丘祭上帝於南郊曰郊祭五帝五神於明堂曰祖宗伏尋嚴配之文於此最為詳備虞夏則退顓頊而郊嚳殷人則捨契而郊冥去取既多前後乖次得禮之序莫尚於周禘嚳郊稷不閒於二王明堂宗祀始兼於兩配咸以文王父子殊別文王為父上主五帝武王對父下配五神孝經曰嚴父莫大於配天則周公其人也昔者周公宗祀文王於明堂以配上帝不言嚴父武王以配天則武王雖在明堂理未齊於配祭既稱宗祀義獨主於尊嚴雖同兩祭終為一主故孝經緯曰后稷為天地主太王為五帝宗也必若一神兩祭便則五祭十祠薦獻頻繁禮虧於數此則神無二主之道禮崇一配之義竊尋貞觀永徽共尊專配顯慶之後始創兼尊必以順古而行實謂從周為美高祖神堯皇帝請配圓丘方澤太宗文武聖皇帝請配南郊北郊高宗天皇大帝德邁九皇功開萬寓制禮作樂告禪昇中率土共休普天同賴竊惟莫大之孝理當總配五

天鳳閣舍人元萬頃范履冰等議曰伏惟高祖神堯皇帝鑿乾構象闢土開基太宗文武聖皇帝紹統披元循機闡極高宗天皇大帝弘祖宗之大業廓文武之宏規三聖重光千年接旦神功叡德罄圖牒而難稱盛烈鴻猷超古今而莫擬豈徒錙銖堯舜糠粃殷周而已哉謹按見行禮昊天上帝等祠五所咸奉高祖神堯皇帝太宗文武聖帝兼配今議者引祭法周易孝經之文雖近稽古之辭殊失因心之旨但子之事父臣之事君孝以成志忠而順美竊以兼配之禮特稟先聖之懷爰取訓於前規遂申情於大孝詩云昊天有成命二后受之易曰殷薦之上帝以配祖考敬尋厥旨本合斯義今若遠摭遺文近乖成典拘常不變守滯莫通便是臣黜於君遽見郊丘之位下非於上靡遵弓劍之心豈所以申太后哀感之誠徇皇帝孝思之德慎終追遠良謂非宜嚴父配天寧當若是伏據見行禮高祖神堯皇帝太宗文武聖皇帝今既先配五祠理當依舊無改高宗天皇大帝齊尊曜魄等邃含樞闡三葉之宏基開萬代之鴻業重規疊矩在功烈而無差享帝郊天豈祀配之有別請奉高宗天皇大帝歷配五祠制

從萬頃議自是郊丘諸祠皆以三祖配及則天革命天冊萬歲元年加號爲天
冊金輪大聖皇帝親享南郊合祭天地以武氏始祖周文王追尊爲始祖文皇
帝后考應國公追尊爲無上孝明高皇帝亦以二祖同配如乾封之禮其後長
安年又親享南郊合祭天地及諸郊丘並以配焉中宗卽位神龍元年九月親
享昊天上帝于東都之明堂以高宗天皇大帝崇配其儀亦依乾封故事至景
龍三年十一月親祀南郊初將定儀注國子祭酒祝欽明希旨上言后亦合助
祭遂奏議曰謹按周禮天神曰祀地祇曰祭宗廟曰享又內司服職掌王后之
六服凡祭祀供后之衣服又祭統曰夫祭也者必夫婦親之據此諸文卽知皇
后合助皇帝祀天神祭地祇明矣望請別修助祭儀注同進上令宰相與禮官
議詳其事太常博士唐紹蔣欽緒建議云皇后南郊助祭於禮不合但欽明所
執是祭宗廟禮非祭天地禮按漢魏晉宋及後魏齊梁隋等歷代史籍與王令
主郊天祀地代有其禮史不闕書並不見皇后助祭之事又高祖神堯皇帝太
宗文武聖皇帝高宗天皇大帝南郊祀天並無皇后助祭之禮尙書右僕射韋

巨源又協同欽明之議上遂以皇后爲亞獻仍補大臣李嶠等女爲齋娘執籩豆焉時十一月十三日乙丑冬至陰陽人盧雅侯藝等請奏促冬至就十二日甲子以爲吉會時右臺侍御史唐紹奏曰禮所以冬至祀圓丘於南郊夏至祭方澤於北郊者以其日行躔次極於南北之際也日北極當晷度循半日南極當晷度環周是日一陽爻生爲天地交際之始故易曰復其見天地之心乎卽冬至卦象也一歲之內吉莫大焉甲子但爲六旬之首一年之內隔月常遇既非大會晷運未周唯總六甲之辰助四時而成歲今欲避環周以取甲子是背大吉而就小吉也太史令傅孝忠奏曰準漏經南陸北陸並日校一分若用十二日卽欠一分未南極卽不得爲至上曰俗諺云冬至長於歲亦不可改竟依紹議以十三日乙丑祀圓丘睿宗太極元年正月初將有事南郊有司立議惟祭昊天上帝而不設皇地祇位諫議大夫賈曾上表曰微臣詳據典禮謂宜天地合祭謹按禮祭法曰有虞氏禘黃帝而郊嚳夏后氏禘黃帝而郊鯀傳曰大祭曰禘然則郊之與廟俱有禘祭禘廟則祖宗之主俱合於太祖之廟禘郊則

地祇羣望俱合於圓丘以始祖配享皆有事而大祭異於常祀之義禮大傳曰不王不禘故知王者受命必行禘禮虞書曰月正元日舜格于文祖肆類于上帝禋于六宗望于山川徧于羣神此則受命而行禘禮者也言格于文祖則餘廟之享可知矣言類于上帝則地祇之合可知矣且山川之祀皆屬于地羣望尚徧況地祇乎周官以六律六呂五聲八音六舞大合樂以致神祇以和邦國以諧萬人又凡六樂者六變而致象物及天神此則禘郊合天神地祇人鬼而祭之樂也三輔故事漢祭圓丘儀昊天上帝位正南面后土位北亦南面而少東又東觀漢記云光武卽位爲壇於鄗之陽祭告天地採用元始故事二年正月於洛陽城南依鄗爲圓壇天地位其上皆南向西上按兩漢時自有后土及北郊祀而此已於圓丘設地位明是禘祭之儀又春秋說云王者一歲七祭天地合食於四孟別於分至此復天地自常有同祭之義王肅云孔子言兆圓丘於南郊南郊卽圓丘圓丘卽南郊也又云祭天而地配此亦郊祀合祭之明說惟鄭康成不論禘當合祭而分昊天上帝爲二神專憑緯文事匪經見又其注

大傳不王不禘義則云正歲之首祭感帝之精以其祖配注周官大司樂圜丘
則引大傳五禘以爲冬至之祭遞相矛盾未足可依伏惟陛下膺籙居尊繼文
在曆自臨宸極未親郊祭今之南郊正當禘禮固宜合祀天地咸秩百神答受
命之符彰致敬之道豈可不崇盛禮同彼常郊使地祇無位未從禘享今請備
設皇地祇幷從祀等座則禮得稽古義合緣情然郊丘之祀國之大事或失其
情精禋將闕臣術不通經識慚博古徒以昔謬禮職今忝諫曹正議是司敢陳
忠讜事有可採惟斷之聖慮制令宰臣召禮官詳議可否禮官國子祭酒褚无
量國子司業郭山惲等咸請依曾所奏時又將親享北郊竟寢曾之表玄宗即
位開元十一年十一月親享圜丘時中書令張說爲禮儀使衛尉少卿韋縚爲
副說建議請以高祖神堯皇帝配祭始罷三祖同配之禮至二十年蕭嵩爲中
書令改撰新禮祀天一歲有四祀地有二冬至祀昊天上帝於圓丘高祖神堯
皇帝配中官加爲一百五十九座外官減爲一百四座其昊天上帝及配帝二
座每座籩豆各用十二簠簋甑俎各一上帝則太樽著樽犧樽象樽壺樽各二

山罍六配帝則不設太樽及壺樽減山罍之四餘同上帝五方帝座則籩豆各十簠簋甑俎各一大樽二大明夜明籩豆各八餘同五方帝內官每座籩豆二簠俎各一內官已上設樽於十二階之間內官每道間著樽二中官犧樽二外官著樽二衆星壺樽二正月上辛祈穀祀昊天上帝於圓丘以高祖配五方帝從祀其上帝配帝籩豆等同冬至之數五方帝太樽著樽犧樽山罍各一籩豆等亦同冬至之數孟夏雩祀昊天上帝於圓丘以太宗配五方帝及太昊等五帝勾芒等五官從祀其上帝配帝五方帝籩豆各八簠簋甑俎各一五官每座籩豆各二簠簋及俎各一季秋大享于明堂祀昊天上帝以睿宗配其五方帝五人帝五官從祀籩豆之數同于雩祀夏至禮皇地祇于方丘以高祖配其從祀神州已下六十八座同貞觀之禮地祇配帝籩豆如圓丘之數神州籩豆各四簠簋甑俎各一五岳四鎮四海四瀆五方山林川澤等三十七座每座籩豆各二簠簋各一五方五帝丘陵墳衍原隰等三十座籩豆簠簋甑俎各一立冬祭神州于北郊以太宗配二座籩豆各十二簠簋甑俎各一自冬至圓丘已下

餘同貞觀之禮時起居舍人王仲丘既掌知修撰乃建議曰按貞觀禮正月上辛祀感帝於南郊顯慶禮祀昊天上帝於圓丘以祈穀左傳曰郊而後耕詩曰噫嘻春夏祈穀于上帝禮記亦曰上辛祈穀于上帝則祈穀之文傳於歷代上帝之號允屬昊天而鄭康成云天之五帝遞王王者之興必感其一因其所感別祭尊之故夏正之月祭其所生之帝於南郊以其祖配之故周祭靈威仰以后稷配之因以祈穀據所說祀感帝之意本非祈穀先儒所說事恐難憑今祈穀之禮請準禮修之且感帝之祀行之自久記曰有其舉之莫可廢也請於祈穀之壇遍祭五方帝夫五帝者五行之精五行者九穀之宗也今請二禮並行六神咸祀又按貞觀禮孟夏雩祀五方上帝五人帝五官於南郊顯慶禮則雩祀昊天上帝於圓丘且雩祀上帝蓋爲百穀祈甘雨故月令云命有司大雩帝用盛樂以祈穀實鄭玄云雩上帝者天之別號允屬昊天祀於圓丘尊天位也然雩祀五帝既久亦請二禮並行以成大雩帝之義又貞觀禮季秋祀五方帝五官於明堂顯慶禮祀昊天上帝於明堂準孝經曰郊祀后稷以配天宗祀文

王於明堂以配上帝先儒以爲天是感精之帝卽太微五帝此卽皆是星辰之例且上帝之號皆屬昊天鄭玄所引皆云五帝周禮曰王將旅上帝張氈案設皇邸祀五帝張大次小次由此言之上帝之與五帝自有差等豈可混而爲一乎孝經云嚴父莫大於配天其下文卽云宗祀文王於明堂以配上帝鄭玄注云上帝者天之別名神無二主故異其處孔安國云帝亦天也然則禋享上帝有合經義而五方皆祀行之已久有其舉之難於卽廢亦請二禮並行以成月令大享帝之義天寶十載五月已前郊祭天地以高祖神堯皇帝配座故將祭郊廟告高祖神堯皇帝室寶應元年杜鴻漸爲太常卿禮儀使員外郎薛頎歸崇敬等議以神堯爲受命之主非始封之君不得爲太祖以配天地太祖景皇帝始受封於唐卽殷之契周之后稷也請以太祖景皇帝郊祀配天地告請宗廟亦太祖景皇帝酌獻諫議大夫黎幹議以太祖景皇帝非受命之君不合配享天地二年五月幹進議狀爲十詰十難曰集賢校理潤州別駕歸崇敬議狀及禮儀使判官水部員外郎薛頎等稱禘謂冬至祭天於圓丘周人則以遠祖

帝嚳配今欲以景皇帝爲始祖配昊天於圓丘臣幹詰曰國語曰有虞氏夏后
氏俱禘黃帝商人禘舜周人禘嚳俱不言祭昊天於圓丘一也詩商頌曰長發
大禘也又不言祭昊天於圓丘二也詩周頌曰雝禘太祖也又不言祭昊天於
圓丘三也禮記祭法曰有虞氏夏后氏俱禘黃帝殷人周人俱禘嚳又不言祭
昊天於圓丘四也禮記大傳曰不王不禘王者禘其祖之所自出以其祖配之
又不言祭昊天於圓丘五也爾雅釋文曰禘大祭也又不言祭昊天於圓丘六
也家語云凡四代帝王之所郊皆以配天也其所謂禘者皆五年大祭也又不
言祭昊天於圓丘七也盧植云禘祭名禘者帝也事尊明禘故曰禘又不言祭
昊天於圓丘八也王肅云禘謂於五年大祭之時又不言祭昊天於圓丘九也
郭璞云禘五年之大祭又不言祭昊天於圓丘十也臣幹謂禘是五年宗廟之
大祭詩禮經傳文義昭然今略舉十詰以明之臣惟見禮記祭法及禮記大傳
商頌長發等三處鄭玄注或稱祭昊天或云祭靈威仰臣精詳典籍更無以禘
爲祭昊天於圓丘及郊祭天者審如禘是祭之最大則孔子說孝經爲萬代百

王法稱周公大孝何不言禘祀帝嚳於圜丘以配天而反言郊祀后稷以配天是以五經俱無其說聖人所以不言輕議大典亦何容易猶恐不悟今更作十難其一難曰周頌雝禘祭太祖也鄭玄箋云禘大祭太祖文王也商頌云長發大禘也玄又箋云大禘祭天也夫商周之頌其文互說或云禘太祖或云大禘俱是五年宗廟之大祭詳覽典籍更無異同惟鄭玄箋長發乃稱是郊祭天詳玄之意因此商頌禘如大傳云大祭如春秋大事于太廟爾雅禘大祭雖云大祭亦是宗廟之祭可得便稱祭天乎若如所說大禘即云郊祭天稱禘即是祭宗廟又祭法說虞夏商周禘黃帝與嚳大傳不王不禘禘上俱無大字玄何因復稱祭天乎又長發文亦不歌嚳與感生帝故知長發之禘而非禘嚳及郊祭天明矣殷周五帝之大祭羣經衆史及鴻儒碩學自古立言著論序之詳矣俱無以禘爲祭天何棄周孔之法言獨取康成之小注便欲違經非聖誣亂祀典謬哉其二難曰大傳稱禮不王不禘王者禘其祖之所自出以其祖配之諸侯及其太祖者此說王者則當禘其謂祭法虞夏殷周禘黃帝及嚳不王則不禘

所當禘其祖之所自出謂虞夏出黃帝殷周出帝嚳以近祖配而祭之自出之祖既無宗廟卽是自外至者故同之天地神祇以祖配而祀之自出之說非但於父在母亦然左傳子產云陳則我周之自出此可得稱出於太微五帝乎故曰不王不禘王者禘其祖之所自出以其祖配之謂也及諸侯之禘則降於王者不得祭自出之祖只及太祖而已故曰諸侯及其太祖此之謂也鄭玄錯亂分禘爲三注祭法云禘謂祭昊天於圓丘一也注左傳稱郊祭天以后稷配靈威仰箋商頌又稱郊祭天二也注周頌云禘大祭大於四時之祭而小於祫太祖謂文王三也禘是一祭玄析之爲三顛倒錯亂皆率胸臆曾無典據何足可憑其三難曰虞夏殷周已前禘祖之所自出其義昭然自漢魏晉已還千餘歲其禮遂闕又鄭玄所說其言不經先儒棄之未曾行用愚以爲錯亂之義廢棄之注不足以正大典其四難曰所稱今三禮行於代者皆是鄭玄之學請據鄭學以明之曰雖云據鄭學今欲以景皇帝爲始祖之廟以配天復與鄭議相乖何者王制云天子七廟玄云此周禮也七廟者太祖及文武之祧與親廟四也

殷則六廟契及湯與二昭二穆也據鄭學夏不以鯀及顓頊昌意爲始祖昭然可知也而欲引稷契爲例其義又異是爰稽邃古洎今無以人臣爲始祖者惟殷以契周以稷夫稷契者皆天子元妃之子感神而生昔帝嚳次妃簡狄有娀氏之女吞玄鳥之卵因生契契長而佐禹治水有大功舜乃命契作司徒百姓既和遂封於商故詩曰天命玄鳥降而生商宅殷土芒芒此之謂也后稷者其母有邰氏之女曰姜嫄爲帝嚳妃出野履巨跡歆然有孕生稷稷長而勤於稼穡堯聞舉爲農師天下得其利有大功舜封於邰號曰后稷唐虞夏之際皆有令德故詩曰履帝武敏歆居然生子即有邰家室此之謂也舜禹有天下稷契在其間量功比德抑其次也舜授職則播百穀敷五教禹讓功則平水土宅百揆故國語曰聖人之制祀也功施於人則祀之以死勤事則祀之契爲司徒而人輯睦稷勤百穀而死皆居前代祀典子孫有天下得不尊而祖之乎其五難曰既遵鄭說小德配寡遂以后稷只配一帝尚不得全配五帝今以景皇帝特配昊天於鄭義可乎其六難曰衆難臣云上帝與五帝一也所引春官祀天旅

上帝祀天旅四望旅訓衆則上帝是五帝臣曰不然旅雖訓衆出於爾雅及爲
祭名春官訓陳注有明文若如所言旅上帝便成五帝則季氏旅於泰山可得
便是四鎮耶其七難曰所云據鄭學則景皇帝親盡廟主合祧却欲配祭天地
錯亂祖宗夫始祖者經綸草昧體大則天所以正元氣廣大萬物之宗尊以長
至陽氣萌動之始日俱祀於南郊也夫萬物之始天也人之始祖也日之始至
也掃地而祭質也器用陶匏性也牲用犢誠也兆於南郊就陽位也至尊至質
不敢同於先祖禮也故白虎通曰祭天歲一何天至尊至質事之不敢褻黷故
因歲之陽氣始達而祭之今國家一歲四祭之黷莫大焉上帝五帝其祀遂闕
怠亦甚矣黷與怠皆禮之失不可不知夫親有限祖有常聖人制禮君子不以
情變易國家重光累聖歷祀百數豈不知景皇帝始封于唐當時通儒議功度
德尊神堯克配彼天宗太宗以配上帝神有定主爲日已久今欲黜神堯配含
樞紐以太宗配上帝則紫微五精上帝佐也以子先父豈禮意乎非止神祇錯
位亦以祖宗乖序何以上稱皇天祖宗之意哉若夫神堯之功太宗之德格于

皇天上帝臣以爲郊祀宗祀無以加焉其八難曰欲以景皇帝爲始祖既非造
我區寓經綸草昧之主故非夏始祖禹殷始祖契周始祖稷漢始祖高帝魏始
祖武皇帝晉始祖宣帝國家始祖神堯皇帝同功比德而忽昇于宗祀圜丘之
上爲昊天匹曾謂圜丘不如林放乎其九難曰昨所言魏文帝丕以武帝操爲
始祖晉武帝炎以宣帝懿爲始祖者夫孟德仲達者皆人傑也擁天下之強兵
挾漢魏之微主專制海內令行草偃服袞冕陳軒懸天子決事於私第公卿列
拜於道左名雖爲臣勢實凌君後主因之而業帝前王由之而禪代子孫尊而
祖之不亦可乎其十難曰所引商周魏晉既不當矣則景皇帝不爲始祖明矣
我神堯拔出羣雄之中廓清隋室拯生人於塗炭則夏虞之勳不足多成帝業
於數年之間則漢祖之功不足比夏以大禹爲始祖漢以高帝爲始祖則我唐
以神堯爲始祖法夏則漢於義何嫌今欲革皇天之祀易太祖之廟事之大者
莫大於斯曾無按據一何寡陋不愧于心不畏于天乎以前奉詔令諸司各據
禮經定議者臣幹忝竊朝列官以諫爲名以直見知以學見達不敢不罄竭以

禘萬一昨十四日具以議狀呈宰相宰相令朝臣與臣論難所難臣者以臣所見獨異莫不騰辭飛辯競欲碎臣理鉗臣口剖析毫釐分別異同序墳典之凝滯指子傳之乖謬事皆歸根觸物不礙但臣言有宗爾豈辯者之流也又歸崇敬薛頎等援引鄭學欲蕪祀典臣爲明辯迷而不復臣輒作十詰十難援據墳籍昭然可知庶郊禘事得其真嚴配不失其序皇靈降祉天下蒙賴臣亦何顧不蹈鼎鑊謹敢聞達伏增悚越議奏不報至二年春夏旱言事者云太祖景皇帝追封於唐高祖實受命之祖百神受職合依高祖今不得配享天地所以神不降福以致愆陽代宗疑之詔百寮會議太常博士獨孤及獻議曰禮王者禘其祖之所自出以其祖配之凡受命始封之君皆爲太祖繼太祖已下六廟則以親盡迭毀而太祖之廟雖百代不遷此五帝三王所以尊祖敬宗也故受命于神宗禹也而夏后氏祖顓頊而郊鯀纘禹黜夏湯也而殷人郊冥而祖契革命作周武王也而周人郊稷而祖文王則明自古必以首封之君配昊天上帝唯漢氏崛起豐沛豐公太公無位無功不可以爲祖宗故漢以高皇帝爲太祖

其先細微也非足爲後代法伏惟太祖景皇帝以柱國之任翼周弼魏肇啓王業建封于唐高祖因之以爲有天下之號天所命也亦如契之封商后稷之封邰禘郊祖宗之位宜在百代不遷之典郊祀太祖宗祀高祖猶周之祖文王而宗武王也今若以高祖創業當躋其祀是棄三代之令典尊漢氏之末制黜景皇帝之大業同豐公太公之不祀反古違道失孰大焉夫追尊景皇廟號太祖高祖太宗所以崇尊之禮也若配天之位既異則太祖之號宜廢祀之不修廟亦當毀尊祖報本之道其墜于地乎漢制擅議宗廟以大不敬論今武德貞觀憲章未改國家方將敬祀事和神人禘郊之間恐非所宜臣謹稽禮文參諸往制請仍舊典竟依歸崇敬等議以太祖配享天地廣德二年正月十六日禮儀使杜鴻漸奏郊太廟大禮其祝文自今已後請依唐禮板上墨書其玉簡金字者一切停廢如允臣所奏望編爲常式勅曰宜行用竹簡貞元元年十一月十一日德宗親祀南郊有司進圖勅付禮官詳酌博士柳冕奏曰開元定禮垂之不刊天寶改作起自權制此皆方士謬妄之說非禮典之文請一准開元禮從

之其年十月二十七日詔郊祀之義本於至誠制禮定名合從事實使名實相副則尊卑有倫五方配帝上古哲王道濟烝人禮著明祀論善計功則朕德不類統天御極朕位攸同而於祝文稱臣以祭既無益於誠敬徒有瀆於等威前京兆府司錄參軍高佩上疏陳請其理精詳朕重變舊儀訪于卿士申明大義是用釋然宜從改正以敦至禮自今已後祀五方配帝祝文並不須稱臣其餘禮數如舊六年十一月八日有事于南郊詔以皇太子爲亞獻親王爲終獻上問禮官亞獻終獻合受誓誡否吏部郎中柳冕曰準開元禮獻官前七日於內受誓誡辭云各揚其職不供其事國有常刑今以皇太子爲亞獻請改舊辭云各揚其職肅奉常儀從之十五年四月術士匡彭祖上言大唐土德千年合符請每於四季月郊祀天地詔禮官儒者議歸崇敬曰準禮立春日迎春於東郊祭青帝立夏日迎夏於南郊祭赤帝立秋後十八日迎黃靈於中地祭黃帝秋冬各於其方黃帝於五行爲土王在四季土生於火用事於木而祭於秋三季則否漢魏周隋共行此禮國家土德乘時亦以每歲六月土王之日祀黃帝於

南郊以后土配合於典禮彭祖憑候緯之說據陰陽之書事涉不經恐難行用

乃寢元和十五年十二月將有事於南郊穆宗問禮官南郊卜日否禮院奏伏準禮令祠祭皆卜自天寶已後凡欲郊祀必先朝太清宮次日饗太廟又次日祀南郊相循至今並不卜日從之及明年正月南郊禮畢有司不設御榻上立受羣臣慶賀及御樓仗退百寮復不於樓前賀乃受賀於與慶宮二者闕禮有司之過也

舊唐書卷二十一

舊唐書卷二十一考證

禮儀志一歷考前規宗祀明堂必配五郊預入明堂自緣從祀○沈炳震曰必配下明有闕文考唐文粹及英華必配下應補入上帝而伏羲五代本配凡九字上下文義始明

道格上玄功清下黷○黷字誤文粹作瀆已改正

自是五精之神五星所奉矣○臣德潛按下應接以其是人主之象云云原本以字譌矣下誤接其又以五方帝五帝五官從祀云云共誤二千三百餘字今已訂正

以睿宗配○臣德潛按下應接其五方帝五人帝五官從祀原本誤接太常博士獨孤及獻議共三千三百餘字今已訂正

詔百寮會議○臣德潛按下應接太常博士獨孤及獻議至末原本誤接天是人主之象云云共四千二百餘字今已訂正

舊唐書卷二十一考證

舊唐書卷二十二

後晉司空同中書門下平章事劉昫撰

志第二

禮儀二

隋文帝開皇中將作大匠宇文愷依月令造明堂木樣以獻帝令有司於京城安業里內規兆其地方欲崇建而諸儒爭論不定竟議罷之煬帝時愷復獻明堂木樣并議狀屬遷都興役事又不就終於隋代季秋大享恆在雩壇設祀高祖受禪不遑創儀太宗平定天下命儒官議其制貞觀五年太子中允孔穎達以諸儒立議違古上言曰臣伏尋前勅依禮部尚書劉伯莊等議以爲從崑崙道上層祭天又尋後勅云爲左右閣道登樓設祭臣檢六藝羣書百家諸史皆名基上曰堂樓上曰觀未聞重樓之上而有堂名孝經云宗祀文王於明堂不云明樓明觀其義一也又明堂法天聖王示儉或有翦蒿爲柱葺茅作蓋雖復古今異制不可恆然猶依大典惟在朴素是以席惟稾秸器尚陶匏用璽栗以

貴誠服大裘以訓儉今若飛樓架道綺閣淩雲考古之文實堪疑慮按郊祀志漢武明堂之制四面無壁上覆以茅祭五帝於上座祀后土於下防臣以上座正爲基上下防惟是基下既云無四壁未審伯莊如何上層祭神下有五室且漢武所爲多用方士之說違經背正不可師祖又盧寬等議云上層祭天下堂布政欲使人神位別事不相干臣以古者敬重大事與接神相似以朝覲祭祀皆在廟堂豈有樓上祭祖樓下視朝閣道昇樓路便窄隘乘輦相儀接神不敬步往則勞曳聖躬侍衞在旁百司供奉求之典誥全無此理臣非敢固執愚見以求己長伏以國之大典不可不慎乞以臣言下羣臣詳議侍中魏徵議曰稽諸古訓參以舊圖其上圓下方複廟重屋百慮一致異軫同歸洎當塗膺籙未遑斯禮典午聿與無所取則裴頠以諸儒持論異端蜂起是非舛互靡所適從遂乃以人廢言止爲一殿宋齊卽仍其舊梁陳遵而不改雖嚴配有所祭享不匱求之典則道實未弘夫孝因心生禮緣情立心不可極故備物以表其誠情無以盡故飾宮以廣其敬宣尼美意其在茲乎臣等親奉德音令參大議思竭

塵露微增山海凡聖人有作義重隨時萬物斯覩事資通變若據蔡邕之說則至理失於文繁若依裴頠所爲則又傷於質略求之情理未允厥中今之所議非無用捨請爲五室重屋上圓下方既體有則象又事多故實下室備布政之居上堂爲祭天之所人神不雜禮亦宜之其高下廣袤之規几筵尺丈之制則並隨時立法因事制宜自我而作何必師古廓千載之疑議爲百王之懿範不使泰山之下惟聞黃帝之法汶水之上獨稱漢武之圖則通乎神明庶幾可俟子來經始成之不日議猶未決十七年五月祕書監顏師古議曰明堂之制爰自古昔求之簡牘全文莫覩始之黃帝降及有虞彌歷夏殷迄于周代各立名號別創規模衆說舛駁互執所見巨儒碩學莫有詳通斐然成章不知裁斷究其指要實布政之宮也徒以戰國縱橫典籍廢棄暴秦酷烈經禮湮亡今之所存傳記雜說用爲準的理實蕪昧然周書之敘明堂紀其四面則有應門雉門據此一塗固是王者之常居耳其青陽總章玄堂太廟左个右个與四時之次相用則路寢之義足爲明證又文王居明堂之篇帶以弓韣祠于高禖下九門

磔禳以禦疾疫置粱除道以利農夫令國有酒以合三族凡此事等皆合月令之文觀其所爲皆在路寢者也戴禮昔周公朝諸侯于明堂之位天子負斧扆南向而立明堂也者明諸侯之尊卑也又云周人明堂度九尺之筵東西九筵堂一筵據其制度卽大寢也亦曰黃帝曰合宮有虞氏曰總章殷曰陽館周曰明堂斯皆路寢之徵知非别處大戴所說初有近郊之言復稱文王之廟進退無據自爲矛盾原夫負扆受朝常居出入旣在皋庫之內亦何云於郊野哉孝經傳云在國之陽又無里數漢武有懷創造詢於搢紳言論紛然終無定據乃立於汶水之上而宗祀焉明其不拘遠近無擇方面孝成之代表行城南雖有其文厥功靡立平帝元始四年大議營創孔牢等乃以爲明堂辟雍太學其實一也而有三名金褒等又稱經傳無文不能分别同異中興之後蔡邕作論復云明堂太廟一物二名鄭玄則曰在國之陽三里之外七里之內丙巳之地穎客釋例亦云明堂太廟凡有八名其體一也苟立同異競爲巧說並出自胸懷曾無師祖審夫功成作樂理定制禮草創從宜質文遞變旌旗冠冕古今不同

律度權衡前後不一隨時之義斷可知矣假如周公舊章猶當擇其可否宣尼
變則尙或補其闕漏況鄭氏臆說淳于謏聞匪異守株何殊膠柱愚謂不出墉
雉邇接宮闈實允事宜諒無所惑但當上遵天旨祗奉德音作皇代之明堂永
貽範於來葉區區碎議皆略而不論又上表曰明堂之制陛下已發德音久令
詳議但以學者專固人人異言損益不同是非莫定臣愚以爲五帝之後兩漢
已前高下方圓皆不相襲惟在陛下聖情創造卽爲大唐明堂足以傳於萬代
何以論戶牖之多少疑階廷之廣狹若恣儒者互說一端久無斷決徒稽盛禮
昔漢武欲草封禪儀博望諸生所說不同莫知孰是唯御史大夫倪寬勸上自
定制度遂成登封之禮臣之愚誠亦望陛下斟酌繁省爲其節文不可謙拒以
淹大典尋以有事遼海未暇營創永徽二年七月二日勅曰上玄幽贊處崇高
而不言皇王提象代神功而理物是知五精降德爰應帝者之尊九室垂文用
紀配天之業且合宮靈符創鴻規於上代太室總章標茂範於中葉雖質文殊
制奢儉異時然則立天中作人極布政施教其歸一揆朕嗣膺下武丕承上烈

思所以答眷上靈聿遵孝享而法宮曠禮明堂寢構今國家四表無虞人和歲稔作範垂訓今也其時宜令所司與禮官學士等考覈故事詳議得失務依典禮造立明堂庶曠代闕文獲申於茲日因心展敬永垂於後昆其明堂制度令諸曹尚書及左右丞侍郎太常國子祕書官弘文館學士同共詳議於是太常博士柳宣依鄭玄義以爲明堂之制當爲五室内直丞孔志約據大戴禮及盧植蔡邕等義以爲九室曹王友趙慈皓祕書郎薛文思等各造明堂圖諸儒紛爭互有不同上初以九室之議爲是乃令所司詳定形制及辟雍門闕等明年六月内出九室樣仍更令有司損益之有司奏言内樣堂基三重每基階各十二上基方九雉八角高一尺中基方三百尺高一筵下基方三百六十尺高一丈二尺上基象黃琮爲八角四面安十二階請從内樣爲定基高下仍請準周制高九尺其方共作司約準一百四十八尺中基下基望並不用又内室各方三筵開四闥八牕屋圓楣徑二百九十一尺按季秋大饗五帝各在一室商量不便請依兩漢季秋合饗總於太室若四時迎氣之祀則各於其方之室其安

置九室之制增損明堂故事三三相重太室在中央方六丈其四隅之室謂之左右房各方二丈四尺當太室四面青陽明堂總章玄堂等室各長六丈以應太室闊二丈四尺以應左右房室間並通巷各廣一丈八尺其九室幷巷在堂上總方一百四十四尺法坤之策屋圓楣楯檐或爲未允請據鄭玄盧植等說以前梁爲楣其徑二百一十六尺法乾之策圓柱旁出九室四隅各七尺法天以七紀柱外餘基共作司約準面別各餘一丈一尺內室別四闥八牕檢與古同請依爲定其戶依古外設而不閉內外有柱三十六每柱十梁內有七間柱根以上至梁高三丈梁以上至屋峻起計高八十一尺上圓下方飛檐應規請依內樣爲定其屋蓋形制仍望據考工記改爲四阿幷依禮加重檐準太廟安鴟尾堂四向五色請依周禮白盛爲便其四向各隨方色請施四垣及四門辟雍按大戴禮及前代說辟雍多無水廣內徑之數蔡邕云水廣二十四丈四周於外三輔黃圖云水廣四周與蔡邕不異仍云水外周堤又張衡東京賦稱造舟爲梁禮記明堂位陰陽錄云水左旋以象天商量水廣二十四丈恐傷於闊

今請滅爲二十四步垣外量取周足仍依故事造舟爲梁其外周以圜堤并取
陰陽水行左旋之制殿垣按三輔黃圖殿垣四周方在水內高不蔽日殿門去
殿七十二步準今行事陳設猶恐窄小其方垣四門去堂步數請準太廟南門
去廟基遠近爲制仍立四門八觀依太廟門別各安三門施玄閫四角造三重
魏闕此後羣儒紛競各執異議尚書左僕射于志寧等請爲九室太常博士唐
盼等請爲五室高宗令於觀德殿依兩議張設親與公卿觀之帝曰明堂之禮
自古有之議者不同未果營建今設兩議公等以何者爲宜工部尚書閻立德
對曰兩議不同俱有典故九室似闇五室似明取捨之宜斷在聖慮上以五室
爲便議又不定由是且止至乾封二年二月詳宜略定乃下詔曰朕以寡薄忝
承丕緒奉二聖之遺訓撫億兆以初臨馭朽兢懷推溝在念而上玄垂祐宗社
降休歲稔時和人殷俗阜車書混一文軌大同檢玉泥金升中告禪百蠻執贄
萬國來庭朝野懽娛華夷胥悅但爲郊禋嚴配未安太室布政施行猶闕合宮
朕所以日昃忘疲中宵輟寢討論墳籍錯綜羣言採三代之精微探九皇之至

賾斟酌前載製造明堂棟宇方圓之規雖兼故實度筵陳俎之法獨運財成宣
諸內外博考詳議求其長短冀廣異聞而鴻生碩儒俱稱盡善搢紳士子並奏
該通創此宏模自我作古因心既展情禮獲伸永言宗祀良深感慰宜命有司
及時起作務從折中稱朕意焉於是大赦天下改元爲總章分萬年置明堂縣
明年三月又具規製廣狹下詔曰合宮聽朔闡皇軒之茂範靈府通和敷帝勛
之景化殷人陽館青珪備禮姬氏玄堂彤璋合獻雖運殊驪翰時變質文至於
立天中建皇極軌物施教其歸一揆考圖汶上僅存公玉之儀度室圭瀍才紀
中元之製屬炎精墜駕璿宮毀籥四海淪於沸鼎九土陷於塗原高祖太武皇
帝杖鉞唐郊收鈐雍野納祥符於蒼水受靈命於丕山飛沈泳沫動植游源太
宗文皇帝盟津光誓協降火而登壇豐谷斷蛇應屯雲而鞠旅封金岱嶺昭累
聖之鴻勳勒石九都成文考之先志固可以作化明堂顯庸太室傍羅八柱周
建四門木工不琢土事無文豐約折衷經始勿亟闕文斯備大禮聿修其明堂
院每面三百六十步當中置堂按周易乾之策二百一十有六坤之策一百四

十有四總成三百六十故方三百六十步當中置堂處二儀之中定三才之本構茲一宇臨此萬方自降院每面三門同爲一宇徘徊五間按尚書一朞有四時故四面各一所開門每時有三月故每一所開三門一朞十有二月故周迴總十二門所以面別一門應茲四序旣一時而統三月故於一舍而置三門又周易三爲陽數二爲陰數合而爲五所以每門舍五間院四隅各置重樓其四墉各依本方色按淮南子地有四維故四樓又按月令水火金木土五方各異色故其牆各依本方之色基八面象八方按周禮黃琮禮地鄭玄注琮者八方之玉以象地形故以祀地則知地形八方又按漢書武帝立八觚壇以祀地登地之壇形象地故令爲八方之基以象地形基高一丈二尺徑二百八十尺按漢書陽爲六律陰爲六呂陽與陰合故高一丈二尺又按周易三爲陽數八爲陰數三八相乘得二百四十丈按漢書九會之數有四十合爲二百八十所以基徑二百八十尺故以交通天地之和錯綜陰陽之數以明陽不獨運資陰和以助成陰不孤行待陽唱而方應陰陽兩順天地咸亨則百寶斯與九疇攸序

基每面三階周迴十二階每階爲二十五級按漢書天有三階故每面三階地有十二辰故周迴十二階又按文子從凡至聖有二十五等故每階二十五級所以應符星而設階法台耀以疏陛上擬霄漢之儀下則地辰之數又列茲重級用準聖凡象皇極之高居俯庶類而臨耀基之上爲一堂其宇上圓按道德經天得一以清地得一以寧侯王得一以爲天下貞又曰道生一一生二二生三三生萬物又按漢書太極元氣函三爲一又曰天子以四海爲家故置一堂以象元氣幷取四海爲家之義又按周禮蒼璧禮天鄭玄注璧圓以象天故爲宇上圓堂每面九間各廣一丈九尺按尚書地有九州故立九間又按周易陰數十故間別一丈九尺所以規模厚地準則陰陽法二氣以通基置九州於一宇堂周迴十二門每門高一丈七尺闊一丈三尺按禮記一歲有十二月所以置十二門又按周易陰數十陽數七故高一丈七尺又曰陽數五陰數八故闊一丈三尺所以調茲玉燭應彼金輝叶二氣以循環逐四序而迎節堂周迴二十四窗高一丈三尺闊一丈一尺二十三櫺二十四明按史記天有二十四氣

故置二十四窗又按書一年十二月并象閏故高一丈三尺又按周易天數一地數十故闊一丈一尺又天數九地數十并四時成二十三故二十三櫺又按周易八純卦之本體合二十四爻故有二十四明列牖疏象風候氣遠周天地之數曲準陰陽之和堂心八柱各長五十五尺按河圖八柱承天故置八柱又按周易大衍之數五十有五故長五十五尺聳茲八柱承彼九閒數該大衍之規形符立極之制且柱爲陰數天實陽元柱以陰氣上昇天以陽和下降固陰陽之交泰乃天地之相承堂心之外置四柱爲四輔按漢書天有四輔星故置四柱以象四星內以八柱承天外象四輔明化上交下泰表裏相成叶台耀以分輝契編珠而拱極八柱四輔外第一重二十柱按周易天數五地數十并五行之數合而爲二十故置二十柱體二儀而立數叶五位以裁規式符立極之功允應剛柔之道八柱四輔外第二重二十八柱按史記天有二十八宿故有二十八柱所以仰則乾圖上符景宿考編珠而紀度觀列宿以迎時八柱四輔外第三重三十二柱按漢書有八節八政八風八音四八三十二柱調風御節

萬物資以化成布政流音九區仰而貽則外面周迴三十六柱按漢書一朞三十六旬故法之以置三十六柱所以象歲時而致用順寒暑以通微璿璣之度無愆玉曆之期永契八柱之外修短總有三等按周易天地人爲三才故置柱長短三等所以擬三才以定位高下相形體萬物以資生長短兼運八柱之外都合一百二十柱按禮記天子置三公九卿二十七大夫八十一元士合爲一百二十是以置一百二十柱分職設官翊化資於多士開物成務構廈藉於羣材其上檻周迴二百四柱按周易坤之策一百四十有四又漢書九會之數有六十故置二百四柱所以採坤策之玄妙法甲乙之精微環迴契辰象之規結構準陰陽之數又基以象地故叶策於坤元柱各依方復規模於甲子重楣二百一十六條按周易乾之策二百一十有六故置二百一十六條所以規模易象擬法乾元應大衍之深玄叶神策之至數大小節及拱總六千三百四十五按漢書會月之數六千三百四十五故置六千三百四十五枚所以遠採三統之文傍符會月之數契金儀而調節偶璇曆以和時重幹四百八十九枚按漢

書章月二百三十五閏月周迴二百五十四總成四百八十九故置四百八十
九枚所以法履端之奥義象舉正之芳猷規模曆象發明章閏下枊七十二枚
按易緯有七十二候故置七十二枚所以式模芳節取規貞候契至和於昌曆
偶神數於休期上枊八十四枚按漢書九會之數有七十又按莊子六合之外
聖人存而不論司馬彪注天地四方爲六合總成八十四故置八十四枚所以
模範二儀包羅六合準會陰陽之數周通氣候之源析六十枚按漢書推太歲
之法有六十故置六十枚所以兼該曆數包括陰陽採甲乙之深微窮辰子之
玄奥連栱三百六十枚按周易當朞之日三百有六十故置三百六十枚所以
叶周天之度準當期之日順平分而成歲應晷運以循環小梁六十枚按漢書
有六十甲子故置六十枚構此虹梁退規鳳曆傍竦四宇之製遙符六甲之源
棒二百二十八枚按漢書章中二百二十八故置二百二十八枚所以應長曆
之規象中月之度廣綜陰陽之數傍通寒暑之和方衡一十五重按尙書五行
生數一十有五故置十五重結棟分間法五行而演祕疏櫨疊構叶生數以成

規南北大梁二根按周易太極生兩儀故置二大梁軌範乾坤模擬天地象玄黃之合德表覆載以生成陽馬三十六道按易緯有三十六節故置三十六道所以顯茲嘉節契此貞辰分六氣以燮陰陽環四象而調風雨椽二千九百九十根按漢書月法二千三百九十二通法五百九十八共成二千九百九十所以偶推步之規合通法之數是知疏椽構宇則大壯之架斯隆積月成年則會曆之規無爽大栢兩重重別三十六條總七十二按淮南子太平之時五日一風一年有七十二風故置七十二條所以通規瑞曆叶數祥風遙符淳俗之源遠則休徵之契飛檐椽九百二十九枚按漢書從子至午其數九百二十九枚所以採辰象之宏模法周天之至數且午爲陰本子實陽源子午分時則生成之道自著陰陽合德則覆載之義茲隆堂檐徑二百八十八尺按周易乾之策二百一十六易緯云年有七十二候合爲二百八十八故徑二百八十八尺所以仰叶乾策遠承貞候順和氣而調序擬圓蓋以照臨堂上棟去基上面九十尺按周易天數九地數十以九乘十數當九十故去基上面九十尺所以上法

圓清下儀方載契陰陽之至數叶交泰之貞符又以茲天九乘於地十象陽唱而陰和法乾施而坤成檐去地五十五尺按周易大衍之數五十有五故去地五十五尺所以擬大易之嘉數通惟神之至賾道合萬象理貫三才上以清陽玉葉覆之按淮南子清陽爲天合以清陽之色詔下之後猶羣議未決終高宗之世未能創立則天臨朝儒者屢上言請創明堂則天以高宗遺意乃與北門學者議其制不聽羣言垂拱三年春毀東都之乾元殿就其地創之四年正月五日明堂成凡高二百九十四尺東西南北各三百尺有三層下層象四時各隨方色中層法十二辰圓蓋蓋上盤九龍捧之上層法二十四氣亦圓蓋亭中有巨木十圍上下通貫栭櫨檬棍藉以爲本亘之以鐵索蓋爲鸑鷟黃金飾之勢若飛翥刻木爲瓦夾紵漆之明堂之下施鐵渠以爲辟雍之象號萬象神宮因改河南縣爲合宮縣詔曰黃軒御曆朝萬方於合宮丹陵握符咨四岳於衢室有虞輯瑞總章之號既存大禹錫珪重屋之名攸建殷人受命置陽館以辨方周室凝圖立明堂以經野用能範圍三極幽贊五神展尊祖之懷申宗祀之

典爰從漢魏迨及周隋經始之制雖與修廣之規未備朕以庸昧虔膺厚託受寄於綴衣之夕荷顧於仍几之前伏以高宗往年已屬意於陽館故宗輔之縣預紀明堂之名改元之期先著總章之號朕於乾封之際已奉表上塵雖簡宸心未遑營構今以鼎郊勝壤圭邑奧區處天地之中順陰陽之序舟車是湊貢賦攸均爰藉子來之功式遵奉先之旨夫明堂者天子宗祀之堂朝諸侯之位也開乾坤之奧策法氣象之運行故能使災害不生禍亂不作眷言盛烈豈不美歟比者鴻儒禮官所執各異咸以爲明堂者置之三里之外七里之內在國陽明之地今既俯邇宮掖恐黷靈祇誠乃布政之居未爲宗祀之所朕乃爲丙巳之地去宮室遙遠每月所居因時饗祭常備文物動有煩勞在於朕懷殊非所謂今故裁基紫掖闢宇彤闈經始肇興成之匪日但敬事天地神明之德乃彰尊祀祖宗嚴恭之志方展若使惟云布政負扆臨人則茅宇土階取適而已豈必勞百姓之力制九筵而御哉誠以獲執蘋蘩虔奉宗廟故也時既沿革莫或相遵自我作古用適於事今以上堂爲嚴配之所下堂爲布政之居光敷禮

訓式展誠敬來年正月一日可於明堂宗祀三聖以配上帝宜令禮官博士學士內外明禮者詳定儀禮務從典要速以奏聞永昌元年正月元日始親享明堂大赦改元其月四日御明堂布政頒九條以訓于百官文多不載翌日又御明堂饗羣臣賜縑纁有差自明堂成後縱東都婦人及諸州父老入觀兼賜酒食久之乃止吐蕃及諸夷以明堂成亦各遣使來賀載初元年冬正月庚辰朔日南至復親饗明堂大赦改元用周正翼日布政于羣后其年二月則天又御明堂大開三教內史邢文偉講孝經命侍臣及僧道士等以次論議日昃乃罷天授二年正月乙酉日南至親祀明堂合祭天地以周文王及武氏先考先妣配百神從祀並於壇位次第布席以祀之於是春官郎中韋叔夏奏曰謹按明堂大享唯祀五帝故月令云是月也大享帝則禮典所云大享不問卜鄭玄注云謂偏祭五帝於明堂莫適卜是也又按祭法云祖文王而宗武王鄭玄注云五神於明堂曰祖宗故孝經云宗祀文王於明堂以配上帝據此諸文明堂正禮唯祀五帝配以宗祖及五帝五官神等自外餘神並不合預伏惟陛下追遠

情深崇禋志切於明堂享祀加昊天上帝皇地祇重之以先后配享此乃補前
王之闕典弘嚴配之虔誠往以神都郊壇未建乃於明堂之下廣祭衆神蓋義
出權時非不刊之禮也謹按禮經其內官中官五岳四瀆諸神並合從祀於二
至明堂總奠事乃不經然則宗祀配天之親雜與小神同薦於嚴敬之道理有
不安望請每歲元日惟祀天地大神配以帝后其五岳以下請依禮於冬夏二
至從方丘圓丘庶不煩黷從之時則天又於明堂後造天堂以安佛像高百餘
尺始起建構爲大風振倒俄又重營其功未畢證聖元年正月丙申夜佛堂災
延燒明堂至曙二堂並盡尋時又無雲而雷起自西北則天欲責躬避正殿宰
相姚璹曰此實人火非是天災至如成周宣榭卜代逾長漢武建章盛德彌永
今明堂是布政之所非宗祀也則天乃御端門觀酺宴下詔令文武九品已上
各上封事極言無有所隱左拾遺劉承慶上疏曰臣聞自古帝王皆有美惡休
祥所以昭其德災變所以知其咎天道之常理王者之常事然則休祥屢臻不
可矜功而自滿災變奄降不可輕忽而靡驚故殷宗以桑穀生朝懷懼而自省

妖不勝德遂立中興之功辛紂以省生大爲恃福而自盈祥不勝驕終致傾亡之禍故知災變之生將自覺悟明主扶持大業使盛而不衰理須祗畏神心警懼天誡飭身正事業業兢兢則凶往而吉來轉禍而爲福昔殷湯禱身而降雨成王省事以反風宋公憂熒惑之災而應三舍之壽高宗懲雊鼎之異而享百年之福此其類也自陛下承天理物至道事神美瑞嘉祥洊臻狎委非臣所能盡述日者變生人火損及神宮驚惕聖心震動黎庶臣謹按左傳曰人火曰火天火曰災人火因人而興故指火體而爲稱天火不知何起直以所災言之其名雖殊爲害不別又漢書五行志曰火失性則自上而降及濫焱妄起所謂人火其來雖異爲患實同王者舉措營爲必關幽顯幽爲天道顯爲人事幽顯迹通天人理合今工匠宿藏其火本無放燎之心明堂教化之宮復非延火之所孽熛潛扇倏忽成災雖則因人亦關神理臣愚以爲火發既先從麻主後及總章意將所營佛舍恐勞而無益但崇其教卽是津梁何假紺宮方存汲引既辟在明堂之後又前逼牲牢之筵兼以厥構崇大功多難畢立像弘法本擬利益

黎元傷財役人却且煩勞家國承前大風摧木天誡已顯今者毒燄冥熾人孽復彰聖人動作必假天人之助一興功役二者俱違厥應昭然殆將緣此臣以爲明堂是正陽之位至尊所居展禮班常崇化立政玉帛朝會神靈依憑營之可曰大功損之實非輕事既失嚴禋之所復傷孝理之情陛下昨降明制猶申寅畏之旨羣寮理合兢畏震悚勉力司存豈合承恩耽樂安然酺宴又下人感荷聖德覩變惶惶神體克寧豈非深悅但以火氣初止尚多驚懼餘憂未息遽以歡事遏之臣恐憂喜相爭傷於情理故傳曰可憂而爲樂取憂之道又古者有火祭四墉四墉積陰之氣祈之以禳火災火陽之氣歡樂陽事火氣方勝不可復興陽事臣聞災變之興至聖不免聿修其德來患可禳陛下垂制博訪許陳至理而左史張鼎以爲今既火流王屋彌顯大周之祥通事舍人逄敏奏稱當彌勒初成佛道時有天魔燒宮七寶臺須臾散壞斯實諂妄之邪言實非君臣之正論晻昧王化無益萬機夫天道雖高其察彌近神心雖寂其聽彌聰交際皇王事均影響今大風烈火譴告相仍實天人丁寧匡諭聖主使鴻基益固

天祿永終之意也伏願陛下乾乾在慮翼翼爲懷若涉巨川如承大祭審其致災之理詳其降眚之由無曹天人之心而興不急之役則兆人蒙賴福祿靡窮幸甚幸甚則天尋令依舊規制重造明堂凡高二百九十四尺東西南北廣三百尺上施寶鳳俄以火珠代之明堂之下圜遶施鐵渠以爲辟雍之象天冊萬歲二年三月重造明堂成號爲通天宮四月朔日又行親享之禮大赦改元爲萬歲通天翼日則天御通天宮之端扆殿命有司讀時令布政于羣后其年鑄銅爲九州鼎既成置於明堂之庭各依方位列焉神都鼎高一丈八尺受一千八百石冀州鼎名武興雍州鼎名長安兖州名日觀青州名少陽徐州名東源揚州名江都荊州名江陵梁州名成都其八州鼎高一丈四尺各受一千二百石司農卿宗晉卿爲九鼎使都用銅五十六萬七百一十二斤鼎上圖寫本州山川物產之像仍令工書人著作郎賈膺福殿中丞薛昌容鳳閣主事李元振司農錄事鍾紹宗等分題之左尚方署令曹元廓圖畫之鼎成自玄武門來曳入令宰相諸王南北衙宿衛兵十餘萬人幷仗內大牛白象共曳之則天自爲

曳鼎歌令相唱和其時又造大儀鐘斂天下三品金竟不成九鼎初成欲以黃金千兩塗之納言姚璹曰鼎者神器貴於質朴無假別爲浮飾臣觀其狀光有五彩輝煥錯雜其間豈待金色爲之炫燿乃止其年九月又大享於通天宮以契丹破滅九鼎初成大赦改元爲神功聖曆元年正月又親享及受朝賀尋制每月一日於明堂行告朔之禮司禮博士辟閭仁諝奏議曰謹按經史正文無天子每月告朔之事惟禮記玉藻云天子聽朔於南門之外周天官太宰正月之吉布政于邦國都鄙干寶注云周正建子之月告朔日也此即玉藻之聽朔矣今每歲首元日於通天宮受朝讀時令布政事京官九品以下諸朝集使等咸列於庭此則聽朔之禮畢而合于周禮玉藻之文矣而鄭玄注玉藻聽朔以秦制月令有五帝五官之事遂云凡聽朔必特牲告其時帝及其神配以文王武王此鄭注之誤也故漢魏至今莫之用按月令云其帝太昊其神勾芒者謂宣布時令告示下人其令詞云其帝其神耳所以爲敬授之文欲使人奉其時而務其業每月有令故謂之月令非謂天子月朔日以配帝而發告之其每月

告朔者諸侯之禮也故春秋左氏傳曰公既視朔遂登觀臺又鄭注論語禮云人君每月告朔於廟有祭謂之朝享魯自文公始不視朔是諸侯之禮明矣今王者行之非所聞也按鄭所謂告其帝者卽太昊等五人帝其神者卽重黎等五行官雖並功施於人列在祀典無天子每月拜祭告朔之文臣等謹檢禮記及三禮義宗江都集禮貞觀禮顯慶禮及祠令並無天子每月告朔之事若以爲代無明堂故無其告朔之禮則江都集禮貞觀禮顯慶禮及祠令著祀五方上帝於明堂卽孝經宗祀文王於明堂也此則無明堂而著其享祭何爲告朔獨闕其文若以君有明堂卽合告朔則周秦有明堂而經典正文無天子每月告朔之事臣等歷觀今古博考載籍既無其禮不可習非望請停每月一日告朔之祭以正國經竊以天子之尊而用諸侯之禮非所謂頒告朔令諸侯使奉而行之義也鳳閣侍郎王方慶又奏議曰謹按明堂天子布政之宮也蓋所以順天氣統萬物動法於兩儀德被於四海者也夏曰世室殷曰重屋姬曰明堂此三代之名也明堂天子太廟所以宗祀其祖以配上帝東曰青陽南曰明堂

西曰總章北曰玄堂中曰太室雖有五名而以明堂爲主漢代達學通儒咸以明堂太廟爲一漢左中郞將蔡邕立議亦以爲然取其正室則謂之太室取其向陽則謂之明堂取其建學則謂之太學取其圜水則謂之辟雍異名而同事古之制也天子以孟春正月上辛日於南郊總受十二月之政還藏於祖廟月取一政班於明堂諸侯孟春之月朝於天子受十二月之政藏於祖廟月取一政而行之蓋所以和陰陽順天道也如此則禍亂不作災害不生矣故仲尼美而稱之曰明王之以孝理天下也人君以其禮告廟則謂之告朔聽視此月之政則謂之視朔亦曰聽朔雖有三名其實一也今禮官議稱經史正文無天子每月告朔之事者臣謹按春秋文公六年閏十月不告朔穀梁傳曰閏附月餘日天子不以告朔左氏傳云閏月不告朔非禮也閏以正時時以作事事以厚生生人之道於是乎在矣不告閏朔棄時政也臣據此文則天子閏月亦告朔矣寧有他月而廢其禮者乎博考經籍其文甚著何以明之周禮太史職云頒告朔於邦國閏月告王居門終月又禮記玉藻云閏月則闔門左扉立于其中

並是天子聞月而行告朔之事也禮官又稱玉藻天子聽朔於南門之外周禮
天官太宰正月之吉布政于邦國都鄙干寶注云周正建子之月告朔日也此
卽玉藻之聽朔矣今每歲首元日通天宮受朝讀時令布政事京官九品以上
諸州朝集使等咸列於庭此聽朔之禮畢而合于周禮玉藻之文矣禮論及三
禮義宗江都集禮貞觀禮顯慶禮及祠令無王者告朔之事者臣謹按玉藻云
玄冕而朝日於東門之外聽朔於南門之外鄭注云朝日春分之時也東門皆
謂國門也明堂在國之陽每月就其時之帝而聽朔焉卒事反宿於路寢凡聽
朔必以特牲告其時帝及其神配以文王武王臣謂今歲首元日通天宮受朝
讀時令及布政自是古禮孟春上辛受十二月之政班於明堂其義昭然猶未
行也卽如禮官所言遂闕其事臣又按禮記月令天子每月居青陽明堂總章
玄堂卽是每月告朔之事先儒舊說天子行事一年十八度入明堂大享不問
卜一入也每月告朔十二入也四時迎氣四入也巡狩之年一入也今禮官立
議王惟歲首一入耳與先儒既異臣不敢同鄭玄云凡聽朔告其帝臣愚以爲

告朔之日則五方上帝之一帝也春則靈威仰夏則赤熛怒秋則白招拒冬則叶光紀季月則含樞紐也並以始祖而配之焉人帝及神列在祀典亦於其月而享祭之魯自文公始不視朔子貢見其禮廢欲去其羊孔子以羊存猶可識其禮羊亡其禮遂廢故云爾愛其羊我愛其禮漢承秦滅學庶事草創明堂辟雍其制遂闕漢武帝封禪始造明堂於太山既不立於京師所以無告朔之事至漢平帝元始中王莽輔政庶幾復古乃建明堂辟雍焉帝祫祭於明堂諸侯王列侯宗室子弟九百餘人助祭畢皆益戶賜爵及金帛增秩補吏各有差漢末喪亂尚傳其禮爰至後漢祀典仍存明帝永平二年郊祀五帝於明堂以光武配祭牲各一犢奏樂如南郊董卓西移載籍湮滅告朔之禮於此而墜暨于晉末戎馬生郊禮樂衣冠掃地總盡元帝過江是稱狼狽禮樂制度南遷蓋寡彝典殘缺無復舊章軍國所資臨事議之既闕明堂寧論告朔宋朝何承天纂集其文以爲禮論雖加編次事則闕如梁代崔靈恩撰三禮義宗但捃摭前儒因循故事而已隋大業中煬帝命學士撰江都禮集只抄撮禮論更無異文貞

觀顯慶禮及祠令不言告朔者蓋爲歷代不傳其文遂闕各有由緒不足依據
今禮官引爲明證在臣誠實有疑陛下肇建明堂聿遵古典告朔之禮猶闕舊
章欽若稽古應須補葺若每月聽政於明堂事亦煩數孟月視朔恐不可廢上
又命奉常廣集衆儒取方慶仁諝所奏議定得失當時大儒成均博士吳揚吾
太學博士郭山惲曰臣等謹按周禮禮記及三傳皆有天子告朔之禮夫天子
頒告朔於諸侯秦政焚滅詩書由是告朔禮廢今明堂肇建總章新立紹百王
之絕軌樹萬代之鴻規上以嚴配祖宗下以敬授人時使人知禮樂道適中和
災害不生禍亂不作今若因循頒朔每月依行禮貴隨時事須沿革望依王方
慶議用四時孟月日及季夏於明堂修復告朔之禮以頒天下其帝及神亦請
依方慶用鄭玄義告五時帝於明堂上則嚴配之道通於神明至孝之德光於
四海制從之長安四年始制元日明堂受朝停讀時令中宗卽位神龍元年九
月親享明堂合祭天地以高宗配禮畢曲赦京師明年駕入京於季秋大享復
就圓丘行事迄于睿宗之世開元二年八月太子賓客薛謙光獻九鼎銘其蔡

州鼎銘天后御撰曰羲農首出軒昊膺期唐虞繼踵湯禹乘時天地光宅域中雍熙上天降鑒方建隆基紫微令姚崇奏曰聖人啓運休兆必彰請宣付史館從之五年正月幸東都將行大享之禮太常少卿王仁忠博士馮宗陳貞節等議以武氏所造明堂有乖典制奏議曰明堂之建其所從來遠矣自天垂象聖人則之蒿柱茅簷之規上圓下方之制考之大數不踰三七之間定之方中必居丙巳之地者豈非得房心布政之所當太微上帝之宮乎故仰叶俯從正名定位人神不雜各司其序則嘉應響至保合太和昔漢氏承秦經籍道息旁求湮墜詳究難明孝武初議立明堂於長安城南遭竇太后不好儒術事乃中廢孝成之代又欲立於城南議其制度莫之能決至孝平元始四年始創造於南郊以申嚴配光武中興元年立於國城之南自魏晉迄於梁朝雖規制或殊而所居之地常取丙巳者斯蓋百王不易之道也高宗天皇大帝纂承平之運崇朴素之風四夷來賓九有咸乂永徽三年詔禮官學士議明堂制度羣儒紛競各執異端久之不決因而遂止者何也非謂財不足力不堪也將以周孔既遙

禮經且紊事不師古或爽天心難用作程神不孚祐者也則天太后總禁闈之
政藉軒臺之威屬皇室中圮之期躡和熹從權之制以爲乾元大殿承慶小寢
當正陽亭午之地實先聖聽斷之宮表順端闈儲精營室爰從朝享未始臨御
乃起工徒挽令摧覆既毀之後雷聲隱然衆庶聞之或以爲神靈感動之象也
於是增土木之麗因府庫之饒南街北闕建天樞大儀之制乾元遺趾興重閣
層樓之業煙熖蔽日梁柱排雲人斯告勞天實貽誡煨燼甫爾遽加修復況乎
地殊丙巳未答靈心跡匪膺期乃申嚴配事昧彝典神不昭格此其不可者一
也又明堂之制木不鏤土不文今體式乖宜違經紊禮雕鐫所及窮侈極麗此
其不可者二也高明爽塏事資虔敬密邇宮掖何以祈天人神雜擾不可放物
此其不可者三也況兩京上都萬方取則而天子闕當陽之位聽政居便殿之
中職司其憂豈容沉默當須審攷歷之計擇煩省之宜不便者量事改修可因
者隨宜適用削彼明堂之號克復乾元之名則當宁無偏人識其舊矣詔令所
司詳議奏聞刑部尚書王志愔等奏議咸以此堂所置實乖典制多請改削依

舊造乾元殿乃下詔曰古之操皇綱執大象者何嘗不上稽天道下順人極或變通以隨時爰損益以成務且衢室創制度堂以筵用之以禮神是光孝享用之以布政蓋稱視朔先王所以厚人倫感天地者也少陽有位上帝斯歆此則神貴於不黷禮殷於至敬今之明堂俯鄰宮掖此之嚴祀有異肅恭苟非憲章將何軌物由是禮官博士公卿大夫廣參羣議欽若前古宜存露寢之式用罷辟雍之號可改爲乾元殿每臨御宜依正殿禮自是駕在東都常以元日冬至於乾元受朝賀季秋大享祀依舊於圓丘行事十年復題乾元殿爲明堂而不行享祀之禮二十五年駕在西京詔將作大匠康䛒素往東都毀之䛒素以毀拆勞人乃奏請且拆上層畢於舊制九十五尺又去柱心木平座上置八角樓樓上有八龍騰身捧火珠又小於舊制圓五尺覆以真瓦取其永逸依舊爲乾元殿

舊唐書卷二十二

舊唐書卷二十二考證

禮儀志二春秋大饗五帝各在一室○沈炳震曰春秋杜氏通典作季秋宜從

四時迎氣之祀則各於其方之正○正通典作室

按周易天數五幷五行之數合而爲二十○沈炳震曰天數五下闕地數十三字據通典補入

神都鼎高一丈八尺受一千八百石○沈炳震曰下各州鼎皆有名而蔡州獨闕通典蔡州鼎名永昌

取其正室則謂之太室○臣德潛按英華上有二語云取其宗祀則謂之清廟宜補入

舊唐書卷二十二考證

舊唐書卷二十三

後晉司空同中書門下平章事劉昫撰

志第三

禮儀三

封禪之禮自漢光武之後曠世不修隋開皇十四年晉王廣率百官抗表固請封禪文帝令牛弘辛彥之許善心等創定儀注至十五年行幸兗州遂於太山之下爲壇設祭如南郊之禮竟不升山而還貞觀六年平突厥年穀屢登羣臣上言請封泰山太宗曰議者以封禪爲大典如朕本心但使天下太平家給人足雖闕封禪之禮亦可比德堯舜若百姓不足夷狄內侵縱修封禪之儀亦何異於桀紂昔秦始皇自謂德洽天心自稱皇帝登封岱宗奢侈自矜漢文帝竟不登封而躬行儉約刑措不用今皆稱始皇爲暴虐之主漢文爲有德之君以此而言無假封禪禮云至敬不壇掃地而祭足表至誠何必遠登高山封數尺之土也侍中王珪對曰陛下發德音明封禪本末非愚臣之所及祕書監魏徵

曰隋末大亂黎民遇陛下始有生望養之則至仁勞之則未可升中之禮須備千乘萬騎供帳之費動役數州戶口蕭條何以能給太宗深嘉徵言而中外章表不已上問禮官兩漢封山儀注因遣中書侍郎杜正倫行太山上七十二帝壇迹是年兩河水潦其事乃寢至十一年羣臣復勸封山始議其禮於是國子博士劉伯莊睦州刺史徐令言等各上封祀之事互設疑議所見不同多言新禮中封禪儀注簡略未周太宗勑祕書少監顏師古諫議大夫朱子奢等與四方名儒博物之士參議得失議者數十家遞相駁難紛紜久不決於是左僕射房玄齡特進魏徵中書令楊師道博採衆議堪行用而與舊禮不同者奏之其議昊天上帝壇曰將封先祭義在告神且備謁敬之儀方展慶成之禮固當於壇下陛預申齊潔贊饗已畢然後登封既表重慎之深兼示行事有漸今請祭於泰山下設壇以祀上帝以景皇帝配享壇長一十二丈高一丈二尺又議制玉牒曰金玉重寶質性貞堅宗祀郊禋皆充器幣豈嫌華美實貴精確況乎三神壯觀萬代鴻名禮極殷崇事資藻縟玉牒玉檢式韞靈奇傳之無窮永存不

朽今請玉牒長一尺三寸廣厚各五寸玉檢厚二寸長短闊一如玉牒其印齒請隨璽大小仍纏以金繩五周又議玉策曰封禪之祭嚴配作主皆奠玉策肅奉虔誠今玉策四枚各長一尺三寸廣一寸五分厚五分每策五簡俱以金編其一奠上帝一奠太祖座一奠皇地祇一奠高祖座又議金匱曰登配之策盛以金匱歸格藝祖之廟室今請長短令容玉策高廣各六寸形制如今之表函纏以金繩封以金泥印以受命璽又議方石再累曰舊藏玉牒止用石函亦猶盛書篋笥所以或呼石篋今請方石三枚以爲再累其十枚石檢刻方石四邊而立之纏以金繩封以石泥印以受命璽又議泰山上圜壇曰四出開道壇場通義南面入升於事爲允今請介丘上圓壇廣五丈高九尺用五色土加之四面各設一階御位在壇南升自南階而就上封玉牒又議圓丘上土封曰凡言封者皆是積土之名利建分封亦以班社立號謂之封禪厥義可知今請於圜壇之上安置方石璽緘既畢加土築以爲封高一丈二尺而廣二丈以五色土益封玉牒藏於其內祀禪之土其封制亦同此又議玉璽曰謹詳前載方石緘

封玉檢金泥必資印璽以爲祕固今請依令用受命璽以封石檢其玉檢既與石檢大小不同請更造璽一枚方一寸二分文同受命璽以封玉牒石檢形制依漢建武故事又議立碑曰勒石紀號顯揚功業登封降禪肆覲之壇立碑紀之又議設告至壇曰既至山下禮行告至柴于東方上帝望秩遍禮羣神今請其壇方八十一尺高三尺陛仍四出其禪方壇及餘儀請從今禮仍請式柴祭望秩同時行事又議廢石闕及大小距石曰距石之設意取牢固本資實用豈云雕飾既積土厚封足令與天長地久其小距環壇石闕迴建事非經誥無益禮義煩而非要請從減省太宗從其議令附之於禮十五年下詔將有事於泰山復令公卿諸儒詳定儀注太常卿韋挺禮部侍郎令狐德棻爲封禪使參考其議時論者又執異見顏師古上書申明前議太宗覽其奏多依師古所陳爲定車駕至洛陽宮會有彗星之變乃下詔罷其事高宗卽位公卿數請封禪則天既立爲皇后又密贊之麟德二年二月車駕發京東巡狩詔禮官博士撰定封禪儀注有司於乾封元年正月戊辰朔先是有司齊戒於前祀七日平旦太

尉誓百官於行從中臺云來月一日封祀二日登封泰山三日禪社首各揚其
職不供其事國有常刑上齋於行宮四日致齋三日近侍之官應從升者及從
事羣官諸方客使各本司公館清齋一宿前祀一日諸衞令其屬未後一刻設
黃麾半仗於外壝之外與樂工人俱清齋一宿有司於太嶽南四里爲圓壇三
成十二階如圓丘之制壇上飾以青四面各依方色幷造燎壇及壝三重又造
玉策三枚皆以金繩連編玉簡爲之每簡長一尺二寸廣一寸二分厚三分刻
玉塡金爲字又爲玉匱一以藏正座玉策長一尺三寸幷玉檢方五寸當繩處
刻爲五道當封璽處刻深二分方一寸二分又爲金匱二以藏配座玉策制度
如玉匱又爲黃金繩以纏玉匱各五周爲金泥玉匱金匱爲玉璽一枚方一寸
二分文同受命璽封玉匱金匱又爲石䃭玉匱用方石再累各方五尺厚一尺
刻方石中令容玉匱䃭旁施檢處皆刻深三寸三分闊一尺當繩處皆刻深三
分闊一寸五分爲石檢十枚以檢石䃭皆長三尺闊一尺厚七寸皆刻爲印齒
三道深四寸當封璽處方五寸當通繩處闊一寸五分皆有小石蓋制與檢刻

處相應以檢擫封泥其檢立於礛旁南方北方各三東方西方各二去礛隅皆七寸又爲金繩以纏石礛各五周徑三分爲石泥以泥石礛其泥末石和方色土爲之爲距石十二枚分距礛隅皆再累各闊二尺長一丈斜刻其首令與礛隅相應泰山之上設登封之壇上徑五丈高九尺四出陛壇上飾以青四面依方色一壝隨地之宜其玉牒玉匱石礛石檢距石皆如封祀之制又爲降壇於社首山上方壇八隅一成八陛如方丘之制壇上飾以黃四面依方色三壝隨地之宜其玉策玉匱石礛石檢距石等亦同封祀之制至其年十二月車駕至山下及有司進奏儀注封祀以高祖太宗同配禪社首以太穆皇后文德皇后同配皆以公卿充亞獻終獻之禮於是皇后抗表曰伏尋登封之禮遠邁古先而降禪之儀竊爲未允其祭地祇之日以太后昭配至於行事皆以公卿以妾愚誠恐未周備何者乾坤定位剛柔之義已殊經義載陳中外之儀斯別瑤壇作配既合於方祇玉豆薦芳實歸於內職況推尊先后親饗瓊筵豈有外命宰臣內參禋祭詳於至理有紊徽章但禮節之源雖與於昔典而升降之制尚缺

於遙圖且往代封嶽雖云顯號或因時省俗意在尋仙或以情覬名事深爲己豈如化被乎四表推美於神宗道冠乎二儀歸功於先德寧可仍遵舊軌靡創彝章妄謬處椒闈叨居蘭掖但以職惟中饋道屬於蒸嘗義切奉先理光於蘋藻罔極之思載結於因心祗肅之懷實深於明祀但妾早乖定省已闕侍於晨昏今屬崇禋豈敢安於帷帟是故馳情夕寢睠嬴里而翹魂疊慮宵興仰梁郊而聳念伏望展禮之日總率六宮內外命婦以親奉奠薦申如在之敬式展虔拜之儀積此微誠已淹氣序既屬鑾輿將警奠璧非賒輒効丹心庶裨大禮冀聖朝垂則永播於芳規螢燭末光增輝於日月於是祭地祇梁甫皆以皇后爲亞獻諸王大妃爲終獻丙辰前羅舍府果毅李敬貞論封禪須明水實樽淮南子云方諸見月則津而爲水高誘注云方諸陰燧大蛤也熟摩拭令熱以向月則水生以銅盤受之下數石王充論衡云陽燧取火於日方諸取水於月相去甚遠而火至水來者氣感之驗也漢書儀云八月飲酎車駕夕牲以鑑諸取水於月以陽燧取火於日周禮考工記云金有六齊金錫半謂之鑑燧之齊鄭玄

注云鑑燧取水火於日月之器也準鄭此注則水火之器皆以金錫爲之今司宰有陽燧形如圓鏡以取明火陰鑑形如方鏡以取明水但比年祠祭皆用陽燧取火應時得以陰鑑取水未有得者嘗用井水替明水之處奉勅令禮司研究敬貞因說先儒是非言及明水乃云周禮金錫相半自是造陽燧法鄭玄錯解以爲陰鑑之制依古取明水法合用方諸引淮南子等書用大蛤也又稱敬貞曾八九月中取蛤一尺二寸者依法試之自人定至夜半得水四五斗敬貞所陳檢有故實又稱先經試驗確執望請差敬貞自取蚌蛤便赴太山與所司對試是日制曰古今典制文質不同至於制度隨世代沿革唯祀天地獨不改張斯乃自處於厚奉天以薄又今封禪卽用玉牒金繩器物之間復有瓦罇秸席一時行禮文質頓乖駁而不倫深爲未愜其封祀降禪所設上帝后土位先設稾秸瓦甒瓢杯等物並宜改用裀褥罍爵每事從文其諸郊祀亦宜準此於是昊天上帝之座褥以蒼皇地祇褥以黃配帝及后褥以紫五方上帝及大明夜明席皆以方色內官已下席皆以莞三年正月帝親享昊天上帝于山下封

祀之壇如圓丘之儀祭訖親封玉策置石䃭聚五色土封之圓徑一丈二尺高九尺其日帝率侍臣已下升泰山翌日就山上登封之壇封玉策訖復還山下之齋宮其明日親祀皇地祇於社首山上降禪之壇如方丘之儀皇后爲亞獻越國太妃燕氏爲終獻翌日上御朝覲壇以朝羣臣如元日之儀禮畢詔文武百寮大赦改元初上親享于降禪之壇行初獻之禮畢執事者皆趨而下宦者執帷皇后率六宮以升行禮帷帟皆以錦繡爲之百寮在位瞻望或竊議焉於是詔立登封降禪朝覲之碑各於壇所又詔名封祀壇爲舞鶴臺介丘壇爲萬歲臺降禪壇爲景雲臺以紀當時所見之瑞焉高宗既封泰山之後又欲遍封五岳至永淳元年於洛州嵩山之南置崇陽縣其年七月勑其所造奉天宮二年正月駕幸奉天宮至七月下詔將以其年十一月封禪於嵩岳詔國子司業李行偉考工員外郎賈大隱太常博士韋叔夏裴守貞輔抱素等詳定儀注於是議立封祀壇如圓丘之制上飾以玄四面依方色爲圓壇三成高二丈四尺每等高六尺壇上徑一十六步三等各闊四步設十二陛陛皆上闊八尺下闊

一丈四尺爲三重壝距外壝三十步內壝距五十步燎壇在壇東南外壝之內
高三尺方一丈五尺南出陛登封壇圓徑五丈高九尺四出陛爲一壝飾以五
色準封祀禪祭壇上飾以金四面依方色爲八角方壇再成高一丈二尺每等
高四尺壇上方十六步每等廣四步設八陛其上壇陛皆廣八尺中等陛皆廣
一丈下等陛皆廣一丈二尺爲三重壝之大小準封祀爲埋埳在壇之未地外
壝之內方深取足容物南出陛朝覲壇於行宮之前爲壇宮方三分壝二在南
壇方二十四丈高九尺南面兩陛餘三面各一陛封祀登封五色土封石䃾爲
圓封上徑一丈二尺下徑三丈高九尺禪祭五色土封爲八角方封大小準封
祀制度所用尺寸準歷東封並用古尺諸壇並築土爲之禮無用石之文並度
影以定方位登封降禪四出陛各當四方之中陛各上廣七尺下廣一丈二尺
封祀玉帛料有蒼璧四圭有邸圭璧禪祭有黃琮兩圭有邸無圭璧又定登封
降禪朝覲等日準禮冬至祭天於圓丘其封祀請用十二日準東封祀故事十
二日登封十三日禪祭十四日朝覲若有故須改登封已下期日在禮無妨又

輦輿料云封祀登封皇帝出乘玉輅還乘金輅皇太子往還金輅禪祭皇帝太子如封祀又衣服料云東封祠祭日天皇服袞冕近奉制依貞觀禮服大裘又云袞冕服一具齋服之通天冠服一具迴服之翼善冠服一具馬上服之皇太子袞冕服又齊則服遠遊冠受朝則公服遠遊冠服馬上則進德冠服當時又令詳求射牛之禮行偉守貞等議曰據周禮及國語郊祀天地天子自射其牲漢武唯封太山令侍中謁者射牛行事至於餘祀亦無射牲之文但親舂射牲雖是古禮久從廢省據封禪祀曰未明十五刻宰人以鑾刀割牲質明而行事比鑾駕至時牢牲總畢天皇唯奠玉酌獻而已今若祀前一日射牲事卽傷早祀日方始射牲事又傷晚若依漢武故事卽非親射之儀事不可行詔從之尋屬高宗不豫遂罷封禪之禮則天垂拱四年將有事於嵩山先遣使致祭以祈福助下制號嵩山爲神岳尊嵩山神爲天中王夫人爲靈妃嵩山舊有夏啓及啓母少室阿姨神廟咸令預祈祭至天冊萬歲元年臘月甲申親行登封之禮禮畢便大赦改元萬歲登封改嵩陽縣爲登封縣陽城縣爲告成縣粤三日丁

亥禪于少室山又二日己丑御朝覲壇朝羣臣咸如乾封之儀則天以封禪日爲嵩岳神祇所祐遂尊神岳天中王爲神岳天中皇帝靈妃爲天中皇后夏后啓爲齊聖皇帝封啓母神爲玉京太后少室阿姨神爲金闕夫人王子晉爲昇仙太子別爲立廟登封壇南有槲樹大赦日於其杪置金鷄樹則天自製昇中述志碑樹於壇之丙地玄宗開元十二年文武百寮朝集使皇親及四方文學之士皆以理化昇平時穀屢稔上書請修封禪之禮幷獻賦頌者前後千有餘篇玄宗謙沖不許中書令張說又累日固請乃下制曰自古受命而王者曷嘗不封泰山禪梁父答厚德告成功三代之前罔不由此越自魏晉以迄周隋帝典闕而大道隱王綱弛而舊章缺千載寂寥封崇莫嗣物極而復天祚我唐武文二后應圖受籙洎于高宗重光累盛承至理登介丘懷百神震六合紹殷周之統接虞夏之風中宗弘懿鑠之休睿宗沐粹精之道巍巍蕩蕩無得而稱者也朕昔戡多難稟略先朝虔奉慈旨嗣膺丕業是用創九廟以申孝敬禮二郊以展嚴禋寶菽粟於水火捐珠玉於山谷兢兢業業非敢追美前王日愼一日

實以奉遵遺訓至於巡狩大典封禪鴻名顧惟寡薄未遑時邁十四載于兹矣今百穀有年五材無眚刑罰不用禮義興行和氣氤氳淳風澹泊蠻夷戎狄殊方異類重譯而至者日月於闕廷奇獸神禽甘露嘉醴窮祥極瑞朝夕於林籞王公卿士罄乃誠於中鴻生碩儒獻其書於外莫不以神祇合契億兆同心斯皆烈祖聖考垂裕餘慶故朕賴宗廟之介福敢以眇身顓其克讓是以敬奉羣議弘此大猷以光我高祖之丕圖以紹我高祖之鴻烈永言陟配追感載深可以開元十三年十一月十日式遵故實有事太山所司與公卿諸儒詳擇典禮預爲備具勿廣勞人務存節約以稱朕意於是詔中書令張說右散騎常侍徐堅太常少卿韋縚祕書少監康子元國子博士侯行果等與禮官於集賢書院刊撰儀注玄宗初以靈山好靜不欲喧繁與宰臣及侍講學士對議用山下封祀之儀於是張說謂徐堅韋縚等曰乾封舊儀禪社首享皇地祇以先后配饗王者父天而母地當今皇母位亦當往帝之母也子配母饗亦有何嫌而以皇后配地祇非古之制也天監孔明福善如響乾封之禮文德皇后配皇地祇天

后爲亞獻越國太妃爲終獻宮闈接神有乖舊典上玄不祐遂有天授易姓之
事宗社中圮公族誅滅皆由此也景龍之季有事圜丘韋氏爲亞獻皆以婦人
升壇執籩豆褻黷穹蒼享祀不潔未及踰年國有內難終獻皆受其咎掌座齋
郎及女人執祭者多亦夭卒今主上尊天敬神事資革正斯禮以睿宗大聖貞
皇帝配皇地祇侑神作主乃定議奏聞上從之舊禮郊祀既畢收取玉帛牲體
置於柴上然後燔於燎壇之上其壇於神壇之左顯慶中禮部尚書許敬宗等
因修改舊禮乃奏曰謹按祭祀之禮周人尚臭祭天則燔柴祭地則瘞血宗廟
則焫蕭灌鬯皆貴氣臭同以降神禮經明白義釋甚詳委柴在祭神之初理無
所惑是以三禮義宗等並云祭天以燔柴爲始然後行正祭祭地以瘞血爲先
然後行正祭又禮論說太常賀循上言積柴舊在壇南燎祭天之牲用犢左胖
漢儀用頭今郊用脅之九个太宰令奉牲脅太祝令奉圭璧俱奠燎薪之上此
卽晉氏故事亦無祭天之文既云漢儀用牲頭頭非神俎之物且祭末俎皆升
右胖之脅唯有三禮賀循既云用祭天之牲左胖復云今儀用脅九个足明燔

柴所用與升俎不同是知自在祭初别燔牲體非於祭末燒神餘饌此則晉氏以前仍遵古禮唯周魏以降妄爲損益納告廟之幣事畢瘞埋因改燔柴將爲祭末事無典實禮闕降神又燔柴正祭牲玉皆别蒼璧蒼犢之流柴之所用四圭騂犢之屬祀之所須故郊天之有四圭猶祀廟之有圭瓚是以周官典瑞文勢相因並事畢收藏不在燔例而今新禮引用蒼璧不顧圭瓚遂亦俱燔義旣有乖理難因襲又燔柴作樂俱以降神則處置之宜須相依準柴燔在左作樂在南求之禮情實爲不類且禮論說積柴之處在神壇之南新禮以爲壇左文無典故請改燔爲祭始位樂懸之南外壝之內其陰祀瘞埋亦請準此制可之

自是郊丘諸祀並先焚而後祭及玄宗將作封禪之禮張說等參定儀注徐堅康子元等建議曰臣等謹按顯慶年修禮官長孫無忌等奏改燔柴在祭前狀稱祭祀之禮必先降神周人尚臭祭天則燔柴者臣等按禮迎神之義樂六變則天神降八變則地祇出九變則鬼神可得而禮矣則降神以樂周禮正文非謂燔柴以降神也案尚臭之義不爲燔之先後假如周人尚臭祭天則燔柴容

或燔臭先以迎神然則殷人尙聲祭天亦燔柴何聲可燔先迎神乎又按顯慶
中無忌等奏稱晉氏之前獨遵古禮周魏以降妄爲損益者今按郭璞晉南郊
賦及注爾雅祭後方燔又按宋忠所論亦祭後方燔又檢南齊北齊及梁郊祀
亦飲福酒後方燔又檢後周及隋郊祀亦先祭後燔據此卽周遵後燔晉不先
燎無忌之事義乃相乖又按周禮大宗伯職以玉作六器以禮天地四方注云
禮爲始告神時薦於神座也下文云以蒼璧禮天以黃琮禮地皆有牲幣各如
其器之色又禮器云有以少爲貴者祭天特牲是知蒼璧之與蒼牲俱各奠之
神座理節不惑又云四圭有邸以祀天旅上帝卽明祀昊天上帝之時以旅五
方天帝明矣其青圭赤璋白琥玄璜自是立春立夏立秋立冬之日各於其方
迎氣所用自分別矣今按顯慶所改新禮以蒼璧與蒼牲蒼幣俱用先燔蒼璧
既已燔矣所以遂加四圭有邸奠之神座蒼牲既已燔矣所以更加騂牲充其
實俎混昊天於五帝同用四圭失特牲之明文加爲二犢深乖禮意事乃無憑
考功員外郎趙冬曦太學博士侯行果曰先焚者本以降神行之已久若從祭

義後焚爲定中書令張說執奏曰徐堅等所議燔柴前後議有不同據祭義及
貞觀顯慶已後既先燔若欲正失禮求祭義請從貞觀禮如且因循不改更請
從顯慶禮凡祭者本以心爲主心至則通於天地達於神祇既有先燔後燎自
可斷於聖意所至則通於神明燔之先後臣等不敢裁定玄宗令依後燔及先
奠之儀是後太常卿寧王憲奏請郊壇時祭並依此先奠璧而後燔柴瘞埋制
從之時又有四門助教施敬本駁奏舊封禪禮八條其略曰舊禮侍中跪取匜
沃盥非禮也夫盥手洗爵人君將致潔而尊神故能使小臣爲之今侍中大臣
也而盥沃於人君太祝小臣也乃詔祝於天神是接天神以小臣奉人君以大
臣爲非禮按周禮大宗伯曰鬱人下士二人贊祼事則沃盥此職也漢承秦制
無鬱人之職故使近臣爲之魏晉至今因而不改然則漢禮侍中行之則可矣
今以侍中爲之則非也漢侍中其始也微高帝時籍儒爲之惠帝時閎儒爲之
留侯子辟彊年十五爲之至後漢閼堅以議郎拜侍中邵闓自侍中遷步兵校
尉秩千石少府卿之屬也少府卿秩中二千石丞秩千石侍中與少府丞班同

魏代蘇則爲之舊侍中親省起居故謂之執獸子吉茂見謂之曰仕進不止執獸子是言其爲褻臣也今侍中名則古官人非昔任掌同燮理寄實鹽梅非復漢魏執獸子之班異乎周禮鬱人之職行舟不息墜劍方遥驗刻而求可謂謬矣夫祝以傳命通主人之意以薦於神明非賤職也故兩君相見則卿爲上儐况天人之祭其肅恭之禮以兩君爲喻不亦大乎今太祝下士也非所以重命而尊神之義也然則周漢太祝是禮矣何者按周禮大宗伯曰太祝下大夫二人上士四人掌六祝之辭大宗伯爲上卿今禮部尚書太常卿比也小宗伯中大夫今侍郎少卿比也太祝下大夫今郎中太常丞比也上士四人今員外郎太常博士之比也故可以處天人之際致尊極之辭矣又漢太祝令秩六百石與太常博士同班梁太祝令與南臺御史同班今太祝下士之卑而居下大夫之職斯又刻舟之論不異於前矣又曰舊禮謁者引太尉升壇亞獻非禮也謁者已賤升壇已重是微者用之於古而大體實變之於今也按漢官儀尚書御史臺官屬有謁者僕射一人秩六百石銅印青綬謁者三十五人以郎中滿歲

稱給事未滿歲稱權謁者又按漢書百官公卿表光祿勳官屬有郎中員外秩比二千石有謁者掌賓讚受事員七十人秩比六百石古之謁者秩異等今謁者班微以之從事可謂踈矣又曰舊禮尚書令奉玉牒今無其官請以中書令從事按漢武帝時張安世爲尚書令遊宴後宮以宦者一人出入帝命改爲中書謁者令至成帝罷宦者用士人魏黃初改祕書置中書監令舊尚書幷掌制誥既置中書官而制誥樞密皆掌焉則自魏以來中書是漢朝尚書之職今尚書玉牒是用漢禮其官既闕故可以中書令主之議奏玄宗令張說徐堅召敬本與之對議詳定說等奏曰敬本所議其中四條先已改定有不同者望臨時量事改攝制從之十二年十一月丙戌至泰山去山趾五里西去社首山三里丁亥玄宗服袞冕於行宮致齋於供帳前殿己丑日南至大備法駕至山下玄宗御馬而登侍臣從先是玄宗以靈山清潔不欲多人上欲初獻於山上壇行事亞獻終獻於山下壇行事因召禮官學士賀知章等入講儀注因問之知章等奏曰昊天上帝君位五方時帝臣位帝號雖同而君臣異位陛下享君位於

山上羣臣祀臣位於山下誠足以垂範來葉爲變禮之大者也禮成於三初獻亞終合於一處玄宗曰朕正欲如是故問卿耳於是勑三獻於山上行事其五方帝及諸神座於山下壇行事玄宗因問玉牒之文前代帝王何故祕之知章對曰玉牒本是通於神明之意前代帝王所求各異或禱年算或思神仙其事微密是故莫知之玄宗曰朕今此行皆爲蒼生祈福更無祕請宜將玉牒出示百寮使知朕意其辭曰有唐嗣天子臣某敢昭告于昊天上帝天啓李氏運興土德高祖太宗受命立極高宗升中六合殷盛中宗紹復繼體不定上帝眷祐錫臣忠武底綏內難惟戴聖父恭承大寶十有三年敬若天意四海晏然封祀岱岳謝成于天子孫百祿蒼生受福庚寅祀昊天上帝于山上封臺之前壇高祖神堯皇帝配享焉邠王守禮亞獻寧王憲終獻皇帝飲福酒癸巳中書令張說進稱天賜皇帝太一神策周而復始永綏兆人帝拜稽首山上作圓臺四階謂之封壇臺上有方石再累謂之石䃭玉牒玉策刻玉填金爲字各盛以玉匱束以金繩封以金泥皇帝以受命寶印之納二玉匱於䃭中金泥䃭際以天下

同文之印封之壇東南爲燎壇積柴其上皇帝就望燎位火發羣臣稱萬歲傳呼下山下聲動天地山下壇祀羣臣行事已畢皇帝未離位命中書門下曰朕以薄德恭膺大寶今封祀初建雲物休祐皆是卿輔弼之力君臣相保勉副天心長如今日不敢矜怠中書令張說跪言聖心誠懇宿齋山上昨夜則息風收雨今朝則天清日暖復有祥風助樂卿雲引燎靈迹盛事千古未聞陛下又思慎終如初長福萬姓天下幸甚先是車駕至岳西來蘇頓有大風從東北來自午至夕裂幕折柱衆恐張說倡言曰此必是海神來迎也及至岳下天地清晏玄宗登山日氣和煦至齋次日入後勁風偃人寒氣切骨玄宗因不食次前露立至夜半仰天稱某身有過請卽降罰若萬人無福亦請某爲當罪兵馬辛苦乞停風寒應時風止山氣温暖時從山上布兵至于山壇傳呼辰刻及詔命來往斯須而達夜中燃火相屬山下望之有如連星自地屬天其日平明山上清迥下望山下休氣四塞登歌奏樂有祥風自南而至絲竹之聲飄若天外及行事日揚火光慶雲紛郁遍滿天際羣臣並集于社首山帷宮之次以候鑾駕遙

望紫煙憧憧上達內外歡譟玄宗自山上便赴社首齋次辰巳間至日色明朗
慶雲不散百辟及蕃夷爭前迎賀辛卯享皇地祇于社首之泰折壇睿宗大聖
貞皇帝配祀五色雲見日重輪藏玉策於石礶如封壇之儀壬辰玄宗御朝覲
之帳殿大備陳布文武百寮二王後孔子後諸方朝集使岳牧舉賢良及儒生
文士上賦頌者戎狄夷蠻羌胡朝獻之國突厥頡利發契丹奚等王大食謝颺
五天十姓崑崙日本新羅靺鞨之侍子及使內臣之番高麗朝鮮王伯濟帶方
王十姓摩阿史那興昔可汗三十姓左右賢王日南西二鑿齒雕題牂柯烏滸
之酋長咸在位制曰朕聞天監唯后后克奉天既合德以受命亦推功而復始
厥初作者七十二君道洽跡著時至符出皆用事于介丘升中於上帝人神之
望蓋有以塞之皇王之序可得而言朕接統千歲承光五葉惟祖宗之德在人
惟天地之靈作主往者內難幽贊而集大勳間無外虞守成而纘舊服未嘗不
乾乾終日思與公卿大夫上下協心聿求至理以弘我烈聖其庶乎馨香今九
有大寧羣氓樂業時必敬授而不奪物亦順成而無夭懋建皇極幸致太和洎

乃幽遐率由感被戎狄不至唯文告而來庭麟鳳已臻將覺情而在藪以故凡
百執事亟言大封顧惟不德切欲勿議伏以先聖儲祉與天同功荷傳符以在
今敢侑神而無報大篇斯在朕何讓焉遂奉遵高宗之舊章憲乾封之令典時
邁東土柴告岱岳精意上達肹蠁來應信宿行事雲物呈祥登降之禮斯畢嚴
配之誠獲展百神羣望莫不懷柔四方諸侯莫不來慶斯是天下之介福邦家
之耿光也無窮之休祉豈獨在予非常之惠澤亦宜逮下可大赦天下封泰山
神爲天齊王禮秩加三公一等仍令所管崇飾祠廟環山十里禁其樵採給近
山二十戶復以奉祠神玄宗製紀太山銘御書勒于山頂石壁之上其辭曰朕
宅位有十載顧惟不德懵于至道任夫難任安夫難安茲朕未知獲戾于上下
心之浩盪若涉大川賴上帝垂休先后儲慶宰相庶尹交修皇極四海會同五
典敷暢歲云嘉熟人用大和百辟僉謀唱余封禪謂孝莫大於嚴父禮莫盛于
告天天符既至人望既積固請不已固辭不獲肆余與夫二三臣稽虞典繹漢
制張皇六師震讋九寓旌旗有列士馬無譁肅肅邕邕翼翼溶溶以至岱宗順

也爾雅曰泰山爲東岳周官曰兗州之鎮山實萬物之始故稱岱焉其位居五岳之伯故稱宗焉自昔王者受命易姓於是乎啓天地薦成功序圖錄紀氏號朕統承先王茲率厥典實欲報玄天之眷命爲蒼生而祈福豈敢高視千古自比九皇哉故設壇場於山下受羣方之助祭躬封燎於山上冀一獻之通神斯亦因高崇天就廣增地之義也乃仲冬庚寅有事東岳類于上帝配我高祖在天之神罔不畢降粵翌日禪於社首侑我聖考祀於皇祇在地之神罔不咸舉暨壬辰覲羣后上公進曰天子膺天符納介福羣臣拜稽首呼萬歲慶合歡同乃陳誡以德大渾協度彝倫攸敘三事百揆時乃之功萬物由庚兆人允植列牧衆宰時乃之功一二兄弟篤行孝友錫類萬國時唯休哉我儒制禮我史作樂天地擾順時唯休哉蠻夷戎狄重譯來貢累聖之化朕何慕焉五靈百寶曰來月集會昌之運朕何感焉凡今而後儆乃在位一王度齊象法權舊章補缺政存易簡去煩苛思立人極乃見天則於戲天生蒸人惟后時乂能以美利利天下事天明矣地德載物惟后時相能以厚生生萬人事地察矣天地明察鬼

神著矣惟我藝祖文考精爽在天其曰懿爾幼孫克享上帝惟帝時若馨香其下丕乃曰有唐氏文武之曾孫隆基誕錫新命纘我舊業永保天祿子孫其承之余小子敢對揚上帝之休命則亦與百執事尚綏兆人將多于前功而毖彼後患一夫不獲萬方其罪予一心有終上天其知我朕惟寶行三德曰慈儉謙慈者覆無疆之言儉者崇將來之訓自滿者人損自謙者天益苟如是則軌迹易循基構易守磨石壁刻金石冀後人之聽辭而見心觀末而知本銘曰維天生人立君以理維君受命奉天爲子代去不留人來無已德涼者滅道高斯起赫赫高祖明明太宗爰革隋政奄有萬邦罄天張宇盡地開封武稱有截文表時邕高宗稽古德施周溥茫茫九夷削平一鼓禮備封禪功齊舜禹巖巖岱宗衞我神主中宗紹運舊邦惟新恭己南面氤氳化淳告成之禮留諸後人緬余小子重基五聖匪功伐高匪德矜盛欽若祀典丕承永命至誠動天福我萬姓古封太山七十二君或禪亭亭或禪云云其迹不見其名可聞祇遹文祖光昭舊勳方士虛誕儒書不足佚后求仙誣神檢玉秦災風雨漢汙編錄德未合天

或承之辱道在觀政名非從欲銘心絕巖播告羣岳於是中書令張說撰封祀壇頌侍中源乾曜撰社首壇頌禮部尚書蘇頲撰朝覲壇頌以紀德玄宗乙酉歲生以華岳當本命先天二年七月正位八月癸丑封華岳神爲金天王開元十年因幸東都又於華岳祠前立碑高五十餘尺又於嶽上置道士觀修功德至天寶九載又將封禪於華岳命御史大夫王鉷開鑿險路以設壇場會祠堂災而止

舊唐書卷二十三

禮儀志三令與瘞䧟相應○沈炳震曰通典本句下有以五色土封之句應補入

則天證聖元年將有事于嵩山云云○臣德潛按通鑑綱目俱垂拱四年非證聖元年況正月爲證聖元年九月爲天冊萬歲元年卽一年中事下文不必云至天冊萬歲元年矣今已改正

天冊萬歲二年臘月甲申親行登封之禮○臣德潛按天冊萬歲有元年無二年明年爲萬歲通天元年也今已改正

若從祭義後焚爲定○沈炳震曰按通典此二句作若設祭後燔則神無由降矣冬曦行果二人皆主先燔以駁徐堅之議者如書中所云則亦主後燔矣當從通典爲長

據祭義及貞觀顯慶已後既先燔○貞觀二字下有闕文意謂貞觀所行合于祭義顯慶後乃失也

中宗紹運舊邦維新○臣德潛按文粹二語下有睿宗繼明天下歸仁句上文自高祖太宗而下歷敘功德不應頌中宗而反遺睿宗也明係闕略

方士虛誕儒書不足○文粹作儒書齷齪太山碑文同文粹宜從

舊唐書卷二十三考證

後晉司空同中書門下平章事劉昫撰

志第四

禮儀四

武德貞觀之制神祇大享之外每歲立春之日祀青帝於東郊帝宓羲配勾芒歲星三辰七宿從祀立夏祀赤帝於南郊帝神農氏配祝融熒惑三辰七宿從祀季夏土王日祀黃帝於南郊帝軒轅配后土鎮星從祀立秋祀白帝於西郊帝少昊配蓐收太白三辰七宿從祀立冬祀黑帝於北郊帝顓頊配玄冥辰星三辰七宿從祀每郊帝及配座用方色犢各一籩豆各四簠簋各一甑俎各一勾芒已下五星及三辰七宿每宿及牲用少牢每座籩豆簠簋甑俎各一孟夏之月龍星見雩五方上帝於雩壇五帝配於上五官從祀於下牲用方色犢十籩豆已下如郊祭之數帝嚳配祭於頓丘唐堯契配祭於平陽虞舜咎繇配祭於河東夏禹伯益配祭於安邑殷湯伊尹配祭於偃師周文王太公配祭於酆

周武王周公召公配祭於鎬漢高祖蕭何配祭於長陵三年一祭以仲春之月
牲皆用太牢祀官以當界州長官有故遣上佐行事五嶽四鎮四海四瀆年別
一祭各以五郊迎氣日祭之東嶽岱山祭於兗州東鎮沂山祭於沂州東海於
萊州東瀆大淮於唐州南嶽衡山於衡州南鎮會稽於越州南海於廣州南瀆
大江於益州中嶽嵩山於洛州西嶽華山於華州西鎮吳山於隴州西海西瀆
大河於同州北岳恆山於定州北鎮醫無閭山於營州北海北瀆大濟於洛州
其牲皆用大牢籩豆各四祀官以當界都督刺史充仲春仲秋二時戊日祭太
社太稷社以勾龍配稷以后稷配社稷各用太牢一牲色並黑籩豆簠簋各二
鉶俎各三春分朝日於國城之東秋分夕月於國城之西各用方色犢一籩豆
各四簠簋㽅俎各一孟春吉亥祭帝社於藉田天子親耕季春吉巳祭先蠶於
公桑皇后親桑並用太牢籩豆各九將蠶日內侍省預奉移所司所事諸祭祀
卜日皆先卜上旬不吉次卜中旬下旬筮日亦如之其先蠶一祭節氣若晚即
於節氣後取日立春後丑祀風師於國城東北立夏後申祀雨師於國城西南

立秋後辰祀靈星於國城東南立冬後亥祀司中司命司人司祿於國城西北各用羊一籩豆各二簠簋各一季冬晦堂贈儺磔牲於宮門及城四門各用雄雞一仲春祭馬祖仲夏祭先牧仲秋祭馬社仲冬祭馬步並於大澤用剛日牲各用羊一籩豆各二簠簋各一季冬藏冰仲春開冰並用黑牡秬黍祭司寒之神於冰室籩豆各二簠簋俎各一其開冰加以桃弧棘矢設於神座季冬寅日蜡祭百神於南郊大明夜明用犢二籩豆各四簠簋甑俎各一神農氏及伊耆氏各用少牢一籩豆各四簠簋甑俎各一后稷及五方十二次五官五方田畯五嶽四鎮四海四瀆以下方別各用少牢一當方不熟者則闕之其日祭井泉於川澤之下用羊一卯日祭社稷於社宮辰日臘享於太廟用牲皆準時祭井泉用羊二二十八宿五方之山林川澤五方之丘陵墳衍原隰五方之鱗羽臝毛介五方之水墉坊郵表畷五方之猫於菟及龍麟朱鳥白虎玄武方別各用少牢一各座籩豆簠簋俎各一蜡祭凡一百八十七座當方年穀不登則闕其祀蜡祭之日祭五方井泉於山澤之下用羊一籩豆各二簠簋及俎各一蜡之

明日又祭社稷于社宮如春秋二仲之禮顯慶中更定籩豆之數始一例大祀籩豆各十二中祀各十小祀各八京師孟夏以後旱則祈雨審理寃獄賑恤窮乏掩骼埋胔先祈嶽鎮海瀆及諸山川能出雲雨皆於北郊望而告之又祈社稷又祈宗廟每七日皆一祈不雨還從嶽瀆後一旬不雨卽徙市禁屠殺斷繖扇造土龍雨足則報祀祈用酒醢報準常祀皆有司行事已齊未祈而雨及所經祈者皆報祀若霖雨不已禜京城諸門門別三日每日一禜不止乃祈山川嶽鎮海瀆三日不止祈社稷宗廟其州縣禜城門其界內山川及社稷三禜一祈皆準京式並用酒脯醢國城門報用少牢州縣城門用一特牲太宗貞觀三年正月親祭先農躬御耒耜籍於千畝之甸初晉時南遷後魏來自雲朔中原分裂又雜以獯戎代歷周隋此禮久廢而今始行之觀者莫不駭躍於是祕書郎岑文本獻籍田頌以美之初議籍田方面所在給事中孔穎達曰禮天子籍田於南郊諸侯於東郊晉武帝猶於東南今於城東置壇不合古禮太宗曰禮緣人情亦何常之有且虞書云平秩東作則是堯舜敬授人時已在東矣又乘

青輅推黛耜者所以順於春氣故知合在東方且朕見居少陽之地田於東郊蓋其宜矣於是遂定自後每歲常令有司行事則天時改藉田壇爲先農神龍元年禮部尚書祝欽明與禮官等奏曰謹按經典無先農之文禮記祭法云王自爲立社曰王社先儒以爲社在藉田詩之載芟篇序云春藉田而祈社稷是也永徽年中猶名藉田垂拱已後删定改爲先農先農與社本是一神頻有改張以惑人聽其先農壇請改爲帝社壇以應禮經王社之義其祭先農既改爲帝社壇仍準令用孟春吉亥祠后土以勾龍氏配制從之於是改先農爲帝社壇於壇西立帝稷壇禮同太社太稷其壇不備方色所以異於太社也睿宗太極元年親祀先農躬耕帝藉禮畢大赦改元玄宗開元二十三年冬禮部員外郎王仲丘又上疏請行藉田之禮二十三年二月親祀神農於東郊以勾芒配禮畢躬御耒耜于千畝之甸時有司進儀注天子三推公卿九推庶人終畝玄宗欲重勸耕藉遂進耕五十餘步盡壠乃止禮畢輦還齋宮大赦侍耕執牛官皆等級賜帛玄宗開元二十六年又親往東郊迎氣祀青帝以勾芒配歲星及

三辰七宿從祀其壇本在春明門外玄宗以祀所隘狹始移於滻水之東面而
位望春宮其壇一成壇上及四面皆青色勾芒壇在東南歲星已下各爲一小
壇在青帝壇之北親祀之時有瑞雪壇下侍臣及百寮拜賀稱慶肅宗乾元三
年春正月丁丑將有事於九宮之神兼行藉田禮自明鳳門出至通化門釋軷
而入壇行宿齋於宮戊寅禮畢將耕藉先至於先農之壇因閱耒耜有彫刻文
飾謂左右曰田器農人執之在於朴素豈文飾乎乃命徹之下詔曰古之帝王
臨御天下莫不務農敦本保儉爲先蓋用勤身率下也屬東耕啓候爰事典章
況紺轅縹軏固前王有制崇奢尚靡諒爲政所疵靖言思之良用歎息葢朕法
堯舜重茅茨之意耶其所造彫飾者宜停仍令有司依農用常式即別改造庶
萬方黎庶知朕意焉翌日己卯致祭神農氏以后稷配享肅宗冕而朱紘躬秉
耒耜而九推焉禮官奏陛下合三推今過禮肅宗曰朕以身率下自當過之恨
不能終於千畝耳既而佇立久之觀公卿諸侯王公已下耕畢太宗貞觀十四
年春正月庚子命有司讀春令詔百官之長升太極殿列坐而聽之開元二十

六年玄宗命太常卿韋縚每月進月令一篇是後每孟月視日玄宗御宣政殿側置一榻東面置案命韋縚坐而讀之諸司官長亦升殿列座而聽焉歲餘罷之乾元元年十二月丙寅立春肅宗御宣政殿命太常卿于休烈讀春令常參官五品已下正員並升殿預坐而聽之舊儀嶽瀆已下祝版御署訖北面再拜證聖元年有司上言曰伏以天子父天而母地兄日而姊月於禮應敬故有再拜之儀謹按五嶽視三公四瀆視諸侯天子無拜公侯之禮臣愚以爲失尊卑之序其日月已下請依舊儀五嶽已下署而不拜制可從之貞觀之禮無祭先代帝王之文顯慶二年六月禮部尚書許敬宗等奏曰請案禮記祭法云聖王之制祀也法施於人則祀之以死勤事則祀之以勞定國則祀之能禦大災則祀之能捍大患則祀之及堯舜禹湯文武有功烈於人及日月星辰人所瞻仰非此族也不在祀典準此帝王合與日月同例常加祭享義在報功爰及隋代並遵斯典漢高祖祭法無文但以前代迄今多行秦漢故事始皇無道所以棄之漢祖典章法垂於後自隋已下亦在祠例伏惟大唐稽古垂化網羅前典唯

此一禮咸秩未申今請聿遵故事三年一祭以仲春之月祭唐堯于平陽以契配祭虞舜于河東以咎繇配祭夏禹于安邑以伯益配祭殷湯于偃師以伊尹配祭周文王于酆以太公配祭武王於鎬以周公召公配祭漢高祖于長陵以蕭何配玄宗開元二十二年正月詔曰古聖帝明王嶽瀆海鎮用牲牢餘並以酒脯充奠祀二十三年正月詔自今已後明衣絹布並祀前五日預給丁酉詔自今已後有大祭宜差丞相特進開府少保少傅尚書御史大夫攝行事天寶六載正月詔三皇五帝於京城置令丞七載五月詔三皇已前帝王宜於京城共置廟官歷代帝王肇跡之處德業可稱者忠臣義士孝婦烈女所在亦置一祠宇晉陽真人等並追贈得道昇仙處度道士永修香火九載九月處士崔昌上大唐五行應運曆以王者五十代而一千年請國家承周漢以周隋為閏十一月敕唐承漢後其周武王漢高祖同置一廟并官吏十二載九月以魏周隋依舊為二王後封韓公介酅公等依舊五廟天寶六載正月詔大祭祀騂犢量減其數肅宗上元元年閏四月改元制以歲儉停中小祠享祭至其年仲秋復

祠文宣於太學永泰二年春夏累月亢旱詔大臣裴冕等十餘人分祭川瀆以祈雨禮儀使右常侍于休烈請依舊祠風伯雨師於國門舊壇復爲中祠從之

高祖武德二年國子立周公孔子廟七年二月己酉詔諸州有明一經已上未被升擢者本屬舉送具以名聞有司試策皆加敘用其吏民子弟有識性明敏志希學藝亦具名申送量其差品並即配學州縣及鄉並令置學丁酉幸國子學親臨釋奠引道士沙門有學業者與博士雜相駁難久之乃罷貞觀十四年三月丁丑太宗幸國子學親觀釋奠祭酒孔穎達講孝經太宗問穎達曰夫子門人曾閔俱稱大孝而今獨爲曾說不爲閔說何耶對曰曾孝而全獨爲曾能達也制旨駁之曰朕聞家語云曾晳使曾參鋤瓜而誤斷其本晳怒援大杖以擊其背手仆地絕而復蘇孔子聞之告門人曰參來勿內既而曾子請焉孔子曰舜之事父母也使之常在側欲殺之乃不得小箠則受大杖則走今參於父委身以待暴怒陷父於不義不孝莫大焉由斯而言孰愈於閔子騫也穎達不能對太宗又謂侍臣諸儒各生異意皆非聖人論孝之本旨也孝者善事父母

自家刑國忠於其君戰陳勇朋友信揚名顯親此之謂孝其在經典而論者多離其文迥出事外以此爲教勞而非法何謂孝之道耶二十一年詔曰左丘明卜子夏公羊高穀梁赤伏勝高堂生戴聖毛萇孔安國劉向鄭衆杜子春馬融盧植鄭玄服虔何休王肅王弼杜預范寧賈逵總二十二座春秋二仲行釋奠之禮初以儒官自爲祭主直云博士姓名昭告于先聖又州縣釋奠亦以博士爲主敬宗等又奏曰按禮記文王世子凡學官春釋奠於其先師鄭注云官謂詩書禮樂之官也彼謂四時之學將習其道故儒官釋奠各於其師既非國學行禮所以不及先聖至於春秋二時合樂之日則天子視學命有司興秩節總祭先聖先師焉秦漢釋奠無文可檢至於魏武則使太常行事自晉宋已降時有親行而學官主祭全無典實且名稱國學樂用軒懸罇俎威儀蓋皆官備在於臣下理不合專況凡在小神猶皆遣使行禮釋奠既準中祀據理必須稟命今請國學釋奠令國子祭酒爲初獻祝辭稱皇帝謹遣仍令司業爲亞獻國子博士爲終獻其州學刺史爲初獻上佐爲亞獻博士爲終獻縣學令爲初獻丞

爲亞獻博士旣無品秩請主簿及尉通爲終獻若有闕並以次差攝州縣釋奠旣請各刺史縣令親獻主祭望準祭社同給明衣修附禮令以爲永則高宗顯慶二年七月禮部尚書許敬宗等議依令周公爲先聖孔子爲先師又禮記云始立學釋奠於先聖鄭玄注云若周公孔子也且周公踐極功比帝王請配成王以孔子爲先聖二年廢書算律學龍朔二年正月東都置國子監丞主簿錄事各一員四門助教博士四門生三百員四門俊士二百員二月復置律及書算學三年以書隸蘭臺算隸祕閣局律隸詳刑寺乾封元年正月高宗東封還次鄒縣頓祭宣父贈太師總章元年二月皇太子弘幸國學釋奠贈顏回太子少師曾參太子少保儀鳳三年五月詔自今已後道德經並爲上經貢舉人皆須兼通其餘經及論語任依常式則天天授三年追封周公爲褒德王孔子爲隆道公則天長壽二年自製臣軌兩卷令貢舉人爲業停老子神龍元年停臣軌復習老子以鄒魯百戶封隆道公謚曰文宣睿宗景雲二年八月丁巳皇太子釋奠于太學太極元年正月詔孔宣父祠廟令本州修飾取側近三十戶以

供灑掃開元七年十月戊寅皇太子詣國學行齒冑之禮開元十一年春秋二
時釋奠諸州宜依舊用牲牢其屬縣用酒脯而已十九年正月春秋二時社及
釋奠天下州縣等停牲牢唯用酒脯永爲常式二十四年三月始移貢舉遣禮
部侍郎姚奕請進士帖左傳禮記通五及第二十五年三月勅明經自今已後
帖十通五已上口問大義十條取通六已上仍答時務策三道取粗有文理者
及第進士停帖小經宜準明經例試大經帖十通四然後試雜文及策訖封所
試雜文及策送中書門下詳覆二十六年正月勅諸州鄉貢見訖令引就國子
監謁先師學官爲之開講質問疑義有司設食弘文崇文兩館學生及監內得
舉人亦聽預焉其日祀先聖已下如釋奠之禮青宮五品已下及朝集使就監
觀禮遂爲常式每年行之至今初開元八年國子司業李元瓘奏稱先聖孔宣
父廟先師顏子配座令其像立侍配享合座十哲弟子雖復列像廟堂不預享
祀謹檢祠令何休范寗等二十賢猶霑從祀望請春秋釋奠列享在二十賢之
上七十子請準舊都監堂圖形于壁兼爲立贊庶敦勸儒風光崇聖烈曾參等

道業可崇獨受經於夫子望準二十二賢預饗勑改顏生等十哲爲坐像悉預
從祀曾參大孝德冠同列特爲塑像坐於十哲之次圖畫七十子及二十二賢
於廟壁上以顏子亞聖上親爲之贊以書于石閔損已下令當朝文士分爲之
贊二十七年八月又下制曰弘我王化在乎儒術孰能發揮此道啓迪含靈則
生人已來未有如夫子者也所謂自天攸縱將聖多能德配乾坤身揭日月故
能立天下之大本成天下之大經美政教移風俗君君臣臣父父子子人到于
今受其賜不其猗歟於戲楚王莫封魯公不用俾夫大聖纔列陪臣棲遲旅人
固可知矣年祀寖遠光靈益彰雖代有褒稱而未爲崇峻不副於實人其謂何
朕以薄德祇膺寶命思闡文明廣被華夏時則異於今古情每重於師資既行
其教合旌厥德爰申盛禮載表徽猷夫子既稱先聖可追謚爲文宣王宜令三
公持節冊命應緣冊及祭所司速擇日并撰儀注進其文宣陵并舊宅立廟量
加人灑掃用展誠敬其後嗣可謂文宣公至如辨方正位著自禮經苟非得所
何以示則昔緣周公南面夫子西坐今位既有殊坐豈如舊宜補其墜典永作

成式自今已後兩京國子監夫子皆南面而坐十哲等東西列侍天下諸州亦
准此且門人三千見稱十哲包夫衆美實越等夷暢玄聖之風規發人倫之耳
目並宜襃贈以寵賢明顏子淵旣云亞聖須優其秩可贈兗公閔子騫可贈費
侯冉伯牛可贈鄆侯冉仲弓可贈薛侯冉子有可贈徐侯仲子路可贈衛侯宰
子我可贈齊侯端木子貢可贈黎侯言子游可贈吳侯卜子夏可贈魏侯又夫
子格言參也稱魯雖居七十之數不載四科之目頃雖異於十哲終或殊於等
倫允稽先旨俾循舊位庶乎禮得其序人焉式瞻宗洙泗之丕烈重膠庠之雅
範又贈曾參顓孫師等六十七人皆爲伯於是正宣父坐於南面內出王者袞
冕之服以衣之遣尚書左丞相裴耀卿就國子廟冊贈文宣王冊畢所司奠祭
亦如釋奠之儀公卿已下預觀禮又遣太子少保崔琳就東都廟以行冊禮自
是始用宮懸之樂春秋二仲上令三公攝行事天寶元年明經進士習爾雅九
載七月國子監置廣文館知進士業博士助教各一人秩同大學十二載七
月詔天下舉人不得充鄉貢皆補學生四門俊士停寶應二年六月勑令州縣

每歲察秀才孝廉取鄉閭有孝悌廉恥之行薦焉委有司以禮待之試其所通之學五經之內精通一經兼能對策達於理體者並量行業授官其明經進士並停國子學道舉亦宜準此因楊綰之請也詔下朝臣集議中書舍人賈至議請依綰奏有司奏曰竊以今年舉人等或舊業既成理難速改或遠州所送身已在途事須收獎其今秋舉人中有情願舊業舉試者亦聽明年已後一依新勅後綰議竟不行自至德後兵革未息國學生不能廩食生徒盡散堂墉穨壞常借兵健居止至永泰二年正月國子祭酒蕭昕上言崇儒尚學以正風教乃王化之本也其月二十九日勅曰理道同歸師氏爲上化人成俗必務於學俊造之士皆從此徒國之貴遊罔不受業修文行忠信之教崇祇庸孝友之德盡其師道乃謂成人兼復揚于王廷考以政事徵之以禮任之以官寘于周行莫匪邦彥樂得賢也其在茲乎朕志求理體尤重儒術先王大教敢不底行頃以戎狄多難急於經略太學空設諸生蓋寡絃誦之地寂寥無聲函丈之間殆將不掃上庠及此甚用憫焉今寓縣攸寧文武兼備方投戈而講藝俾釋菜而行

禮四科咸進六藝復興神人以和風化寖美日用此道將無閒然其諸道節度
觀察都防禦使等朕之腹心久鎮方面眷其子弟各奉義方修德立身事資括
羽恐干戈之後學校尚微僻居遠方無所諮稟山東寡學質疑必就於馬融關
西盛名尊儒乃稱於楊震負經來學當集京師升宰相朝官及神策六軍軍將
子弟欲習業者自今已後並令補國子生欲其業重籯金器成琢玉日新厥德
代不乏賢其中身雖有官欲附學讀書者亦聽其學官委中書門下即簡擇行
業堪爲師範者充學生員數多少所集經業考試等第升所供糧料及學館破
壞要量事修理各委本司作條件聞奏務須詳悉稱朕意焉及二月朔上丁釋
奠蕭昕又奏諸宰相元載杜鴻漸李抱玉及常參官六軍軍將就國子學聽講
論賜錢五百貫令京兆尹黎幹造食集諸儒道僧質問竟日此禮久廢一朝能
舉八月國子學成祠堂論堂六館院及官吏所居廳宇用錢四萬貫拆曲江亭
子瓦木助之四日釋奠宰相常參官軍將盡會於講堂京兆府置食講論軍容
使魚朝恩說易又於論堂畫周易鏡圖自至德二年收兩京唯元正含元殿受

朝賀設宮懸之樂雖郊廟大祭秖有登歌樂亦無文武二舞其時軍容使魚朝恩知監事廟庭乃具宮懸之樂於講堂前又有教坊樂府雜伎竟日而罷二十五日詔曰古者設官分土所以崇德報功總內署之綱事密於清禁弘上庠之教德潤於鴻業賦開千乘禮序九賓必資兼濟之能用協至公之選開府儀同三司兼右監門衛大將軍仍知觀軍容宣慰處置使知內侍省事內飛龍閑廄使內弓箭庫使知神策軍兵馬使上柱國馮翊郡開國公魚朝恩溫良恭儉寬柔簡廉長才博達敏識高妙學究儒玄之祕謀窮遁甲之精百行資身一心奉上自王室多故雲雷經始五原之北弘先啓行三河之表爰整其旅成師必勝每合於韜鈐料敵無遺可徵於蓍蔡關洛既定幽燕復開海外有截厥功惟茂歷事三聖始終竭力頃東都扈蹕釋位勤王時當綴旒節見披棘下江助我甲令先書社稷之衛邦家是賴及邊陲罷警戎務解嚴方獎勵於易象才兼文武所謂勳賢亦既任能斯焉命賞宜膺朝典式副公議可行內侍監判國子監事充鴻臚禮賓等使封鄭國公食邑三千戶二十四日於國子監上詔宰相及中

書門下官諸司常參官六軍軍將送上京兆府造食內教坊音樂竿木渾脫羅列於論堂前朝恩辭以中官不合知南衙曹務宰相僕射大夫皆勸之朝恩固辭乃奏之宰相引就食奏樂中使送酒及茶果賜充宴樂竟日而罷元載奏狀又使中使宣勅云朝恩既辭不止但任知學生糧料是日宰相軍將已下子弟三百餘人皆衣紫衣充學生房設食於廊下貸錢一萬貫五分收錢以供監官學生之費俄又請青苗地頭取百文資課以供費同舊例兩京國子監生二千餘人弘文館崇文館崇玄館學生皆廩飼之十五載上都失守此事廢絕乾元元年以兵革未息又詔罷州縣學生以俟豐歲則天垂拱五年四月雍州永安人唐同泰僞造瑞石於洛水獻之其文曰聖母臨人永昌帝業於是號其石爲寶圖賜百官宴樂賜物有差授同泰爲游擊將軍其年五月下制欲親拜洛受寶圖先有事於南郊告謝昊天上帝令諸州都督刺史幷諸親並以拜洛前十日集神都於是則天加尊號爲聖母神皇大赦天下改寶圖爲天授聖圖洛水爲永昌封其神爲顯聖侯加特進禁漁釣祭享齋於四瀆所出處號曰聖圖泉

於泉側置永昌縣又以嵩山與洛水接近因改嵩山爲神嶽授太師使持節神嶽大都督天中王禁斷芻牧其天中王及顯聖侯並爲置廟又先於汜水得瑞石因改汜水縣爲廣武縣至其年十二月則天親拜洛受圖爲壇於洛水之北中橋之左皇太子皆從內外文武百寮蠻夷酋長各依方位而立珍禽奇獸並列於壇前文物鹵簿自有唐已來未有如此之盛者也禮畢卽日還宮神都父老勒碑於拜洛壇前號曰天授聖圖之表開元五年左補闕盧履冰上言曰則天皇后拜洛受圖壇及碑文云垂拱五年唐同泰得石文云聖母臨人永昌帝業之所建因改元爲永昌仍置永昌縣縣旣尋廢同泰亦已貶官唯碑壇獨立準天樞頌臺之例不可更留始令所司毀之其顯聖侯廟亦尋毀拆開元二十年正月己丑詔兩京及諸州各置玄元皇帝廟一所幷置崇玄學其生徒令習道德經及莊子列子文子等每年準明經例舉送至閏四月玄宗夢京師城南山趾有天尊之像求得之於盩厔樓觀之側至天寶元年正月癸丑陳王府參軍田同秀稱於京永昌街空中見玄元皇帝以天下太平聖壽無疆之言傳於

玄宗仍云桃林縣故關令尹喜宅傍有靈寶符發使求之十七日獻於含元殿
於是置玄元廟於太寧坊東都於積善坊舊邸二月丁亥御含元殿加尊號爲
開元天寶聖文神武皇帝辛卯親祔玄元廟丙申詔史記古今人表玄元皇帝
昇入上聖莊子號南華真人文子號通玄真人列子號沖虛真人庚桑子號洞
虛真人改莊子爲南華真經文子爲通玄真經列子爲沖虛真經庚桑子爲洞
虛真經亳州真源縣先天太后及玄元廟各置令一人兩京崇玄學各置博士
助教又置學生一百員桃林縣改爲靈寶縣田同秀與五品官四月詔崇文習
道德經七月隴西李氏燉煌姑臧絳郡武陽四房隸於宗正寺九月兩京玄元
廟改爲太上玄元廟天下準此十月改新豐驪山爲會昌山仍於秦坑儒之所
立祠宇新作長生殿改爲集靈臺二年正月丙辰加玄元皇帝尊號大聖祖三
字崇玄學改爲崇玄館博士爲學士助教爲直學士更置大學士員三月壬子
親謁玄元宮聖祖母益壽氏號先天太后仍於譙郡置廟尊皐繇爲德明皇帝
涼武昭王爲興聖皇帝西京玄元廟爲太清宮東京爲太微宮天下諸州爲紫

極宮九月譙郡紫極宮宜準西京爲太清宮先天太皇及太后廟亦並改爲宮
三載三月兩京及天下諸郡於開元觀開元寺以金銅鑄玄元等身天尊及佛
各一軀七載二月於大同殿修功德處玉芝兩莖生於柱礎上五月玄宗御興
慶殿授册尊號曰門元天寶聖文神武應道皇帝十二月以玄元皇帝見於朝
元閣改爲降聖閣改會昌縣爲昭應縣改會昌山爲昭應山封昭應山神爲玄
德公立祠宇初太清宮成命工人於太白山採白石爲玄元聖容又採白石爲
玄宗聖容侍立於玄元之右皆依王者袞冕之服繒綵珠玉爲之又於像設東
刻白石爲李林甫陳希烈之形及林甫犯事又刻石爲楊國忠之形而瘞林甫
之石及希烈國忠貶盡毀瘞之八載六月玉芝產於大同殿先是太白山人李
渾稱於金星洞仙人見語老人云有玉版石記符聖上長生久視令御史中丞
王鉷入山洞求而得之閏六月四日玄宗朝太清宮加聖祖玄元皇帝尊號曰
聖祖大道玄元皇帝高祖太宗高宗中宗睿宗尊號並加大聖字皇后並加順
聖字五日玄宗御含元殿加尊號曰開元天寶聖文神武應道皇帝大赦自今

已後每至禘祫並於太清宮聖祖前設位序太白山封神應公金星洞改嘉祥洞所管華陽縣改爲真符縣兩京及十道一大郡置真符玉芝觀九載十月先是御史大夫王鉷奏稱太白山人王玄翼見玄元皇帝於寶仙洞中乃遣王鉷張鈞王倕韋濟王翼王嶽靈於洞中得玉石函上清護國經寶券紀籙等獻之十一月制承前宗廟皆稱告享自今已後每親告獻太清太微宮改爲朝獻有司行事爲薦獻親告享宗廟改爲朝獻有司行事爲薦享親巡陵改爲朝陵有司行事爲拜陵應諸事告宗廟者並改爲表其郊天后土及享祠祝文云敢昭告者並改爲敢昭薦十載正月有事于南郊於壇所大赦自今已後攝祭南郊薦獻太清宮薦享太廟其太尉行事前一日於致齋具羽儀鹵簿公服引入親授祝版乃赴清齋所汾陰后土之祀自漢武帝後廢而不行玄宗開元十年將自東都北巡幸太原便還京乃下制曰王者承事天地以爲主郊享泰尊以通神蓋燔柴泰壇定天位也瘞埋泰折就陰位也將以昭報靈祇克崇嚴配爰逮秦漢稽諸祀典立甘泉於雍畤定后土於汾陰遺廟巍然靈光可燭朕觀風唐

晉望秩山川肅恭明神因致禋敬將欲爲人求福以輔昇平今此神符應於嘉德行幸至汾陰宜以來年二月十六日祠后土所司準式先是脽上有后土祠嘗爲婦人塑像則天時移河西梁山神塑像就祠中配焉至是有司送梁山神像於祠外之別室內出錦繡衣服以上后土之神乃更加裝飾焉又於祠堂院外設壇如皇地祇之制及所司起作獲寶鼎三枚以獻十一年二月上親祠于壇上亦如方丘儀禮畢詔改汾陰爲寶鼎亞獻邠王守禮終獻寧王憲已下頒賜各有差二十年車駕又從東都幸太原還京中書令蕭嵩上言去十一年親祠后土爲祈穀自是神明昭格累年豐登有祈必報禮之大者且漢武親祠脽上前後數四伏請準舊祀后土行賽之禮上從之其年十一月至寶鼎又親祠以申賽謝禮畢大赦仍令所司刊石祠所上自爲其文開元二十四年七月乙巳初置壽星壇祭老人星及角亢等七宿天寶三年有術士蘇嘉慶上言請於京東朝日壇東置九宮貴神壇其壇三成成三尺四階其上依位置九壇壇尺五寸東面曰招搖正東曰軒轅東北曰太陰正南曰天一中央曰天符正北曰

太一西南曰攝提正西曰咸池西北曰青龍五爲中戴九履一左三右七二四爲上六八爲下符於遁甲四孟月祭尊爲九宮貴神禮次昊天上帝而在太清宮太廟上用牲牢璧幣類于天地神祇玄宗親祀之如有司行事卽宰相爲之肅宗乾元三年正月又親祀之初九宮神位四時改位呼爲飛位乾元之後不易位太和二年八月監察御史舒元輿奏七月十八日祀九宮貴神臣次合監祭職當檢察禮物伏見祝版九片臣伏讀旣竟竊見陛下親署御名及稱臣於九宮之神臣伏以天子之尊除祭天地宗廟之外無合稱臣者王者父天母地兄日姊月比以九宮爲目是宜分方而守其位臣又觀其名號及太一天一招搖軒轅咸池青龍太陰天符攝提此九神於天地猶子男也於日月猶侯伯也陛下尊爲天子豈可反臣於天之子男耶臣竊以爲過縱陰陽者流言其合祀則陛下當合稱皇帝遣其官致祭于九宮之神不宜稱臣與名臣實愚瞽不知其可伏緣行事在明日鷄初鳴時成命已行臣不敢滯伏乞聖慈異日降明詔禮官詳議冀明萬乘之尊無所虧降悠久誤典因此可正詔都省議皆如元輿

之議乃降爲中祠祝版稱皇帝不署會昌元年十二月中書門下奏準天寶三年十月六日勅九宮貴神實司水旱功佐上帝德庇下人冀嘉穀歲登災害不作每至四時初節令中書門下往攝祭者準禮九宮次昊天上帝壇在太清宮太廟上用牲牢璧幣類於天地天寶三載十二月玄宗親祠乾元二年正月肅宗親祀伏自累年已來水旱愆候恐是有司禱請誠敬稍虧今屬孟春合修祀典望至明年正月祭日差宰臣一人禱請向後四時祭並請差僕射少師少保尚書太常卿等官所冀稍重其事以申嚴敬臣等十一月二十五日已於延英面奏伏奉聖旨令檢儀注進來者今欲祭時伏望令有司崇飾舊壇務於嚴潔勅旨依奏二年正月四日太常禮院奏準監察御史關牒今月十三日祀九宮貴神已勅宰相崔珙攝太尉行事合受誓誡及有司徒司空否伏以前件祭本稱大祠準太和三年七月二十四日勅降爲中祠昨據勅文祗稱崇飾舊壇務於嚴潔不令別進儀注更有改移伏恐不合却用大祠禮料伏候裁旨中書門下奏曰臣準天寶三年十月六日勅九宮貴神實司水旱臣等伏覩既經兩朝

親祠必是祈請有徵況自太和已來水旱愆候陛下常憂稼穡每念烝黎臣等
合副聖心以修墜典伏見太和三年禮官狀云縱司水旱兵荒品秩不過列宿
今者五星悉是從祀日月猶在中祀竊詳其意以星辰不合比於天官曾不知
統而言之則爲天地在於辰象自有尊卑謹按後魏王鈞志北辰第二星感而
常明者乃爲元星露寢天帝常居始由道奧而爲變通之迹又天皇大帝其精
曜魄寶蓋萬神之祕圖河海之命紀皆稟焉據玄說卽昊天上帝也天一掌八
氣九精之政令以佐天極徵明而有常則陰陽序大運與太一掌十有六神之
法度以輔人極徵明而得中則神人和而王道昇平又北斗有權衡二星天一
太一參居其間所以財成天地輔相神道也若一槪以列宿論之實爲淺近按
漢書曰天神貴者太一佐曰五帝古者天子以春秋祭太一列於祀典其來久
矣今五帝猶爲大祀則太一無宜降祀稍重其祀固爲得所劉向有言曰祖宗
所立神祇舊典誠未易動又曰古今異制經無明文至尊至重難以疑說正也
其意不欲非祖宗舊典以劉向之博通尙難於改作況臣等學不究於天人識

尤懵於祀典欲爲參酌恐未得中伏望更令太常卿與學官同詳定庶獲明據從之檢校左僕射太常卿王起廣文博士盧就等獻議曰伏以九宮貴神位列星座往因致福詔立祠壇降至尊以稱臣就東郊以親拜在祀典雖云過禮庇羣生豈患無文思福黔黎特申嚴奉誠聖人屈己以安天下之心也厥後祝史不明精誠亦怠禮官建議降處中祠今聖德憂勤期臻壽域兵荒水旱寤寐軫懷爰命台臣緝興墜典伏惟九宮所稱之神卽太一攝提軒轅招搖天符青龍咸池太陰天一者也謹按黃帝九宮經及蕭嵩五行大義一宮其神太一其星天蓬其卦坎其行水其方白二宮其神攝提其星天芮其卦坤其行土其方黑三宮其神軒轅其星天衝其卦震其行木其方碧四宮其神招搖其星天輔其卦巽其行木其方綠五宮其神天符其星天禽其卦離其行土其方黃六宮其神青龍其星天心其卦乾其行金其方白七宮其神咸池其星天柱其卦兌其行金其方赤八宮其神太陰其星天任其卦艮其行土其方白九宮其神天一其星天英其卦離其行火其方紫觀其統八卦運五行土飛於中數轉於極雖

敬事迎釐不聞經見而範圍亭育有助昌時以此兩朝親祀而臻百祥也然以
萬物之精上爲列星星之運行必繫於物貴而居者則必統八氣總萬神斡權
化於混茫賦品彙於陰隲與天地日月誠相參也豈得緊賴於敷祐而屈降於
等夷又據太尉攝祀九宮貴神舊儀前七日受誓誡於尚書省散齋四日致齋
三日牲用犢祝版御署稱嗣天子臣圭幣樂成比類中祠則無等級今據江都
集禮又開元禮蜡祭之日大明夜明二座及朝日夕月皇帝致祝皆率稱臣若
以爲非泰壇配祀之時得主日報天之義卑緣厭屈尊用德伸不以著在中祠
取類常祀此則中祠用大祠之義也又據太社太稷開元之制列在中祠天寶
三載二月十四日勅改爲大祠自後因循復用前禮長慶三年正月禮官獻議
始準前勅稱爲大祠唯御署祝文稱天子謹遣某官某昭告文義以爲殖物粒
人則宜增秩致祝稱禱有異方丘不以伸爲大祠遂屈尊稱此又大祠用中祠
之禮也參之日月既如彼考之社稷又如此所謂功鉅者因之以殊禮位稱者
不敢易其文是前聖後儒陟降之明徵也今九宮貴神既司水旱降福禳災人

將賴之追舉舊章誠爲得禮然以立祠非古宅位有方分職既異其司存致祝必參乎等列求之折中宜有變通稍重之儀有以爲比伏請自今已後却用大祠之禮誓官備物無有降差唯御署祝文以社稷爲本伏緣已稱臣於天帝無二尊故也勅旨依之付所司天寶十載四月二十九日移黃帝壇於子城內坤地將親祠祭壇成而止玄宗先天二年封華嶽神爲金天王開元十三年封泰山神爲天齊王天寶五載封中嶽神爲中天王南嶽神爲司天王北嶽神爲安天王六載河瀆封靈源公濟瀆封清源公江瀆封廣源公淮瀆封長源公十載正月四海並封爲王遣國子祭酒嗣吳王祇祭東嶽天齊王太子家令嗣魯王宇祭南嶽司天王祕書監崔秀祭中嶽中天王國子祭酒班景倩祭西嶽金天王宗正少卿李成裕祭北嶽安天王衞尉少卿李澣祭江瀆廣源公京兆少尹章恆祭河瀆靈源公太子諭德柳偡祭淮瀆長源公河南少尹豆盧回祭濟瀆清源公太子率更令嗣道王鍊祭沂山東安公吳郡太守趙居貞祭會稽山永興公大理少卿李稹祭吳嶽山成德公潁王府長史甘守默祭霍山應聖公范

陽司馬畢炕祭醫無閭山廣寧公太子中允李隨祭東海廣德王義王府長史
張九章祭南海廣利王太子中允柳奕祭西海廣潤王太子洗馬李齊榮祭北
海廣澤王取三月十七日一時禮冊玄宗御極多年尚長生輕舉之術於大同
殿立真仙之像每中夜夙興焚香頂禮天下名山令道士中官合鍊醮祭相繼
於路投龍奠玉造精舍採藥餌真訣仙蹤滋於歲月肅宗至德二年春在鳳翔
改汧陽郡吳山爲西嶽增秩以祈靈助及上元年聖躬不康術士請改吳山爲
華山華山爲泰山華州爲泰州華陽縣爲太陰縣寶應元年復舊則天長安三
年令天下諸州宜教人武藝每年準明經進貢例申奏開元十九年於兩京置
太公尚父廟一所以漢留侯張良配饗天寶六載詔諸州武舉人上省先謁太
公廟拜將帥亦告太公廟至肅宗上元二年閏四月又尊爲武成王選歷代良
將爲十哲高宗顯慶元年三月辛巳皇后武氏有事於先蠶玄宗天寶二年三
月辛卯皇后王氏祀先蠶肅宗乾元二年三月己巳皇后張氏祠先蠶於苑內
內外命婦同採焉舊儀大祭祀宮懸軒懸奏於庭登歌於堂上自至德二年尅

復兩京後樂工不備時又艱食諸壇廟祭享空有登歌無壇下庭中樂及二舞
舊儀凡祭享有司行事則太尉奠瓚幣司徒捧俎司空掃除太尉初獻太常卿
亞獻光祿卿終獻自上元後南郊九宮神壇太廟備此五官餘卽太常卿攝司
空光祿卿攝司徒貴省於事舊儀有協律郎立於阼階上麾竿以節樂今無協
律之位舊儀光祿欲爲祭饌將陽燧望日取火謂之明火太牢皆棧飼於廩犧
署以至充腯臨祭視其充瘦謂之省牲肅宗上元二年九月改元爲元年詔圓
丘方澤依恆存一太牢皇廟諸祠臨時獻熟今昊天上帝太廟一牢羊豕各三
餘祭盡隨事辦供以備禮明火棧飼之禮亦不暇矣

舊唐書卷二十四

舊唐書卷二十四考證

禮儀志四帝嚳配○沈炳震曰按通典帝嚳無配此配字疑衍

每七字皆一祈不雨還從岳瀆○沈炳震曰按通典下有旱甚則大雩秋分後

不雩初祈共十二字初祈二字連下後一旬不雨成文也應補入

且周公踐極功比帝王請配成王○新書作武王

時當綴旒節見披棘下江助我甲令先書○下江二字應譌

方獎勵于易象才兼文武○獎勵下應闕

三月壬子親謁玄元宮聖祖母益壽氏號先天太后○臣德潛按本紀追尊聖祖玄元皇帝父周上御史大夫敬曰先天太上皇此祇及先天太后疑闕

舊唐書卷二十四考證

舊唐書卷二十五

後晉司空同中書門下平章事劉昫撰

志第五

禮儀五

唐禮四時各以孟月享太廟每室用太牢季冬蜡祭之後以辰日臘享於太廟用牲如時祭三年一祫以孟冬五年一禘以孟夏又時享之日修七祀於太廟西門內之道南司命戶以春竈以夏門厲以秋行以冬中霤則於季夏迎氣日祀之若品物時新堪進御者所司先送太常與尚食相知簡擇精好者以滋味與新物相宜者配之太常卿奉薦於太廟不出神主仲春薦冰亦如之武德元年五月備法駕迎宣簡公懿王景皇帝元皇帝神主祔於太廟始享四室貞觀九年高祖崩將行遷祔之禮太宗命有司詳議廟制諫議大夫朱子奢建議曰按漢丞相韋玄成奏立五廟諸侯亦同五劉子駿議開七祖邦君降二鄭司農踵玄成之轍王子雍揚國師之波分塗並驅各相師祖咸翫其所習好同惡異

遂令歷代祧祀多少參差優劣去取曾無畫一傳稱名位不同禮亦異數易云
卑高以陳貴賤位矣豈非別嫌疑慎微遠防陵僭尊君卑佐升降無舛所貴禮
者義在玆乎若使天子諸侯俱立五廟便是賤可以同貴臣可以濫主名器無
準冠屨同歸禮亦異數義將安設戴記又稱禮有以多爲貴者天子七廟諸侯
五廟若天子五廟纔與子男相埒以多爲貴何所表乎愚以爲諸侯立高祖以
下幷太祖五廟一國之貴也天子立高祖以上幷太祖七廟四海之尊也降殺
以兩禮之正焉前史所謂德厚者流光德薄者流卑此其義也伏惟聖祖在天
山陵有日祔祖嚴配大事在斯宜依七廟用崇大禮若親盡之外有王業之所
基者如殷之玄王周之后稷尊爲始祖儻無其例請三昭三穆各置神主太祖
一室考而虛位將待七百之祚遞遷方處庶上依晉宋傍愜人情於是八座奏
曰臣聞揖讓受終之后革命創制之君何嘗不崇親親之義篤尊尊之道虞奉
祖宗致敬郊廟自義乖闕里學滅秦庭儒雅既喪經籍湮殄雖兩漢纂修絕業
魏晉敦尚斯文而宗廟制度典章散逸習所傳而競偏說執淺見而起異端自

昔迄茲多歷年代語其大略兩家而已祖鄭玄者則陳四廟之制述王肅者則引七廟之文貴賤混而莫辯是非紛而不定陛下至德自然孝思罔極孺慕踰匹夫之志制作窮聖人之道誠宜定一代之宏規爲萬世之彝則臣奉述睿旨討論往載紀七廟者實多稱四祖者蓋寡校其得失昭然可見春秋穀梁傳及禮記王制祭法禮器孔子家語並云天子七廟諸侯五廟大夫三廟士二廟尚書曰七世之廟可以觀德至於孫卿孔安國劉歆班彪父子孔晁虞憙干寶之徒或學推碩儒或才稱博物商較今古咸以爲然故其文曰天子三昭三穆與太祖之廟而七晉宋齊梁皆依斯義立親廟六豈非有國之茂典不刊之休烈乎若使違羣經之明文從累代之疑議背子雍之篤論尊康成之舊學則天子之禮下偪於人臣諸侯之制上僭於王者非所謂尊卑有序名位不同者也況復禮由人情自非天墜大孝莫重於尊親厚本莫先於嚴配數盡四廟非貴多之道祀逮七世得加隆之心是知德厚者流光乃可久之高義德薄者流卑實不易之令範臣等參議請依晉宋故事立親廟六其祖宗之制式遵舊典庶承

宗之道與於理定之辰尊祖之義成於孝治之日制從之於是增修太廟始崇祔弘農府君及高祖神主幷舊四室爲六室二十三年太宗崩將行崇祔之禮禮部尚書許敬宗奏言弘農府君廟應迭毀謹按舊儀漢丞相韋玄成以爲毀主瘞埋但萬國宗饗有所從來一旦瘞埋事不允愜晉博士范宣意欲別立廟宇奉征西等主安置其中方之瘞埋頗叶情理事無典故亦未足依又議者或言毀主藏於天府祥瑞所藏本非斯意今謹準量去祧之外猶有壇墠祈禱所及竊謂合宜今時廟制與古不同共基別室西方爲首若在西夾之中仍處尊位祈禱則祭未絶祇享方書舊儀情實可知弘農府君廟遠親殺詳據舊章禮合迭毀臣等參議遷奉神主藏於夾室本情篤教在理爲弘從之其年八月庚子太宗文皇帝神主祔於太廟文明元年八月奉高宗神主祔於太廟中始遷宣皇帝神主於夾室垂拱四年正月又於東都立高祖太宗高宗三廟四時享祀如京廟之儀別立崇先廟以享武氏祖考則天尋又令所司議立崇先廟室數司禮博士崇文館學士周悰希旨請立崇先廟爲七室其皇室太廟減爲五

室春官侍郎賈大隱奏曰臣竊準秦漢皇太后臨朝稱制并據禮經正文天子七廟諸侯五廟蓋百王不易之義萬代常行之法未有越禮違古而擅裁儀注者也今周悰別引浮議廣述異文直崇臨朝權儀不依國家常度升崇先之廟而七降國家之廟而五臣聞皇圖廣闢實崇宗社之尊帝業弘基實等山河之固伏以天步多艱時逢遏密代天理物自古有之伏惟皇太后親承顧託憂勤黎庶納孝慈之請垂矜撫之懷實所謂光顯大猷恢崇聖載其崇先廟室合同諸侯之數國家宗廟不合輒有移變臣之愚直並依正禮周悰之請實乖古儀則天由是且止天授二年則天既革命稱帝於東都改制太廟爲七廟室奉武氏七代神主祔於太廟改西京太廟爲享德廟四時唯享高祖已下三室餘四室令所司閉其門廢其享祀之禮又改西京崇先廟爲崇尊廟其享祀如太廟之儀萬歲登封元年臘月封嵩山迴親謁太廟明年七月又改京崇尊廟爲太廟仍改太廟署爲清廟臺加官員崇其班秩聖曆二年四月又親祀太廟曲赦東都城內中宗即位神龍元年正月改享德廟依舊爲京太廟五月遷武氏七

廟神主於西京之崇尊廟東都創置太廟太常博士張齊賢建議曰昔孫卿子云有天下者事七代有一國者事五代則天子七廟古今達禮故尚書稱七代之廟可以觀德祭法稱王立七廟一壇之廟而七莫不尊始封之君謂之太祖太祖之廟百代不遷祫祭之禮毀廟之主陳於太祖未毀廟之主皆昇合食於太祖之室太祖東向昭南向穆北向商之玄王周之后稷是也太祖之外更無始祖但商自玄王以後十有四代至湯而有天下周自后稷已後十有七代至武王而有天下其間代數既遠遷廟親廟出太祖之後故得合食有序尊卑不差其後漢高祖受命無始封祖即以高皇帝爲太祖太上皇帝之父立廟享祀不在昭穆合食之列爲尊於太祖故也魏武創業文帝受命亦即以武帝爲太祖其高祖太皇處士君等並爲屬尊不在昭穆合食之列晉宣創業武帝受命亦即以宣帝爲太祖其征西豫章潁川京兆府君等並爲屬尊不在昭穆合食之列歷茲已降至於有隋宗廟之制斯禮不改故宇文氏以文皇帝爲太祖隋室以武元皇帝爲太祖國家誕受天命累葉重光景皇帝始封唐公實爲太祖

中間代數既近列在三昭三穆之內故皇家太廟唯有六室其弘農府君宣光二帝尊於太祖親盡則遷不在昭穆合食之數今皇極再造孝思匪寧奉二月二十九日敕七室已下依舊號尊崇又奉三月一日敕既立七廟須尊崇始祖速令詳定者伏尋禮經始祖卽是太祖太祖之外更無始祖周朝太祖之外以周文王爲始祖不合禮經或有引白虎通議云后稷爲始祖文王爲太祖武王爲太宗及鄭玄註詩雍序云太祖謂文王以爲說者其義不然何者彼以禮王者祖有功宗有德周人祖文王而宗武王故謂文王爲太祖耳非祫祭羣主合食之太祖今之議者或有欲立涼武昭王爲始祖者殊爲不可何者昔在商周稷卨始封湯武之興祚由稷卨故以稷卨爲太祖卽皇家之景帝是也涼武昭王勳業未廣後主失國土宇不傳景皇始封實基明命今乃捨封唐之盛烈崇西涼之遠構考之前古實乖典禮魏氏不以曹參爲太祖晉氏不以殷王卬爲太祖宋氏不以楚元王爲太祖齊梁不以蕭何爲太祖陳隋不以胡公楊震爲太祖則皇家安可以涼武昭王爲太祖乎漢之東京大議郊祀多以周郊后稷

漢當郊堯制下公卿議議者多同帝亦然之杜林正議獨以爲周室之興祚由
后稷漢業特起功不緣堯祖宗故事所宜因循竟從林議又傳稱欲知天上事
問長人以其近之武德貞觀之時主聖臣賢其去涼武昭王蓋亦近於今矣當
時不立者必不可立故也今既年代寖遠方復立之是非三祖二宗之意實恐
景皇失職而震怒武昭虛位而不答非社稷之福也宗廟事重禘祫禮崇先王
以之觀德或者不知其說旣灌而往孔子不欲觀之今朝命惟新宜應慎禮祭
如神在理不可誣請準勅加太廟爲七室享宣皇帝以備七代其始祖不合別
有尊崇太常博士劉承慶尹知章又議云謹按王制天子七廟三昭三穆與太
祖之廟而七此載籍之明文古今之通制皇唐稽考前範詳採列辟崇建宗靈
式遵斯典但以開基之主受命之君王迹有淺深太祖有遠近湯文祚基稷卨
太祖代遠出乎昭穆之上故七廟可全若夏繼唐虞功非由鯀漢除秦項力不
因堯及魏晉經圖周隋撥亂皆勛隆近代祖業非遠受命始封之主不離昭穆
之親故肇立宗祊罕聞全制夫太祖以功建昭穆以親崇有功百代而不遷親

盡七葉而當毀或以太祖代淺廟數非備更於昭穆之上遠立合遷之君曲從
七廟之文深乖迭毀之制皇家千齡啓旦百葉重光景皇帝濬德基唐代數猶
近號雖崇於太祖親尙列於昭穆且臨六室之位未申七代之尊是知太廟當
六未合有七故先朝惟有宣光景元神堯文武六代親廟大帝登遐神主升祔
於廟室以宣皇帝代數當滿準禮復遷今止有光皇帝已下六代親廟非是天
子之廟數不當有七本由太祖有遠近之異故初建有多少之殊敬惟三后臨
朝代多儒雅神祊事重禮豈虛存規模可沿理難變革宣皇既非始祖又廟無
祖宗之號親盡既遷其廟不合重立若禮終運往建議復崇實違王制之文不
合先朝之旨請依貞觀之故事無改三聖之宏規光崇六室不虧古議時有制
令宰相更加詳定禮部尙書祝欽明等奏言博士三人自分兩議張齊賢以始
同太祖不合更祖昭王劉承慶以王制三昭三穆不合重崇宣帝臣等商量請
依張齊賢以景皇帝爲太祖依劉承慶尊崇六室制從之尋有制以孝敬皇帝
爲義宗升祔於太廟其年八月崇祔光皇帝太祖景皇帝代祖元皇帝高祖神

堯皇帝太宗文武聖皇帝皇考高宗天皇太帝皇兄義宗孝敬皇帝於東都之
太廟躬行享獻之禮二年駕還京師太廟自是亦崇享七室仍改武氏崇尊廟
明年二月復令崇恩廟一依天授時享祭時武三思用事密令安樂公主諷中
宗故有此制尋又特令武氏崇恩廟齋郎取五品子充太常博士楊孚奏言太
廟齋郎承前只七品已下子今崇恩廟齋郎旣取五品子卽太廟齋郎作何等
級上曰太廟齋郎亦準崇恩廟置孚奏曰崇恩廟爲太廟之臣太廟爲崇恩廟
之君以臣準君猶爲僭逆以君準臣天下疑懼孔子曰名不正則言不順言不
順則事不成事不成則禮樂不興禮樂不興則刑罰不中刑罰不中則人無所
措手足故君子名之必可言也伏願無惑邪言以爲亂始其事乃寢崇恩廟至
睿宗踐祚乃廢毀之景雲元年冬將葬中宗孝和皇帝於定陵中書令姚元之
吏部尚書宋璟奏言準禮大行皇帝山陵事終卽合祔廟其太廟第七室先祔
皇兄義宗孝敬皇帝哀皇后裴氏神主伏以義宗未登大位崩後追尊神龍之
初乃特令遷祔春秋之義國君卽位未踰年者不合列敘昭穆又古者祖宗各

別立廟孝敬皇帝恭陵既在洛州望於東都別立義宗之廟遷祔孝敬皇帝哀皇后神主命有司以時享祭則不違先旨又協古訓人神允穆進退得宜在此神主望入夾室安置伏願陛下以禮斷恩制從之及既葬祔中宗孝和皇帝和思皇后趙氏神主於太廟其義宗卽於東都從善里建廟享祀時又追尊昭成肅明二皇后於親仁里別置儀坤廟四時享祭開元四年睿宗崩及行祔廟之禮太常博士陳貞節蘇獻等奏議曰謹按孝和皇帝在廟七室已滿今睿宗大聖真皇帝是孝和之弟甫及仲冬禮當祔遷但兄弟入廟古則有焉遞遷之禮昭穆須正謹按禮論太常賀循議云兄弟不相爲後也故殷之盤庚不序於陽甲而上繼於先君漢之光武不嗣於孝成而上承於元帝又曰晉惠帝無後懷帝承統懷帝自繼於世祖而不繼於惠帝其惠帝當同陽甲孝成別出爲廟又曰若兄弟相代則共是一代昭穆位同至其當遷不可兼毀二廟此蓋禮之常例也荀卿子曰有天下者事七代謂從禰已上也尊者統廣故恩及遠祖若傍容兄弟上毀祖考此則天子有不得全事於七代之義矣孝和皇帝有中興之

功而無後嗣請同殿之陽甲漢之成帝出爲別廟時祭不虧大祫之辰合食太祖奉睿宗神主昇祔太廟上繼高宗則昭穆永貞獻祼長序制從之初令以儀坤廟爲中宗廟尋又改造中宗廟於太廟之西貞節等又以肅明皇后不合與昭成皇后配祔睿宗奏議曰禮宗廟父昭子穆皆有配座每室一帝一后禮之正儀自夏殷而來無易伏惟昭成皇后有太姒之德已配食於睿宗則肅明皇后無啓母之尊自應別立一廟謹按周禮云奏夷則歌小呂以享先妣者姜嫄是也姜嫄是帝嚳之妃后稷之母特爲立廟名曰閟宮又禮論云晉伏系之議云晉簡文鄭宣后既不配食乃築宮於外歲時就廟享祭而已今肅明皇后無祔配之位請同姜嫄宣后別廟而處四時享祭如舊儀制從之於是遷昭成皇后神主祔於睿宗之室惟留肅明神主於儀坤廟時太常卿姜皎復與禮官上表曰臣聞敬宗尊祖享德崇恩必也正名用光時憲禮也伏見太廟中則天皇后配高宗天皇太帝題云天后聖帝武氏伏尋昔居寵秩親承顧託因攝大政事乃從權神龍之初已去帝號岑羲等不閑政體復題帝名若又使帝號長存

恐非聖朝通典夫七廟者高祖神堯皇帝之廟也父昭子穆祖德宗功非夫帝子天孫乘乾出震者不得昇祔於斯矣但皇后祔廟配食高宗位號舊章無宜稱帝今山陵日近昇祔非遙請申陳告之儀因除聖帝之字直題云則天皇后武氏詔從之時既別造義宗廟將作大匠韋湊上疏曰臣聞王者制禮是曰規模規模之興實資師古師古之道必也正名惟名與實固當相副其在宗廟禮之大者豈可失哉禮祖有功而宗有德祖宗之廟百代不毀故殷太甲曰太宗太戊曰中宗武丁曰高宗周宗文王武王漢則文帝爲太宗武帝爲世宗其後代有稱宗皆以方制海內德澤可宗列於昭穆期于不毀祖宗之義不亦大乎況孝敬皇帝位止東宮未嘗南面聖道誠冠於儲副德教不被於寰瀛立廟稱宗恐非合禮況別起寢廟不入昭穆稽諸祀典何義稱宗而廟號義宗稱之萬代以臣庸識竊謂不可望更令有司詳定務合於禮於是太常請以本諡孝敬爲廟稱從之五年正月玄宗將行幸東都而太廟屋壞乃奉七廟神主於太極殿玄宗素服避正殿輟朝三日親謁神主于太極殿而後發幸東都乃勑有司

修太廟明年廟成玄宗還京行親祔之禮時有司撰儀注以祔祭之日車駕發
宮中玄宗謂宋璟蘇頲曰祭必先齋所以齊心也據儀注祭之日發大明宮又
以質明行事縱使侵星而發猶是移辰方到質明之禮其可及乎又朕不宿齋
宮即安正殿情所不敢宜於廟所設齋宮五日赴行宮宿齋六日質明行事庶
合於禮璟等稱聖情深至請即奉行詔有司改定儀注景雲中玄宗自齋宮步
詣太廟入自東門就立位樂奏九成昇自阼階行祼獻之禮至睿宗室俯伏嗚
咽侍臣莫不流涕有河南府人孫平子詣闕上言中宗孝和皇帝既承大統不
合遷於別廟玄宗令宰相召平子與禮官對定可否太常博士蘇獻等固執前
議平子口辯所引咸有經據獻等不能屈時蘇頲知政事以獻是其從祖之兄
頗黨助之平子之議竟不得行平子論竟不已遂謫平子爲康州都城尉仍差
使領送至任不許東西平子之任尋卒時雖貶平子議者深以其言爲是至十
年正月下制曰朕聞王者乘時以設教因事以制禮沿革以從宜爲本取舍以
適會爲先故損益之道有殊質文之用斯異且夫至德之謂孝所以通乎神明

大事之謂祀所以虔乎宗廟國家握紀命曆重光累盛四方由其繼明七代可
以觀德朕嗣守丕業祇奉睿圖聿懷昭事罔不卹祀嘗覽古典詢諸舊制遠則
夏殷事異近則漢晉道殊雖禮文之不一固嚴敬之無二朕以爲立愛自親始
教人睦也立敬自長始教人順也是知朕率於禮緣於情或教以道存或禮從
時變將因宜以創制豈沿古而限今況恩以降殺而疏廟以遷毀而廢雖式瞻
古訓禮則不違而永言孝思情所未足享嘗則止豈愛崇而禮備有禱而祭非
德盛而流永其祧室宜列爲正室使親而不盡遠而不祧廟以貌存宗猶尊立
俾四時式薦不間於毀主百代靡遷匪惟於始廟所謂變以合禮動而得中嚴
配之典克崇肅雍之美茲在又兄弟繼及古有明文今中宗神主猶居別處詳
求故實當宁不安移就正廟用章大典仍創立九室宜令所司擇日啓告移遷
十一年春玄宗還京師下制曰崇建宗廟禮之大者聿追孝饗德莫至焉今宗
以立尊親無遷序永惟嚴配致用蠲潔棟宇式崇祼奠斯授顧茲薄德獲承禋
祀不躬不親曷展誠敬宜用八月十九日祇見九室於是追尊宣皇帝爲獻祖

復列於正室光皇帝爲懿祖幷還中宗神主於太廟及將親祔會雨而止乃令所司行事其京師中宗舊廟便毀拆之東都舊廟始移孝敬神主祔焉其從善里孝敬舊廟亦令毀拆二十一年玄宗又特令還肅明皇后神主祔於睿宗之室仍以舊儀坤廟爲肅明觀大曆十四年十月代宗神主將祔禮儀使顏眞卿以元皇帝代數已遠準禮合祧請遷於西夾室其奏議曰王制天子七廟三昭三穆與太祖之廟而七又禮器云有以多爲貴者天子七廟又伊尹曰七代之廟可以觀德此經典之明證也七廟之外則曰去祧爲壇去壇爲墠故歷代儒者制迭毀之禮皆親盡宜毀伏以太宗文皇帝七代之祖高祖神堯皇帝國朝首祚萬葉所承太祖景皇帝受命於天始封於唐元本皆在不毀之典代祖元皇帝地非開統親在七廟之外代宗皇帝升祔有日元皇帝神主禮合祧遷或議者以祖宗之名難於迭毀昔漢朝近古不敢以私滅公故前漢十二帝爲祖宗者四而已至後漢漸違經意子孫以推美爲先自光武已下皆有廟號則祖宗之名莫不建也安帝信讒害大臣廢太子及崩無上宗之奏後自建武以來

無毁者因以陵號稱宗至桓帝失德尚有宗號故初平中左中郎蔡邕以和帝
以下功德無殊而有過差不應爲宗餘非宗者追尊三代皆奏毁之是知祖有
功宗有德存至公之義非其人不居蓋三代立禮之本也自東漢已來則此道
衰矣魏明帝自稱烈祖論者以爲逆自稱祖宗故近代此名悉爲廟號未有子
孫踐阼而不祖宗先王者以此明之則不得獨據兩字而爲不合祧遷之證假
令傳祚百代豈可上崇百代以爲孝乎請依三昭三穆之義永爲通典寶應二
年升祔玄宗肅宗則獻祖懿祖已從迭毁伏以代宗睿文孝皇帝卒哭而祔則
合上遷一室元皇帝代數已遠其神主準禮當祧至禘祫之時然後享祀於是
祧元皇帝於西夾室祔代宗神主焉永貞元年十一月德宗神主將祔禮儀使
杜黄裳與禮官王涇等請遷高宗神主於西夾室其議曰自漢魏已降沿革不
同古者祖有功宗有德皆不毁之名也自東漢魏晉迄於陳隋漸違經意子孫
以推美爲先光武已下皆有祖宗之號故至於迭毁親盡禮亦迭遷國家九廟
之尊皆法周制伏以太祖景皇帝受命於天始封元本德同周之后稷也高祖

神堯皇帝國朝首祚萬葉所承德同周之文王也太宗文皇帝應天靖亂垂統立極德同周武王也周人郊后稷而祖文王宗武王聖唐郊景皇帝祖高祖而宗太宗皆在不遷之典高宗皇帝今在三昭三穆之外謂之親盡新主入廟禮合迭遷藏於從西第一夾室每至禘祫之月合食如常於是祧高宗神主於西夾室祔德宗神主焉元和元年七月順宗神主祧有司疑於遷毀太常博士王涇建議曰禮經祖有功宗有德皆不毀之名也惟三代行之漢魏已降雖曰祖宗親盡則遷無功亦毀不得行古之道也昔夏后氏十五代祖顓頊而宗禹殷人七代祖契而宗湯周人三十六王以后稷爲太祖祖文王而宗武王聖唐德厚流廣遠法殷周奉景皇帝爲太祖祖高祖而宗太宗皆在百代不遷之典故代宗升祔遷代祖也德宗升祔遷高宗也今順宗升祔中宗在三昭三穆之外謂之親盡遷於太廟夾室禮則然矣或諫者以則天太后革命中宗復而興之不在遷藏之例臣竊未諭也昔者高宗晏駕中宗奉遺詔自儲副而陟元后則天太后臨朝廢爲廬陵王聖曆元年太后詔復立爲皇太子屬太后聖壽延長

御下日久奸臣擅命紊其紀度敬暉桓彥範等五臣俱唐舊臣匡輔王室翊中宗而承大統此乃子繼父業是中宗得之而且失之母授子位是中宗失之而復得之二十年間再爲皇太子復踐皇帝位失之在己得之在己可謂革命中興之義殊也又以周漢之例推之幽王爲犬戎所滅平王東遷周不以平王爲中興不遷之廟其例一也漢呂后專權產祿秉政文帝自代邸而立之漢不以文帝爲中興不遷之廟其例二也霍光輔遷之廟其例三也伏以中宗孝和皇帝於聖上爲六代伯祖尊非正統廟亦親盡爰及周漢故事是與中興功德之主不同奉遷夾室固無疑也是月二十四日禮儀使杜黃裳奏曰順宗皇帝神主已升祔太廟告祧之後卽合遞遷中宗皇帝神主今在三穆三昭之外準禮合於太廟從西第一夾室每至禘祫之日合食如常於是祧中宗神主於西夾室祔順宗神主焉有司先是以山陵將畢議遷廟之禮有司以中宗爲中興之君當百代不遷之位宰臣召史官蔣武問之武對曰中宗以弘道元年於高宗柩前卽位時春秋已壯矣及母后篡奪神器潛移其後賴張柬之等同謀國祚

再復此蓋同於反正恐不得號爲中興之君凡非我失之自我復之謂之中興漢光武晉元帝是也自我失之因人復之晉孝惠孝安是也今中宗於惠安二帝事同卽不可爲不遷之主也有司又云五王有再安社稷之功今若遷中宗廟則五王永絕配享之例武曰凡配享功臣每至禘祫年方合食太廟居常卽無享禮今遷中宗神主而禘祫之年毀廟之主並陳於太廟此則五王配食與前時如一也有司不能答十五年四月禮部侍郎李建奏上大行皇帝謚曰聖神章武孝皇帝廟號憲宗先是河南節度使李夷簡上議曰王者祖有功宗有德大行皇帝戡前寇逆累有武功廟號合稱祖陛下正當決在宸斷無信齷齪書生也遂詔下公卿與禮官議其可否太常博士王彥威奏議大行廟號不宜稱祖宜稱宗從之其月禮部奏準貞觀故事遷廟之主藏於夾室西壁南北三間第一間代祖室第二間高宗室第三間中宗室伏以山陵日近睿宗皇帝祧遷有期夾室西壁三室外無置室處準江都集禮古者遷廟之主藏於太室北壁之中今請於夾室北壁以西爲上置睿宗皇帝神主石室制從之長慶四年

正月禮儀使奏謹按周禮天子七廟三昭三穆太祖之廟而七荀卿子曰有天下者祭七代有一國者祭五代則知天子上祭七廟典籍通規祖功宗德不在其數國朝九廟之制法周之文太祖景皇帝始爲唐公肇基天命義同周之后稷高祖神堯皇帝創業經始化隋爲唐義同周之文王太宗文皇帝神武應期造有區夏義同周之武王其下三昭三穆之外是親盡之祖雖有功德禮合祧遷禘祫之歲則從合食制從之開成五年禮儀使奏謹按天子七廟祖功宗德不在其中國朝制度太廟九室伏以太祖景皇帝受封於唐高祖太宗創業受命有功之主百代不遷今文宗元聖昭獻皇帝升祔有時代宗睿文孝武皇帝是親盡之祖禮合祧遷每至禘祫合食如常從之會昌元年六月制曰朕近因載誕之日展承顏之敬太皇太后謂朕曰天子之孝莫大於丕承人倫之義莫大於嗣續穆宗睿聖文惠孝皇帝厭代已久星霜屢遷禰宮曠合食之禮惟帝深濡露之感宣懿皇太后長慶之際德冠後宮夙表沙麓之祥實茂河洲之範先朝恩禮之厚中壼莫偕況誕我聖君纘承昌運已協華於先帝方延祚於後

昆思廣貽謀庶弘博愛爰從舊典以慰孝思當以宣懿皇太后祔太廟穆宗睿
聖文惠孝皇帝之室率是彝訓其敬承之朕祇奉慈旨載深感咽宜令宣示中
外咸使聞知會昌六年五月禮儀使奏武宗昭肅皇帝祔廟并合祧遷者伏以
自敬宗文宗武宗兄弟相及已歷三朝昭穆之位與承前不同所可疑者其事
有四一者兄弟昭穆同位不相爲後二者已祧之主復入舊廟三者廟數有限
無後之主則宜出置別廟四者兄弟既不相爲後昭爲父道穆爲子道則昭穆
同班不合異位據春秋文公二年躋僖公何休云躋升也謂西上也惠公與莊
公當同南西上隱桓與閔僖當同北西上孔穎達亦引此義釋經又賀循云殷
之盤庚不序陽甲漢之光武上繼元帝晉元帝簡文皆用此義毀之蓋以昭穆
位同不可兼毀二廟故也尚書曰七代之廟可以觀德且殷家兄弟相及有至
四帝不及祖禰何容更言七代於理無矣二者今已兄弟相及同爲一代矯前
之失則合復祔代宗神主於太廟或疑已祧之主不合更入太廟者按晉代元
明之時已遷豫章潁川矣及簡文即位乃元帝之子故復豫章潁川二神主於

廟又國朝中宗已祔太廟至開元四年乃出置別廟至十年置九廟而中宗神主復祔太廟則已遷復入亦可無疑三者廟有定數無後之主出置別廟者按魏晉之初多同廟蓋取上古清廟一宮尊遠神祇之義自後晉武所立之廟雖云七主而實六代蓋景文同廟故也又按魯立姜嫄文王之廟不計昭穆以尊尙功德也晉元帝上繼武帝而惠懷愍三帝時賀循等諸儒議以爲別立廟親遠義踈都邑遷異於理無嫌也今以文宗棄代纔六七年武宗甫邇復土遽移別廟不齒祖宗在於有司非所宜議四者添置廟之室按禮論晉太常賀循云廟以容主爲限無拘常數故晉武帝時廟有七主六代至元帝明帝廟皆十室及穆簡三帝皆至十一室自後雖遷故祔新大抵以七代爲準而不限室數伏以江左大儒通曉禮奧事有明據固可施行今若不行是議更以迭毀爲制則當上不及高曾未盡之親下有忍臣子恩義之道今備討古今參校經史上請復代宗神主於太廟以存高曾之親下以敬宗文宗武宗同爲一代於太廟東閒添置兩室定爲九代十一室之制以全臣子恩敬之義庶協大順之宜得變

禮之正折古今之紛互立羣疑之杓指俾因心廣孝永燭於皇明昭德事神無虧於聖代勅曰宗廟事重實資參詳宜令尚書省兩省御史臺四品以上官大理卿京兆尹等集議以聞尚書左丞鄭涯等奏議曰夫禮經垂則莫重於嚴配必參損益之道則合典禮之文況有明徵是資折衷伏自敬宗文宗武宗三朝嗣位皆以兄弟考之前代理有顯據今謹詳禮院所奏並上稽古文旁摭史氏協於通變允謂得宜臣等商議請依禮官所議從之大中三年十一月制追尊憲宗順宗諡號事下有司太常博士李稠奏請別造憲宗順宗神主改題新諡上疑其事詔都省集議右司郎中楊發都官員外郎劉彥模等奏考尋故事無別造神主改題之例事在楊發傳時宰臣奏改造改題並無所據酌情順理題則爲宜況今士族之家通行此例雖尊卑有異而情理則同望就神主改題則爲通允依之黃巢犯長安僖宗避狄於成都府中和元年夏四月有司請享太祖已下十一室詔公卿議其儀太常卿牛叢與儒者同議其事或曰王者巡狩以遷廟主行如無遷廟之主則祝奉幣帛皮珪告於祖禰遂奉以出載於齋車

每舍奠焉今非巡狩是失守宗廟夫失守宗廟則當罷宗廟之事叢疑之將作監王儉太子賓客李匡乂虞部員外郎袁皓建議同異及左丞崔厚爲太常卿遂議立行廟以玄宗幸蜀時道宮玄元殿之前架幄幕爲十一室又無神主題神版位而行事達禮者非之以爲止之可也明年乃特造神主以祔行廟光啓元年十二月二十五日僖宗再幸寶雞其太廟十一室并祧廟八室及孝明太皇太后等別廟三室等神主緣室法物宗正寺官屬奉之隨駕鄠縣爲賊所劫神主法物皆遺失三年二月車駕自興元還京以宮室未備權駐鳳翔禮院奏皇帝還宮先謁太廟今宗廟焚毀神主失墜請準禮例修奉者禮院獻議曰按春秋新宮災三日哭傳曰新宮宣公廟也三日哭禮也按國史開元五年正月二日太廟四室摧毀時神主皆存迎奉於太極殿安置玄宗素服避正殿寶應元年肅宗還京師以宗廟爲賊所焚於光順門外設次向廟哭歷檢故事不見百官奉慰之儀然上既素服避殿百官奉慰亦合情禮竊循故事比附參詳恐須宗正寺具宗廟焚毀及神主失墜事由奏皇帝素服避殿受慰訖輟朝三日

下詔委少府監擇日依禮新造列聖神主如此方似合宜伏緣採栗須十一月
漸恐遲晚修奉使宰相鄭延昌具議中書門下奏曰伏以前年冬再有震驚俄
然巡幸主司宗祝追以蒼黃伏緣移蹕鳳翔未敢陳奏今則將迴鑾輅皆舉典
章清廟再營孝思咸備伏請降勅命所司參詳典禮修奉勅曰朕以涼德祇嗣
寶圖不能上承天休下正人紀兵革競與於寓縣車輿再越於藩垣宗廟震驚
烝嘗廢闕敬修典禮倍切哀摧宜付所司又修奉太廟使宰相鄭延昌奏太廟
大殿十一室二十三間十一架功績至大計料支費不少兼宗廟制度有數難
爲損益今不審依元料修奉爲復更有商量請下禮官詳議太常博士殷盈孫
奏議言如依元料難以速成況祫藏方虛須資變禮竊以至德二年以新修太
廟未成其新造神主權於長安殿安置便行饗告之禮如同宗廟之儀以俟廟
成方爲遷祔今京城除充大內及正衙外別無殿宇伏聞先有詔旨欲以少府
監大廳權充太廟其廳五間伏緣十一室於五間之中陳設隘狹請更接續修
建成十一間以備十一室薦饗之所其三太后廟卽於少府監取西南屋三間

以備三室告饗之所勅旨從之大順元年將行禘祭有司請以三太后神主祔饗於太廟三太后者孝明太皇太后鄭氏宣宗之母也恭僖皇太后王氏敬宗之母也貞獻皇太后韋氏文宗之母也三后之崩皆作神主有故不當入太廟當時禮官建議並置別廟每年五享及三年一祫五年一禘皆於本廟行事無奉神主入太廟之文至是亂離之後舊章散失禮院憑曲臺禮欲以三太后祔享太廟博士殷盈孫獻議非之曰臣謹按三太后憲宗穆宗之后也二帝已祔太廟三后所以立別廟者不可入太廟故也與帝在位皇后別廟不同今有司誤用王彥威曲臺禮禘別廟太后於太廟乖戾之甚臣竊究事體有五不可曲臺禮云別廟皇后禘祫於太廟祔於祖姑之下此乃皇后先崩已造神主夫在帝位如昭成肅明元獻昭德之比昭成肅明之崩也睿宗在位元獻之崩也玄宗在位昭德之崩也肅宗在位四后於太廟未有本室故創別廟當爲太廟合食之主故禘祫乃奉以入饗其神主但題云某諡皇后明其後太廟有本室卽當還祔帝方在位故皇后暫立別廟耳本是太廟合食之祖故禘祫乃升太廟

未有位故祔祖姑之下今恭僖貞獻二太后皆穆宗之后恭僖會昌四年造神主合祔穆宗廟室時穆宗廟已祔武宗母宣懿皇后神主故爲恭僖別立廟其神主直題云皇太后明其終安別廟不入太廟故也貞獻太后大中元年作神主立別廟其神主亦題爲太后並與恭僖義同孝明咸通五年作神主合祔憲宗廟室憲宗廟已祔穆宗之母懿安皇后故孝明亦別立廟是懿宗祖母故題其主爲太皇太后與恭僖貞獻亦同帝在位后先作神主之例今以別廟太后神主禘祭升享太廟一不可也曲臺禮別廟皇后禘祫於太廟儀注云內常侍奉別廟皇后神主入置於廟庭赤黃褥位奏云某謚皇后禘祫祔享太廟然後以神主升今卽須奏云某謚太皇太后且太廟中皇后神主二十一室今忽以皇太后入列於昭穆二不可也若但云某謚皇后卽與所題都異神何依憑此三不可也古今禮要云舊典周立姜嫄別廟四時祭薦及禘祫於七廟皆祭惟不入太祖廟爲別配文魏思甄后明帝母廟及寢依姜嫄之廟四時及禘皆與諸廟同此舊禮明文得以爲證今以別廟太后禘祫於太廟四不可也所以置

別廟太后以孝明不可與懿安並祔憲宗之室今禘享乃處懿安於舅姑之上此五不可也且祫合祭也合猶不入太祖之廟而況於禘乎竊以爲並皆禘於別廟爲宜且恭僖貞獻二廟比在朱陽坊禘祫赴太廟皆須備法駕典禮甚重儀衛至多咸通之時累遇大饗耳目相接歲代未遙人皆見聞事可詢訪非敢以臆斷也或曰以三廟故禘祫於別廟或可矣而將來有可疑焉謹按睿宗親盡已祧今昭成肅明二后同在夾室如或後代憲宗穆宗親盡而祧三太后神主其得不入夾室乎若遇禘祫則如之何對曰此又大誤也三太后廟若親盡合祧但當閟而不享安得處於夾室禘祫則就別廟行之歷代已來何嘗有別廟神主復入太廟夾室乎禘祫禮之大者無宜錯失宰相孔緯曰博士之言是也昨禮院所奏儀注今已勅下大祭日迫不可遽改且依行之於是遂以三太后祔祫太廟達禮者譏其大謬至今未正會昌六年十一月太常博士任疇上言去月十七日饗德明興聖廟德廟直候論狀稱懿祖室在獻祖室之上當時雖以爲然便依行事猶牒報監察使及宗正寺請過祭詳窺玉牒如有不同即

相知聞奏爾後伏檢高祖神堯皇帝本紀伏審獻祖爲懿祖之昭懿祖爲獻祖
之穆昭穆之位天地極殊今廟室彝倫不卽陳奏然尙爲苟且罪不容誅仍敕
修撰朱儔檢討王暐硏精詳覆得報稱天寶二年制追尊咎繇爲德明皇帝涼
武昭王爲興聖皇帝十載立廟至貞元十九年制從給事中陳京右僕射姚南
仲等一百五十人之議以爲禘祫是祖宗以序之祭凡有國者必尊太祖今國
家以景皇帝爲太祖太祖之上施於禘祫不可爲位請按德明興聖廟共成四
室祔遷獻懿二祖謹尋儔等所報卽當時表奏並獻居懿上伏以德尊諡爲孝
君臣嚴敬有司愼恪是歲以還不當失序四十餘載理難尋詰伏祈聖鑒卽垂
詔勑具禮遷正其月儔又奏伏聞今月十三日勑以臣所奏獻懿祖二室倒置
事宜令禮官集議聞奏者臣去月十七日緣遇太廟祫饗太祖景皇帝已下羣
主準貞元十九年所祔獻懿祖於德明廟其爲四室準元勑各於本室行享禮
審知獻祖合居懿祖之上昭穆方正其時親見獻祖之室倒居懿祖之下於後
遍校圖籍實見差殊遂敢聞奏今奉勑宜令禮官集議聞奏者臣得奉禮郎李

岡太祝柳仲年協律郎諸葛畋李潼檢討官王皡修撰朱儔博士閔慶之等七
人狀稱謹按高祖神堯皇帝本紀及皇室圖譜并武德貞觀永徽開元已來諸
禮著在甲令者並云獻祖宣皇帝是神堯之高祖懿祖光皇帝是神堯皇帝之
曾祖以高曾辨之則獻祖是懿祖之父懿祖是獻祖之子郎博士任疇所奏倒
祀不虛臣等伏乞郎垂詔敕具禮還正其事遂行僖宗自興元還京夏四月將
行禘祭有司引舊儀禘德明興聖二廟及懿祖獻祖神主祔興聖德明廟通爲
四室黃巢之亂廟已焚毀及是將禘僉議其儀博士殷盈孫議曰臣以德明等
四廟功非創業義止追封且於今皇帝年代極遙昭穆甚遠可依晉韋弘屋毀
乃已之例因而廢之敕下百寮都省會議禮部員外薛昭緯奏議曰伏以禮貴
從宜過猶不及祀有常典理當據經謹按德明追尊實爲遐遠徵諸歷代莫有
其倫自古典禮該詳無踰周室后稷實始封之祖文王乃建極之君且不聞后
稷之前別議立廟以至二漢則可明徵劉累梁魏則近有蕭曹稽彼簡書並無
追號迨于興聖事非有據蓋以始王於凉遂列爲祖類長沙於後漢之代等楚

元於宋高之朝悉無尊祀之名足爲憲章之驗重以獻祖懿祖皆非宗有德而祖有功親盡宜祧理當毀瘞遷於二廟亦出一時且武德之初議宗廟之事神堯聽之太宗參之碩學通儒森然在列而不議立皐陶涼武昭之廟蓋知其非所宜立也尊太祖代祖爲帝而以獻祖爲宣簡公懿祖爲懿王卒不加帝號者謂其親盡則毀明矣春秋左氏傳孔子在陳聞魯廟災曰其桓僖乎已而果然蓋以親盡不毀宜致天災烱然之徵不可忽也據太常禮院狀所引至德二年克復後不作弘農府君廟神主及晉韋弘屋朽乃已之議頗爲明據深協禮經其與聖等四室請依禮院之議奉勅敬依典禮付所司開元二十二年正月制以籩豆之薦或未能備物宜令禮官學士詳議具奏太常卿韋縚請宗廟之奠每室籩豆各加十二又今之酌獻酒爵制度全小僅無一合執持甚難請稍令廣大其郊祀奠獻亦準此仍望付尚書省集衆官詳議務從折衷於是兵部侍郎張均及職方郎中韋述等建議曰謹按禮祭統曰凡天之所生地之所長苟可薦者莫不咸在水草陸海三牲八簋昆蟲之異草木之實陰陽之物皆備薦

矣聖人知孝子之情深而物類之無限故爲之節制使祭有常禮物有其品器有其數上自天子下至公卿貴賤差降無相踰越百代常行無易之道也又按周禮膳夫掌王之食飲膳羞食用六穀膳用六牲飲用六清羞用百有二十品珍用八物醬用百有二十瓮則與祭祀之物豐省本殊左傳曰享以訓恭儉宴以示慈惠恭儉以行禮慈惠以布政又曰享有體薦宴有折俎杜預曰享有體薦爵盈而不飲豆乾而不食宴則相與食之享之與宴猶且異文祭奠所陳固不同矣又按周禮籩人豆人各掌四籩四豆之實供祭祀與賓客所用各殊據此數文祭奠不同常時其來久矣且人之嗜酒本無憑準宴私之饌與時遷移故聖人一切同歸於古雖平生所嗜非禮亦不薦也平生所惡是禮即不去也楚語曰屈到嗜芰有疾召宗老而屬曰祭我必以芰及卒宗老將薦芰屈建命去之曰祭典有之國君有牛享大夫有羊饋士有豚犬之奠庶人有魚炙之薦籩豆脯醢則上下安之不羞珍異不陳庶侈不以私欲干國之典遂不用此則禮外之食前賢不敢薦也今欲取甘旨之物肥濃之味隨所有者皆充祭用苟

踰舊制其何限焉雖籩豆有加豈能備也傳曰大羹不致粢食不鑿昭其儉也
書曰黍稷非馨明德惟馨事神在於虔誠不求厭飫三年一禘不欲黷也三獻
而終禮有成也風有采蘋采蘩雅有行葦泂酌守以忠信神其捨諸若以今之
珍饌平生所習求神無方何必師古簠簋可去而盤盂杯案當在御矣韶頀可
息而箜篌筝笛當在奏矣凡斯之流皆非正物或興於近代或出於蕃夷耳目
之娛本無則象用之宗廟後嗣何觀欲爲永式恐未可也且自漢巳降諸陵皆
有寢宮歲時朔望薦以嘗饌此既常行亦足盡至孝之情矣宗廟正禮宜依典
故率情變革人情所難又按舊制一升曰爵五升曰散禮器稱宗廟之祭貴者
獻以爵賤者獻以散此明貴小賤大示之節儉又按國語觀射父曰郊禘不過
繭栗蒸嘗不過把握夫神以精明臨人者也所求備物不求豐大苟失於禮雖
多何爲豈可捨先王之遺法徇一時之所尚廢棄禮經以從流俗裂冠毀冕將
安用之且君子愛人以禮不求苟合況在宗廟敢忘舊章請依古制庶可經久
禮部員外郎楊仲昌議曰謹按禮曰夫祭不欲煩煩則黷亦不欲簡簡則怠又

鄭玄云人生尚褻食鬼神則不然神農時雖有黍稷猶未有酒醴及後聖作爲醴酪猶存玄酒示不忘古春秋曰蘋蘩蘊藻之菜潢污行潦之水可羞於王公可薦於鬼神又曰大羹不和粢食不鑿此明君人者有國奉先敬神嚴享豈肥濃以爲尚將儉約以表誠則陸海之物鮮肥之類既乖禮文之情而變作者之法皆充祭用非所詳也易曰罇酒簋貳納約自牖此明祭存簡易不在繁奢所以一罇之酒貳簋之奠爲明祀也抑又聞之夫義以出禮禮以體政違則有紊是稱不經薦肥濃則褻味有登加籩爵則事非師古與其別行新制寧如謹守舊章時太子賓客崔沔戶部郎中楊伯成左衛兵曹劉秩等皆建議以爲請依舊禮不可改易於是宰臣等具沔述等議以奏玄宗曰朕承祖宗休德至於享祀粢盛實思豐潔禮物之具諒在昭忠其非芳潔不應法制者亦不可用以是更令太常量加品味韋縚又奏請每室加籩豆各六每四時異品以當時新果及珍羞同薦制可之又酌獻酒爵玄宗令用龠升一升合於古義而多少適中自是帝依行焉後漢世祖光武皇帝葬于原陵其子孝明帝追思不已永平元

年乃率諸侯王公卿正月朝于原陵親奉先后陰氏粧奩篋笥悲慟左右侍臣莫不嗚咽梁武帝父丹陽尹順之追尊爲太祖文帝先葬丹徒亦尊爲建陵武帝即大位後大同十五年亦朝于建陵有紫雲蔭覆陵上食頃方滅梁主著單衣介幘設次而拜望陵流哭淚之所霑草皆變色陵傍有枯泉至時而水流香潔因謂侍臣曰陵陰石虎與陵俱創二百餘年恨小可更造碑石柱麟并二陵中道門爲三闔園陵職司並賜一級奉辭諸陵哭踴而拜周太祖文帝葬于成陵其子明帝初立元年十二月謁于成陵高祖神堯葬于獻陵貞觀十三年正月乙巳太宗朝于獻陵先是日宿設黃麾仗周衛陵寢至是質明七廟子孫及諸侯百僚蕃夷君長皆陪列于司馬門內皇帝至小次降輿納履哭於闕門西面再拜慟絶不能與禮畢改服入于寢宮親執饌閱視高祖及先后服御之物匍匐牀前悲慟左右侍御者莫不歔欷初甲辰之夜大雨雪及皇帝入陵院悲號哽咽百辟哀慟是時雪益甚寒風暴起有蒼雲出於山陵之上俄而流布天地晦冥至禮畢皇帝出自寢宮步過司馬門北泥行二百餘步於是風靜雪止

雲氣歘滅天色開霽觀者竊議以爲孝感之所致焉是日曲赦三原縣及從官衞士等大辟已下已發覺未發覺皆釋其罪免民一年租賦有八十已上及孝子順孫義夫節婦鰥寡孤獨有篤疾者賜物各有差宿衞陵邑中郎將士齋員及三原令以下各賜爵一級丁未至自獻陵己酉朝于太極殿庚子會羣臣奏功成慶善及破陣之樂玄宗開元十七年十一月丙申親謁橋陵皇帝望陵涕泣左右並哀感進奉先縣同赤縣以所管陵三百戶供陵寢三府兵馬供衞曲赦縣內大辟罪已下戊戌謁定陵己亥謁獻陵壬寅謁昭陵乙巳謁乾陵戊申車駕還宮大赦天下流移人並放還左降官移近處百姓無出今年地稅之半每陵取側近六鄉以供陵寢皇帝初至橋陵質明柏樹甘露降曙後祥煙遍空皇帝謁昭陵陪葬功臣盡來受饗風吹飈飈若神祇之所集陪位文武百寮皆聞先聖嘆息功臣蹈舞之聲皆以爲至孝所感天寶二年八月制自今已後每至九月一日薦衣於陵寢十三載改獻昭乾定橋五陵署爲臺其署令改爲臺令加舊一級

舊唐書卷二十五

舊唐書卷二十五考證

禮儀志五祭法稱王立七廟一壇之廟而七○臣德潛按英華云王立七廟一壇二墠王制云天子七廟三昭三穆與太祖之廟而七一壇以下共闕一十六字應補入

太祖東向昭南向穆北向商之玄王周之后稷是也○臣德潛按英華于穆北向下有太祖者三字另用提起與是也文義方順應補入爲合

霍光輔遷之廟其例三也○沈炳震曰輔字下明有闕文玩上文應是霍光輔宣帝而立之不以宣帝爲中興不遷之廟其例三也義方明白

梁武帝父丹陽尹順之追尊爲太祖文帝先葬丹徒亦尊爲建陵○梁書武帝紀係建寧陵

武帝即大位後大同十五年亦朝于建陵○沈炳震曰按梁武本紀在十年且大同亦無十五年應誤

因謂侍臣曰陵陰石虎與陵俱創二百餘年○二百字當誤

舊唐書卷二十五考證

西元二〇二〇年十一月一日重製一版

舊唐書（附考證）冊二（晉劉昫撰）

平裝十冊基本定價捌仟元正
（郵運匯費另加）

發行人　張　敏　君
發行處　中　華　書　局
臺北市內湖區舊宗路二段一八一巷八號五樓（5FL., No. 8, Lane 181, JIOU-TZUNG Rd., Sec 2, NEI HU, TAIPEI, 11494, TAIWAN）
客服電話：886-2-8797-8396
公司傳真：886-2-8797-8909
匯款帳戶：華南商業銀行西湖分行
179100026931
印　　刷：維中科技有限公司
海瑞印刷品有限公司

No. N1053-2

國家圖書館出版品預行編目(CIP)資料

舊唐書/(晉)劉昫撰. -- 重製一版. -- 臺北市 :
中華書局, 2020.11
冊 ;　公分
ISBN 978-986-5512-33-0(全套 : 平裝)

1.唐史

624.101　　109016731